제자백가의 정치사상

제자백가의 정치사상

이상익 지음

심산

序

주지하듯이 춘추전국 시대에 발흥한 제자백가(諸子百家) 사상은 이후 중국사상사의 기본 틀을 주조했고, 또한 중국 사상은 동아시아 사상사의 주축을 형성했다. 그러므로 동아시아 사상을 연구하는 사람들은 기본적으로 제자백가를 공부하지 않을 수 없다. 오늘날에도 많은 사람들이 제자백가를 주목하는 또 다른 이유는 그 사상의 다양성이 주는 매력 때문이다. 제자백가는 우리가 생각할 수 있는 대부분의 사고 유형을 제시했거니와, 우리는 제자백가를 공부하면서 편협한 사고방식을 넓게 확장시킬 수 있다.

나의 경우로 말하면, 나는 본래 유가(儒家)를 통해 동아시아 사상에 대한 공부에 입문했다. 주로 유학의 경전(經典)과 송대 주자학(朱子學), 그리고 퇴계(退溪)와 율곡(栗谷) 등 조선시대의 성리학(性理學)에 관심을 가지고 공부했던 것이다. 그러나 나이가 들면서 자연스럽게 동서고금의 철학사상으로 공부의 범위를 넓히게 되었고, 마침내는 제자백가에 대해서도 나 자신의 관점에서 정리하게 된 것이다. 이 책에서는 제자백가의 정치사상에 대해 두 가지 관점에서 논의했다.

첫째, '치 · 란(治亂)에 대한 진단과 처방'이라는 관점이다. 춘추전국

시대는 주대(周代) 초기의 질서정연했던 예제(禮制)가 무너져가면서 사회적 · 정치적 혼란이 극도에 달했던 시대라 하거니와, 당시 사회가 혼란에 빠진 원인을 진단하고, 혼란을 극복할 수 있는 방법을 찾아내고자 노력했던 산물이 바로 제자백가 사상이라는 점에 대해서는 누구나 동의하고 있다. 그렇다면 제자백가에 대한 논의도 당연히 '치 · 란(治亂)에 대한 진단과 처방' 이라는 관점에서 이루어져야 한다. 인간에게는 도덕적 본성도 있고, 이기적 본능도 있다. 인간은 대개 본성적 차원에서는 '도덕적인 옳고 그름〔是非〕' 을 중시하고, 본능적 차원에서는 '경제적인 이익과 손해〔利害〕' 를 중시한다. 인간의 천성에는 이러한 양면성이 존재하거니와, 같은 맥락에서 제자백가의 혼란에 대한 진단도 둘로 대별된다. 유가와 법가는 인간의 '이 · 해(利害) 다툼' 이 혼란의 근본 원인이라고 진단하고 그에 따른 처방을 모색했으며, 묵가와 도가는 '시 · 비(是非) 다툼' 이 혼란의 근본 원인이라고 진단하고 그에 따른 처방을 모색한 것이다.

둘째, '본성적 질서와 본능적 질서' 라는 관점이다. '본성적 질서' 란 인간의 도덕적 본성에 기초한 질서를 말하며, '본능적 질서' 란 인간의 이기적 본능에 기초한 질서를 말한다. 위계와 상명하복 · 상벌(賞罰) 등 '본능적인 것' 은 강력하면서도 위태로운 반면, 평등과 솔선수범 · 사랑〔仁, 兼愛, 謙讓〕 등 '본성적인 것' 은 올바른 것이지만 미약하다. 따라서 본성적 질서나 본능적 질서 어느 하나만으로 인간 사회를 이끌어가기에는 부족하다. 바람직한 정치질서는 본성적 요소와 본능적 요소가 조화를 이루어야 하는 것이다. 이처럼 본성적 질서와 본능적 질서라는 관점을 도입하면, 각각의 정치사상에 대해 그 '도덕적 정당성' 과 '실현가능성' 을 논의할 수 있는 길이 열린다. 그리하여 이 책에서는 제자백가의 정치사상에 대해 우선 '치란에 대한 진단과 처방' 이라는 관점에서 해명한 다음, 이를 다시 '본성적 질서와 본능적 질서' 라는 관점에서 분석하고, 평가해 보고자 하는 것이다.

나는 작년에 『본성과 본능 : 질서의 유형들』을 출간한 바 있다. '제자백가의 정치사상' 이라는 제목을 붙인 이 책은 『본성과 본능 : 질서의 유형들』의 제2부를 약간 수정, 보완하여 다시 간행하는 것이다. '중복 출판' 의 혐의를 무릅쓰면서까지 이 책을 선보이는 것에는 두 가지 이유가 있다. 첫째는 지금까지 우리 학계에 제자백가의 정치사상에 대한 논저(論著)가 매우 부족한 편인바, 이 책을 별도로 출판하면 '제자백가의 정치사상에 대한 좋은 입문서' 가 될 수 있겠다는 몇몇 동학의 권고가 있었기 때문이다. 둘째는 나의 관견(管見)이 제자백가에 대한 이해에 일정 부분 기여할 바가 있다면 이렇게 별도로 출판하는 것도 의미가 있겠다는 나의 생각 때문이다. 이러한 두 가지 이유가 과연 타당한 것인지, 그에 대한 평가는 독자 여러분들의 몫으로 남겨두고자 한다.

또 하나 양해를 구할 것은, 이 책의 말미에 〈제자백가의 치란(治亂)에 대한 인식〉을 보론(補論)으로 추가했는데, 이 보론 역시 본론의 내용과 완전히 중복된다는 점이다. 그럼에도 불구하고 이 논문을 보론으로 추가한 까닭은, 독자들께 이 책 전체의 핵심 내용을 간명하게 보여주기 위함이다. 독자 여러분께서 살펴보시고 너그러이 양해해 주실 것을 기대한다.

매번 졸저(拙著)를 흔쾌히 출판해 주시는 심산출판사 최원필 사장님, 그리고 이 책의 표지화로 사용할 수 있도록 의미심장한 그림을 제공해 주신 김주성(金周晟) 화백님께 깊은 감사의 말씀을 올린다. 아울러 나의 학업을 성원해 주신 모든 분께 감사드리며 줄인다.

2025년 경칩절(驚蟄節)

이상익 삼가 씀.

目次

제1장

제자백가에 대한 논의의 관점

『선진정치사상사』의 저자 梁啓超는 기원전 530년에서 기원전 230년까지의 300년을 중국의 위대한 사상가들이 대거 출현한 '중국 사상의 전성시대' 라고 규정한 바 있다.[1] 또한 『중국철학사』의 저자 馮友蘭은 춘추시대부터 한(漢) 나라 초기까지는 중국 역사에서 '일대 해방(解放)의 시대' 로서, 정치 · 경제 · 사회 모든 측면에서 근본적 변화가 일어났다고 설명했다. 중국의 고대는 '귀족정치' 시대였는데, 그것이 무너지면서 온갖 변화가 일어났다는 것이다.[2] 『중국고대철학사』의 저자 胡適은 그 변화의 원인을 네 가지로 요약했다. 첫째는 전쟁이 장기간 지속되면서 백성들이 고통에 시달렸다는 것이요, 둘째는 '왕〔天子〕, 제후(諸侯), 대부(大夫), 사(士), 서인(庶人)' 등 다섯 등급으로 이루어진 사회의 계급질서가 점차 무너졌다는 것이며, 셋째는 빈 · 부(貧富)의 격차가 극심해졌다는 것이요, 넷째는 정치적 부패가 극심하여 백성들의 원망이 커졌다는 것이다.[3]

---

1) 梁啓超, 『先秦政治思想史』, 臺灣 中華書局, 民國 57年, 59쪽.

2) 馮友蘭, 『中國哲學史』 上, 臺灣 商務印書館, 1993, 30-31쪽.

사회가 혼란에 빠지면, 지식인들은 대개 그 혼란에 대해 진단하고 대책을 모색하게 마련이다. 과연 춘추시대에서 전국시대에 해당하는 이 시기에는 수많은 사상가가 출현하여 우리가 상상할 수 있는 대부분의 사고방식을 선보였다. 그들을 흔히 '제자백가(諸子百家)' 라 하거니와, 오늘날까지 이름을 전하는 학파는 유가(儒家), 도가(道家), 음양가(陰陽家), 법가(法家), 명가(名家), 묵가(墨家), 종횡가(縱橫家), 잡가(雜家), 농가(農家), 소설가(小說家) 등 10여 학파뿐이다. 그런데 또 '정치사상' 분야에 있어서는 '유가, 묵가, 법가, 도가' 의 네 학파가 대종을 이루었다.[4] 그리하여 '제자백가의 정치사상' 이라는 제목을 붙인 이 책에서도 실제로는 이 네 학파를 중심으로 논의를 진행할 것이다. 이제 본격적인 논의에 들어가기에 앞서 '제자백가의 정치사상' 을 조망하는 논자의 기본 관점을 설명하고자 한다.

1. 치란(治亂)에 대한 진단과 처방

제자백가의 정치사상에 대한 논의는 실로 다양한 각도에서 이루어졌다. 먼저 우리에게 잘 알려진 『중국철학사』의 저자 馮友蘭의 관점을 살펴보자. 그에 의하면, 춘추시대 이후 귀족정치가 붕괴하기 시작했는데, 이는 정전제(井田制)의 붕괴와 궤를 같이하는 것이었다. 정전제가 붕괴함으로써 일반 농민이 대지주(大地主)가 되기도 하고, 상인(商人) 계급 역시 세력을 확장하게 되었다. 풍우란은 당시의 혼란한 상황에 대해 『한서(漢書)』「화식전(貨殖傳)」의 다음과 같은 내용을 소개하였다.[5]

---

3) 胡適, 『中國古代哲學史』 一, 臺灣 商務印書館, 民國 57年, 34-39쪽.
4) 崔明, 『춘추전국의 정치사상』, 박영사, 2004, 45쪽.
5) 馮友蘭, 『中國哲學史』 上, 34쪽.

> 주(周)의 왕실이 쇠퇴하고 예법이 무너지게 되자, 제후(諸侯)들은 서까래를 새기고 기둥에 단청을 하였으며, 대부(大夫)들은 기둥 끝에 산(山) 모양을 새기고 들보 위의 동자기둥에는 수초(水草) 무늬를 그렸으며 뜰에서는 팔일무(八佾舞)를 추고 당(堂)에서는 옹(雍)을 연주하며 철상(撤床)하였다.[6] (…) 사(士)와 서인(庶人)은 제도를 떠나고 근본(농업)을 버려서, 농사를 짓는 백성은 적고 돌아다니며 장사하는 백성은 많았으니, 그리하여 곡식은 부족한데 재화(財貨)는 남게 되었다. (…) 이에 상인(商人)들은 얻기 어려운 재화를 유통하고, 공장(工匠)은 쓸모없는 기물들을 만들었으며, 사(士)는 도(道)에 어긋나는 행실을 하며 시대의 추세에 따라 돈을 벌었다. (…) 부유한 자들은 나무와 흙에도 수놓은 비단옷을 입히고 개와 말에도 고기와 곡식을 먹였으나, 가난한 자들은 짧은 베옷도 제대로 못 입고 콩밥을 먹으며 물을 마셨다. 여염집 평민들은 같은 반열에 있으면서도 재력(財力)에 따라 서로 우두머리가 되었다.[7]

주지하듯이 주례(周禮)는 정밀하게 신분적 위계를 설정하고 그에 따라 상 · 하 모든 계층의 욕망을 합리적으로 제한하는 체제였다. 그런데 이런 예법이 무너지면서 대부(大夫)가 천자(天子)를 흉내 내어 팔일무(八佾舞)를 추면서 제사를 지내고 옹(雍)을 연주하며 철상(撤床)하는 등 참람한 일이 벌어지기도 하고, 부자들은 온갖 사치를 일삼으나 빈자들은 의식주도

---

6) "大夫들은 기둥 끝에 山 모양을 새기고 들보 위의 동자기둥에는 水草 무늬를 그렸다."는 것은 자기 집을 화려하게 꾸몄다는 것으로, 『論語』 〈公冶長〉편에 보이는 내용이다. "뜰에서는 八佾舞를 추고, 堂에서는 雍을 연주하며 撤床하였다."는 것은 大夫의 신분으로 참람하게 天子의 禮法을 흉내 냈다는 것으로, 역시 『論語』 〈八佾〉편에 보이는 내용이다.

7) 『漢書』 「貨殖傳」 : 及周室衰 禮法墮 諸侯刻桷丹楹 大夫山節藻梲 八佾舞於庭 雍徹於堂 其流至乎士庶人 莫不離制而棄本 稼穡之民少 商旅之民多 穀不足而貨有餘 (…) 於是商通難得之貨 工作亡用之器 士設反道之行 以追時好而取世資 (…) 富者木土被文錦 犬馬餘肉粟 而貧者裋褐不完 唅菽飮水 其爲編戶齊民 同列而以財力相君

제대로 충족하기 어렵게 되어, 사람들은 서로 재력만을 숭상하게 되었다. 요컨대 귀족들의 세록(世祿)을 뒷받침하던 정전제가 무너지고, 서민이 해방되어 자영업에 종사하여 부호(富豪)가 됨으로써, 기존의 경제 제도에 일대 변동을 초래했다는 것이다. 馮友蘭은 이러한 변동에 대한 당시 사상가들의 대응을 다음과 같이 네 가지로 유형화했다.

> 한 사회의 옛 제도가 나날이 붕괴되는 과정 가운데 있으면 자연스럽게 옛 제도를 지키려는 사람이 등장하게 마련이다. 이들은 '세상의 풍속이 예전과 다르고 인심이 날로 추락하는 것'을 보고 마침내 옛 제도의 옹호자가 되기로 한 것이다. 공자(孔子)가 바로 그런 부류의 사람이다. (…) 공자를 이어서 등장한 사람들은, 옛 제도를 비평하거나 반대한 사람들도 있고, 옛 제도를 수정하고자 한 사람들도 있고, 별도로 새 제도를 만들어서 옛 제도를 대체하고자 한 사람들도 있고, 모든 제도를 반대한 사람들도 있다. (…) 유가(儒家)는 이미 옛 제도를 이론적으로 옹호한 바 있다. 그러므로 그밖에 유가와 의견이 다른 사람들은 당시의 군주 및 일반인들이 자신들의 주장을 믿고 따르게 하기 위해서 자기들 주장의 이유 및 그 이론적 근거를 제시해야만 했다. 순자(荀子)가 "십이자(十二子)의 말이 모두 주장을 펴는 데 까닭이 있고, 말이 이치에 부합한다."[8]고 말한 것이 그것이다.[9]

위에 보이듯이, 馮友蘭은 당시 사상가들의 대응 방식을 '옛 제도를 비평하거나 반대한 경우', '옛 제도를 수정하고자 한 경우', '별도로 새 제도

8) 『荀子』의 〈非十二子〉에서는 它囂와 魏牟, 陳仲과 史鰌, 墨翟과 宋銒, 愼到와 田騈, 惠施와 鄧析, 子思와 孟軻 등의 주장은 모두 허황되거나 쓸모가 없는 등 부적절한 데도 "그 주장을 펴는 데 까닭이 있고[持之有故], 말이 이치에 부합하여〔言之成理〕, 어리석은 대중을 속이기에 충분했다"고 비판한 바 있다.

9) 馮友蘭, 『中國哲學史』 上, 36쪽.

를 만들어서 옛 제도를 대체하고자 한 경우', '모든 제도를 반대한 경우'로 대별하고, 각각의 경우 모두 '주장을 펴는 데 까닭이 있고, 말이 이치에 부합했으므로' 당시 군주 및 일반 사람들의 호응을 얻을 수 있었던 것이라고 설명했다. 馮友蘭의 이러한 설명은 제자백가의 지향점이 각자 달랐다는 점을 설명하는 데 초점이 있을 뿐, 그들이 왜 각자 지향점을 다르게 설정하게 되었는지에 대한 설명을 결여하고 있다. 요컨대 춘추시대에 귀족정치가 무너지기 시작했다면, 제자백가는 그 근본 원인을 어떻게 진단하고, 그에 따라 어떤 대안을 제시하게 되었는지에 대한 '철학적 논의'가 절실한 것이다. 馮友蘭은 다만 "그 시대에 철학이 발달한 것은 당시의 '사상과 언론의 자유'로부터 연유한 것이요, 사상과 언론의 자유가 가능했던 것은 그 시대가 '일대 해방(解放)'의 시대요, '일대 과도(過渡)의 시대'였기 때문이었다."[10]고 설명했을 뿐이다.

이제 역시 우리에게 잘 알려진 『중국정치사상사』의 저자 蕭公權의 관점을 살펴보자. 그는 제자백가의 시대는 '봉건천하(封建天下)가 전제천하(專制天下)로 바뀌는 과도기'였다는 전제 아래, 제자백가에 대해 다음과 같은 분류의 틀을 제시했다.

① 사라져가는 옛 제도에 대한 그리움을 표시하고, 그것의 유지 내지는 회복을 도모하려는 것.
② 현상을 승인하고, 혹은 의도적이거나 아니거나 간에 장래의 새로운 추세에 영합하여 그것을 정당화하는 것.
③ 신·구(新舊)의 모든 제도를 혐오하고, 개인의 자족(自足)과 자적(自適)에 편중하는 것.[11]

---

10) 馮友蘭, 『中國哲學史』 上, 37쪽.
11) 蕭公權, 崔明·孫文鎬 共譯, 『中國政治思想史』, 서울대학교출판부, 1998, 36쪽.

위에서 말하는 '사라져가는 옛 제도'란 '주대(周代)의 봉건(封建) 제도 또는 종법(宗法) 제도'를 지칭한다. 蕭公權은 위와 같은 분류에 입각하여 제자백가에 대해 다음과 같이 설명한다.

> 대체로 유가와 묵가는 모두 첫째 부류에 속했으며, 법가는 둘째 부류에 속했고, 노자와 장자의 도가 및 모든 위아(爲我 : 개인주의적) 사상가와 독선적인 은군자(隱君子)들은 셋째 부류에 속했다. 그러나 한 걸음 더 나아가 분석한다면, 유가와 묵가는 다 같이 봉건주의에 동정하고, 복고 내지 보수 색채를 띠고 있지만, 유가의 종주상문(從周尙文 : 周의 제도를 좇아 文采를 숭상함)은 그 관점이 귀족의 그것에 가깝고, 묵자의 배주상질(背周尙質 : 周의 제도를 배반하여 實質을 숭상함)은 그 관점이 평민의 그것을 나타낸 것이었다. 그리하여 묵가가 봉건천하의 정치제도에 동정했다고는 하지만, 종법 사회의 계급 조직에 대하여 불만을 가졌던 것은 아주 분명하다. 따라서 양가의 태도에는 사실상 중요한 차이가 있는 것이다. (…) 법가와 도가에 이르면 그 차이는 더욱 분명하다. 전자는 군주의 입장에 서서 개혁하자는 것이며, 후자는 개인의 해방을 도모하면서 소극주의를 주장한 것이다. 하나는 전제천하의 선구였고, 다른 하나는 쇠퇴하고 혼란된 정치에 대한 항의였다.[12)]

蕭公權의 이러한 설명은 제자백가의 특징을 '역사적 맥락' 속에서 규정한 것으로서, 초학자들에게 훌륭한 길잡이가 된다는 점은 분명하다.[13)] 그러나 이러한 분류의 틀은 제자백가의 진수(眞髓)를 해명하는 데 근본적

---

12) 蕭公權, 崔明·孫文鎬 共譯, 『中國政治思想史』, 36-37쪽.

13) 蕭公權의 이러한 분류는 馮友蘭의 관점과 큰 틀을 같이하는 것이다. 崔明의 『춘추전국의 정치사상』에서도 蕭公權의 이러한 관점을 그대로 수용하고 있다(崔明, 『춘추전국의 정치사상』, 45-47쪽).

한계가 있다. 더 나아가, 이러한 분류의 틀은 충분히 '정치사상적' 이지도 못하다.

주지하듯이, '정치' 란 근본적으로 '공동체의 질서' 를 창출하는 행위이다. 전통적인 용어로 말하면, 공동체의 질서가 잡힌 상태를 '다스려짐〔治〕' 이라 말하고, 질서가 무너진 상태를 '어지러움〔亂〕' 이라 말한다. 그렇다면 '정치사상' 즉 '정치에 관한 사상' 은 무엇보다도 '치 · 란(治亂)' 에 초점을 맞추어야 한다. 요컨대 '다스려짐' 의 바람직한 상태는 무엇인지, 공동체가 '어지러움' 에 빠지는 원인은 무엇인지, 어떻게 하면 어지러움을 극복하고 다스려짐에 도달할 수 있는지, 이러한 문제들이야말로 정치사상적 논의의 핵심일 것이다. 그런데 蕭公權이 제시한 분류의 틀은 이러한 핵심 문제에서 한참 벗어난 것이다.

흔히 말하듯이, 제자백가 사상은 당시 중국의 혼란상에 대한 진단과 처방이다. 그렇다면 제자백가에 대한 논의는 무엇보다도 '치란에 대한 진단과 처방' 이라는 관점에서 이루어져야 한다. 제자백가는 치란의 원인에 대해 서로 다르게 진단했으며, 그 처방도 서로 다른 입장을 취했다. 그것을 개관(槪觀)하면 다음과 같다.

인간 사회의 혼란은 모두 구성원들 사이의 '다툼' 에서 비롯되거니와, 인간들이 다투는 대상은 둘로 대별할 수 있다. 도덕적 차원의 '옳고 그름〔是非〕' 과 경제적 차원의 '이익과 손해〔利害〕' 가 그것이다.[14] 인간의 사회에서 시비(是非)와 이해(利害)는 종종 복잡하게 얽혀 있거니와, 둘 가운데 어느 것이 더 본질적인 분쟁의 대상인가? 이에 대해 유가와 법가는 사람들이 서로 '이익과 손해' 를 다투는 것에 주목했고, 묵가와 도가는 사람

14) 하나를 추가하자면, 헤겔은 『정신현상학』에서 그 다툼의 본질을 '주인으로 인정받기 위한 것' 즉 '인정투쟁(Struggle for Recognition)' 으로 설명한 바 있다. 인정투쟁은 '자유를 위한 투쟁' 이기도 하고, '명예를 위한 투쟁' 이기도 하다.

들이 서로 '옳고 그름'을 다투는 것에 주목했다. 요컨대 유가와 법가는 혼란의 궁극적 원인은 '각자 자기를 이롭게 하려는 마음〔利己心〕'에 있다고 인식한 것이요, 묵가와 도가는 갈등의 궁극적 원인은 '각자 자기가 옳다고 여기는 마음〔自是心〕'에 있다고 인식한 것이다.

유가와 법가는 '혼란의 궁극적 원인은 이기심(利己心)에 있다'는 인식을 공유하면서도, 그에 대한 처방은 전혀 달리했다. 유가는 '인간의 이기심을 극복하는 것〔克己復禮〕'이 평화와 안정의 길이라고 보고, 그 방법론으로 덕치와 예치를 강조했다. 그러나 법가는 인간의 이기심을 극복하는 것은 거의 불가능한 일이라고 보고, 대신 인간의 이기심을 통치에 적극 활용하라고 강조했다. 이른바 '신상필벌(信賞必罰)'이 그것이다.

묵가와 도가는 '혼란의 궁극적 원인은 자시심(自是心)에 있다'는 인식을 공유하면서도, 역시 그에 대한 처방은 전혀 달리했다. 묵가는 '통일된 옳음의 기준을 확립하는 것〔尙同〕'이 평화와 안정의 길이라고 보고, 그 방법론으로 아랫사람들이 '윗사람에게 동조하게 할 것〔上同〕'을 강조했다. 그러나 도가는 옳음의 기준을 통일시키려고 하는 것이야말로 혼란의 근원이라고 보고, 대신 세상 만물을 있는 그대로 긍정하고 방임할 것을 강조했다. 이른바 '제물론(齊物論)'과 '재유(在宥)'가 그것이다.

제자백가의 치란에 대한 진단과 처방은 이처럼 요약할 수 있거니와, 이러한 진단과 처방은 각각 특정한 유형의 정치적 질서를 추구하는 것이다. 논자는 제자백가가 추구한 정치적 질서는 다음의 두 관점에서 그 유형을 분류해 볼 수 있다고 생각한다.

첫째, 통치자와 피치자 또는 구성원 상호 간의 위상을 설정하는 문제로서 '위계에 기초하는가, 평등에 기초하는가'라는 관점이다. 유가는 천지자연의 세계를 '존·비(尊卑)의 위계 구조'로 파악하고, 이를 본받아 인간 사회도 '위계적 체계'로 만들어야 한다고 보았다. 존비의 위계 관념은 결국 존귀한 존재가 비천한 존재를 '통어(統御)' 하고, 비천한 존재는 존귀한 존재를 '순승(順承)' 해야 한다는 관념으로 이어진다. 유교에서는 이러한 맥락에서 군주는 신하의 벼리가 되고, 부모는 자식의 벼리가 되며, 남편은 아내의 벼리가 된다는 '삼강(三綱)' 을 정립한 것이다. 이처럼 유가는 사회질서 전반을 존비의 위계라는 관점에서 인식했거니와, 마찬가지로 통치에 대해서도 위계질서의 관점에서 접근했다.

법가도 철저하게 위계질서의 관점에서 통치를 논했다. 상앙은 "옛날에 아직 군주와 신하, 윗사람과 아랫사람의 구분이 없었을 때 백성이 혼란에 빠져 다스려지지 않았다. 그리하여 성인(聖人)이 귀 · 천(貴賤)을 구별하고, 작위(爵位)를 제정하고 명호(名號)를 정립하여 군주와 신하, 윗사람과 아랫사람의 의리를 구별한 것이다."[15]라고 했거니와, 이처럼 법가도 오직 위계질서를 통해서만 인간 사회의 혼란을 극복할 수 있다고 보았다.

유가와 법가가 기본적으로 인간 사회를 '위계' 의 관점에서 인식한 것과 달리, 묵가와 도가는 인간 사회를 기본적으로 '평등' 의 관점에서 인식했다. 묵자는 영토의 크기와 관계없이 모든 국가는 위상이 평등하고, 나이나 신분과 관계없이 모든 사람은 위상이 평등하다고 주장하고,[16] 이를 '하늘〔天〕의 뜻' 이라고 정당화했다. 묵자는 이처럼 기본적으로 만인의 평등을 주장하면서도, 통치의 영역에서는 위계질서가 불가피하다고 보았다. 요컨대 '정치적 수혜' 의 영역에서 '만인을 평등하게 대우함〔兼愛〕' 도 하늘의 뜻이요, '통치의 주체' 영역에서 '현자를 우대함〔尙賢〕' 도 하늘의 뜻이라는 것이다.

묵가가 '하늘의 뜻' 에 입각하여 평등을 설파했다면, 도가는 '하늘의

---

15) 『商君書』〈君臣〉: 古者未有君臣上下之時 民亂而不治 是以聖人別貴賤 制爵位 立名號 以別君臣上下之義

16) 『墨子』〈法儀〉: 今天下無大小國 皆天之邑也 人無幼長貴賤 皆天之臣也

관점’ 에서 평등을 설파했다. 노자의 현동(玄同)은 천지와 만물의 근원적 동일성을 깨닫고, 피 · 차(彼此)와 시 · 비(是非), 선 · 악(善惡)을 예리하게 구별하려는 마음에서 벗어나 화광동진(和光同塵)의 자세로 살자는 것이었다. 장자의 제물론(齊物論)은 자신의 사사로운 감정이나 편견을 탈피하는 ‘상아(喪我)’ 에서 출발하여, 초월적인 하늘의 관점에서 바라보는 ‘조지우천(照之于天)’ 을 통해 만물제동(萬物齊同)을 깨닫자는 것이었다. 장자는 ‘만물제동’ 의 입장에서 피 · 차(彼此), 시 · 비(是非), 선 · 악(善惡), 호 · 오(好惡)의 구별을 벗어나라고 권했다. 이는 개인적 차원에서는 ‘시비선악에 구애됨 없이 자유롭고 자연스럽게 살라〔逍遙遊〕’ 는 것이요, 사회적 차원에서는 ‘남들의 삶에 간섭하지 말고 각자의 자유로운 삶을 보장하라〔在宥〕’ 는 것이었다.

둘째, 통치자와 피치자 또는 구성원들을 서로 결속시키는 방법으로서 ‘문덕(文德)에 기초하는가, 무력(武力)에 기초하는가’ 의 관점이다. 유가는 모든 인간관계의 기본을 정명(正名)으로 설명했다. ‘정명’ 은 ‘각자의 본분을 다한다’ 는 의미와 ‘각자의 분수를 지킨다’ 는 의미를 겸하는바, 유교의 덕치론(德治論)은 전자를 강조한 것이며, 예치론(禮治論)은 후자를 강조한 것이다. 유교의 덕치론은 윗자리에 있는 통치자가 모범을 보이면 아랫자리에 있는 백성들이 본받게 된다는 ‘상행하효(上行下效)’ 와 통치자들은 백성과 고락(苦樂)을 함께해야 한다는 ‘여민동락(與民同樂)’ 으로 요약된다. 한편, 예치론은 상층계급과 하층계급 사이의 ‘차등적 위계를 존중하라’ 는 것이요, 동시에 ‘서로 겸양하고 서로 배려하라’ 는 것이다. 그러면 백성은 통치자에게 감복(感服)하여 일심동체(一心同體)가 된다는 것이요, 국가에 위기가 닥쳤을 때엔 목숨을 바쳐 충성하게 된다는 것이다.

법가는 인간을 이기적이고 타산적인 존재로 규정하고, 상명하복(上命下服)과 신상필벌(信賞必罰)을 통해 백성을 효과적으로 통제할 수 있다고 보았다. 통치자는 백성에게 특정한 임무를 수행하도록 명령한 다음, 그에 따르면 포상하고, 따르지 않으면 처벌하라는 것이다. 법가는 이러한 방법을 통해 '통치자와 백성이 모두 만족할 수 있는 결과'를 얻을 수 있다고 보았다.

묵가가 제시한 사회적 결속의 방법론은 여러모로 유가의 방법론과 궤를 같이한다. 유가의 방법론은 '덕치와 예치', 또는 '인정(仁政)과 겸양' 이나 '상행하효와 여민동락'으로 요약할 수 있는데, '상현(尙賢), 겸애(兼愛), 절용(節用)' 등 묵가의 방식도 대부분 여기에 해당하는 것이다. 다만 묵가는 이러한 방식들 외에 한편으로는 '상동(上同)을 권장하고 하비(下比)를 금지할 것'을 설파하고,[17] 그 방법으로 선상포벌(善賞暴罰)을 활용하라고 역설하기도 했다.

도가의 경우, 사회적 차원의 덕목으로 노자는 '겸양(謙讓)'을 주장했고, 장자는 '재유(在宥)'를 주장했다. 노자는 세상 사람들은 겸양하는 인물을 좋아하여 기꺼이 그를 지도자(통치자)로 추대하게 된다는 이유로, 또 통치자가 겸양하면 모든 사람이 자발적으로 복종하게 된다는 이유로, 또한 통치자가 겸양하여 무위하면 백성이 저절로 감화되고 천하가 저절로 안정된다는 이유로 겸양을 예찬하였다. 한편, 재유(在宥)란 '천하를 있는 그대로 놓아둔다'는 것인바, 장자는 재유야말로 천하를 안정시키는 지름길이라고 보았다.

이처럼 '치란에 대한 진단과 처방'이라는 관점, 즉 인간 사회에서 혼란이 야기되는 근본 원인을 규명하고, 그에 대한 처방으로 구성원 상호 간의 위상을 설정하고 구성원들을 서로 결속시키는 방법에 초점을 맞추면, 제자백가에 대해 각각의 기본 노선을 더욱 분명하게 파악할 수 있다. 그

17) 上同은 '윗사람의 주장에 적극 동조하는 것'이며, 下比는 '아랫사람들과 패거리를 지어 서로 허물을 감싸주는 것'이다.

리하여 이 책에서는, 馮友蘭과 蕭公權 등이 취한 '역사적 맥락'[18]이라는 관점이 아니라 '정치에 대한 철학적 논의'라는 관점에서 제자백가의 정치사상을 다시 조명해 보고자 한다.

2. 본성적 질서와 본능적 질서

이 세상에는 다양한 양식의 질서들이 존재한다. 일반적으로 말하면, 사람들을 윗사람과 아랫사람으로 구분하여 서열화하는 '위계질서(order based on hierarchy)'도 있고, 모든 사람을 똑같이 존엄한 존재로 전제하는 '평등질서(order based on equality)'도 있다. 또한 위계질서 안에도 상 · 하의 관계를 '명령과 복종'으로 규정하는 '상명하복(上命下服)'의 질서가 있는가 하면, 윗사람이 솔선하여 모범을 보이면 아랫사람이 본받게 된다는 '상행하효(上行下效)'의 질서도 있다. 평등질서의 경우에도 평등한 사람들 사이의 우애와 협동을 강조하는 '형제애(兄弟愛)'의 질서가 있는가 하면, 평등한 사람들 사이의 자유로운 경쟁을 강조하는 '이기적 경쟁'의 질서도 있고, 평등한 사람들 사이의 의사소통과 동의를 강조하는 '자유로운 합의'의 질서도 있으며, 상호 간에 견제함으로써 균형을 이루도록 해야 한다는 '견제와 균형'의 질서도 있다.

동서고금 수많은 철학자가 다양한 정치 이론을 제시했는데, 그들이 추구한 정치적 질서는 위와 같은 몇 가지의 유형으로 대별할 수 있다. 그런데 이처럼 다양한 질서의 양식들은 또한 '본성적 질서와 본능적 질서'라는 관점에서 그 유형을 분류하고 특징을 규명할 수 있다. '본성적 질서'

18) 馮友蘭의 『中國哲學史』와 蕭公權의 『中國政治思想史』는 '哲學史, 思想史'를 서술한 책이므로 '역사적 맥락'을 중시한 것이 당연하다고 하겠다.

란 인간의 도덕적 본성에 기초한 질서를 말하며, '본능적 질서' 란 인간의 이기적 본능에 기초한 질서를 말한다.[19] 이 책에서는 '본성적 질서' 와 '본능적 질서' 를 다음 두 측면에서 구분하고자 한다.

정치적 질서는 본질적으로 '지배-피지배' 관계를 통해 표현되는데, 이에 대해서는 다음의 두 맥락에서 논의할 수 있다.

첫째는 '누가 지배자가 되고, 누가 피지배자가 되느냐' 의 문제, 또는 지배-피지배 관계를 '어떻게 형성하느냐' 의 문제로서, 이는 '위계(차별)에 기초한 질서' 와 '평등에 기초한 질서' 로 대별할 수 있다. '위계에 기초한 질서' 는 본능적 질서에 속하고, '평등에 기초한 질서' 는 본성적 질서에 속한다.

둘째는 '지배자와 피지배자의 바람직한 관계는 무엇인가' 의 문제, 또는 지배-피지배 관계를 '어떻게 운용하느냐' 의 문제로서, 이는 '문덕에 기초한 질서' 와 '무력에 기초한 질서' 로 대별할 수 있다. 솔선수범과 감화, 호혜적 배려와 감응 등 '문덕(文德)' 에 기초하는 질서는 본성적 질서에 속하고, 명령과 복종, 경쟁과 견제 등 '권력(세력) 또는 능력' [20]에 기초하는 질서는 본능적 질서에 속한다.[21]

위와 같은 두 기준에 따라 동서고금의 주요 정치 이념들을 분류하여, 도표로 정리하면 다음과 같다.

---

19) 사회적 혼란의 원인은 '是 · 非의 다툼' 또는 '利 · 害의 다툼' 에 있다고 할 때, '是 · 非 다툼' 은 본성적 차원에서 제기되는 것이며, '利 · 害 다툼' 은 본능적 차원에서 제기되는 것이다.

20) '권력' 이란 나의 의지를 상대방에게 관철시킬 수 있는 물리력을 말하며, '능력' 이란 나의 의지를 내가 실현할 수 있는 才能을 말한다. 권력은 통치의 영역에서 빛을 발하고, 능력은 자유경쟁의 영역에서 빛을 발한다.

21) 이에 대한 자세한 논의는 拙著, 『본성과 본능 : 질서의 유형들』, 215-226쪽 참조. 또한 아래의 도표에 대한 자세한 해설은 『본성과 본능 : 질서의 유형들』, 744-748쪽 참조.

〈정치 이념들의 유형 분류표〉

운용방식 / 기본질서	**힘** (본능적)	**문덕** (본성적)
위계 (본능적)	법가의 霸道論 묵가의 尙同論 (위계 + 信賞必罰) 마키아벨리의 君主論 니체의 超人論	유가의 王道論 묵가의 兼愛論 플라톤의 철인군주정 기독교의 목자군주정 (위계 + 문덕)
평등 (본성적)	대의제 민주주의 (평등 + 득표경쟁) 순수 공화주의[22] (평등 + 상호견제) 고전적 자유주의 (평등 + 자유경쟁)	도가의 無爲論 (평등 + 겸양) 사회주의 (평등 + 형제애)

그렇다면 제자백가의 정치사상에 대한 논의에서 '본성적 질서와 본능적 질서' 라는 관점을 도입하는 까닭은 무엇인가? 이는 각각의 정치사상에 대해 '도덕적 정당성과 실현가능성' 이라는 두 척도에 입각하여 분석하고 평가하기 위함이다. 이 문제를 설명하기 위해서는 먼저 '본성' 과 '본능' 의 개념을 구분하고, 각각의 성격을 해명해야 한다. 현대의 정치학자 헤이우드(Andrew Heywood)는 '인간의 본성' 이라는 개념을 설명하면서 다음과 같이 말한다.

> 인간의 본성이 인간을 '인간답게' 만든다. (…) 인간의 본성은 모든 인간이 가지고 있는 본질적이며, 변하지 않는 특성을 지칭한다. 인간의 본성은 인간

22) 고대 로마의 공화정은 귀족과 평민을 차별하는 것이었으나, 미국의 연방주의자들이 추구한 '순수 공화정' 은 모든 시민의 평등에 입각한 것이다.

생활에서 타고났으며 자연적인 것을 강조하는데, 이것은 인간이 교육과 사회적인 경험을 통해서 습득한 것과는 대비된다. (…) 인간의 본성은 규칙적이며, 독특하게 인간적인 인간 행위의 유형에 반영되어야 한다. (…) 인간의 본성은 서술적이거나 과학적인 개념이 결코 아님을 유념하는 것이 중요하다. (…) 인간의 본성에 대한 모든 모형은 규범적이다.[23)]

위의 인용문은 인간의 본성을 엄밀하게 이해하고자 함에 있어서 매우 중요한 척도가 된다. 요컨대 '인간의 본성' 이란 '모든 인간이 타고난 성향인 동시에 오직 인간만이 지닌 성향으로서, 결코 변함이 없는 것' 을 지칭하는 개념이다. 헤이우드와 같은 맥락에서, 논자는 '인간의 본성' 에 대한 정의에서 핵심적인 것은 다음의 세 요소라고 본다.[24)]

첫째, 본성은 '천부적이며 보편적인 것' 이다. 다시 말해, 인간의 본성은 '모든 인간이 보편적으로 타고난 성향' 을 말한다. 예컨대 개개의 인간은 인간〔種〕으로서 보편적인 성향을 타고나는데, 이를 '인간의 본성' 이라 하는 것이다.

둘째, 본성은 어떤 사물〔種〕의 '고유한 성향' 이다. 다시 말해, 본성은 어떤 사물을 (種에 따라) 다른 사물과 구별해주는 성질〔種差〕을 말한다. 이는 모든 사물은 각자 자신의 본성을 발휘할 때 '그 사물답다' 는 뜻이기도 하다. 예컨대 '사람의 본성' 은 고양이나 개 등 다른 동물과 구별되는 '사람만의 고유한 성질' 로서, 개개의 사람은 이 고유한 본성을 발휘할 때 비로소 '사람다운 사람' 이 되는 것이다.

셋째, 본성은 어떤 사물〔種〕이 '자연스럽게 발휘하는 성향' 이요, 또한

---

23) 헤이우드, 이종은 · 조현수 역, 『현대 정치이론』, 까치, 2007, 33-35쪽.

24) '본성' 과 '본능' 의 개념에 대한 이하의 논의는 拙著, 『본성과 본능 : 서양 人性論史의 재조명』의 序論部와 結論部 내용을 요약한 것이다.

'마땅히 발휘해야 하는 성향' 또는 그 사물의 생애 동안 '실현되어야 마땅한 성향' 이다. 다시 말해, 본성의 실현은 모든 사물의 존재 이유요, 사물의 삶은 본성의 실현 과정인 것이다. 이러한 맥락에서, 인간의 본성은 '사실적 개념' 인 동시에 '당위적 개념' 이다.

요컨대 '인간의 본성' 이란 '모든 인간이 보편적으로 타고난 성향' 이요, 동시에 인간을 다른 동물과 구별해주는 '인간만의 고유한 성향' 이며, 인간이 살아가면서 '실현해야 마땅한 성향' 이다. 맹자는 바로 이러한 관점에서 인간의 본성을 '인 · 의 · 예 · 지(仁義禮智)' 로 설명하고, 성선설(性善說)을 주장했던 것이다.

이제 인간의 '(동물적) 본능' 이라는 개념을 살펴보자. 앞에서 '인간의 본성' 이란 '모든 인간이 보편적으로 타고난 성향' 인 동시에 인간을 다른 동물과 구별해주는 '인간만의 고유한 성향' 이라고 정의했다. 그렇다면 우리는 '모든 인간이 보편적으로 타고난 성향' 인 동시에 '인간과 다른 동물이 공유하는 성향' 을 상정(想定)할 수 있다. 예컨대 의식주(衣食住) 등을 통해 자신의 생명을 보존하려는 성향, 번식을 통해 자신의 종족을 보존하려는 성향, 쾌락을 추구하고 고통을 회피하려는 성향 등이 그것이다. 그런데 이러한 성향들은 그것을 뒷받침하는 선천적 능력과 결부되어 있거니와, 그리하여 이를 '본능' 또는 '본능적 성향(욕구)' 이라 하는 것이다. 스미스(Adam Smith)는 '자기보존과 종족 번식은 모든 생명체의 가장 큰 목적' 이라고 전제하고, 그에 입각하여 '인간의 본능' 을 다음과 같이 설명한 바 있다.

> 자기보존과 종족 번식이야말로 조물주가 모든 동물을 창조할 때 불어넣은 가장 큰 목적이라고 할 것이다. 인간은 이와 같은 목적을 추구하려는 욕망과 그 반대되는 것에 대한 반감, 생명에 대한 사랑과 죽음에 대한 공포, 종족의 계

속성과 영속성에 대한 욕망과 종족의 완전한 소멸에 대한 반감을 부여받았다. 이와 같은 방식으로 우리가 그러한 조물주의 목적들을 추구하는 강한 욕망을 부여받기는 하였으나, 그것을 달성하는 데 적합한 수단을 강구하는 임무는 느리고 불확실한 이성의 판단에 맡겨지지는 않았다. 조물주는 본래 타고난 직접적인 본능을 통하여 우리들을 이와 같은 대부분의 수단들로 인도하였다. 배고픔, 목마름 그리고 남녀를 결합시키는 격정, 환희에 대한 사랑, 그리고 고통에 대한 두려움은 우리로 하여금 그 자체를 위하여 다수의 수단들을 활용하도록 촉구한다.[25)]

스미스는 '인간은 자기보존과 종족 번식이라는 목적을 추구하려는 욕망과 그에 반대되는 것에 대한 반감을 부여받았다' 고 전제하고, 이를 '본래 타고난 직접적인 본능' 이라 규정한 다음, 자기보존과 종족 번식에 적합한 수단을 강구하는 것이 '본능의 임무' 라고 설명했다. 그런데 "자기보존과 종족 번식이야말로 조물주가 모든 동물을 창조할 때 불어넣은 가장 큰 목적" 이라 했듯이, 이러한 본능들은 인간과 다른 동물들이 공유하는 것이다. 또한 "배고픔, 목마름 그리고 남녀를 결합시키는 격정, 환희에 대한 사랑, 그리고 고통에 대한 두려움" 을 거론한 데서 알 수 있듯이, 이러한 본능(본능적 감정과 욕구)들은 인간이 육체를 지닌다는 사실과 밀접하게 연관된 것이다. 또한 이러한 본능들은 무엇보다도 나의 생명을 지속시키고 나의 후손을 번식시키려는 것으로써, 그러기 위해서는 내가 좋은 음식을 먹어야 하고 내가 좋은 집에서 살아야 하며 내가 좋은 짝을 만나야 한다. 이러한 맥락에서, '인간의 본능' 은 '동물적 본능', '육체적 본능', '이기적 본능' 이라고도 말하는 것이다.

---

25) 스미스(Adam Smith), 박세일 · 민경국 공역, 『도덕감정론』, 비봉출판사, 2012, 144-145쪽.

이상에서 인간의 '본성'과 '본능'을 개념적으로 구분해 보았거니와, 인간은 이 두 요소를 함께 지니고 태어난다.[26] 유학에서는 우리의 마음을 '인심(人心)과 도심(道心)'으로 구분하거니와, 인심은 바로 '인간의 동물적(이기적) 본능으로부터 유래하는 마음'이며, 도심은 바로 '인간의 도덕적 본성으로부터 유래하는 마음'이다.[27] 앞에서 인간들이 다투는 대상은 도덕적 차원의 '옳고 그름〔是非〕'과 경제적 차원의 '이익과 손해〔利害〕'로 대별할 수 있다고 했다. 사람들은 '인심'을 지니고 있기 때문에 경제적 차원의 '이익과 손해'를 두고 다투며, 또한 '도심'을 지니고 있기 때문에 도덕적 차원의 '옳고 그름'을 두고 다투는 것이다.

다시 말해, 인간은 본성적 차원에서는 '옳고 그름'을 중시하고, 본능적

26) 그런데 오늘날의 학자들은 대부분 양자를 개념적으로 엄격하게 구분하지 않음으로써 학문적 논의에서 수많은 혼란을 야기하고 있다. 이러한 혼란을 극복하기 위해 논자는 다음과 같은 개념 체계를 제안하는 바이다. 논자는 우선 어떤 사물〔種〕이 '본래 타고난 성향(성질)'은 그 사물의 '천성(天性, innate disposition)'이라고 부르고, 어떤 사물의 '고유한 성향(성질)'은 그 사물의 '본성(本性, nature)'이라고 부를 것을 제안한다. 이 구도에 따르면, 인간이 본래 타고난 성향은 '인간의 천성'인바, '인간의 천성'에는 '인간만의 고유한 성향'도 있고, '인간과 동물이 공유하는 성향'도 있다. '인간만의 고유한 성향'은 인의예지 또는 이성을 발휘하는 등의 '도덕적 성향'으로서, 이것이 '인간의 본성(human nature)'에 해당하는 것이요, 이러한 맥락에서 '인간의 본성'과 '도덕적 본성(moral nature)'은 동의어로 쓰일 수 있다. '인간과 동물이 공유하는 성향'은 육체에서 유래하는 '본능(instinct)'으로서, 이는 동물과 공유하는 것이므로 '동물적 본능(animal instinct)'이라 부를 수도 있고, 이기적 특징을 지니므로 '이기적 본능(selfish instinct)'이라고 부를 수도 있다. 이렇게 구분하고 나면, '인간의 천성', '인간의 본성', '인간의 본능'은 각각 범주가 다른 개념이 된다. '인간의 천성'은 인간의 '도덕적 본성'과 '육체적 본능'을 아우르는 개념이요, '인간의 본성'은 인간의 '도덕적 본성'을 지칭하는 개념이며, '인간의 본능'은 인간의 '육체적 본능'을 지칭하는 개념이다.

27) 조선시대의 유학자들은 흔히 '人心은 육체적 본능으로부터 유래한다'는 것을 '氣發'이라는 용어로 설명하고, '道心은 도덕적 본성으로부터 유래한다'는 것을 '理發'이라는 용어로 설명했다.

차원에서는 '이익과 손해' 를 중시하거니와, 유교에서는 전자를 '도심' 이라 하고, 후자를 '인심' 이라 하는 것이다. 그런데 유가의 경전 『서경』에서는 "인심은 오직 위태롭고 도심은 오직 은미하니, 오직 정밀하게 살피고 오직 한결같이 지켜서, 진실로 그 중용을 잡으라." [28]고 했거니와, 이 말은 깊이 음미할 필요가 있다.

먼저 '인심은 오직 위태롭다' 고 했는데, 그 까닭은 무엇인가? 식색(食色)의 욕망을 충족시키고자 하는 인심은 활기찬 삶의 원동력이 되나, 그 자체로서는 '정당성에 대한 자각' 이 결여되어 있기 때문에 위태로운 것이다. 그러므로 유교에서는 '도심이 인심을 주재해야 한다' 고 주장했다. 그런데 도심은 '은미하여 발휘되기 어려운 것' 이기 때문에, 도심이 인심을 주재한다는 것은 말처럼 쉬운 일이 아니다. 다시 말해, 본능적인 인심〔欲心〕은 강력함에 반하여 본성적인 도심〔良心〕은 미약하기 때문에, 결정적인 순간에 도심을 발휘하기는 어려운 것이다. 양심과 욕심의 갈등 상황에서, 대부분의 사람은 양심이 욕심에 굴복하고 말거니와, 그 까닭은 욕심은 강력함에 반하여 양심은 미약하기 때문이다.

요컨대 본능에서 유래하는 인심은 강력하면서도 위태로운 반면, 본성에서 유래하는 도심은 올바른 것이지만 미약하다. 그러므로 전통 유학에서는 '인심은 도심의 주재를 받아야 한다' 고 역설했지만, 현실에서는 인심이 도심을 어기는 경우가 다반사이다. 마찬가지로, 대부분의 유토피아 사상은 '양심이 욕심을 통제하는 평화로운 세상' 을 그리고 있으나, 현실의 세계는 이기적 투쟁으로 얼룩지고 있는 것이다.

이상의 내용을 정리해 보자. 본성적 질서는 '평등, 솔선수범과 감화, 공유(共有), 호혜적 배려와 감응' 등을 주축으로 삼고, 본능적 질서는 '위계,

---

28) 『書經』「虞書」〈大禹謨〉: 人心惟危 道心惟微 惟精惟一 允執厥中

명령과 복종, 사유(私有), 이기적 경쟁과 착취' 등을 주축으로 삼는다. 본성적 질서는 인간 사회를 조화롭고 품위 있게 만든다. 그 속에서는 사람들이 서로의 인격을 존중하고, 서로 사랑하며 돕는다. 그런데 본성적 질서는 쉽게 본능적 질서에 굴복하며, 또한 인간을 나태하게 만드는 등 각종 '도덕적 해이(moral hazard)'를 초래한다. 본능적 질서는 인간 사회를 자유롭고 활기차게 만든다. 그런데 본능적 질서는 인간 사회에 갈등과 불화를 낳고, 또한 동물과 구별되는 '인간다움'의 진면목을 보여줄 수 없다. 이렇게 본다면, 본성적 질서나 본능적 질서 어느 하나만으로 인간 사회를 이끌어가기에는 부족한 것이다. 바람직한 정치질서는 본성적 요소와 본능적 요소가 조화를 이루도록 양자를 융합시켜야 하는 것이다.

이상의 내용을 제자백가에 적용시켜 보자. 유가는 한편으로는 위계질서를 강조하고 한편으로는 윗사람의 솔선수범과 아랫사람의 감화를 추구하는바, 이는 본능적 요소와 본성적 요소가 조화를 이룬 것이라 할 수 있다. 묵가가 추구한 상현(尙賢)과 겸애(兼愛)의 질서도 유가와 큰 틀을 같이한다. 다만 묵가가 상동(尙同)을 주장하면서, '상동(上同)하는 사람들은 포상하고, 하비(下比)하는 사람들은 처벌하라'고 주장한 것은 법가의 신상필벌론과 궤를 같이하는 것이다. 법가는 한편으로는 위계질서를 강조하고 한편으로는 윗사람의 명령과 아랫사람의 복종을 강조하면서 신상필벌론으로 이를 뒷받침하는바, 이는 본능적 요소로 일관한 살벌한 체제이다. 도가는 한편으로는 만물제동(萬物齊同)을 강조하고 한편으로는 지족(知足)과 겸양(謙讓), 소요유(逍遙遊)와 재유(在宥)를 강조하는바, 이는 본성적 요소로 일관한 목가적 체제이다. 이 대목에서 蕭公權의 다음과 같은 말을 살펴보자.

선진(先秦) 시대의 제가(諸家)는 역사의 새로운 환경에 적응하는 능력에 따라서 그 종파의 성쇠가 결정되었다. 적응력은 유가(儒家)의 그것이 가장 강하여서 도통(道統)이 가장 길었고, 그 실제의 영향력도 가장 컸다. 이 점에서 어떤 다른 종파도 유가에 미치지 못한다.[29]

蕭公權에 의하면, 제자백가 중에 유가가 가장 오랫동안 중국정치사상사를 주도할 수 있었던 까닭은 유가가 '변화하는 환경에 대한 적응력'[30]이 가장 뛰어났기 때문이다.[31] 그러나 논자는 이러한 설명에 동의하지 않는다. 논자의 생각에, 유가가 가장 오랫동안 중국정치사상사를 주도할 수 있었던 까닭은 유가가 추구한 정치질서가 가장 보편타당했기 때문이다.

인간에게는 도덕적 본성도 있고 이기적 본능도 있거니와, 우리의 삶은 이 두 측면을 동시에 충족시켜야 한다. 이는 정치사상의 경우에도 마찬가지이다. 이러한 맥락에서 본다면, 본성적 질서로 일관한 도가나 본능적 질서로 일관한 법가는 각각 한편에 치우친 것이기 때문에 그 보편타당성을 확보하기가 어려운 것이다. 반면에 유가와 묵가는 본성적 요소와 본능적 요소를 조화시킨 질서를 추구했거니와, 이로써 수월하게 보편타당성을 확보한 것이다. 그런데 보다 구체적으로 논하면 묵가의 겸애(兼愛)보다는 유가의 별애(別愛, 親親而仁民)가 더 많은 사람들의 호응을 얻었고, 묵가의 상동(尙同)보다는 유가의 화이부동(和而不同)이 더 많은 사람들의 호응을 얻었으므로, 유가가 가장 오랫동안 중국정치사상사를 주도하게

29) 蕭公權, 崔明・孫文鎬 共譯, 『中國政治思想史』, 서울대학교출판부, 1998, 20-21쪽.

30) 김영민은 蕭公權이 말하는 '유가의 적응력' 이란 '유교가 중국 전제주의에 잘 적응했다' 는 뜻이라고 풀이한 바 있다(김영민, 『중국정치사상사』, 사회평론아카데미, 2021, 23-24쪽).

31) 蕭公權의 '儒家가 변화하는 환경에 대한 적응력이 가장 뛰어났다' 는 주장은 그의 '儒家는 사라져가는 옛 제도에 대한 그리움을 표시하고 그것의 유지 내지는 회복을 도모한 반면, 法家는 현상을 승인하고 장래의 새로운 추세에 영합하여 그것을 정당화했다' 는 주장과 모순되는 것으로 보인다.

되었던 것이다.[32)]

이처럼 본성적 질서와 본능적 질서라는 관점을 도입하면, 각각의 정치사상에 대해 그 '도덕적 정당성' 과 '실현가능성' 을 논의할 수 있는 길이 열린다. 그리하여 이 책에서는 제자백가의 정치사상에 대해 우선 '치란에 대한 진단과 처방' 이라는 관점에서 해명한 다음, 이를 다시 '본성적 질서와 본능적 질서' 라는 관점에서 분석하고, 평가해 보고자 하는 것이다.

---

32) 傅斯年은 제자백가 중에서 儒家가 후대의 중국사상사를 주도하게 된 까닭을 세 가지로 설명한 바 있다. 첫째, 유가는 宗法秩序를 추구했거니와, 전국시대 이후로도 중국사회는 宗法制의 성격을 그대로 지니고 있었다. 둘째, 전국시대 이후로 血統보다는 賢人을 숭상하는 분위기가 활발했거니와, 따라서 民衆의 역량에 의거한 묵가는 士人계급을 주축으로 삼는 유가를 이길 수 없었다. 셋째, 유가가 추구한 '中庸의 道', 즉 '높은 데 비하면 낮고, 낮은 데 비하면 높은 그만그만한 온건노선' 이 중국인들의 삶에 도움이 되었다(傅斯年, 〈제자백가 정치사상 개관〉, 장현근 編著, 『중국정치사상입문』, 知永社, 1997, 258-259쪽). 이 중에 셋째, 즉 '유가는 中庸의 道를 추구했기 때문에 오래도록 중국사상사를 주도할 수 있었다' 는 주장은 論者의 '유가의 이념이 가장 보편타당했기 때문에 오래도록 중국사상사를 주도할 수 있었다' 는 주장과 궤를 같이하는 것이다.

제2장

유가 : 명분질서와 호혜적 감응

사마천은 『사기열전』의 〈태사공자서〉에서 "유가는 육예(六藝, 詩·書·易·禮·樂·春秋)로 기본을 삼는데, 육예에 관한 경전과 해설은 천만 권이나 되니, 여러 세대 동안 공부해도 그 학문에 통달할 수 없으며, 당대(當代)에는 예(禮)조차 통달할 수 없다. 그러므로 '범위가 넓고 요령이 부족해서, 부지런히 노력해도 효과가 작다' 고 말하는 것이다. 그러나 군신(君臣)과 부자(父子)의 예(禮)를 마련하고, 부부(夫婦)와 장유(長幼)의 구별을 지은 것은 아무도 바꿀 수 없다."고 평한 바 있다.[1)] 요컨대 유가는 '학술의 범위가 매우 넓어서 요점을 파악하기 어렵다' 는 단점이 있으나, '명분질서를 확립하고자 했던 것' 은 중요한 공헌이라는 말이다. 한편, 반고(班固)는 『한서』「예문지」에서 유가에 대해 다음과 같이 설명했다.

유가는 대개 교육을 맡았던 관리들에서 나왔으며, 군주가 음양의 원리에 따

1) 『史記列傳』〈太史公自序〉: 夫儒者 以六藝爲法 六藝經傳以千萬數 累世不能通其學 當年不能究其禮 故曰 博而寡要 勞而少功 若夫列君臣父子之禮 序夫婦長幼之別 雖百家弗能易也

라서 교화를 밝히도록 도왔다. 육경(六經)의 문장에서 노닐고, 인의(仁義)에 뜻을 두었으며, 요 · 순(堯舜)을 받들어 계승하고, 문왕(文王)과 무왕(武王)의 법도를 드러내 밝히며, 공자(孔子)를 종사(宗師)로 삼아 그 말씀을 중요하게 여겼으니, 道 중에 가장 높은 것이었다. 공자는 "만약 기리는 것이 있다면 그것을 시험해 볼 것" 이라고 말했거니와, 당 · 우(唐虞)와 은 · 주(殷周)의 융성과 공자의 업적은 이미 시험하여 얻은 효과이다. 그러나 미혹된 자는 이미 그 정밀하고 오묘한 뜻을 잃고, 편벽된 자는 또 시세(時勢)에 따라 오르내려서, 道의 본체에서 멀리 어긋난 채 구차하게 대중에게 아첨하여 총애를 받았는데, 후진들도 이를 따랐다. 그리하여 오경(五經)이 왜곡되고 유학(儒學)이 쇠퇴하게 되었으니, 이는 편벽된 선비들이 초래한 후환(後患)이다.[2)]

반고는 유가의 핵심을 "음양의 원리에 따라서 교화를 밝히는 것" 으로 설명하고, 유가는 "道 중에 가장 높은 것" 이라고 평가했다. 유가는 '자연의 이법(理法)' 을 중시하는데, 그 이법이란 곧 '일음일양(一陰一陽)의 道' 를 말한다.[3)] 유가는 '일음일양의 道' 를 계승하여 인간의 당위법칙을 정립하고, 이것으로 백성을 교육함으로써 올바른 세상을 만들 수 있다고 보았다. 이제 유가의 기본 입장과 통치 이론을 살펴보기로 하자.

---

2) 『漢書』「藝文志」: 儒家者流 蓋出於司徒之官 助人君順陰陽明教化者也 游文於六經之中 留意於仁義之際 祖述堯舜 憲章文武 宗師仲尼 以重其言 於道最爲高 孔子曰 如有所譽 其有所試 唐虞之隆 殷周之盛 仲尼之業 已試之效者也 然惑者旣失精微 而辟者又隨時抑揚 違離道本 苟以譁衆取寵 後進循之 是以五經乖析 儒學浸衰 此辟儒之患

3) 『周易』〈繫辭上傳〉 제5장에서는 "一陰一陽之謂道" 라 했는데, '一陰一陽' 은 두 가지 뜻을 지닌다. 첫째는 '하나의 음과 하나의 양이 서로 交感한다' 는 뜻으로서, 이를 易學에서는 '交易' 이라 한다. 둘째는 '한 번은 음이 되고 한 번은 양이 된다' 는 뜻으로서, 이를 易學에서는 '變易' 이라 한다.

1. 유가의 기본 입장

1) 유가의 세계관 : 위계론, 감응론, 순환론

유가의 세계관은 『주역』의 음양사상으로 대변된다. 『주역절중』에서는 음양사상을 '불역(不易), 교역(交易), 변역(變易), 이간(易簡)' 의 네 개념으로 정리한 바 있는데, 이를 '역사의(易四義)' 라 한다.[4]

'불역(不易)' 이란 '변하지 않음' 을 말한다. 현상적으로 보면 세상의 모든 것이 변한다. 『주역』은 바로 그 변화를 논하는 책이다. 그런데 『주역』에서는 '변화' 를 논함에 있어서 '변하지 않음' 을 함께 주목한다. 현상계의 모든 것들은 변화하지만, 그 속에는 변하지 않는 기본 구조나 원리가 있다는 것이다. '천존지비(天尊地卑)의 위계 구조' 와 '동정유상(動靜有常)의 순환적 변화' 가 그것이다. 현상의 세계가 아무리 변한다고 하더라도 하늘과 땅이 높고 낮은 위계 구조를 형성함 자체는 변함이 없으며, 또 동·정(動靜)의 순환적 변화에는 일정한 항상성이 있다는 것이다. 이 '불역' 을 두 측면으로 나누어 설명한 것이 '교역' 과 '변역' 이다.[5]

'교역(交易)' 은 '천존지비(天尊地卑)' 의 측면에서 말하는 것으로서, 이는 '음양의 교감(交感, 對待)' 을 말한다. 역학에서는 대립물들을 '서로 짝을 이루어 감응하는 관계' 로 이해한다. 서로 반대되는 대립물들은 서로

---

4) 『周易折中』 卷13 頁9. 『周易折中』은 淸代의 학자 李光地(1642~1718)가 康熙帝의 命을 받들어 편찬한 책이다.

5) '交易과 變易' 즉 음양의 감응과 순환을 이해하는 데 유의할 것은 양자의 경우에 음양의 개념이 서로 달리 설정되고 있다는 점이다. 交易(感應)을 말할 때의 음양은 '하늘과 땅', '남자와 여자', '통치자와 피치자' 등 '두 개의 대립적 사물' 을 의미하며, 變易(循環)을 말할 때의 음양은 '밤과 낮', '추위와 더위', '자라남과 늙음' 등 '한 사물의 生長과 衰滅' 을 의미한다.

감응함으로써 서로를 이루어준다〔相反相成〕. 만물은 서로 짝을 이루어 교감해야만 제대로 존립할 수 있다는 것, 그런데 짝과 교감하기 위해서는 양자의 '조화와 균형' 이 필요하다는 것이 역학의 근본 입장이다. 교역을 인간 사회에 적용하면, 이는 군주와 신하, 부모와 자식, 남편과 아내, 사용자와 노동자, 스승과 제자 등의 바람직한 관계를 제시하는 논리이다. 이러한 대립적 존재들은 높고 낮은 위계 속에 있지만, 또한 감응을 통해 서로를 이루어주는 호혜적 관계이기도 하다는 것이다.

'변역(變易)' 은 '동정유상(動靜有常)' 의 측면에서 말하는 것으로서, 이는 '음양의 순환(循環, 流行)' 을 말한다. 역학에서는 만물의 변화를 순환의 관점에서 이해한다. 즉 변화란 어느 지점에서 시작하여 어느 지점에서 끝나는 것이 아니라, 두 지점 사이를 끊임없이 왕래하는 것이다. 자연계로 말하자면, 어둠이 극에 달하면 밝음이 오고, 추위가 극에 달하면 더위가 오며, 생장이 극에 달하면 쇠멸이 이르고, 한 세대가 쇠멸하면서 다시 다음 세대가 생장한다. 인간의 일로 말하면, 흥진비래(興盡悲來)나 고진감래(苦盡甘來)라 하듯이 흥망성쇠(興亡盛衰) 역시 순환적으로 되풀이된다. 이러한 맥락에서 모든 변화는 두 극단 사이를 끊임없이 왕래하는 것으로서, 모든 사물은 극에 달하면 반드시 반대의 것으로 전화된다〔物極必反〕. 변역을 인간의 사회에 적용하면, 흥성할 때에는 절제하여 극에 이르지 않도록 하고, 고난 속에서는 미래에 대한 희망을 품고 좌절하지 말라는 뜻이다.

'이간(易簡)' 은 역학의 원리가 '쉽고도 간단함' 을 말한다. '불역' 을 구체적으로 설명한 것이 '교역과 변역' 인바, 이는 음양의 감응과 순환이라는 '쉽고 간단한 원리' 로 요약된다. 이간을 인간 사회에 적용하면, 인간 사회는 쉽고 간단한 원리로 운영해야만 오래도록 번영할 수 있다는 뜻이요, 또한 쉽고 간단한 자연의 원리를 결코 어겨서는 안 된다는 뜻이다.

『주역』에서는 인간이 '자연계의 쉽고 간단한 원리'를 체득함으로써 천·지(天地)와 더불어 삼재(三才)로 우뚝 설 것을 주문하였다.

이상에서 역사의를 개관했거니와, 역사의는 '음양의 위계, 음양의 감응, 음양의 순환'이라는 관념으로 요약된다. 그런데 음양의 위계와 음양의 감응은 서로 표리를 이루는 개념이다. 먼저 이를 살펴보도록 하자. 『주역』에서는 음양을 '서로 짝을 이루어 감응하는 관계'로 설명하는데, 음양 사이에는 또한 '존비의 위계'가 존재한다는 것이다. 즉 역학의 음양대대론(陰陽對待論)은 그 이면에 양존음비론(陽尊陰卑論)을 함축하고 있다.[6] 존비의 관념은 결국 존귀한 존재가 비천한 존재를 '통어(統御)'하고, 비천한 존재는 존귀한 존재를 '순승(順承)'해야 한다는 관념으로 이어진다. 『주역』에서는 다음과 같이 말한다.

> 위대하도다! 건원(乾元)이여. 만물이 이를 바탕으로 시작되니, 이에 하늘을 통어한다.[7]
>
> 지극하도다! 곤원(坤元)이여. 만물이 이를 바탕으로 생겨나니, 이에 하늘을 순승한다.[8]

위의 인용문에서는 양의 본분을 '통어(統御)'로, 음의 본분을 '순승(順承)'으로 규정했다. 요컨대 음과 양의 관계에서, 양은 앞에서 음을 통솔하는 지도자(leader)의 역할을 해야 하고, 음은 양을 따르면서 뒷받침하는 수행자(follower)의 역할을 해야 한다는 것이다. 이러한 맥락에서 곤괘

---

6) 『周易傳義大全』 卷22 頁3, 「繫辭上傳」 제1장 雙湖胡氏小註 : 天尊地卑 陰陽固有自然尊卑之象

7) 『周易』 乾卦 彖辭 : 大哉 乾元 萬物資始 乃統天

8) 『周易』 坤卦 彖辭 : 至哉 坤元 萬物資生 乃順承天

(坤卦)에서는 "앞서면 혼미해지나, 뒤따르면 얻는다〔先迷後得〕."라고 했는데, 이에 대해 정자는 다음과 같이 해설했다.

> 음은 양을 따르는 존재이니, 양이 선창(先唱)하기를 기다렸다가 화답(和答)하는 것이다. 음인데 양보다 앞서면 혼미하여 어긋나게 되나, 양의 뒤에 있으면 곧 상도(常道)를 얻게 된다.[9)]

이처럼 『주역』의 음양사상은 결코 음과 양을 '평등(대등)한' 존재로 규정하는 것이 아니다. 역학에서는 음양을 상반상성(相反相成)의 보완적인 관계로 규정하면서도, 또한 음양에는 '존비의 위계'가 존재한다고 보고, 그에 따라 각각의 본분도 '통어와 순승'으로 구별한 것이다.

'존비의 위계'와 '상반상성'은 유가 정치사상의 저변을 형성하는 두 기본 관념이다. 그런데 맹자는 이 세상에 존재하는 위계질서를 두 종류로 구분하여, 다음과 같이 말한다.

> 천하에 道가 있으면 대덕(大德)이 소덕(小德)을 부리고 대현(大賢)이 소현(小賢)을 부리나, 천하에 道가 없으면 큰 사람이 작은 사람을 부리고 강한 사람이 약한 사람을 부리니, 이 두 가지는 '자연의 이치〔天〕'이다. 자연의 이치를 따르는 사람은 살아남고, 어기는 사람은 멸망한다.[10)]

맹자는 위계질서 자체를 '자연의 이치'로 규정했다. 그런데 위계질서에는 '문덕(文德, 賢德)의 위계'도 있고 '무력(武力, 暴力)의 위계'도 있다

---

9)『周易傳義大全』卷2 頁1, 程傳 : 陰從陽者也 待唱而和 陰而先陽 則爲迷錯 居後乃得其常也

10)『孟子』〈離婁上〉7 : 孟子曰 天下有道 小德役大德 小賢役大賢 天下無道 小役大 弱役强 斯二者 天也 順天者存 逆天者亡

는 것이다. '道가 있는 세상' 에서는 '문덕의 위계' 가 작동하고, '道가 사라진 세상' 에서는 '폭력의 위계' 가 작동한다. 맹자는 이러한 인식을 바탕으로 '왕도(王道)' 를 옹호하고 '패도(霸道)' 를 비판했다.[11]

이처럼 유가는 '위계질서' 자체를 '자연적이고 필수적인 것' 으로 규정하면서도, 무력의 위계를 비판하고 문덕의 위계를 추구했다. 그런데 문덕의 위계를 뒷받침하는 관념이 바로 '음양대대론' 즉 음양은 서로 짝을 이루어 교감함으로써 서로를 이루어줄 수 있다는 관념이었다. 역학에서는 음양은 항상 저절로 감응하는 것이 아니요, 서로 조화와 균형을 이룰 때에만 감응할 수 있다고 본다. 예컨대 『주역』 태괘(泰卦)에서는 "천 · 지(天地)가 교감함으로써 만물이 태통(泰通)해지며, 상 · 하(上下)가 교감함으로써 그 뜻이 같아진다."[12]고 했는데, 이에 대해 호병문(胡炳文, 1250~1333)은 다음과 같이 설명한다.

> 건괘(乾卦)와 곤괘(坤卦) 이후 음효와 양효가 각각 30획씩 있고 난 다음에 태괘(泰卦)가 위치한다. 이는 음양이 지나치거나 모자람이 없어야만 태통할 수 있음을 의미한다. 이미 태통한 다음에는 지나친 것을 억제하고 모자라는 것을 보충해야 하니, 이것이 태통을 오래 보존할 수 있는 방도이다.[13]

위에 분명히 보이듯이, 역학에서는 음양이 조화와 균형을 이루어야만

---

11) 유가가 추구한 '문덕의 위계질서' 는 '聖人의 德을 갖춘 사람이 統治者가 되어야 한다' 는 '內聖外王' 의 관념을 탄생시켰다. '聖王' 이라는 개념이 등장하게 된 배경과 그 의의에 대해서는 김상준, 「禮의 기원과 유교적 안티노미」(김상준 外, 『유교의 예치이념과 조선』, 청계, 2007) 40-50쪽 참조.

12) 『周易』 泰卦 彖辭 : 天地交 而萬物通也 上下交 而其志同也

13) 『周易傳義大全』 卷5 頁17, 雲峯胡氏小註 : 乾坤而後 陰陽各三十畫 然後爲泰 是泰由於陰陽无過无不及者也 旣泰之後 制其過 補其不及 所以保泰也

서로 교감하여 태통할 수 있다고 본다. 이러한 맥락에서, 유가는 사회 구성원들이 서로 문덕을 발휘하여 서로 배려하고 서로 양보할 것을 권했다.[14] 위에서 또 주목할 것은 "지나친 것을 억제하고 모자라는 것을 보충해야 한다."는 내용이다. 역학의 음양순환론에 의하면 모든 것은 생장쇠멸을 반복하거니와, 음양도 생장쇠멸을 반복하는 것이다. 이 과정에서 음이나 양 어느 한쪽으로 치우치면 음양의 교감이 불가능하게 되는바, 음양의 순조로운 교감을 위해서는 지나친 것을 억제하고 모자라는 것을 보충하는 노력을 계속해야 한다. 유가의 사회개혁론은 대개 이러한 맥락에서 성립했던 것이다.

2) 인간에 대한 이해 : 인심도심론과 군자소인론

유가의 인간관을 간단히 말하면, 인간에게는 도덕적(사회적) 본성과 이기적(동물적) 본능이 함께 존재한다는 것, 육체적 생존을 위해서는 본능적 욕구를 적절하게 충족시켜야 하나, 남들과 평화롭게 어울리면서 사람답게 살기 위해서는 도덕적 본성을 발휘해야 한다는 것이다. 유교에서는 본능적 욕구를 추구하는 마음을 '인심(人心)'[15]이라 하고, 도덕적 본성을 발휘하는 마음을 '도심(道心)'이라 했다. 그리고 인심에 얽매인 사람을 '소인(小人)'이라 하고, 도심을 잘 발휘하는 사람을 '군자(君子)'라 했다. 이러한 내용들을 구체적으로 살펴보자.[16]

---

14) '文德의 위계'가 上·下의 相反相成을 추구하는 것이라면, '武力의 위계'는 上이 下를 지배와 수탈의 대상으로 삼는 것이다.

15) 전통 유학에서 말하는 '人心'이란 輿論과 같은 맥락에서 '사람들의 마음'을 뜻하기도 하고, 道心과 반대되는 맥락에서 '본능적 욕망을 추구하는 마음'을 뜻하기도 한다. 이 章에서 말하는 '人心'은 모두 기본적으로 人心道心說에서의 '人心'을 뜻하는 것이다.

인심도심론은 『서경』의 “인심은 오직 위태롭고 도심은 오직 은미하니, 오직 정밀하게 살피고 오직 한결같이 지켜서, 진실로 그 중용을 잡으라.”[17]는 말로부터 유래한다. 이 말은 순(舜)이 우(禹)에게 왕위를 물려주면서 당부한 내용이라 하는데, 주자는 이에 대해 다음과 같이 설명한 바 있다.

> 마음의 허령한 지각(知覺)은 하나일 뿐인데 인심과 도심의 다름이 있는 것은, 인심은 ‘형기의 사사로움〔形氣之私〕’에서 생기고 도심은 ‘성명의 바름〔性命之正〕’에 근원하여, 그 지각하는 바가 같지 않기 때문이다. 그러므로 인심은 위태하여 불안하고, 도심은 미묘하여 드러나기 어렵다. 그러나 인간은 누구나 형기(形氣)를 지니고 있기 때문에 비록 상층의 지혜로운 사람이라 하더라도 인심이 없을 수 없고, 또한 누구나 본성(本性)을 지니고 있기 때문에 비록 하층의 어리석은 사람이라 하너라도 도심이 없을 수 없다.
>
> 인심과 도심이 마음속에 섞여 있어 다스릴 줄을 모른다면, 인심은 더욱 위태로워지고 도심은 더욱 미묘해져서, ‘천리(天理)의 공정함’이 마침내 ‘인욕(人欲)의 사사로움’을 이길 수 없을 것이다. ‘정밀함〔精〕’이란 인심과 도심의 간격(차이)을 살펴서 섞지 않는 것이요, ‘한결같음〔一〕’이란 본심의 바름을 지켜서 떠나지 않는 것이다. 조금도 중단 없이 이에 종사하여, 반드시 도심으로 항상 한 몸의 주재자를 삼아 인심이 항상 그 명령을 따르게 한다면, 위태로운 인심은 편안해지고 미묘한 도심은 드러나게 되어, 모든 말과 행동이 저절로 지나

16) 유교의 인간관을 논하자면 대개 맹자의 性善說과 순자의 性惡說을 떠올릴 것이다. 그런데 두 사람은 모두 ‘인간에게는 도덕적 본성과 이기적 본능이 함께 존재한다’고 보았다. 다만 맹자는 도덕적 본성이야말로 인간을 인간답게 하는 요소라는 점을 주목하여 性善說을 주장한 것이요, 순자는 이기적 본능이 도덕적 본성을 압도한다는 점을 주목하여 性惡說을 주장한 것이다. 본고에서는 性善說과 性惡說을 모두 포괄하는 맥락에서 人心道心說을 중심으로 유교의 인간관을 살펴볼 것이다.

17) 『書經』「虞書」〈大禹謨〉: 人心惟危 道心惟微 惟精惟一 允執厥中

치거나 모자라는 잘못이 없게 될 것이다.

무릇 요·순·우(堯舜禹)는 천하의 위대한 성인(聖人)이었고, 천하를 서로 전해 줌은 천하의 중대한 일이었다. 천하의 위대한 성인이 천하의 중대한 일을 수행하여 왕위를 서로 주고받음에 정녕 경계하여 당부한 말씀은 이에 불과했다. 그렇다면 천하의 이치가 어찌 이에 덧보탤 것이 있겠는가?[18]

위의 첫째 문단은 인심과 도심의 개념을 설명하고 양자가 서로 불가결의 관계임을 밝힌 것이요, 둘째 문단은 '유정유일(惟精惟一)' 의 공부를 통해 '윤집궐중(允執厥中)' 에 이르는 방법을 설명한 것이며, 셋째 문단은 세상만사는 결국 인심과 도심의 문제로 귀결됨을 밝힌 것이다. 이 세 문단을 중심으로 주자의 인심도심론을 살펴보도록 하자.[19]

첫째 문단에서는 '인심은 형기(形氣)에서 생기고, 도심은 성명(性命)에 근원한다' 고 했다. '형기(形氣)' 란 인간의 육체를 말하는바, 인심이란 육체적 본능에서 유래하는 마음으로, 배가 고프면 음식을 먹고자 하고, 추우면 옷을 입고자 하며, 정욕이 일면 이성(異性)을 그리워함 등이 이에 해당한다. 주자는 '형기의 사사로움' 또는 '인욕의 사사로움' 이라 하여, 인심을 '사사로운 것' 으로 규정했다. '사사로운 것' 이란 '개인에 속한다'

---

18) 『中庸章句』〈中庸章句序〉: 心之虛靈知覺 一而已矣 而以爲有人心道心之異者 則以其或生於形氣之私 或原於性命之正 而所以爲知覺者不同 是以 或危殆而不安 或微妙而難見耳 然人莫不有是形 故雖上智 不能無人心 亦莫不有是性 故雖下愚 不能無道心 二者雜於方寸之間 而不知所以治之 則危者愈危 微者愈微 而天理之公 卒無以勝夫人欲之私矣 精則察夫二者之間而不雜也 一則守其本心之正而不離也 從事於斯 無少間斷 必使道心 常爲一身之主 而人心每聽命焉 則危者安 微者著 而動靜云爲 自無過不及之差矣 夫堯舜禹 天下之大聖也 以天下相傳 天下之大事也 以天下之大聖 行天下之大事 而其授受之際 丁寧告戒 不過如此 則天下之理 豈有以加於此哉

19) '人心과 道心' 은 본래 『書經』에 보이는 말이나, 인심도심론을 본격적으로 전개한 것은 朱子이다. 따라서 이 節의 실질적 내용은 '주자의 인심도심론' 이다.

는 뜻이니, 사람들이 각자 '자신의 육체적 욕망을 추구하는 것' 이 인심이다. '성명(性命)' 이란 인간의 도덕적 본성을 뜻하는바, 도심이란 인의예지(仁義禮智)의 본성에서 유래하는 마음으로서, 측은지심(惻隱之心) · 수오지심(羞惡之心) · 사양지심(辭讓之心) · 시비지심(是非之心) 등이 이에 해당한다. 주자는 '천리(天理)의 공정함' 또는 '성명(性命)의 공정함' 이라 하여, 도심을 '공정한 것' 으로 규정했다. 사람들이 '남들과 함께하기 위해 공정성을 추구하는 것' 이 도심이다.

주자는 인심과 도심이 서로 없을 수 없다고 보았다. 인심은 무엇보다도 자신의 육체적 생존을 뒷받침하는 것인바, 따라서 성인(聖人)이라도 인심이 없을 수 없다. 또 도심은 인의예지의 본성으로부터 발하는 것으로서, 아무리 어리석은 사람이라도 조금이나마 도덕적 지각 능력을 지니고 있다.[20] 이러한 맥락에서 사람은 누구나 인심과 도심을 동시에 지니는 것이다.

둘째 문단에서는 유정유일(惟精惟一)의 공부를 통해 '도심이 인심을 주재해야 한다' [21]고 했다. '유정유일' 이란 자신이 지금 품고 있는 마음이 인심인지 도심인지 정밀하게 살피고〔惟精〕, 도심이 인심을 한결같이 주재하도록〔惟一〕 하는 것이다. 인심과 도심은 서로 없을 수 없는바, 양자의

20) 온갖 범죄를 자행한 흉악범이나 파렴치범들도 체포되었을 때에는 모두 고개를 숙이고 얼굴을 가린다. 이는 자신들의 범행이 잘못된 것임을 스스로 알고 부끄러워하기 때문이다. 그들이 범죄를 저지른 것은 욕심 때문이었지만, 그들도 양심이 있기 때문에 부끄러워하고 참회할 수 있는 것이다.

21) 주자는 이를 "마땅히 人心으로 하여금 항상 道心의 區處를 따르게 해야만 옳다(當使人心 每聽道心之區處 方可)"는 말로 표현하기도 했다(『朱子語類』 卷62, 중화서국본 1488쪽). '區處' 란 말 그대로 '구분하여 처리함' 으로서, 옳은 일과 그른 일, 착한 일과 악한 일, 이로운 일과 해로운 일 등을 구분하여 처리한다는 뜻이다. '道心의 區處' 란 道心이 '옳은 일, 착한 일, 이로운 일' 등을 추구하도록 인도하는 것인바, 人心은 마땅히 이에 따라야 한다는 뜻이다.

바람직한 관계는 '도심이 인심에게 합당한 길을 제시하고, 인심이 항상 그에 따르는 것' 이다. 이렇게 하면, 위태로운 인심은 편안해지고 미묘한 도심은 드러나게 되어, 모든 말과 행동이 저절로 지나치거나 모자라는 잘못이 없게 된다. 이것이 바로 '윤집궐중(允執厥中)' 이다.

셋째 문단에서는 '천하를 다스리는 것처럼 중대한 일도 결국 인심과 도심의 올바른 관계를 정립하는 문제로 귀결된다' 고 했다. '유정유일' 은 개인이 자신의 삶을 바르게 영위하는 길이기도 하고, 통치자가 국가를 올바로 다스리는 길이기도 하다. '유정유일' 은 모두가 지녀야 할 '마음가짐' 으로서, 시비(是非)와 선악(善惡) 또는 치란(治亂)과 성패(成敗)를 결정짓는 관건이 된다. 요 · 순 · 우처럼 위대한 성인이, 왕위를 주고받는 것처럼 가장 중대한 일을 수행할 때, 정녕 경계하여 당부한 말이 이에 불과하였으니, 인심과 도심의 문제야말로 세상만사의 궁극적 관건이라는 것이다.

유가는 사람의 인격을 논할 때 '군자와 소인' 이라는 구분을 즐겨 썼다. 유가의 군자소인론은 인심도심론이 제시하는 마음가짐〔心法〕에 입각하여 각자의 인격을 평가하고, 사람다운 사람이 될 것을 독려하는 논리였다. 『논어』에서는 군자와 소인을 서로 대비시켜 묘사한 내용이 많다. 몇 가지 예를 살펴보자.

> 군자는 의리(義理)에 밝고, 소인은 이익(利益)에 밝다.[22] ○ 군자는 남과 조화를 이루되 같아지지 않고, 소인은 남과 같아지되 조화를 이루지 못한다.[23] ○ 군자는 사람을 두루 사귀되 편당(偏黨)을 짓지 않고, 소인은 자기들끼리 편당을 짓고 두루 사귀지 못한다.[24] ○ 군자는 남의 좋은 점을 이루어 주고 나쁜

22) 『論語』〈里仁〉16 : 子曰 君子 喩於義 小人 喩於利
23) 『論語』〈子路〉23 : 子曰 君子 和而不同 小人 同而不和
24) 『論語』〈爲政〉14 : 子曰 君子 周而不比 小人 比而不周

점은 이루어 주지 않으나, 소인은 이와 반대된다.[25)]

'군자는 의리에 밝다' 는 말은 군자는 이익보다 의리를 중시한다는 뜻이다. 이는 군자가 이익을 외면한다는 뜻이 아니요, 이익을 취하고자 할 때엔 먼저 그것이 정당한 것인지 살펴, 정당한 이익만 취한다는 뜻이다. 그런데 소인은 이익에 밝아, 의리를 돌보지 않고 이익만 추구한다. 군자의 '화이부동(和而不同)' 은 '공통의 규범을 준수하고, 남들의 개성을 존중하며, 동시에 자신의 개성을 지킨다' 는 뜻이다. 소인의 '동이불화(同而不和)' 는 사람들의 주체성이나 개성을 부정하고 모든 사람이 똑같이 생각하고 똑같이 행동할 것을 요구하는 '획일주의' 이다.[26)] 소인들이 사사롭게 편당을 짓는 까닭은 특정한 이익을 자기들끼리 독점하기 위한 것이다. 소인이 사사로운 이기심에 얽매인 사람이라면, 군자는 공정한 의리를 앞세우는 사람이다. 그러므로 군자는 사람들을 대할 때도 편당을 짓지 않고 모든 사람을 공정하게 대하는 것이다.

한편, 사회생활은 '협력' 의 관점에서 이해할 수도 있고 '경쟁' 의 관점에서 이해할 수도 있다. 사회생활은 본질적으로 '상호 협력' 이요, 따라서 그와 나는 '동반자' 라고 인식한다면, 그의 장점은 나의 기쁨이 되고, 그의 단점은 나의 슬픔이 된다. 군자가 '남의 아름다운 점을 이루어주고, 남의 나쁜 점은 이루어주지 않음' 은 이러한 관점에서 이해할 수 있다. 반면에 사회를 경쟁의 체계로 이해하고, 그와 나를 경쟁자라고 인식한다면, 그의 장점은 나의 슬픔이 되고, 그의 단점은 나의 기쁨이 된다. 경쟁사회에서 상대방의 실수나 불행은 곧 나의 승리로 연결되거니와, 그러므로

25) 『論語』 〈顔淵〉 16 : 子曰 君子 成人之美 不成人之惡 小人反是

26) 儒家는 '和而不同' 을 이상으로 삼는 반면, 墨家는 '尙同과 上同' 을 이상으로 삼는데, 이는 유가와 묵가의 중요한 차이점이다.

'타인의 불행은 나의 행복' 이라고 생각하게 되는 것이다. 소인이 '남의 아름다운 점은 이루어주지 않고, 남의 나쁜 점은 이루어줌' 은 이러한 관점에서 이해할 수 있다.

이상에서 '군자와 소인' 을 여러 측면에서 대비해 보았는데, 도덕적 본성에 충실한 사람이 군자요, 육체적 본능에 충실한 사람이 소인이다. 이제 『논어』의 다음과 같은 내용을 보자.

> 안연이 仁에 대해 묻자, 공자가 말씀하시길, "자기를 이기고 禮로 돌아가는 것이 仁이다. 하루 동안 자기를 이기고 禮로 돌아가면 천하가 仁으로 돌아올 것이다. 仁을 실천함은 자기로부터 말미암으니, 남으로부터 말미암겠는가?" 안연이 말하기를, "청컨대 그 조목을 묻겠습니다." 공자가 말씀하시길, "禮가 아니면 보지 말며, 禮가 아니면 듣지 말며, 禮가 아니면 말하지 말며, 禮가 아니면 움직이지 말라." 안연이 말하기를, "제가 비록 민첩하지 못하나, 청컨대 이 말씀을 일삼겠습니다."[27]

안연이 '仁' 에 대해 묻자, 공자는 '자기를 이기고 예로 돌아감〔克己復禮〕' 이라고 답했다. 그런데 주목할 것은, 공자가 바로 이어서 '仁을 실천함은 자기로부터 말미암는다〔爲仁由己〕' 고 부연했다는 점이다. '극기복례(克己復禮)' 에서는 자기가 '극복의 대상' 으로 규정되었으나, '위인유기(爲仁由己)' 에서는 자기가 '仁을 실천하는 주체' 로 규정된 것이다. 요컨대 '자기' 는 한편으로는 극복의 대상이면서 한편으로는 도덕 실천의 주체이다. 인간에게는 이러한 양면성이 있다는 것이 공자의 생각이었다.

---

27) 『論語』〈顔淵〉1 : 顔淵問仁 子曰 克己復禮爲仁 一日克己復禮 天下歸仁焉 爲仁由己 而由人乎哉 顔淵曰 請問其目 子曰 非禮勿視 非禮勿聽 非禮勿言 非禮勿動 顔淵曰 回雖不敏 請事斯語矣

인간의 양면성은 '본성적 자아' 와 '본능적 자아' 로 설명될 수 있다. 본성적 자아란 '양심' 또는 '도심' 처럼 도덕적 본성을 추구하는 자아를 뜻하고, 본능적 자아란 '욕심' 또는 '인심' 처럼 이기적 본능을 추구하는 자아를 뜻한다. 이렇게 볼 때, '仁을 실천하는 주체' 로서 자아란 '본성적 자아' 로서 '군자' 란 이러한 자아상을 실현하는 사람이며, '극복해야 할 대상' 으로서의 자아란 '본능적 자아' 로서 '소인' 이란 이러한 자아상에 매몰된 사람이다. 모든 사람은 이러한 양면성을 지니고 있거니와, 유교의 군자소인론은 도덕적 본성과 이기적 본능 사이의 올바른 관계를 제시하는 것이다. '禮에 어긋난 것은 보지 말라' 는 말은 '禮에 맞는 것만 보라' 는 뜻인바, 이처럼 도덕적 성찰을 통해 본능적 욕구를 통제하는 사람을 '군자' 라 한 것이다.

유가가 이처럼 군자와 소인을 구분한 것에는 두 가지 의의가 있다. 첫째, 군자를 이상적 인간상으로 제시함으로써, 모든 사람에게 '군자가 되라' 고 독려하는 것이다. 유가는 '사람은 누구나 수기(修己)를 통해 군자가 될 수 있다' 고 역설했다. 유가에 따르면, 군자는 '사람다운 사람' 인 반면 소인은 '사람답지 못한 사람' 이다. 유가는 모든 사람이 사람다운 사람으로 거듭날 것을 희망했다. 둘째, 이 세상에는 군자도 있고 소인도 있거니와, 오직 군자만이 통치자의 자격이 있고, 소인은 군자의 통치를 받아야 한다는 것이다. 모든 사람은 자신의 노력을 통해 군자가 될 수 있다고 해도, 군자는 적고 소인은 많은 것이 현실이다. 또한 소인이 집권하면 국가를 사유화하고 백성을 학대한다. 그리하여 유가는 군자가 통치자가 되어 문덕의 정치를 베풀 것을 희망한 것이다.

3) 유가의 규범들 : 인 · 의(仁義)와 예 · 악(禮樂)

유가가 강조하는 사회 규범은 맥락에 따라 다양하게 거론할 수 있지만, 대표적인 것은 仁 · 義와 禮 · 樂이다. 일반적으로 仁은 '사람을 사랑함' 으로, 義는 '일을 알맞게 처리함' 으로, 禮는 '마디 짓고 꾸며서 질서를 이룸' 으로, 樂은 '함께 참여하여 조화를 이룸' 으로 설명된다.

먼저 仁에 대해 살펴보자. 仁은 유가의 대표적 규범으로서,[28] '사람을 사랑함' 을 뜻한다. 그런데 '사람' 에는 여러 부류가 있거니와, 사람에 따라 사랑을 베푸는 방식도 달라야 한다. 그리하여 仁은 다양한 의미를 지니게 되는바, 예컨대 선행을 한 사람에게는 칭찬해 주는 것이 仁이며, 악행을 한 사람에게는 꾸짖는 것이 仁이라는 것이다.[29] 유교에서는 특히 가족과 남을 구별하여, '가족 사이의 사랑' 과 '남남 사이의 사랑' 을 다르게 설명한다.[30]

'가족 사이의 사랑' 은, 부자간에는 부모는 자식을 돌보고 자식은 부모를 받들며〔父慈子孝〕, 형제간에는 형은 아우를 우애하고 아우는 형을 공경해야〔兄友弟恭〕 한다는 것이다. 여기서 자애(慈愛)와 효도(孝道)는 부모와 자식이라는 혈연을 전제로 성립하며, 우애와 공경은 형과 아우라는 혈

---

28) 유가는 '仁 · 義 · 禮 · 智' 를 '四德' 이라 하기도 하고, '仁 · 義 · 禮 · 智 · 信' 을 '五常' 이라 하기도 한다. 그런데 유가는 仁을 '義 · 禮 · 智 · 信을 모두 포괄하는 대표적 덕목' 으로 설명하기도 하고, '義 · 禮 · 智 · 信과 구별되는 하나의 덕목' 으로 설명하기도 한다. 본고에서는 '하나의 덕목' 이라는 맥락에서 논의하기로 한다. 또한 '四德' 이라 하면 '덕목' 의 의미가 강하고, '五常' 이라 하면 '떳떳한 도리' 즉 '규범' 의 의미가 강하거니와, 본고에서는 '규범' 이라는 맥락에서 논의하기로 한다.

29) 『論語』 〈里仁〉 3 : 子曰 唯仁者 能好人 能惡人

30) 예컨대 『禮記』 에서는 "집안에서의 다스림은 은혜가 의리보다 중요하고, 집 밖에서의 다스림은 의리가 은혜보다 중요하다." 고 설명했다(『禮記』 〈喪服四制〉 : 門內之治 恩揜義. 門外之治 義斷恩).

연을 전제로 성립한다. 요컨대 가족 사이의 사랑은 혈연을 매개로 성립하는 '본능적 사랑' 이다.

유교에서는 '남남 사이의 사랑' 은 충(忠)과 서(恕)로 설명한다. '충(忠)' 이란 다른 사람을 돕기 위하여 자기의 최선을 다하는 것이며, '서(恕)' 란 '자기를 미루어 남에게까지 미치는 것' 또는 '자기와 남을 동일한 원칙으로 대하는 것' 이다. 공자는 사회생활에서의 가장 긴요한 규범을 '서(恕)' 라 하고, "자기가 원하지 않는 일을 남에게 베풀지 말라"[31]고 설파했다. '가족 사이의 사랑' 인 부자자효(父慈子孝)와 형우제공(兄友弟恭)이 '본능적 사랑' 이라면, '남남 사이의 사랑' 인 충(忠)과 서(恕)는 '이성적(理性的) 사랑' 이다. 공자는 "무릇 어진 사람은 자기가 서고자 함에 다른 사람도 서게 하고, 자신이 영달하고자 함에 다른 사람도 영달하게 한다. 가까운 데서 취하여 깨달을 수 있다면 仁을 실천하는 방법이라 할 수 있다."[32]고 말했는데, 이에 대해 주자는 다음과 같이 풀이했다.

> 가까이 자신에게 취하여 자기가 원하는 바로써 다른 사람에 대해서도 깨달아, 그가 원하는 바도 또한 이것과 같을 것임을 아는 것이다. 그런 다음에 자기가 원하는 바를 미루어 다른 사람에게까지 미친다면, 이것이 곧 서(恕)에 해당하는 것이요 仁을 실천하는 방법이다. 여기에 힘쓴다면 '인욕(人欲)의 사사로움' 을 이기고 '천리(天理)의 공정함' 을 온전히 실천할 수 있다.[33]

서(恕)란 보통 '자기를 미루어 남에게 미치는 것〔推己及人〕' 이라고 설

---

31) 『論語』〈衛靈公〉 23 : 子貢問曰 有一言而可以終身行之者乎 子曰 其恕乎 己所不欲 勿施於人

32) 『論語』〈雍也〉 28 : 夫仁者 己欲立而立人 己欲達而達人 能近取譬 可謂仁之方也已

33) 『論語集註』〈雍也〉 28, 朱子註 : 近取諸身 以己所欲 譬之他人 知其所欲亦猶是也 然後 推其所欲 以及於人 則恕之事而仁之術也 於此勉焉 則有以勝其人欲之私而全其天理之公矣

명된다. 자신의 소망을 바탕으로 다른 사람의 소망을 알아내고, 그것이 실현 가능하도록 돕는 것이 서(恕)이다. 이는 반성을 통해 인간의 '보편적 소망'을 깨닫고 그에 부합되게 행위하는 것인데, 이것이 바로 '이성의 역할'이다. 『대학』에서 말하는 '혈구지도(絜矩之道)'도 이와 궤를 같이한다.

> 군자에게는 '혈구지도(絜矩之道)'가 있다. 윗사람에게 싫어했던 바로 아랫사람을 부리지 말고, 아랫사람에게 싫어했던 바로 윗사람을 섬기지 말며, 앞사람에게 싫어했던 바로 뒷사람에게 먼저 하지 말고, 뒷사람에게 싫어했던 바로 앞사람을 따르지 말며, 오른쪽 사람에게 싫어했던 바로 왼쪽 사람과 교제하지 말고, 왼쪽 사람에게 싫어했던 바로 오른쪽 사람과 교제하지 말 것이니, 이것을 '혈구지도'라 한다.[34]

'혈구(絜矩)'란 자신의 마음을 척도로 삼아 남의 마음을 헤아리는 것이다. 우리는 다른 사람과 접촉하면서 종종 호오(好惡)의 감정을 품게 되는데, 자신의 그러한 경험을 척도로 삼아 남의 마음을 헤아리고, 결코 남이 싫어할 짓을 하지 않는 것이 바로 혈구지도이다. 『대학』에서는 '평천하(平天下)'를 논하면서 그 첫째 지침으로 '혈구지도'를 거론했거니와, 이는 '호혜적 배려'야말로 세계 평화의 지름길이라고 천명한 셈이다.

義는 '당면한 일을 알맞게 처리함'을 뜻한다. 주자는 義를 '마음으로 제어하여 일을 알맞게 처리함'으로 풀이했는데,[35] 이에 대해 진순(陳淳, 1159~1223)은 다음과 같이 설명한다.

---

34) 『大學章句』 傳10章 : 君子有絜矩之道也 所惡於上 毋以使下 所惡於下 毋以事上 所惡於前 毋以先後 所惡於後 毋以從前 所惡於右 毋以交於左 所惡於左 毋以交於右 此之謂絜矩之道

35) 『孟子集註』〈梁惠王上〉 1, 朱子註 : 義者 心之制 事之宜也

義란 마음에서 논하면 '마음이 마름질하고 제어하여 결단하는 것〔裁制決斷〕'이다. '알맞음〔宜〕'이란 재단(裁斷)한 다음에 성립하는 말이다. (마음으로) 재단한 것이 당연한 다음에 (일의 처리가) 알맞을 수 있다. 어떤 일이 내 앞에 닥치면, 그것이 옳은 것인지 그른 것인지 판단해야 한다. 주자는 "마음속에 義가 있는 것은 날카로운 칼이 있는 것과 같으니, 사물이 다가왔을 때 칼질을 하면 두 조각으로 나뉘는 것이다. 만약 가·부(可否)를 전혀 판단할 수 없다면, 이는 마음이 완고하고 무디어 義가 없는 것이다."라고 하였다.[36]

유교에서는 인간은 누구나 도심(道心) 또는 양심(良心)을 지니고 있어서, 사물에 대해 올바로 판단할 수 있다고 본다. 義란 요컨대 어떤 일에 당면했을 때 자신의 양심으로 옳고 그름을 판단하여, 그 일을 올바르게 처리하는 것이다.

유교에서는 대개 禮와 樂을 함께 거론한다. 『예기』에서는 "樂은 천지의 조화(調和)이고, 禮는 천지의 질서(秩序)이다."[37]라고 하였다. 禮는 차등(분별)의 원리에 입각하고, 樂은 화합의 원리에 입각한다. 차등이란 친·소(親疎)나 존·비(尊卑)를 차등적으로 대우함을 말하며, 화합이란 친·소나 존·비를 차별하더라도 친·소와 존·비가 서로 화합할 수 있게 함을 말한다. 유가는 차등과 화합은 항상 함께 추구되어야 한다고 보아, 禮와 樂을 함께 거론하는 것이다.

주자는 禮를 "자연의 이법에 따라 마디 짓고 꾸미는 것으로서, 인간의 행동 규칙이다."라고 설명한 바 있다.[38] '마디를 지음'은 구별 또는 차등

---

36) 『字義』 卷上 頁26 : 義就心上論 則是心裁制決斷處 宜字乃裁斷後字 裁斷當然 然後得宜 凡事到面前 便須有剖判是可是否 文公謂義之在心如利刀然 物來觸之 便成兩片 若可否都不能剖判 便是此心頑鈍無義了

37) 『禮記』〈樂記〉: 樂者 天地之和也 禮者 天地之序也

38) 『論語』〈學而〉 12, 朱子註 : 禮者 天理之節文 人事之儀則也

에 해당하는 것으로서, 구체적으로는 '친·소'와 '존·비'를 구별하는 것이다. '알맞게 꾸밈'은 먼 사람보다 가까운 사람을 후대하고, 비천한 사람보다 존귀한 사람을 우대하는 것이다.[39] 이러한 원리를 규범화한 것이 '인간의 행동 규칙'으로서, 이로써 인간의 사회생활을 규제하는 것이다.

한편, 樂은 함께 음악을 연주하고 감상하면서, 그에 참여하는 사람들이 서로 화합하도록 하는 것이다. 『예기』에서는 樂의 화합적 성격을 다음과 같이 설명한다.

> 樂이 종묘(宗廟) 가운데 있어서 군신(君臣)과 상하(上下)가 함께 들으면 서로 화합하고 공경하게 되며, 족장(族長)과 향리(鄕里) 가운데 있어서 장유(長幼)가 함께 들으면 서로 화합하고 순조롭게 되며, 규문(閨門) 안에 있어서 부자(父子)와 형제(兄弟)가 함께 들으면 서로 화합하고 친하게 된다.[40]

위에 보이듯이, 樂은 군신과 상하, 어른과 어린이, 부자와 형제 등이 차등적 위계를 초월하여 하나로 화합하게 하는 것이다. 요컨대 禮가 '차등적 질서'의 원리라면 樂은 '일체적 화합'의 원리이다. 이러한 맥락에서 『예기』에서는 "樂은 '같음'을 위한 것이고, 禮는 '다름'을 위한 것이다. 같으면 서로 친하고, 다르면 서로 공경한다. 樂이 지나치면 문란해지고, 禮가 지나치면 서로 멀어진다. 정(情)을 화합하게 하고 모양을 꾸미는 것이 禮·樂의 일이다."[41]라고 했는데, 그 주석에서는 다음과 같이 설명한다.

---

39) 예컨대 寸數에 따라 喪服을 달리하는 五服 제도는 親·疎에 따라 꾸밈을 달리한 것이며, 官職의 高下에 따라 服飾과 儀典 등 각종 처우를 달리하는 것은 尊·卑에 따라 꾸밈을 달리한 것이다.

40) 『禮記』〈樂記〉: 是故 樂在宗廟之中 君臣上下同聽之 則莫不和敬 在族長鄕里之中 長幼同聽之 則莫不和順 在閨門之內 父子兄弟同聽之 則莫不和親

41) 『禮記』〈樂記〉: 樂者爲同 禮者爲異 同則相親 異則相敬 樂勝則流 禮勝則離 合情飾貌者

'樂이 지나쳐서 문란해짐' 은 '같음' 이 지나친 폐단이고, '禮가 지나쳐서 서로 멀어짐' 은 '다름' 이 지나친 폐단이다. '정(情)을 화합하게 한다' 는 것은 樂이 내면적으로 화합을 추구하는 것이니, '서로 멀어짐' 의 잘못을 구제하기 위한 것이다. '모양을 꾸민다' 는 것은 禮가 외면적으로 검속하는 것이니, '문란해짐' 의 잘못을 구제하기 위한 것이다. 이것이 禮와 樂이 서로 바탕이 되는 까닭이다.[42]

禮의 차등만 강조하다 보면 상·하의 사이가 멀어지고, 반대로 樂의 화합만을 강조하다 보면 상·하의 질서가 문란해진다. 그러므로 禮의 차등과 樂의 화합은 항상 함께 추구되어야 한다는 것이다.

이상의 내용을 정리해 보자. 대부분의 윤리사상은 '인간에 대한 사랑' 을 설파하고 '사회적 질서' 를 강조한다. 그런데 묵가(墨家)가 '모든 사람을 평등하게 사랑하라' 고 주장하는 것과 달리, 유가는 가족과 남을 구별하여, '가족을 먼저 더 두텁게 사랑하라' 고 주장한다. 또한 묵가는 '상동(尙同)' 을 추구하면서 '윗사람과 같아질 것〔上同〕' 을 주장한 반면, 유가는 '화이부동(和而不同)' 을 주장하면서 구별과 화합을 함께 추구했다. 한편, 도가(道家)가 옳고 그름의 구별을 무시하는 것과 달리, 유가는 옳고 그름의 구별을 매우 중요하게 생각한다. 또한 법가(法家)가 상하의 위계질서를 강조하고 상명하복(上命下服)을 강조했던 것과 달리, 유가는 상하의 위계질서를 중시하면서도 상하의 화합을 추구했다. 유가는 질서가 있으면서도 소외되는 사람이 없고, 화합하면서도 문란하지 않은 사회를 만들고자 했던 것이다.

禮樂之事也

42)『禮記集說大全』卷18 頁13 : 樂勝則流 過於同也 禮勝則離 過於異也 合情者 樂之和於內 所以救其離之失 飾貌者 禮之檢於外 所以救其流之失 此禮之義樂之文 所以相資爲用者也

2. 유가의 정치사상

1) 정치체의 본질과 성격

유가 정치사상은 '천명(天命)사상'으로부터 출발한다. 고대 중국에서는 하늘(天 또는 上帝)이 자연 세계와 인간 세계를 모두 주재한다고 믿었다. 하늘은 세상만사를 주재하는바, 따라서 정치도 하늘의 의지를 벗어날 수 없는 것이다. 이러한 맥락에서 『서경』에서는 정치체(국가)의 성립 자체를 '천명'에 의한 것으로 보았다.

> 하늘이 백성을 낳으셨는데, 백성들은 욕망이 있기 때문에, 군주가 없으면 곧 혼란스럽게 되었다. 하늘이 총명한 사람을 낳아 군주로 삼아 다스리게 하였다.[43]

> 하늘이 아래의 백성을 도와서 군주와 스승을 세우신 것은 오직 능히 상제(上帝)를 도와서 사방을 사랑하고 편안하게 하려는 것이었다.[44]

위에 보이듯이, 하늘은 가장 총명한 사람을 백성의 군주로 삼아, 자신의 의지를 대행(代行)하도록 했다는 것이다.[45] 인간은 욕망에 지배당하기

---

43) 『書經』「商書」〈仲虺之誥〉: 惟天 生民有欲 無主乃亂 惟天生聰明 時乂

44) 『書經』「周書」〈泰誓上〉: 天佑下民 作之君 作之師 惟其克相上帝 寵綏四方

45) 天命思想에 입각하면, '궁극적 주권자'는 '하늘〔天〕'이요, '군주'란 天命을 대행하여 백성을 통치하는 '통치권자'에 불과하다. 이는 『서경』의 '革命論'을 통하여 더욱 분명히 알 수 있다. 『서경』의 혁명론은, 천명에 의해 통치권을 위임받았던 군주가 하늘의 명령대로 善政을 베풀면 그 위임이 지속되고, 그렇지 않고 폭정을 자행하면 하늘이 통치권을 회수하여 다른 총명한 사람에게 위임한다는 것이다. 이렇게 통치권의

때문에 '자연상태' 에서는 혼란이 발생할 수밖에 없거니와, 그러므로 총명한 사람을 군주와 스승으로 임명했다는 것이다. 군주의 역할은 백성이 편안히 살 수 있도록 다스리는 것이요, 스승의 역할은 백성이 올바로 살 수 있도록 가르치는 것이다. 그리하여 백성들이 풍족한 의식주(衣食住)를 바탕으로 인륜(人倫)을 실천하며 사이좋게 살도록 하자는 것이 유가의 이상이었다.

자연상태에서는 백성의 삶이 혼란에 빠지므로 군주의 통치가 필요하다면, 백성의 편안한 삶은 군주의 통치에 의존하는 것이다. 그런데 유교에서는 군주 역시 백성을 필요로 하는 존재라고 본다. 군주는 통치권을 부여받아 일정한 강역을 통치하는데, 그 강역을 수비하고 통치권을 안전하게 유지하기 위해서는 백성의 도움이 필요하다는 것이다. 『서경』에서는 다음과 같이 말한다.

> 사랑스러운 것은 군주가 아닌가? 두려운 것은 백성이 아닌가? 백성은 군주가 아니면 누구를 받들겠는가? 군주는 백성이 아니면 함께 나라를 지킬 사람이 없다. 공경하여 군주의 자리를 조심스럽게 지키고, 공경하여 바람직한 일을 닦으라. 사해(四海)가 곤궁해지면 하늘이 내린 녹(祿)이 영원히 끝날 것이다.[46)]

> 백성은 군주가 아니면 서로 바로잡으며 살 수 없고, 군주는 백성이 아니면

소재를 바꾸는 주체는 하늘이었으니, 하늘이야말로 주권자였다는 것이 분명할 것이다. 하늘이 주권자라고 할 때, 문제는 '하늘의 뜻' 을 정확히 알기 어렵다는 점이다. 그리하여 전통 유교에서는 '民心이 곧 天心' 이라고 주장하게 되었는데, 이로부터 사실상 '백성이 곧 주권자' 라는 관념이 성립하게 되었다. 이에 대한 자세한 논의는 拙著, 『儒教傳統과 自由民主主義』, 제7장 〈유교의 主權論과 민주주의〉 참조.

46) 『書經』「虞書」〈大禹謨〉: 可愛非君 可畏非民 衆非元后 何戴 后非衆 罔與守邦 欽哉 愼乃有位 敬修其可願 四海困窮 天祿永終

사방을 다스릴 수 없다.[47]

위의 두 인용문은 '군주와 백성은 서로를 기다린다' 는 것, 즉 '군민상수(君民相須)' 를 설파한 것이다. 군주와 백성이 서로를 필요로 한다면, 군주는 백성이 원하는 것을 제공하고 백성은 군주가 원하는 것을 제공해야 한다. 그런데 문제는 대개 군주 측에서 발생한다. 현실의 세계에서 군주는 백성으로부터 많은 것을 거두어들이면서도 자신의 임무를 소홀히 하는 경우가 많다. 그러므로 『서경』에서는 "공경하여 군주의 자리를 조심스럽게 지키고, 공경하여 바람직한 일을 닦으라. 사해가 곤궁해지면 하늘이 내린 녹(祿)이 영원히 끝날 것이다."라고 경계한 것이다. 『서경』에서는 또한 "백성은 가까이할지언정 하대(下待)해서는 안 된다. 백성은 오직 나라의 근본이니, 근본이 튼튼해야 나라가 편안하다."[48]고 했는데, 이에 대해 채침(蔡沈, 1167～1230)은 다음과 같이 주석했다.

군주와 백성은 그 형세로 말하면 존・비(尊卑)의 구분이 하늘과 땅처럼 균등하지 않으나, 정(情)으로 말하면 서로 기다려서 편안해지는 것은 신체의 각 부분이 서로 도와서 살아가는 것과 같다. 그러므로 형세가 소원해지면 분리되고, 정(情)이 친해지면 합해진다. 친하기 때문에 '가까이한다' 고 하고, 소원하기 때문에 '하대(下待)한다' 고 한 것이니, '백성과 친근해야 하고, 소원하게 대해서는 안 된다' 는 말이다. 또한 백성은 나라의 근본이니, 근본이 튼튼한 다음에야 나라가 편안해진다. 근본이 튼튼하지 못하면 비록 진(秦)처럼 강력하고 수(隋)처럼 부유해도, 결국 멸망하고 말뿐이다.[49]

47) 『書經』「商書」〈太甲中〉: 民非后 罔克胥匡以生 后非民 罔以辟四方
48) 『書經』「夏書」〈五子之歌〉: 民可近 不可下 民惟邦本 本固邦寧
49) 『書傳大全』「夏書」〈五子之歌〉, 蔡沈註 : 君之與民 以勢而言 則尊卑之分 如霄壤之不侔

채침은 군주와 백성의 관계를 두 측면에서 논했다. 하나는 형세의 측면으로서, 군주와 백성은 "존·비(尊卑)의 구분이 하늘과 땅처럼 균등하지 않다." 또 하나는 인정(人情)의 측면으로서, 군주와 백성이 "서로 기다려서 편안해지는 것은 신체의 각 부분이 서로 도와서 살아가는 것과 같다." 요컨대 채침은 군주와 백성을 '존비의 위계 관계'인 동시에 '서로를 기다리는 상수(相須) 관계'라고 설명했다. 이처럼 군주와 백성을 존비의 위계 관계로 보면서도 동시에 상수 관계를 강조하여 애민(愛民)과 친민(親民)을 역설하는 것이 유가의 기본 입장이었다.

유가의 이러한 설명은 『주역』의 음양사상과 표리를 이룬다. 앞에서 살펴보았듯이, 역학(易學)에서는 '하늘은 높고 땅은 낮다〔天尊地卑〕'는 관점에서 '음양의 위계'를 강조하면서도, 또 '서로 반대되는 것이 감응하여 서로 이루어준다〔相反相成〕'는 관점에서 '음양의 감응'을 강조한다. 채침은 이러한 음양사상의 기본 논리에 입각하여, 군주와 백성을 '존비의 관계'인 동시에 '상수의 관계'라고 설명한 것이다.

이상의 내용을 정리해 보자. 유가에 의하면 정치체란 본질적으로 백성의 안전한 삶과 인륜적인 삶을 뒷받침하는 기구이다. 자연의 세계는 '존비의 위계'와 '호혜적 협력'을 통해 작동하는바, 인간의 세계도 이러한 작동 원리를 본받아야만 제대로 작동할 수 있다. 이러한 맥락에서 유가는 정치체의 성격을 '존비의 위계'와 '호혜적 협력'의 체계로 규정하고, 그 원활한 작동을 뒷받침하는 논리로 정명론을 제창했던 것이다.

以情而言 則相須以安 猶身體之相資以生也 故勢疏則離 情親則合 以其親故謂之近 以其疏故謂之下 言其可親而不可疏之也 且民者 國之本 本固而後國安 本旣不固 則雖强如秦 富如隋 終亦滅亡而已矣

2) 사회의 운영 : 정명(正名)과 감화

유가는 사회적 결속의 핵심 방법을 '모든 사람이 각자 자신의 몫을 다한다'는 '정명(正名)'에서 찾았다. 사회의 구성원들이 각자 자신의 도리(道理)를 다하면, 상호 간에 긍정적인 반응을 일으켜, 서로 감사하고, 서로 신뢰하며, 서로 협동하는 사회가 될 수 있다는 것이다. 유가의 이러한 입장을 정명론(正名論) 또는 명분론(名分論)이라 하거니와, 이는 사회 구성원들의 존비 관계와 상수 관계를 동시에 설명하는 논리이다.

유가의 정명론은 흔히 "임금은 임금다워야 하고, 신하는 신하다워야 하며, 아버지는 아버지다워야 하고, 자식은 자식다워야 한다."[50]는 말로 표현된다. 모든 사회적 지위 즉 '이름〔名〕'에는 그에 합당한 몫 즉 '본분(本分)'이 따른다.[51] 이처럼 사회적 지위에 따르는 본분을 다하는 것이 곧 '다움'이다. 군주가 군주의 본분을 다하면 '군주다운 것'이며, 신하가 신하의 본분을 다하면 '신하다운 것'이다. 이처럼 각자의 사회적 본분을 다하자는 것이 명분론의 취지이다. 명분론은 군 · 신 · 민(君臣民) 등 '사회의 기본적 위계질서를 훼손해서는 안 된다'는 맥락에서는 '각자의 분수(分數, 分限)를 지키라'는 논리로 작동하며, 사회 구성원들이 '각자의 책임을 다하여 호혜적으로 협력하라'는 맥락에서는 '각자의 본분(本分)을 다하라'는 논리로 작동한다.[52]

먼저 '위계질서의 존중'이라는 관점을 살펴보자. 『주역』 이괘(履卦)의 상사(象辭)에서는 "위에는 하늘이 있고 아래에는 연못이 있는 것이 이괘

50) 『論語』 〈顔淵〉 11 : 君君 臣臣 父父 子子

51) 유가는 '이름'에 따르는 '합당한 몫' 즉 '本分'을 보통 '道理'라 하였다.

52) 유교의 德治論은 '각자의 本分을 다하라'는 맥락에서 성립하는 것이며, 유교의 禮治論은 '각자의 分數를 지키라'는 맥락에서 성립하는 것이다.

(履卦)이니, 군자는 이를 본받아 상·하(上下)를 분변하고 백성의 심지(心志)를 안정시킨다."[53]고 했는데, 이에 대해 정자는 다음과 같이 해설했다.

하늘은 위에 있고 연못은 아래에 있는 것이 상·하의 바른 이치이다. 사람의 실천도 마땅히 이와 같아야 하니, 그러므로 그 모습을 취해서 이괘(履卦)가 된 것이다. 군자는 이괘의 모습을 보고 본받아 상·하의 명분을 변별하고, 백성의 심지(心志)를 안정시킨다. 무릇 상·하의 명분이 분명한 다음에야 백성의 심지가 안정되고, 백성의 심지가 안정된 다음에야 정치를 말할 수 있으니, 백성의 심지가 안정되지 않으면 천하를 다스릴 수 없다.

옛날에는 공경대부(公卿大夫) 이하 모든 지위가 각각 그 덕에 알맞았으니, 종신토록 그 자리에 있어도 그 분수를 얻은 것이다. 지위가 덕에 걸맞지 않으면 임금이 들어서 승진시켰으며, 선비는 학문을 닦아서, 학문이 지극해지면 임금이 (벼슬자리에 나올 것을) 요청했으니, 모두 자기에게 미리 정해둔 것이 아니었다. 농·공·상·고(農工商賈)는 각각 자신의 일에 힘쓰되, 누리는 것에는 분한(分限)이 있었으니, 그러므로 모두 정해진 뜻이 있어서 천하 모든 사람의 마음을 통일시킬 수 있었다.

후세에는 일반 선비로부터 공경(公卿)에 이르기까지 날마다 존영(尊榮)에 뜻을 두고, 농·공·상·고(農工商賈)는 날마다 부치(富侈)에 뜻을 두어, 수많은 사람들의 마음이 서로 이익을 두고 경쟁하여 천하가 어지러우니, 어떻게 통일시킬 수 있겠는가? 혼란에 빠지지 않게 하려 해도 어려우니, 이는 상·하에 일정한 심지(心志)가 없는 데서 연유한 것이다. 군자는 이괘의 모습을 보고 상·하를 분변하여, 각각 그 분수에 합당하게 하여, 백성의 심지를 안정시키는 것이다.[54]

53)『周易』 履卦 象辭 : 上天下澤 履 君子以 辯上下 定民志

54)『周易傳義大全』 履卦 象辭, 程傳 : 天在上 澤在下 上下之正理也 人之所履當如是 故取其

위의 첫째 문단은 유기체적 세계관에 입각해 '상하의 위계'를 강조하고, 그에 입각해 명분론의 취지를 설명한 것이다. 자연의 세계와 마찬가지로 인간의 세계에도 위계 관계가 존재하고, 또 그것이 지극히 정당한 것이라면, 그 위계에 따라 사람들을 차등적으로 대우하는 것이 마땅할 것이요, 사회의 구성원들이 이를 수긍한다면 마침내 안분지족(安分知足)에 이르게 된다. 이러한 맥락에서 정자는 "상 · 하의 명분이 분명한 다음에야 백성의 심지가 안정된다."고 설파하고, "백성의 심지가 안정되지 않으면 천하를 다스릴 수 없다."고 단언했다.

위의 둘째 문단은 명분론적 사회 운영의 기본 원칙을 설명한 것으로, 각자는 자신의 이름(지위)에 걸맞은 덕과 능력을 발휘해야 한다는 것, 그리고 각자의 분한에 만족해야 한다는 것이다. 셋째 문단은 각자의 분한을 어겼을 때의 폐해를 설명함으로써 명분론의 의의를 다시 확인한 것이다. 선비와 공경대부 등 통치 계층이 덕과 능력을 발휘하는 일은 소홀히 하고 높은 지위만을 추구하며, 농공상고는 분한을 어기고 부(富)와 사치를 일삼는다면 국가가 혼란에 빠진다는 것이다. 요컨대 명분론은 '존비의 위계'라는 관점에서는 이기적 경쟁을 혼란의 근원으로 규정하여 억제하고, 각자의 분한에 만족하도록 유도하는 논리로 작동한다. 이러한 맥락에서 『주역』 가인괘(家人卦)의 단사(彖辭)에서는 다음과 같이 말한다.

가인괘(家人卦)는 여자는 안에서 자리를 바르게 하고 남자는 밖에서 자리를

象而爲履 君子觀履之象 以辯別上下之分 以定其民志 夫上下之分明然後 民志有定 民志定然後 可以言治 民志不定 天下不可得而治也 古之時 公卿大夫而下 位各稱其德 終身居之得其分也 位未稱德 則君擧而進之 士修其學 學至而君求之 皆非有預於己也 農工商賈 勤其事而所享有限 故皆有定志 而天下之心可一 後世 自庶士 至于公卿 日志于尊榮 農工商賈日志于富侈 億兆之心 交騖於利 天下紛然 如之何其可一也 欲其不亂 難矣 此由上下无定志也 君子觀履之象 而分辯上下 使各當其分 以定民之心志也

> 바르게 하니, 남녀가 각각 자리를 바르게 하는 것이 천지의 대의(大義)이다. (…) 아버지는 아버지답고, 자식은 자식다우며, 형은 형답고, 아우는 아우다우며, 남편은 남편답고, 아내는 아내다우면 가정의 법도가 바르게 될 것이니, 가정을 바르게 함으로써 천하가 안정될 것이다.[55]

위의 인용문은 가정의 여러 구성원이 각자 자신의 분수를 지킬 것을 말한 것이다. 가정의 여러 구성원이 자신의 분수를 지키면 가정이 바르게 됨은 물론 천하도 안정될 것이며, 나아가 천지만물도 바르게 된다는 것이다.

다음 '호혜적 협력' 이라는 관점을 살펴보자. 사회의 구성원들을 '서로 협력이 필요한 관계' 로 이해할 경우, 필연적으로 '각자는 각자의 본분을 다하라' 또는 '각자는 상대방에 대한 도리를 다하라' 는 주장이 성립하게 된다. 예를 들어 부자 관계에서는 부모는 자식을 자애하고 자식은 부모에게 효도하며〔父慈子孝〕, 군신 관계에서는 군주는 신하를 올바름으로 대하고 신하는 군주에게 충성하며〔君義臣忠〕, 부부 관계에서는 남편은 아내를 사랑하고 아내는 남편에게 순종하라〔夫和婦順〕는 것이다. 여기서 자(慈)는 부모의 본분이고 효(孝)는 자식의 본분이며, 의(義)는 군주의 본분이고 충(忠)은 신하의 본분이며, 화(和)는 남편의 본분이고 순(順)은 아내의 본분이다.[56] 이처럼 각자 자신의 본분을 다할 때 서로 감응(感應)이 이루어져 형통하게 된다는 것이 유가의 지론이었다.

역학(易學)에서는 음효(陰爻)가 음의 자리에 있고 양효(陽爻)가 양의 자리에 있어서 서로 올바른 자리를 지킬 때에 음 · 양의 교감이 잘 이루어

---

55) 『周易』 家人卦 彖辭 : 家人 女正位乎內 男正位乎外 男女正 天地之大義也 (…) 父父 子子 兄兄 弟弟 夫夫 婦婦 而家道正 正家而天下定矣

56) 이를 달리 표현하면, 慈는 부모의 자식에 대한 도리이고, 孝는 자식의 부모에 대한 도리이며, 義는 군주의 신하에 대한 도리이고, 忠은 신하의 군주에 대한 도리이며, 和는 남편의 아내에 대한 도리이고, 順은 아내의 남편에 대한 도리이다.

진다고 본다. 이와 마찬가지로, 군 · 신(君臣) 간에 서로 각자의 본분을 다하면 군 · 신 사이의 감응이 이루어지고, 부 · 자(父子) 간에 서로 각자의 본분을 다하면 부 · 자 사이의 감응이 이루어진다. 『주역』에서 인간의 감응을 대표하는 괘는 함괘(咸卦)인데, 정자는 이에 대해 다음과 같이 설명한다.

> 무릇 군 · 신(君臣)과 상 · 하(上下)로부터 만물에 이르기까지 모두 서로 감응하는 도리가 있으며, 사물이 서로 감응하면 형통하게 되는 이치가 있다. 군 · 신이 서로 감응하면 군 · 신의 도리가 통하며, 상 · 하가 서로 감응하면 상 · 하의 뜻이 통한다. 부자(父子), 부부(夫婦), 친척, 붕우에 이르기까지 모두 정의(情意)가 서로 감응하면 화순(和順)하게 되어 형통(亨通)하다.[57)]

정자는 바람직한 인간관계를 서로 정의(情意)가 통하는 감응으로 설정하고, 감응에 의해 모든 일이 형통하게 됨을 말한 것이다. 이러한 맥락에서, 사회를 형통하게 운영하려면 감응이 이루어지도록 해야 한다. 유가는 특히 상 · 하의 감응을 중시했다. 상 · 하의 호혜적 감응에 의해 사회를 운영해야 한다는 것이 유가의 기본적 입장이다. 이는 공자 · 맹자는 물론 순자도 마찬가지였다. 순자는 다음과 같이 말한다.

> 군주가 자기 백성을 사랑하고 예의(禮義)로 통제하여, 윗사람이 아랫사람 대하기를 어린아이를 보호하듯이 하며, 정령(政令)과 제도 등으로 아래의 백성을 접할 때 조금이라도 이치에 맞지 않는 것이 있으면, 비록 환과고독(鰥寡孤獨)

57) 『周易傳義大全』 咸卦, 程傳 : 凡君臣上下 以至萬物 皆有相感之道 物之相感 則有亨通之理 君臣能相感 則君臣之道通 上下能相感 則上下之志通 以至于父子夫婦親戚朋友 皆情意相感 則和順而亨通

이라도 반드시 (그 잘못된 것들을) 덮어씌우지 않는다. 그러므로 아랫사람이 윗사람을 친하게 여기기를 부모처럼 기뻐하며, 죽어도 배반하는 일이 없게 된다. 군신(君臣)과 상하(上下), 귀천(貴賤)과 장유(長幼) 그리고 보통 사람에 이르기까지 이것으로 표준을 삼지 않음이 없으니, 그런 다음에 모두 안으로 스스로 반성하여, 삼가 자기의 직분을 다한다. 이는 백왕(百王)이 함께했던 바요, 예법(禮法)의 핵심이다.[58]

위에 보이듯이, 유가는 상 · 하를 구분하지만, 상 · 하의 관계를 억압과 복종으로 설정하지 않는다. 상 · 하는 올바른 도리로 교감해야 할 뿐만 아니라, 부모와 자식처럼 친애의 감정이 통해야 한다는 것이요, 그러면 아랫사람은 결코 윗사람을 배반하지 않게 된다는 것이다.

감응을 위해서는 자신의 본분을 다하는 것뿐만 아니라, 상대에 대한 배려가 필요하다. 『주역』의 태괘(泰卦, ䷊)는 음 · 양이 서로를 배려하여 크게 형통함을 상징하는 괘이고, 비괘(否卦, ䷋)는 음 · 양이 각자 자기 입장만 고집하여 크게 비색함을 상징하는 괘이다. 유인석(柳麟錫, 1842～1915)은 이를 군주와 백성의 관계에 적용하여 다음과 같이 말한다.

군주는 하늘이고, 백성은 땅이다. 하늘과 땅이 교감하면 태통(泰通)하고, 교감하지 못하면 비색(否塞)하다. (…) 군주는 백성을 구제하는 데 마음을 쓸 뿐이며, 백성은 군주를 받드는 데 마음을 쓸 뿐이다. 군주에게 이러한 마음이 없다면 백성이 군주를 해치기 전에 군주가 스스로 해치게 되며, 백성에게 이러한

58) 『荀子』〈王霸〉: 上莫不致愛其下 而制之以禮 上之於下 如保赤子 政令制度 所以接下之人百姓 有不理者如豪末 則雖孤獨鰥寡 必不加焉 故下之親上 歡如父母 可殺而不可使不順 君臣上下 貴賤長幼 至于庶人 莫不以是爲隆正 然後皆內自省 以謹於分 是百王之所以同也 而禮法之樞要也

> 마음이 없다면 군주가 백성을 해치기 전에 백성이 스스로 해치게 된다.[59]

유인석은 상호 간의 교감이 크게 형통할 수 있는 조건이라고 전제하고, 교감을 위해서는 서로서로 배려하는 자세로 임해야 함을 말한 것이다. 공자는 "자기가 서고 싶으면 남도 설 수 있게 하고, 자기가 영달하고 싶으면 남도 영달할 수 있게 하라"[60]고도 했고, "자기가 원하지 않는 일을 남에게 베풀지 말라"[61]고도 했다. 이러한 호혜적 배려의 태도를 『대학』에서는 '혈구지도(絜矩之道)'라 하였다.

유가의 명분론은 도덕적 차원에서는 '자신의 본분을 다하라', '자신의 분수를 지키라'는 원칙으로 구체화되었지만, 제도적 차원에서는 '차등적 의례(儀禮)'로 구체화되었다. 유교의 예제(禮制)는 사회적 지위의 귀·천(貴賤)과 혈연의 친·소(親疎)에 따라 각자의 몫〔分〕을 차등적으로 설정하고, 그에 맞는 의례를 제공하는 것이다. 예컨대 순자는 다음과 같이 말한다.

> 성왕(聖王)은 넉넉한 재물을 마름질하여 신분(身分)의 등차(等差)를 분별하니, 위로는 어질고 착한 사람을 꾸며서 귀·천(貴賤)을 밝히고, 아래로는 어른과 어린이를 꾸며서 친·소(親疎)를 밝힌다. 그리하여 위로는 왕공(王公)의 조정으로부터 아래로는 백성의 집에 이르기까지 천하의 모든 사람들이 환하게 자기의 자리를 아니, 다른 이상한 것을 위한 것이 아니라 장차 각자의 몫〔分〕을 밝혀서 두루 다스림으로써 만세(萬世)를 보전하기 위한 것이다.[62]

---

59) 『毅菴集』 卷53 頁25, 「道冒篇」: 君天也 民地也 天地交泰 天地不交否 (…) 君心乎濟民而已 民心乎戴君而已 君無此心 則害何暇於民 君自害也 民無此心 則害何暇於君 民自害也

60) 『論語』 〈雍也〉 28 : 夫仁者 己欲立而立人 己欲達而達人

61) 『論語』 〈顔淵〉 2 : 己所不欲 勿施於人

위에 보이듯이, 예제의 취지는 한편으로는 신분의 등차를 분별하여 상하의 위계를 공고히 하면서도, 다른 한편으로는 모든 계층의 욕망을 합리적으로 제한하여 안정된 사회를 만들자는 것이었다. 이러한 맥락에서 명분론의 의의를 정리해 보면 다음과 같다.

첫째, 명분론은 '안분지족(安分知足)'을 통해 사회의 구성원들이 서로 각자의 권리를 존중해주도록 유도한다. 명분론은 하층계급이 상층계급을 넘보지 못하게 막는 기능만 하는 것이 아니요, 상층계급이 하층계급을 침탈하지 못하게 막는 기능도 한다. 『대학』의 "처음 대부(大夫)가 되어 마승(馬乘)을 치는 사람은 닭과 돼지를 치지 않고, 경대부(卿大夫) 이상의 얼음을 쳐서 쓰는 집안은 소와 양을 치지 않으며, 백승(百乘)의 집안은 세금을 거두어들이는 신하를 두지 않으니, 세금을 거두어들이는 신하를 두려거든 차라리 자기의 재물을 도둑질하는 신하를 두어라."[63]는 말은 이러한 맥락에서 이해할 수 있다.

둘째, 명분론은 위계의 차등을 중시하되, 분배에 있어서는 차등을 가급적 최소화한다. 주지하듯이 상층계급과 하층계급 사이 분배의 차등을 크게 할수록 계급 갈등이 심화된다. 그리하여 유가는 상층계급과 하층계급 사이 이익의 균형을 중시하였다.[64] 『논어』의 "나라와 가정을 둔 사람은 적은 것을 걱정하지 말고 고르지 못한 것을 걱정하며, 가난한 것을 걱정하지 말고 안정되지 못한 것을 걱정하라. 대개 고르면 가난함이 없고, 조

62) 『荀子』〈君道〉: 聖王財衍以明辨異 上以飾賢良而明貴賤 下以飾長幼而明親疎 上在王公之朝 下在百姓之家 天下曉然皆知其所 非以爲異也 將以明分達治 而保萬世也

63) 『大學章句』 傳10章.

64) 유교에서 上·下의 균형을 중시하는 것은 陰陽思想과 표리를 이루는 것이다. 易學에서는 음과 양이 조화와 균형을 이루어야만 서로 감응하여 生生을 지속한다고 본다. 마찬가지로, 상층계급과 하층계급도 조화와 균형을 이루어야 서로 감응하여 사회가 지속적으로 발전할 수 있는 것이다.

화를 이루면 적은 것이 없으며, 안정되면 뒤집히는 일이 없다."[65]는 말은 이러한 맥락에서 이해할 수 있다.

셋째, 명분론에서 추구하는 위계질서는 상명하복(上命下服)의 위계질서가 아니라 '윗사람이 먼저 아랫사람에게 모범을 보여야 한다'는 솔선수범(率先垂範)의 위계질서이며, '윗사람이 먼저 아랫사람에게 자신을 낮추어야 한다'는 예양(禮讓)의 위계질서이다.[66] 많은 사람들은 위계질서를 언급하면 곧 상명하복을 연상하나, 상명하복은 법가(法家)의 지론이었다. 유가의 지론은 예양〔禮治〕과 솔선수범〔德治〕이었는데, 명분론적 위계질서는 이와 궤를 같이한다. 『논어』의 "예양으로 나라를 다스리면 어려움이 없다."[67]는 말이나 "덕으로 정치를 하는 것은 비유컨대 북극성이 제자리에 머물러 있으면 뭇별들이 그를 향하는 것과 같다."[68]는 말은 이러한 맥락에서 이해할 수 있다.

3) 통치의 방법 : 덕치(德治)와 예치(禮治)

맹자는 유교적 정치의 이상을 '왕도(王道)' 또는 '인정(仁政)'이라는 말로 설명한 바 있다. 그리고 '인정'을 구체적으로는 '형벌을 줄이고 세금을 가볍게 해 주는 것'으로도 설명하고,[69] '백성이 원하는 것을 베풀어 주고, 원치 않는 것을 베풀지 않는 것'으로도 설명했다.[70] 예나 지금이나

---

65) 『論語』〈季氏〉1 : 聞有國有家者 不患寡而患不均 不患貧而患不安 蓋均無貧 和無寡 安無傾

66) 『禮記』〈曲禮上〉에서는 禮의 본질을 '자신을 낮추고 상대방을 높임(自卑而尊人)'으로 설명했다.

67) 『論語』〈里仁〉13 : 能以禮讓 爲國乎 何有

68) 『論語』〈爲政〉1 : 爲政以德 譬如北辰 居其所 而衆星共之

69) 『孟子』〈梁惠王上〉5 : 王如施仁政於民 省刑罰 薄稅斂 深耕易耨 壯者以暇日 修其孝悌忠信 入以事其父兄 出以事其長上

포악한 통치자는 걸핏하면 형벌을 가하여 백성의 생명을 해치고 자유를 억압하며, 과도한 세금으로 백성의 재산을 수탈한다. '형벌을 줄이고 세금을 가볍게 해 준다'는 것은 '자유권, 생명권, 재산권' 등 백성의 기본적 권리를 존중한다는 의미이다. 한편, 맹자는 '백성이 원하는 것을 베풀어 주고, 원치 않는 것을 베풀지 않는 것'을 다음과 같이 구체적으로 설명한 바 있다.

> 현자(賢者)를 존중하고 재능이 있는 자를 임용하여 준걸(俊傑)이 합당한 자리에 있으면, 천하의 선비들이 모두 기뻐하여 그 조정에서 벼슬하기를 원할 것이다. 시장(市場)에 자릿세만 받고 별도의 세금을 징수하지 않으며, 법대로 처리하기만 하고 자릿세조차 받지 않으면, 천하의 장사꾼들이 모두 기뻐하여 그 시장에 물건을 쌓아두고자 할 것이다. 관문(關門)에서는 여행객들을 살피기만 하고 세금을 징수하지 않으면, 천하의 여행객들이 모두 기뻐하여 그 길로 다니고자 할 것이다. 농부들에게는 공전(公田)을 도와서 경작하게만 하고 별도의 세금을 징수하지 않으면, 천하의 농부들이 모두 기뻐하여 그 들판에서 농사짓기를 원할 것이다. 상점에는 부포(夫布)와 이포(里布)[71]를 징수하지 않는다면 천하의 백성들이 모두 기뻐하여 그 나라의 백성이 되고자 할 것이다.
>
> 진실로 이 다섯 가지를 시행한다면 이웃 나라 백성들이 부모처럼 우러러볼 것이니, 백성들이 생겨난 이래로 그 자제(子弟)를 거느리고서 그 부모를 공격하여 성공한 예가 없다. 이와 같으면 천하에 대적(對敵)할 자가 없을 것이다. 천하에 대적할 자가 없으면 하늘이 내린 관리〔天吏〕인 것이니, 이렇게 하고서

---

70) 『孟子』〈離婁上〉9 : 得天下有道 得其民斯得天下矣 得其民有道 得其心斯得民矣 得其心有道 所欲與之聚之 所惡勿施爾也 民之歸仁也 猶水之就下 獸之走壙也

71) '夫布'란 뽕나무와 삼베를 기르지 않는 집에 벌로 부과하던 布이며, '里布'란 생업에 종사하지 않는 자에게 벌로 부과하던 布이다.

도 왕이 되지 못한 예는 없다.[72)]

위의 인용문에서 거론한 인정의 조목은, 관리의 임용에서는 덕성과 능력을 척도로 삼을 것, 시장에서는 안전한 거래를 돕고 세금은 최소화할 것, 관문에서는 불순분자만 색출하고 여행자들의 편의를 보장할 것, 농부들과 상인들에게는 정해진 세금만 징수하고 그 밖의 잡세를 폐지할 것 등 다섯 가지로 요약된다. 한 국가의 통치자가 진실로 이러한 조목들을 실천한다면, 천하의 선비, 천하의 상인, 천하의 농부, 천하의 여행객 등 '천하의 모든 백성' 이 그 나라로 몰려들게 된다는 것이다.

위의 인용문에서 특히 주목할 것은 '이웃 나라의 백성들이 부모처럼 우러러본다' 는 말이다. 과연 한 통치자가 인정을 베풀어 이웃 나라의 백성들도 그를 부모처럼 우러러본다면, 이웃 나라의 백성들은 그의 자제(子弟)와 마찬가지일 것인바, 따라서 이웃 나라의 통치자는 그런 백성들을 동원하여 이 왕도의 통치자를 공격해 보았자 결코 이길 수 없다는 것이다. 이러한 맥락에서 맹자는 '어진 통치자에게는 결코 대적할 수 있는 사람이 없다' 는 '인자무적론(仁者無敵論)' 을 설파했다.[73)]

유교에서 추구하는 왕도 즉 인정(仁政)의 핵심은 백성의 생명과 재산을 존중하고 항산(恒產)을 보장하여, 백성이 항심(恒心)을 지니고 인륜을 지키며 살도록 하자는 것이다. 그렇다면 어떠한 방법으로 이를 실현할 수

---

72) 『孟子』〈公孫丑上〉5 : 尊賢使能 俊傑在位 則天下之士皆悅 而願立於其朝矣 市廛而不征 法而不廛 則天下之商皆悅 而願藏於其市矣 關譏而不征 則天下之旅皆悅 而願出於其路矣 耕者助而不稅 則天下之農皆悅 而願耕於其野矣 廛無夫里之布 則天下之民皆悅 而願爲之氓矣 信能行此五者 鄰國之民 仰之若父母矣 率其子弟 攻其父母 自生民以來 未有能濟者也 如此則無敵於天下 無敵於天下者 天吏也 然而不王者 未之有也

73) 맹자는 이처럼 仁者無敵論을 설파하면서 왕도를 옹호하고, 패도에 대해서는 '나무에 올라가서 물고기를 구하는 것〔緣木求魚〕' 처럼 부질없는 일이라고 비판했다(『孟子』〈梁惠王上〉7).

있는 것인가? 이에 대해 공자는 다음과 같이 설파했다.

> 법제와 금령(禁令)으로 이끌고 형벌로 질서를 잡으면, 백성들은 형벌을 면하려고만 할 뿐 부끄러움이 없게 된다. 덕(德)으로 이끌고 예(禮)로 질서를 잡으면 백성들이 부끄러움을 알게 되고 또한 바르게 된다.[74)]

'법제와 금령으로 이끌고 형벌로 질서를 잡는 것' 은 바로 '패도' 로서, 공자는 이에 대해 외면적이고 일시적인 효과만 있을 뿐이라고 비판했다. '德으로 이끌고 禮로 질서를 잡는 것' 은 바로 '왕도' 로서, 공자는 이에 대해 내면적이고 항구적인 효과를 기약할 수 있다고 옹호했다. 여기서 알 수 있듯이, 유교의 이상적 통치론은 '덕치' 와 '예치' 로 요약된다.

위의 인용문을 오해하면, 자칫 유가가 법제와 금령을 배제한 것으로 착각할 수 있다. 그런데 유가는 다만 덕과 예를 결여한 채 법제와 금령에 일방적으로 의지하는 통치를 비판한 것이다. 맹자는 "한갓 선한 마음만으로는 정사를 베풀기에 부족하며, 한갓 법제만으로는 스스로 행해질 수 없다." 고 하여,[75)] 통치자의 선의지와 법제가 결합되어야만 성공적인 통치가 이루어진다고 설파한 바 있다.[76)]

이제 '덕치' 에 대해 살펴보자. 유교의 덕치론은 『논어』의 "德으로 정치

---

74) 『論語』〈爲政〉3 : 子曰 道之以政 齊之以刑 民免而無恥 道之以德 齊之以禮 有恥且格

75) 『孟子』〈離婁上〉1 : 徒善不足以爲政 徒法不能以自行

76) 맹자는 善意志만 있을 뿐 法制가 미비되었던 사례로 鄭의 宰相 子産의 일을 거론한 바 있다. 鄭子産이 나루를 건너면서 자기 수레에 백성들 몇 명을 태워준 것에 대해, 맹자는 "은혜롭기는 하지만, 정사를 베풀 줄을 모른다" 고 비판했다. 요컨대 백성들을 직접 수레에 태워 건네줄 것이 아니라, 다리를 놓아 모든 사람이 편리하게 건널 수 있게 해야 한다는 것이다. 통치자가 백성에게 직접 은혜를 베풀려고 하면 수혜자가 일부에 국한되나, 법제로 만들어 시행하면 모든 사람이 공평하게 그 혜택을 볼 수 있는 것이다(『孟子』〈離婁下〉2 참조).

를 하는 것은 비유컨대 북극성이 제 자리에 있으면 여러 별이 그를 향하는 것과 같다."[77]는 말로 대변된다. 통치자가 백성에게 도덕적으로 모범을 보이면, 백성을 복종시키려고 노력하지 않아도 백성이 스스로 감복한다는 것이다. 이러한 맥락에서, 『논어』에는 덕치에 의한 백성의 자발적 복종을 설파하는 내용들이 많은데, 대표적으로는 다음과 같은 예문들을 들 수 있다.

> 윗사람이 禮를 좋아하면 백성이 감히 공경하지 않을 수 없고, 윗사람이 義를 좋아하면 백성이 감히 복종하지 않을 수 없으며, 윗사람이 信을 좋아하면 백성은 감히 실정을 숨길 수 없다. 이렇게 하면 사방의 백성이 그 아이를 업고서 따라올 것이다.[78]

> 계강자가 공자께 정치에 대해 묻기를, "만약 무도(無道)한 사람을 죽여서 道가 있는 곳으로 나아가게 한다면 어떻겠습니까?" 공자가 대답하기를, "그대가 정치를 함에 어찌 사람을 죽이겠습니까? 그대가 착해지고자 한다면 백성도 착해집니다. 군자의 덕은 바람이요, 소인의 덕은 풀이니, 풀 위에 바람이 불면 반드시 눕게 됩니다."[79]

위의 두 인용문에서는 통치자를 '솔선수범하는 존재'로, 백성을 '통치자를 본받고 따르는 존재'로 규정하고, 바람이 부는 대로 풀이 눕는 것처럼 통치자가 모범을 보이면 백성은 저절로 감화되게 마련이라고 설명했

---

77) 『論語』〈爲政〉1 : 子曰 爲政以德 譬如北辰居其所 而衆星共之

78) 『論語』〈子路〉4 : 上好禮 則民莫敢不敬 上好義 則民莫敢不服 上好信 則民莫敢不用情 夫如是 則四方之民 襁負其子而至矣

79) 『論語』〈顔淵〉19 : 季康子問政於孔子曰 如殺無道 以就有道 何如 孔子對曰 子爲政 焉用殺 子欲善而民善矣 君子之德風 小人之德草 草上之風 必偃

다. 이는 통치자와 백성 사이의 ‘도덕적 감응’ 이라 할 수 있다.

덕치론에는 또 하나의 맥락이 있거니와, ‘여민동락(與民同樂)’ 이 그것이다. 통치자는 인정(仁政)을 베풀어 민생을 돌보고, 백성과 더불어 고락을 같이해야 한다는 것이다. 『맹자』에는 여민동락을 설파하는 내용이 많이 보인다.

> 문왕이 백성을 동원하여 누대와 연못을 만들었는데, 백성들이 그것을 즐거워하여, 그 누대를 영대(靈臺)라 부르고 그 연못을 영소(靈沼)라 부르며, 거기에 사슴과 물고기와 자라가 노니는 것을 즐거워했다. 옛사람이 백성들과 함께 즐거워했기 때문에 이런 것들을 즐길 수 있었다.[80]

> 백성의 즐거움을 즐거워하는 자는 백성도 또한 그의 즐거움을 즐거워하고, 백성의 근심을 근심하는 자는 백성도 또한 그의 근심을 근심한다. 천하와 더불어 즐거워하고 천하와 더불어 근심한다면, 그러고도 왕자(王者)가 되지 못하는 사람은 없었다.[81]

문왕은 백성을 수고롭게 하면서 영대와 영소를 만들었는데도, 백성들이 그에 대해 즐거워한 것은, 문왕이 백성과 함께 즐거워했기 때문이다. 반면에 걸왕(桀王)은 백성의 고통을 돌보지 않고 혼자만의 즐거움을 추구했기 때문에, 백성들도 역시 걸왕을 외면하여, 걸왕은 ‘외로운 사내〔一夫, 獨夫〕’ 가 되었다. 백성들로부터 버림을 받은 ‘외로운 사내’ 는 결국 나라

80) 『孟子』〈梁惠王上〉2 : 文王 以民力爲臺爲沼 而民歡樂之 謂其臺曰靈臺 謂其沼曰靈沼 樂其有麋鹿魚鼈 古之人 與民偕樂 故能樂也

81) 『孟子』〈梁惠王下〉4 : 樂民之樂者 民亦樂其樂 憂民之憂者 民亦憂其憂 樂以天下 憂以天下 然而不王者 未之有也

를 잃게 되고 마는데, 이는 여민동락을 외면한 결과이다.

맹자가 말하는 '여민동락'은 통치자와 백성 사이의 '정서적 감응'을 의미한다. 이러한 정서적 감응은 곧 통치자와 백성을 일심동체(一心同體)로 만들어 준다. 그것은 평상시에는 통치자가 백성을 위해 인정을 베푸는 것으로 드러나고, 국가적 위기의 상황에는 백성이 통치자를 위해 기꺼이 목숨을 바치는 것으로 드러난다. 요컨대 통치자가 백성에게 은혜를 베풀면 백성은 통치자를 친하게 여기고 그를 위해 목숨을 바치는 반면, 통치자가 백성을 학대하거나 백성의 고통을 외면하면 백성도 통치자를 외면하거나 반역하게 된다는 것이다.

덕치론의 구도 속에는 '백성을 복종시키기 위한 장치들'이 설정되어 있지 않다. 백성의 복종은 '감화(感化)'에 의해 자발적으로 이루어진다는 것이다. 그렇다면 백성이 통치자의 솔선수범과 인정에 감화되는 까닭은 무엇인가? 덕치론은 성선설(性善說)에 기초하거니와, 사람은 누구나 선한 본성을 지니고 있으므로, 남들의 선한 행위를 보고는 자신도 선한 행위로 반응하게 된다는 것이다. 군주의 인정(仁政)에 대해서도 마찬가지이다. 맹자는 "왕이 백성에게 인정을 베풀어 형벌을 줄이고 세금을 가볍게 하면, 백성들은 열심히 농사짓고 틈나는 대로 효제(孝悌)와 충신(忠信)을 닦아서, 집에 들어가서는 부형을 섬기고 밖으로 나와서는 윗사람과 어른을 섬기게 된다."[82]고도 했고, "왕이 인정을 베풀면, 백성은 윗사람을 친하게 여겨서 목숨까지 바치게 된다."[83]고도 했다. 이러한 맥락에서, 유교에서는 '덕치'를 백성을 올바른 길로 이끄는 방법이요, 백성의 자발적 충성과 진정한 복종을 이끌어내는 방법이라고 보았다.

---

82) 『孟子』〈梁惠王上〉5 : 王如施仁政於民 省刑罰 薄稅斂 深耕易耨 壯者以暇日 修其孝悌忠信 入以事其父兄 出以事其長上

83) 『孟子』〈梁惠王下〉12 : 君行仁政 斯民 親其上 死其長矣

다만, 유가가 이처럼 덕치를 추구했다고 하여 '형벌'의 의의를 무시한 것은 아니다.[84] 『서경』에서는 "너의 정치에 따르지 않고 너의 가르침에 교화되지 않으면 형벌을 사용하되, 형벌로써 형벌을 그치게 할 수 있을 때에만 형벌을 사용하라."[85]고 했다. 이처럼 유가는 형벌을 '정교(政教)의 최후 수단'으로 인정하면서도, "형벌로써 형벌을 그치게 할 수 있을 때에만 형벌을 사용하라."고 하여, 형벌의 진정한 의의는 '범죄에 대한 응보'보다는 '범죄의 억제'나 '범죄인의 교도(矯導)'에 있다고 보았다. 이러한 맥락에서 주자는 다음과 같이 말한다.

> 옛날에 순(舜)은 백성이 서로 친목하지 않고 오륜(五倫)이 원활하지 않은 까닭에, 설(契)로 사도(司徒)를 삼아 인륜을 가르치게 하셨으니, 부자유친(父子有親), 군신유의(君臣有義), 부부유별(夫婦有別), 장유유서(長幼有序), 붕우유신(朋友有信)이 그것이다. 또 간혹 그 가르침에 따르지 않을 것을 걱정하여, 고요(皐陶)로 옥관(獄官)을 삼아, 형벌을 밝혀서 오교(五教)를 보필하도록 하여, 형벌이 필요 없어질 것을 기약하였다. 대개 삼강오상(三綱五常)은 천리(天理)에 따른 떳떳한 윤리의 큰 절목이요, 또한 치도(治道)의 근본이다. 그러므로 성인(聖人)의 다스림은 가르침을 베풀어 삼강오상을 밝히고, 형벌로써 삼강오상을 보필하는 것이다.[86]

84) 舜은 帝位에 오르자 四凶(共工, 驩兜, 三苗, 鯀)을 유배하거나 처형했고, 孔子도 魯나라의 大司寇에 오르자 少正卯를 처형했다.

85) 『書經』「周書」〈君陳〉: 有弗若于汝政 弗化于汝訓 辟以止辟 乃辟

86) 『朱子大全』 卷14 頁1, 〈戊申延和奏箚一〉: 昔者帝舜 以百姓不親 五品不遜 而使契爲司徒之官 教以人倫 父子有親 君臣有義 夫婦有別 長幼有序 朋友有信 又慮其教之或不從也 則命皐陶作士 明刑以弼五教 而期于無刑焉 蓋三綱五常 天理民彝之大節 而治道之本根也 故聖人之治 爲之教以明之 爲之刑以弼之

위의 인용문에서는 '형벌' 은 '오륜의 가르침을 보필하는 수단' 이라 했다. 오륜의 가르침을 따르지 않는 자를 형벌로 제재함으로써 그에 따르게 만든다는 것이요, 이로써 '형벌은 형벌이 필요 없어질 것을 기약한다' 는 것이다. 이처럼 유가는 '도덕적 교화' 를 '통치의 근본적 수단' 으로 삼고, '형벌' 은 '통치의 보조적 수단' 으로 삼았던 것이다.[87]

다음, '예치' 에 대해 살펴보자. 이에 대해서는 먼저 순자의 다음과 같은 말을 살펴보는 것이 좋겠다.

> 禮는 어디서 기원하는가? 사람은 태어날 때부터 욕망이 있다. 욕망하는데 얻지 못하면 추구하지 않을 수 없고, 추구함에 도량(度量)과 한계(限界)가 없으면 다투지 않을 수 없게 된다. 선왕(先王)은 그런 혼란을 싫어하여, 예의(禮義)를 제정하여 각각의 몫〔分〕을 정한 것이다. 그렇게 함으로써 사람의 욕망을 길러주고, 사람들이 추구하는 것을 채워주어, 욕망으로 하여금 반드시 사물에 막히지 않게 하고, 사물도 반드시 욕망에 모자라지 않게 하였다. 욕망과 사물이 서로 의지하여 자라나게 하였으니, 이것이 禮의 기원이다.[88]

순자는 禮의 본질을 사람들의 욕망에 한계를 가하여 '각각의 몫' 을 보장하는 것으로 설명하고, 禮의 기능을 "욕망으로 하여금 사물에 막히지 않게 하고, 사물로 하여금 욕망에 모자라지 않게 함으로써, 욕망과 사물이 서로 의지하여 자라게 함" 으로 설명했다. '욕망과 사물이 서로 의지함' 은, 한편으로는 욕망에 일정한 한계를 가하고, 한편으로는 욕망의 대

87) 유가의 德主刑補論에 대한 자세한 논의는 拙著, 『儒家社會哲學硏究』, 심산, 2002, 264-279쪽 참조.

88) 『荀子』〈禮論〉: 禮起於何也 曰人生而有欲 欲而不得 則不能無求 求而無度量分界 則不能不爭 爭則亂 亂則窮 先王惡其亂也 故制禮義以分之 以養人之欲 給人之求 使欲必不窮乎物 物必不屈於欲 兩者相持而長 是禮之所起也

상이 되는 사물을 적절히 공급함으로써 이루어진다. 이는 결국 인간의 욕망에 한계를 설정하여 그 한계 안에서 자신의 몫을 누리도록 유도하는 것이다. 순자는 다음과 같이 말하기도 한다.

> 몫이 균등하면 두루 만족시킬 수 없고, 권세가 균등하면 통일시킬 수 없으며, 무리〔衆〕가 균등하면 부릴 수 없다. 하늘이 있고 땅이 있듯이 상 · 하의 차등이 있으니, 현명한 군왕이 처음 등극하면서 국가의 제도를 만들었다. 무릇 양쪽이 모두 귀하면 서로 섬길 수 없고, 양쪽이 모두 천하면 서로 부릴 수 없으니, 이것은 자연의 이치이다. 권세와 지위가 균등하고 좋아하고 싫어하는 것이 같으면 그 대상물이 충분하지 못하여 반드시 다투게 되고, 다투면 반드시 혼란하게 되고, 혼란하면 막히게 된다. 선왕(先王)은 그 혼란을 혐오하였다. 그러므로 예의(禮義)를 제정하여 구분함으로써, 빈부와 귀천의 차등을 두어 서로 임하기에 충분하도록 했으니, 이것이 천하를 기르는 근본이다. 『서경』의 "오직 균등한 것은 균등한 것이 아니다〔惟齊非齊〕"라는 말은 이를 말한 것이다.[89]

> 성왕(聖王)은 넉넉한 재물을 마름질하여 신분의 차이를 분별하니, 위로는 어질고 착한 사람을 꾸며서 귀 · 천(貴賤)을 밝히고, 아래로는 어른과 어린이를 꾸며서 친 · 소(親疎)를 밝힌다. 그리하여 위로는 왕공(王公)의 조정으로부터 아래로는 백성의 집에 이르기까지 천하의 모든 사람이 환하게 자기의 자리를 아니, 다른 이상한 것을 위한 것이 아니라 장차 각자의 몫을 밝혀서 두루 다스림으로써 만세(萬世)를 보전하기 위한 것이다.[90]

89) 『荀子』〈王制〉: 分均則不偏 勢齊則不壹 衆齊則不使 有天有地 而上下有差 明王始立 而處國有制 夫兩貴之不能相事 兩賤之不能相使 是天數也 勢位齊而欲惡同 物不能澹則必爭 爭則必亂 亂則窮矣 先王惡其亂也 故制禮義以分之 使有貧富貴賤之等 足以相兼臨者 是養天下之本也 書曰 維齊非齊 此之謂也

위의 첫째 인용문에서는 “몫이 균등하면 두루 만족시킬 수 없고, 권세가 균등하면 통일시킬 수 없으며, 무리가 균등하면 부릴 수 없다.”고 하여, 어느 사회에서나 반드시 차등적 위계질서가 필요하다는 점을 강조했다. 그리고 ‘예의’란 ‘빈 · 부와 귀 · 천의 차등을 두어 서로 임하기에 충분하도록 한 것’이라고 설명하고, 『서경』의 ‘유제비제(惟齊非齊)’라는 말로 이를 뒷받침했다. 요컨대 사람에 따라 ‘부귀와 빈천의 차등을 두는 것〔非齊〕’이야말로 ‘참다운 균등〔惟齊〕’이라는 것이다.[91] 둘째 인용문에서는 禮의 핵심을 ‘귀 · 천과 친 · 소에 따라 각자의 몫을 밝혀서 두루 다스림’으로 설명했다. 여기서 ‘귀 · 천’이란 사회적 지위의 높고 낮음을 뜻하고, ‘친 · 소’란 혈연의 가깝고 멂을 뜻하거니와, 禮란 귀 · 천과 친 · 소에 따라 각자의 합당한 몫을 설정하여 그에 알맞게 대우하는 것이다. 예컨대 『예기』에서는 다음과 같이 말한다.

> 왕자(王者)가 작록(爵祿)을 제정함에 공 · 후 · 백 · 자 · 남(公侯伯子男)의 다섯 등급이 있다. (…) 천자가 관할하는 경작지는 사방 1,000리, 공 · 후가 관할하는 경작지는 사방 100리, 백은 사방 70리, 자 · 남은 사방 50리이다. (…) 농부의 경작지는 100무(畝)이다. 100무를 분배받으면, 상농부(上農夫)는 9명을 부양하고, 그다음은 8명, 그다음은 7명, 그다음은 6명, 하농부(下農夫)는 5명을 부양한다.[92] 보통 사람으로서 관직에 있는 자의 녹(祿)은 이에 준하여 차등을 둔다.[93]

---

90) 『荀子』〈君道〉: 聖王財衍以明辨異 上以飾賢良而明貴賤 下以飾長幼而明親疎 上在王公之朝 下在百姓之家 天下曉然皆知其所 非以爲異也 將以明分達治 而保萬世也

91) ‘惟齊非齊’에 대한 자세한 논의는 김봉진, 『다시 보는 옛 미래 : 삼원 사고로 푸는 동아시아 개념사』(완락재, 2023), 82-85쪽 참조.

92) 비옥한 田地를 분배받아서 경작하는 농부를 ‘上農夫’라 하고, 가장 메마른 田地를 경작하는 농부를 ‘下農夫’라 했다.

천자는 7일 만에 빈소를 차리고 7월 만에 매장하며, 제후는 5일 만에 빈소를 차리고 5월 만에 매장하며, 대부(大夫) · 사(士) · 서인(庶人)은 3일 만에 빈소를 차리고 3월 만에 매장한다. (…) 천자는 칠묘(七廟)이니, 삼소(三昭) · 삼목(三穆)과 태조(太祖)의 묘를 합쳐서 칠묘이다.[94] 제후는 오묘(五廟)이니 이소(二昭) · 이목(二穆)과 태조의 묘를 합쳐서 오묘이다. 대부(大夫)는 삼묘(三廟)이니, 일소(一昭) · 일목(一穆)과 태조의 묘를 합쳐서 삼묘이다. 사(士)는 일묘(一廟)이고, 서인(庶人)은 정침(正寢)에서 제사 지낸다.[95]

위의 첫째 인용문은 각자의 사회적 지위에 따라 재화(財貨)의 분배에 차등을 두었음을 보여주고, 둘째 인용문은 각자의 사회적 지위에 따라 의례(儀禮)의 격식에도 차등을 두었음을 보여준다. 유가는 사회적 지위의 높고 낮음에 따라 각자가 누릴 수 있는 재화의 몫도 차등적으로 설정하고, 각자가 행할 수 있는 각종 의례의 격식에도 차등을 두었던 것이다. 한편, 혈연의 친 · 소에 따른 의례의 차등은 예컨대 망자(亡者)와의 촌수에 따라 상기(喪期)에 차등을 두는 오복(五服) 제도에 잘 나타나 있다.

禮에 대한 논의에서 또 주목할 것은, 禮의 기본 정신은 '자신을 낮추고 상대방을 존중하는 것' 이라는 점이다. 『예기』에서는 다음과 같이 말한다.

사람들은 禮가 있으면 안전하고, 禮가 없으면 위태롭다. 그러므로 禮는 배우지 않으면 안 되는 것이다. 禮란 자신을 낮추고 남을 존중하는 것이다. (지위가 낮은) 노동자나 장사치도 존중해야 할 만한 사람이 있는데, 더구나 부귀한 사

---

93) 『禮記』〈王制〉.

94) 宗廟(또는 家廟)에 神主를 모실 때, 太祖(始祖)를 중앙에 모시고, 그 자손들을 왼쪽과 오른쪽에 차례대로 배치하는데, 왼쪽을 '昭', 오른쪽을 '穆' 이라 한다. 天子의 宗廟에서는 昭에 3대, 穆에 3대, 중앙의 太祖를 합쳐서 7묘가 된다.

95) 『禮記』〈王制〉.

람이겠는가? 부귀하면서도 禮를 좋아할 줄 알면 교만하지도 않고 음탕하지도 않을 것이요, 빈천하면서 禮를 좋아할 줄 알면 겁을 먹지 않을 것이다.[96)]

위의 인용문에서는 禮의 기능을 '사회의 안전' 에 두었다. 禮가 사회의 안전을 보장할 수 있는 까닭은 禮의 기본 정신이 '자신을 낮추고 남을 존중함' 즉 '사양지심(辭讓之心)' 에 있기 때문이다. 진실로 사양지심을 발휘하는 사람은 상대방의 부귀빈천을 떠나서 그의 인격 자체를 존중한다. 그러므로 禮를 아는 사람은 부귀하더라도 교만하거나 음탕하지 않게 되고, 빈천하더라도 겁을 먹고 아첨하는 일이 없게 된다.

이상에서 알 수 있듯이, '예치' 란 사회의 모든 구성원에게 각자의 사회적 지위와 혈연의 친소에 따라 그에 합당한 몫을 설정하여 주고, 스스로 그 분수를 지키도록 유도하는 것이다. 여기서 알 수 있듯이, 유교의 禮는 두 측면을 지닌다. 첫째는 귀 · 천과 친 · 소에 따른 차등을 분명하게 함으로써 사회적 위계질서를 공고하게 만들어 주는 것이다. 둘째는 사회 구성원 각자의 욕망을 합리적으로 제한함으로써 자의적 경쟁이나 충돌의 소지를 막고 사회를 안전하게 만들어 주는 것이다. 요컨대 禮란 귀 · 천과 친 · 소에 따라 각자의 몫을 차등적으로 분배한다는 점에서는 '위계적 질서' 를 추구하는 것이요, 자신을 낮추고 상대방을 존중하는 마음을 바탕으로 한다는 점에서는 '호혜적 질서' 를 추구하는 것이다. 이처럼 위계적이고 호혜적인 질서를 통해 사회의 안전이라는 '공동선' 을 달성할 수 있다는 것이다.

---

96) 『禮記』〈曲禮上〉: 人有禮則安 無禮則危 故曰禮者不可不學也 夫禮者 自卑而尊人 雖負販者 必有尊也 而況富貴乎 富貴而知好禮 則不驕不淫 貧賤而知好禮 則志不懾 (마지막 구절에 대해, 『禮記集說大全』 卷1 頁11, 永嘉戴氏 小註에서는 "富貴한 사람은 교만으로 禮를 잃고, 貧賤한 사람은 아첨으로 禮를 잃으니, 교만은 자신을 너무 높여서 잘못된 것이고, 아첨은 자신을 너무 낮춰서 잘못된 것이다." 라고 설명했다.)

지금까지 유가가 바람직한 통치의 방법으로 제시한 덕치와 예치에 대해 살펴보았거니와, 유가는 이 둘을 뒷받침하는 것은 바로 '극기복례(克己復禮)' 의 마음가짐이라고 보았다. 『논어』에는 다음과 같은 내용이 보인다.

> 안연이 仁에 대해 묻자, 공자가 말씀하시길, "자기를 이기고 禮로 돌아가는 것이 仁이다. 하루 동안 자기를 이기고 禮로 돌아가면 천하가 仁으로 돌아올 것이다. 仁을 실천함은 자기로부터 말미암으니, 남으로부터 말미암겠는가?" 안연이 말하기를, "청컨대 그 조목을 묻겠습니다." 공자가 말씀하시길, "禮가 아니면 보지 말며, 禮가 아니면 듣지 말며, 禮가 아니면 말하지 말며, 禮가 아니면 움직이지 말라." 안연이 말하기를, "제가 비록 민첩하지 못하나, 청컨대 이 말씀을 일삼겠습니다."[97]

'천하가 仁으로 돌아옴' 은 '안정과 평화가 실현되는 세상' 을 뜻할 것인바, 공자는 그 단초를 '극기복례' 라고 설명했다. 그리고 공자는 이어서 '仁을 실천함은 자기로부터 말미암는다〔爲仁由己〕' 고 부연했다. 우리들 자신이 솔선수범하여 각자 덕을 닦고 禮를 실천하면, 안정되고 평화로운 세상이 실현될 수 있다는 것이 유가의 지론이었다.

4) 국제질서 : 대일통(大一統)과 사대자소(事大字小)

유교의 국제질서관은 대일통 사상과 사대자소론으로 대변된다. '대일통' 이란 '온 천하〔大〕가 하나〔一〕로 통합된다〔統〕' 는 말이다.[98] 대일통

---

97) 『論語』 〈顔淵〉 1.

98) '大一統' 이라는 용어는 『春秋 公羊傳』에서 유래한 말이다. 흔히 '春秋大一統' 이라 하듯이, 『春秋』의 義理論은 大一統의 관념을 저변에 깔고 있다. '春秋大一統' 의 기본 원

은 무엇보다도 '천하에 통일된 정치적 질서를 구현한다'는 뜻이지만, 보다 포괄적으로는 '온 천하가 문명의 이상을 함께 한다'는 뜻이다. 대일통 사상은 유교 경전 곳곳에서 발견되지만, 가장 대표적인 것으로는 『대학』의 '평천하(平天下)'를 들 수 있다. 『대학』에서는 '수신(修身), 제가(齊家), 치국(治國)'을 거론한 다음, 그것으로 그치지 않고 '평천하'를 거론했다. '천하를 평정함'은 '천하를 하나의 질서 아래 통합시키는 것'인바, 이것이 바로 대일통이다.

『대학』에서는 '평천하'를 '천하에 명덕을 밝힘〔明明德於天下〕'이라고 설명했다. 이는 군주가 먼저 자신의 명덕을 밝히고〔明明德〕, 이를 바탕으로 백성들을 새롭게 진작시켜〔新民〕, 천하의 모든 사람이 스스로 명덕을 밝힐 수 있도록 교화하는 것이다. 여기서 알 수 있듯이, 유교에서 말하는 대일통은 결코 '무력으로 천하를 정복하고 제패하자'는 것이 아니었다. 무력으로 천하를 정복하려는 것은 패도(霸道)로서, 이는 그 자체로 옳지 못하며, 또한 오랫동안 정복 상태를 유지할 수도 없다는 것이 유가의 지론이었다.[99] 유가는 국제질서도 문덕 또는 왕도의 이념에 따라야 한다고 보아, '사대자소론'을 제창했다.

사대자소론은 크고 작은 나라들 사이의 바람직한 관계를 제시한 것으로, 작은 나라는 큰 나라를 섬기고, 큰 나라는 작은 나라를 돌보아야 한다는 것이다. 유가는 이처럼 국제관계도 은(恩)과 의(義)에 따라 맺어지는

리는 天子의 分封과 諸侯의 朝貢으로 표현되었다.

99) 맹자는 패도에 대해 '나무에 올라가서 물고기를 구하는 것〔緣木求魚〕'처럼 부질없는 일이라고 비판했는데, 그 논거는 셋으로 요약된다. 첫째, 한 나라가 武力으로 패권을 추구하는 것은 이웃 나라들과 원수를 맺는 것으로써, 한 나라가 주위 여러 나라를 모두 무력으로 굴복시키는 것은 사실상 불가능하다. 둘째, 패도 정치는 부국강병을 위해 民力을 과도하게 착취하게 되는데, 그러면 결국 백성들이 견디지 못하고 반발하게 된다. 셋째, 패도 정치는 부국강병을 위해 功利를 숭상하게 되는데, 그러면 백성들의 이익 다툼으로 국가가 내부적으로 붕괴하게 된다(『孟子』〈梁惠王上〉 7 참조).

것이 바람직하다고 보았다. 먼저 『춘추좌전』에 보이는 다음의 예문을 살펴보자.

> 예(禮)라는 것은 소국이 대국을 섬기고, 대국이 소국을 돌보는 것을 말한다. 사대(事大)는 대국이 때때로 요구하는 것을 공급하는 데 있고, 자소(字小)는 소국에 없는 것을 구휼하는 데 있다.[100]

위의 인용문에서는 사대와 자소를 대국이 요구하는 것을 공급하고 소국에 없는 것을 구휼함으로 설명했다. 이는 오늘날의 말로는 '호혜적 원조와 교류' 를 뜻하거니와, 『좌전』에서는 이를 크고 작은 나라들 사이의 예로 규정한 것이다. 『춘추좌전』에는 또 다음과 같은 기록도 보인다. 노(魯)의 계강사가 주(邾)를 정벌하고지 여러 대부를 모아놓고 연회를 벌이며 일을 꾀했는데, 이때 자복경백(子服景伯)과 여러 대부는 정벌을 반대하면서 다음과 같이 말했다.

> 자복경백이 말하기를, "소국이 대국을 섬기는 것은 '신(信)' 이고, 대국이 소국을 보호하는 것은 '인(仁)' 이며, 대국을 배반하는 것은 '불신(不信)' 이고, 소국을 정벌하는 것은 '불인(不仁)' 입니다. 백성은 성(城)으로 보존되고, 성은 덕으로 보존됩니다. 신(信)과 인(仁)을 잃으면 위태롭게 되니, 장차 어떻게 보존될 수 있겠습니까?" (…) 여러 대부가 대답하기를, "우(禹)가 도산(塗山)에서 제후들을 규합했을 때 옥백(玉帛)을 잡은 자가 만국이나 되었는데, 지금까지 보존되는 나라는 수십 국밖에 되지 않습니다. 이는 대국은 소국을 돌보지 않고 소국은 대국을 섬기지 않았기 때문입니다."[101]

---

100) 『春秋左傳』 昭公 30년 8월조 : 禮也者 小事大大字小之謂 事大 在共其時命 字小 在恤其所無

자복경백은 크고 작은 나라들이 사대와 자소를 통해 호혜적으로 교류해야만 서로 국가를 보존할 수 있다고 말했다. 같은 맥락에서, 여러 대부도 그동안 수많은 제후국이 멸망한 까닭은 각각의 나라들이 사대와 자소를 외면하고 서로 공벌(攻伐)을 일삼았기 때문이라고 설명했다. 요컨대 위의 인용문은 사대와 자소를 크고 작은 나라들 사이의 바람직한 외교 관계로 설명한 것이다. 한편, 맹자는 다음과 같이 말한다.

> 오직 인자(仁者)만이 큰 나라로서 작은 나라를 섬길 수 있으니, 그러므로 탕(湯)은 갈(葛)을 섬기고, 문왕(文王)은 곤이(昆夷)를 섬겼다. 오직 지자(智者)만이 작은 나라로서 큰 나라를 섬길 수 있으니, 그러므로 태왕(太王)은 훈육(獯鬻)을 섬기고, 구천(句踐)은 오(吳)를 섬겼다. 큰 나라로서 작은 나라를 섬기는 것은 하늘을 즐거워하는 것이며, 작은 나라로서 큰 나라를 섬기는 것은 하늘을 두려워하는 것이다. 하늘을 즐거워하는 자는 천하를 보전할 수 있고, 하늘을 두려워하는 자는 자기 나라를 보전할 수 있다.[102]

'사대'를 '지자(智者)의 덕목'으로 규정할 때, 여기에서 '지(智)'란 신중하고 냉철하게 현실의 형세와 이해(利害)를 판단하는 '타산적 이성'을 뜻할 것이다. 요컨대 사대는 현실의 형세와 이해에 대한 신중하고 냉철한 판단에 기초한다. 반면에 '자소'를 '인자(仁者)의 덕목'으로 규정했는데, 인자는 이해관계를 초월하여 사랑을 베푸는 것이다. 요컨대 자소는 '우월

---

101) 『春秋左傳』 哀公 7년 8월조 : 子服景伯曰 小所以事大 信也 大所以保小 仁也 背大國不信 伐小國不仁 民保於城 城保於德 失二德者 危將焉保 (…) 對曰 禹合諸侯於塗山 執玉帛者萬國 今其存者無數十焉 唯大不字小 小不事大也

102) 『孟子』〈梁惠王下〉3 : 惟仁者爲能以大事小 是故湯事葛 文王事昆夷 惟智者爲能以小事大 故太王事獯鬻 句踐事吳 以大事小者 樂天者也 以小事大者 畏天者也 樂天者保天下 畏天者保其國

한 입장에 있는 대국이 소국에 베풀 수 있는 아량' 에 속한다. 대국은 여러 소국을 널리 감싸줌으로써 천하를 보전하며, 소국은 삼가 대국을 섬김으로써 일국을 보전하는 것이 유교의 사대자소론이 추구하는 바람직한 국제관계였다.

『중용』에서는 천하와 국가를 다스리는 '아홉 가지 법도〔九經〕' 를 제시했는데, 자신을 닦음〔修身〕, 현자를 높임〔尊賢〕, 친한 사람을 친하게 대함〔親親〕, 대신을 공경함〔敬大臣〕, 여러 신하를 몸소 살핌〔體羣臣〕, 백성을 자식처럼 돌봄〔子庶民〕, 온갖 장인들이 모여들게 함〔來百工〕, 먼 곳에서 온 사람들을 부드럽게 대함〔柔遠人〕, 제후들을 회유함〔懷諸侯〕이 그것이다. 이 가운데 국제관계의 법도에 해당하는 것은 '제후들을 회유함' 이다. 『중용』에서는 "제후들을 회유하면 천하가 두려워한다."고 설명한 다음, 그 방법을 다음과 같이 설명한다.

> 끊어진 세대를 이어주고, 없어진 나라를 일으켜주며, 혼란한 나라를 다스려주고, 위태로운 나라를 붙들어 주며, 조근(朝覲)과 빙문(聘問)을 때에 맞추어 하며, 가는 것을 두텁게 하고 오는 것을 얇게 함이 제후들을 회유하는 방도이다.[103]

'끊어진 세대를 이어준다' 는 것은 제후국의 통치권이 원만하게 계승되도록 돌보아준다는 말이며, '없어진 나라를 일으켜준다' 는 것은 침략 등으로 인해 망한 나라를 복원시켜 준다는 말이다. '조(朝)' 란 제후가 천자를 찾아뵙는 것을 말하며, '빙(聘)' 이란 제후가 대부로 하여금 천자를 찾아뵙고 예물을 바치게 함을 말하는바, '조근과 빙문을 때에 맞추어 한다'

103) 『中庸章句』 20 : 繼絶世 擧廢國 治亂持危 朝聘以時 厚往而薄來 所以懷諸侯也

는 것은 요즈음 말로 주기적으로 외교사절을 교환하는 것이다.[104] '가는 것을 두텁게 한다' 는 것은 천자가 조근을 온 제후들에게 연회를 베풀고 선물을 하사할 때 두텁게 한다는 뜻이며, '오는 것을 엷게 한다' 는 것은 제후들이 천자께 바치는 공물(貢物)은 적게 받는다는 뜻이다. 요컨대 대국은 소국의 안정과 안전을 후원하고, 주기적으로 사절을 교환하되, 항상 많이 베풀고 적게 받는 자세를 견지하라는 것이다. 한편, 『중용』에서는 다음과 같이 말하기도 한다.

> 천자가 아니면 예(禮)를 의논하지 않으며, 제도를 만들지 않으며, 문자(文字)를 상고하지 않는다. 지금 천하는 수레의 궤도가 같으며, 글은 문자가 같으며, 행동은 윤리 규범을 같이한다. 비록 그 지위에 있더라도 진실로 그 덕이 없으면 감히 예악(禮樂)을 짓지 못하며, 비록 그 덕이 있더라도 진실로 그 지위가 없으면 또한 감히 예악을 짓지 못한다.[105]

위에서 말하는 '지위' 란 '천자(天子)의 지위' 를 뜻하며, '덕' 이란 '성인(聖人)의 덕' 을 뜻한다. 요컨대 천자의 지위와 성인의 덕을 겸비한 사람만이 예악을 지을 수 있다는 것이다. "천자가 아니면 예를 의논하지 않으며, 제도를 만들지 않으며, 문자를 상고하지 않는다." 는 말은 제후국들은 천자국에서 제정한 예제(禮制)와 문자를 준용해야 한다는 뜻이다.[106]

---

104) 『禮記』〈王制〉에서는 "諸侯는 天子께 1년에 한 번 小聘을 하고, 3년에 한 번 大聘을 하며, 5년에 한 번 朝覲을 한다. 天子는 五年에 한 번 제후국을 巡狩한다" 고 했다.

105) 『中庸章句』 28 : 非天子 不議禮 不制度 不考文 今天下 車同軌 書同文 行同倫 雖有其位 苟無其德 不敢作禮樂焉 雖有其德 苟無其位 亦不敢作禮樂焉

106) 天子國에서 불합리한 禮法을 만들 수도 있는바, 제후국에서는 이것도 따라야만 하는가? 이런 곤란한 의문을 예방하기 위해, 위의 인용문에서는 '天子의 지위와 聖人의 덕을 겸비한 사람만이 禮樂을 지을 수 있다' 고 부연한 것이다.

"지금 천하는 수레의 궤도가 같으며, 글은 문자가 같으며, 행동은 윤리 규범을 같이한다."는 말은 제후국들이 천자국에서 제정한 예제와 문자 등을 준용함으로써, 예제가 보편화되고 문자가 통일되며 행동규범 역시 통일된 것을 말한다. 이것이 바로 유학에서 추구하는 '대일통의 핵심 내용' 이다.[107]

이상의 내용을 정리해 보자. 첫째, '대국과 소국은 은(恩)과 의(義)로 맺어져야 한다' 는 것은 대국과 소국의 위계질서를 설정하고 그에 합당한 덕목을 부과함으로써 '평화로운 공존' 을 모색한 것이다. 둘째, '제후국들은 천자국에서 제정한 예제와 문자를 준용해야 한다' 는 것은 보편적인 규범과 보편적인 문화를 구축함으로써 '상호 간의 교류와 소통을 원만하게 하자' 는 것이다. 이렇게 본다면, 유교에서 추구한 '대일통의 국제질서' 는 대국은 소국에게 은혜를 베풀고 소국은 대국이 제시한 규범과 문화를 따르자는 것으로써, 이는 결코 소국(제후국)의 주권을 부정하는 것이 아니었다.[108]

3. 유가 정치사상의 인성론적 조명

1) 유가의 특징 : '본능-본성' 의 질서

유가는 치 · 란(治亂)의 문제, 즉 한 국가가 '잘 다스려지느냐, 혼란에

---

107) 위의 인용문에 대한 朱子의 주석에서도 "軌度 · 文字 · 倫理가 모두 같다는 것은 '天下가 하나로 통일되었음' 을 말한다" 고 했다.

108) 유교 문화권에서 唐代 이후 元 · 明 · 淸 시대에 발전했던 帝國的 秩序와 冊封體制는 기본적으로 유교의 大一統 사상과 事大字小論에 입각한 것이다. 이에 대한 자세한 논의는 조동일, 『동아시아문명론』 (지식산업사, 2010), 237-246쪽 참조.

빠지느냐'의 문제는 본질적으로 '본성적인 것과 본능적인 것' 사이의 관계 설정 문제라고 보았다. 이른바 '의·리(義利) 논변' 또는 '왕·패(王霸) 논변'이 그것이다. 예컨대 맹자가 양혜왕(梁惠王)을 처음 만났을 때, 양혜왕이 '어떻게 자신의 나라를 이롭게 해줄 수 있는가'를 질문하자, 맹자는 다음과 같이 답변한 바 있다.

> 왕께서는 하필 이(利)를 말씀하십니까? 또한 인의(仁義)가 있을 뿐입니다. 왕께서 "어떻게 하면 내 나라를 이롭게 할 수 있을까?" 하시면, 대부(大夫)들은 "어떻게 하면 내 집안을 이롭게 할 수 있을까?" 할 것이며, 사(士)와 서인(庶人)들은 "어떻게 하면 내 몸을 이롭게 할 수 있을까?" 할 것입니다. 그리하여 윗사람과 아랫사람이 서로 이익을 다투면 나라가 위태롭게 됩니다. 만승(萬乘)의 나라에서 그 군주를 죽이는 사람은 반드시 천승(千乘)의 집안이며, 천승의 나라에서 그 군주를 죽이는 사람은 반드시 백승(百乘)의 집안입니다. 만승에서 천승을 취하며, 천승에서 백승을 취함은 결코 적은 것이 아닙니다. 그런데 진실로 의(義)를 뒤로 하고 이(利)를 앞세운다면, 모두 빼앗지 않고서는 만족할 줄 모르게 되는 것입니다. 어질면서 그 부모를 버리는 자는 있지 않으며, 의로우면서 그 군주를 배반하는 자도 있지 않습니다. 왕께서는 또한 인의(仁義)를 말씀하셔야 할 뿐인데, 하필 이(利)를 말씀하십니까?[109]

요컨대 맹자는 한 국가의 구성원들이 서로 이익을 추구하면 국가가 혼란에 빠지고, 서로 인의를 추구하면 국가가 화평하게 된다고 보았다. 여

---

109) 『孟子』〈梁惠王上〉1 : 孟子見梁惠王 王曰 叟不遠千里而來 亦將有以利吾國乎 孟子對曰 王何必曰利 亦有仁義而已矣 王曰 何以利吾國 大夫曰 何以利吾家 士庶人曰 何以利吾身 上下交征利 而國危矣 萬乘之國 弑其君者 必千乘之家 千乘之國 弑其君者 必百乘之家 萬取千焉 千取百焉 不爲不多矣 苟爲後義而先利 不奪不饜 未有仁而遺其親者也 未有義而後其君者也 王亦曰仁義而已矣 何必曰利

기서 '인의'는 '본성적인 것'에 속하고, '이익'은 '본능적인 것'에 속한다는 점은 재론할 필요가 없겠다. 맹자와 같은 맥락에서, 순자도 다음과 같이 말한 바 있다.

> 의(義)와 이(利)는 모두 사람이 추구하는 것이다. 비록 요·순(堯舜)이라도 백성이 利를 추구하는 마음을 없애지 못했으나, 그 利를 추구하는 마음이 義를 좋아하는 마음을 이기지 못하게는 할 수는 있었다. 비록 걸·주(桀紂)라도 백성이 義를 좋아하는 마음을 없애지 못했으나, 그 義를 좋아하는 마음이 利를 바라는 마음을 이기지 못하게는 할 수 있었다. 그러므로 義가 利를 이기면 세상이 다스려지고, 利가 義를 이기면 세상이 혼란해진다. 윗사람이 義를 중시하면 義가 利를 이기고, 윗사람이 利를 중시하면 利가 義를 이긴다. 그러므로 천자는 많고 적음을 말하지 않고, 제후는 이익과 손해를 말하지 않고, 대부는 얻음과 잃음을 말하지 않는다.[110)]

순자는 '義를 좋아하는 마음'과 '利를 추구하는 마음'을 인간 천성의 두 축으로 설정하고, "義가 利를 이기면 세상이 다스려지고, 利가 義를 이기면 세상이 혼란해진다."고 주장했다. 그리고는 '아랫사람은 윗사람을 본받게 마련'이라는 입장에서 "윗사람이 義를 중시하면 義가 利를 이기고, 윗사람이 利를 중시하면 利가 義를 이긴다."고 주장하고, 그러므로 "천자는 많고 적음을 말하지 않고, 제후는 이익과 손해를 말하지 않고, 대부는 얻음과 잃음을 말하지 않는다."고 설파했다. 요컨대 통치 계급이 먼

---

110) 『荀子』〈大略〉: 義與利者 人之所兩有也 雖堯舜不能去民之欲利 然而能使其欲利不克其好義也 雖桀紂不能去民之好義 然而能使其好義不勝其欲利也 故義勝利者爲治世 利克義者爲亂世 上重義則義克利 上重利則利克義 故天子不言多少 諸侯不言利害 大夫不言得喪

저 '본성적인 것'을 중시하는 모범을 보임으로써, 백성들까지 이러한 자세를 견지하도록 모범을 보이라는 것이다.

맹자와 순자의 위와 같은 주장에서 거듭 확인할 수 있듯이, 유가적 통치론의 기본 논리는 '본성적인 것을 추구하는 현명한 통치자'가 '본능적 욕망에 지배되는 백성'을 다스려서 세상을 편안하게 해야 한다는 것인바, 여기에는 다음과 같은 내용이 함축되어 있다. 첫째, 인간 사회는 통치자가 없으면 혼란에 빠지므로, '통치와 피치'의 관계가 필수적이다. 둘째, 그런데 통치와 피치의 방식에는 '바람직한 방식'도 있고, '바람직하지 못한 방식'도 있다. 셋째, 통치자가 문덕(文德)으로 다스리고 피치자가 감복하여 자발적으로 복종하는 것은 바람직한 방식이며, 통치자가 무력(武力)으로 다스리고 피치자가 어쩔 수 없이 복종하는 것은 바람직하지 못한 방식이다. 이처럼 유가는 위계질서를 인간 사회의 기본적 사실로 인식한 다음, 무력에 기반한 통치를 비판하고 문덕에 기반한 통치를 옹호했다.

유가적 정치질서의 두 축은 '위계질서'와 '호혜적 감응'이다. 그런데 '위계질서' 자체는 '본능적인 것'에 속하며, '문덕' 또는 '호혜적 감응'은 '본성적인 것'에 속한다. 요컨대 유가는 본능적인 위계질서에 본성적인 문덕을 가미하여 '문덕의 위계질서'를 확립하고자 했다. 이러한 맥락에서 유가적 정치질서는 본능적 요소와 본성적 요소가 조화를 이룬 것이라 할 수 있다. 다음과 같은 맹자의 말을 다시 보자.

> 천하에 道가 있으면 대덕(大德)이 소덕(小德)을 부리고 대현(大賢)이 소현(小賢)을 부리나, 천하에 道가 없으면 큰 사람이 작은 사람을 부리고 강한 사람이 약한 사람을 부리니, 이 두 가지는 '자연의 이치〔天〕'이다. 자연의 이치를 따르는 사람은 살아남고, 어기는 사람은 멸망한다.[111)]

위의 인용문에서는 '문덕의 위계질서'와 '무력의 위계질서'를 모두 언급하고, 양자를 모두 '자연의 이치'라고 했다. 맹자는 위계질서 자체를 '자연적인 것' 또는 '불가피한 것'[112]으로 승인하면서, 동시에 무력의 위계질서를 '무도(無道)한 것'으로 폄하하고 문덕의 위계질서를 '바람직한 것'으로 옹호한 것이다. 유가는 과연 시종일관 '문덕의 위계질서'를 추구했다. 그런데 유가가 추구한 '문덕의 질서'는 바로 인간의 도덕적 본성에 입각한 '본성적 질서'였다. 그 대표적인 예로서 다음의 인용문들을 보자.

> (堯께서) 능히 큰 덕을 밝히시어 구족(九族)을 화친하게 하니, 구족이 이미 화목하거늘 백성들이 골고루 (자신의 덕을) 밝히도록 하였다. 백성들이 스스로 자기의 명덕을 밝히자, 만방(萬邦)이 협력하여 화합하게 하니, 일반 백성들이 변화하여 이에 화목하게 되었다.[113]

> 하늘이 많은 백성을 내시니, 사물이 있으면 법칙이 있다. 백성이 떳떳한 본성을 잡았기에, 이 아름다운 덕을 좋아한다.[114]

> 위대하신 상제(上帝)께서 백성에게 치우치지 않은 덕을 내려주시어, 이에 따라 백성이 떳떳한 본성을 지니게 되었으니, 능히 백성들에게 그 道를 편안히

---

111) 『孟子』〈離婁上〉7 : 孟子曰 天下有道 小德役大德 小賢役大賢 天下無道 小役大 弱役强 斯二者 天也 順天者存 逆天者亡

112) 『朱子語類』 卷56(中華書局本 1328쪽) : 鄭問 小役大 弱役强 亦曰天 何也 曰 到那時不得不然 亦是理當如此

113) 『書經』「虞書」〈堯典〉: 克明俊德 以親九族 九族既睦 平章百姓 百姓昭明 協和萬邦 黎民於變時雍

114) 『詩經』「大雅」〈烝民〉: 天生烝民 有物有則 民之秉彝 好是懿德

여기도록 하여야 군주이다.[115)]

위의 첫째 인용문은 요(堯)의 업적을 설명한 것으로써, 요는 먼저 자신의 덕을 밝히고, 이를 바탕으로 친족과 백성의 덕을 밝히도록 하여, 마침내 천하 만방이 서로 협력하고 화합하도록 했다는 것이다. 여기서 주목할 것은 "일반 백성들이 변화하여 이에 화목하게 되었다."는 말로서, 요의 솔선수범에 모든 사람이 감복하게 되었다는 뜻이다.

군주의 솔선수범에 백성들이 감복하게 되는 것은 백성 역시 선한 본성을 지녔기 때문인바, 이를 설명해 주는 것이 둘째 인용문이다. 모든 사람은 인의예지와 같은 '떳떳한 본성'을 지니고 있기에 아름다운 덕을 좋아하는바, 그러므로 남의 솔선수범을 보고는 감복하여 스스로도 아름다운 덕을 추구할 수 있다는 것이다.

그런데 유가에 의하면 모든 백성이 항상 저절로 본성대로 살 수 있는 것은 아니다. 혹은 타고난 기질(氣質)의 장애로 인해, 혹은 물질적 궁핍 등 외부 환경의 곤란으로 인해 종종 자신의 본성을 완전히 실현하지 못하게 된다. 그리하여 위의 셋째 인용문에서는 '백성들이 편안하게 본성대로 살 수 있도록 해주는 것'[116)]이 군주의 사명이라고 설명한 것이다. 이러한 맥락에서, 유가는 군주의 사명을 보통 두 가지로 설명했다. 하나는 산업을 개발하여 백성들의 '일정한 생업〔恒産〕'을 보장하는 것이요, 다른 하나는 인륜을 교육하여 백성들이 '일정한 마음〔恒心〕'을 지니도록 하는 것이다.[117)]

---

115) 『書經』「商書」〈湯誥〉: 惟皇上帝 降衷于下民 若有恒性 克綏厥猷 惟后

116) 『中庸』의 첫머리에서 "하늘이 명해준 것을 본성이라 하고, 본성을 따르는 것을 道라 하며, 道로써 닦는 것을 교육이라 한다(天命之謂性 率性之謂道 修道之謂教)"고 했듯이, 유가의 道란 기본적으로 '본성에 따라 사는 것'이다.

위의 세 인용문을 통해 유가가 추구한 '문덕의 질서' 란 곧 인간의 '도덕적 본성' 에 기초한 질서라는 것이 분명해졌다. 그런데 유가는 이 '본성적인 문덕의 질서' 를 '본능적인 위계질서' 와 결합시키고 있는 것이다. 그러면 유가는 왜 본성적인 문덕의 질서로 일관하지 않고, 한편으로 본능적인 위계질서를 수용하는 것인가? 유가는 위계질서의 불가피성을 다음과 같이 설명한다.

> 하늘에는 두 해가 없고, 땅에는 두 왕이 없으며, 나라에는 두 군주가 없고, 집안에는 두 높은 사람이 없는 것이니, '하나' 로써 다스리는 것이다.[118]

> 무릇 둘 다 존귀하면 서로 섬길 수 없고, 둘 다 비천하면 서로 부릴 수 없으니, 이것은 자연의 이치〔天數〕이다. 세력과 지위가 균일하고, 좋아하고 싫어하는 것이 같으면서 재물이 풍족하지 못하면 반드시 다툰다. 다투면 어지러워지고, 어지러워지면 막힌다. 선왕(先王)이 그 어지러움을 싫어하여, 예의(禮義)를 제정하여 나누고, 빈부와 귀천의 등급이 있게 하여, 서로 임하기에 충분하게 했으니, 이것이 천하를 기르는 근본이다.[119]

위의 첫째 인용문에서는 통치란 결국 '하나' 로써 이루어지는 것이라 하였다. 가정이든 국가이든 통치권이 '하나' 로 수렴되어야만 질서가 잡

---

117) 恒產과 恒心 역시 각각 '본능적인 것' 과 '본성적인 것' 에 해당한다. 즉 恒產은 백성이 본능적 욕구를 적절하게 충족시킬 수 있는 기반이며, 恒心은 백성이 도덕적 본성을 변함없이 발휘할 수 있는 기반이다. 그런데 둘 가운데 우선적으로 중요한 것은 恒產이며, 궁극적으로 중요한 것은 恒心이라는 것이 유가의 지론이었다.

118) 『禮記』〈喪服四制〉: 天無二日 土無二王 國無二君 家無二尊 以一治之也

119) 『荀子』〈王制〉: 夫兩貴之不能相事 兩賤之不能相使 是天數也 埶位齊 而欲惡同 物不能澹 則必爭 爭則亂 亂則窮矣 先王惡其亂也 故制禮義以分之 使有貧富貴賤之等 足以相兼臨者 是養天下之本也

힌다는 것이다. 둘째 인용문에서도 "둘 다 존귀하면 서로 섬길 수 없고, 둘 다 비천하면 서로 부릴 수 없다."는 관점에서 위계질서 자체를 필수적인 것으로 규정했다. 그런데 둘째 인용문에서는 더 나아가 위계질서를 '차등적 분배' 와 결부시켰다. 요컨대 유교에서 위계질서란 통치권을 한 곳으로 수렴하여 혼란을 막는다는 의미와 사회적 지위와 재화를 차등적으로 배분함으로써 상호 공존을 도모한다는 의미가 있다.[120] 그리하여 유가는 한편으로는 위계질서를 불가피한 것으로 수용하면서, 다른 한편으로 그 위계질서를 문덕으로 운영하고자 했다. 이러한 맥락에서 유가가 추구한 정치질서는 '본능-본성' 의 질서였던 것이다.

유가가 추구한 질서는 '본능-본성' 의 질서였다는 점은 '이기심' 에 대한 유가의 처리 방식에서도 잘 나타난다. 인간의 이기심은 한편으로는 사회의 효율성을 높여주고, 한편으로는 사회적 갈등을 야기한다. 일반적으로 자유주의는 이기심의 긍정적 측면을 주목하여 이기심을 적극 긍정하고, 사회주의는 이기심의 부정적 측면을 주목하여 이기심을 극복하자고 호소한다. 이와 달리 유교의 명분론은 이기심의 양면성을 균형있게 처리하고자 하는바, 이에 대해 약간 부연해 보자.

첫째, 자유주의가 이기심의 긍정적 측면에 편중한 것과 달리, 명분론은 이기심의 부정적 측면을 함께 유의한 것이다. 자유주의자들은 이기심이 지닌 자발성과 역동성을 높이 평가하고, '예정조화(豫定調和)' 라는 허구적 이론 속에 숨어 이기심이 야기하는 혼란을 외면했다. 그러나 정이천의 "후세에는 일반 선비로부터 공경(公卿)에 이르기까지 날마다 존영(尊榮)에 뜻을 두고, 농공상고는 날마다 부치(富侈)에 뜻을 두어, 억조(億兆)의

120) '財貨를 차등적으로 배분함으로써 상호 공존을 도모한다' 는 말은 일견 어색하게 보일 수 있다. 그런데 禮制는 上·下의 차등을 두면서도, 上의 독점을 막아 下의 몫까지 보장하는 역할을 하는 것이다.

마음이 서로 이익을 두고 경쟁하여 천하가 어지러우니, 어떻게 통일시킬 수 있겠는가?"라는 말에 보이듯이, 유교에서는 이기적 경쟁을 사회적 혼란의 근원으로 인식하여 엄중하게 경계했다. 그리하여 명분론에서는 각자가 누릴 수 있는 재화의 몫을 선험적으로 설정해 둔 것인데, 이는 각자의 '욕망의 한계' 를 설정함으로써 안분지족(安分知足)을 유도한 것이다.

둘째, 사회주의가 이기심의 부정적 측면에 편중한 것과 달리, 명분론은 이기심의 긍정적 측면을 함께 유의한 것이다. 사회주의자들은 이기심이 초래하는 갈등을 혐오하여 이기심을 폄하하고, 그 대안으로 형제애를 강조했다. 그러나 이기심을 부정할수록 자발성과 역동성도 함께 퇴조하여 사회는 활력을 잃게 되고, 형제애(사회권)를 강조할수록 개인의 자립심이 퇴조하여 도덕적 해이를 초래한다. 그리하여 명분론에서는 이기심의 긍정적 측면을 살리기 위해서 사회적 지위나 재화의 몫을 개인의 노력과 결부시킨 것이다.[121] 이는 사회의 운영에 일정 부분 경쟁의 요소를 반영함으로써 적절하게 사회의 활력을 북돋고자 한 것이다.

이상에서 명분론에 함축된 '이기심에 대한 양면적 처방' 을 정리해 보았거니와, '욕망의 한계를 설정한 것' 은 본성적 요소에 해당하며, 사회적 지위나 재화의 몫을 '개인의 노력과 결부시킨 것' 은 본능적 요소에 해당하는 것이다.

121) 유교의 尊賢使能論은 사회적 지위와 개인의 노력을 결부시킨 것으로서, 여기에는 경쟁의 요소가 반영된 것이다(유교는 '경쟁' 에 대해서도 양면적으로 인식하고 있었다. 이에 관한 자세한 논의는 拙著, 『儒家社會哲學硏究』, 453-465쪽 참조). 한편, 유교에서 각자가 누리는 재화의 몫에 한계를 설정한 것은 사치와 방탕을 막고자 한 것이었을 뿐, 각자의 노력과 무관하게 평등하게 재화를 분배한다는 논리가 아니었다.

2) 유가적 질서의 의의와 한계

유가적 질서의 기본 논리는 '윗사람이 모범을 보이면 아랫사람이 본받아 감화되며, 윗사람이 인정(仁政)을 베풀면 아랫사람이 저절로 충성을 다하게 된다'는 것이었다. 예컨대 『서경』에서는 군주를 '황극(皇極)'이라 칭하고,[122] "군주는 그 '지극한 표준'을 세워야 한다."[123]고 주장했는데, 이에 대해 채침은 다음과 같이 주석했다.

> 군주는 마땅히 인륜(人倫)의 지극함을 다해야 한다는 말이다. 부모와 자식으로 말하면 그 친함을 지극하게 하여 천하의 부모와 자식들이 이를 본받고, 남편과 아내로 말하면 그 분별을 지극하게 하여 천하의 남편과 아내들이 이를 본받는 것이다. (…) 하나의 사물과 접하고 하나의 말과 행동을 할 때에도 모두 그 의리(義理)의 마땅함을 지극하게 하여, 조금이라도 지나치거나 모자람이 없게 한다면 '지극한 표준'이 세워질 것이다.[124]

위에 보이는 것처럼, 유가는 '군주는 모든 면에서 만인의 모범이 되어야 한다'고 강조했다. 그러나 군주의 직책을 완수한다는 것은 결코 쉬운 일이 아니다. 『서경』에서는 "군주가 그 직책을 어렵게 여기고, 신하도 그 직책을 어렵게 여기면, 정사(政事)가 비로소 다스려지고, 백성이 덕에 민

---

122) '皇極'의 '極'에 대해 채침은 "極은 '北極'의 極과 같은 뜻으로, '至極'과 '標準'의 뜻을 겸하니, 가운데 서 있으면 四方에서 보고 바름을 취하는 것"이라고 주석했다(『書傳大全』「周書」〈洪範〉, 蔡沈註).

123) 『書經』「周書」〈洪範〉: 皇建其有極

124) 『書傳大全』「周書」〈洪範〉, 蔡沈註 : 言人君當盡人倫之至 語父子則極其親 而天下之爲父子者 於此取則焉 語夫婦則極其別 而天下之爲夫婦者 於此取則焉 (…) 以至一事一物之接 一言一動之發 無不極其義理之當然 而無一毫過不及之差 則極建矣

감해질 것"[125]이라고 말했는데, 이에 대해 채침은 다음과 같이 주석했다.

> 군주가 감히 그 군주의 道를 쉽게 여기지 않고, 신하가 감히 그 신하의 직책을 쉽게 여기지 않아, 아침부터 밤늦게까지 공경하고 두려워하여 각각 그 마땅히 할 일을 다하는 데 힘쓴다면, 그 정사(政事)가 능히 닦여져서 사특함이 없게 된다. 그러면 아래의 백성들도 자연스럽게 보고 느끼어, 빠르게 선(善)으로 교화됨을 그칠 수 없게 된다.[126]

위에 보이듯이, '윗사람이 본분을 다하면, 아랫사람이 자연스럽게 그에 감복하여, 형통하게 된다' 는 것이 유가의 지론이었다. 이처럼 유가의 명분질서는 '윗사람과 아랫사람의 자연스러운 감응' 을 추구하는 것이었다.

유교적 질서는 통치의 영역에서는 덕치와 예치로 표현되었다. 덕치는 윗사람이 먼저 모범을 보이고 인정(仁政)을 베풀어 아랫사람이 저절로 감복하게 하자는 것이요, 예치는 각자의 사회적 지위에 따라 모든 사람의 욕망을 합리적으로 제한하여 자의적 경쟁이나 충돌의 소지를 막고 사회를 안정되게 만들자는 것이었다.[127] 유가의 '덕치 · 예치' 는 흔히 법가의

---

125) 『書經』「虞書」〈大禹謨〉: 后克艱厥后 臣克艱厥臣 政乃乂 黎民敏德

126) 『書傳大全』「虞書」〈大禹謨〉, 蔡沈註 : 君而不敢易其爲君之道 臣而不敢易其爲臣之職 夙夜祗懼 各務盡其所當爲者 則其政事乃能修治而無邪慝 下民自然觀感 速化於善 而有不容已者矣

127) 김상준은 '정치 영역에서의 儀禮' 는 '통치자의 위엄을 높이기 위한 수단' 이었다고 인식한 기존의 견해를 비판하면서, "유교에서의 禮는 정치 영역에 있어서도 군주를 윤리적으로 견제하려는 측면이 강하다" 고 강조했다. 요컨대 "유학자들은 王位의 위용을 높이는 본래의 정치의례를 전쟁 귀족의 매너를 순치시키는 방향으로 그 성격을 변환시켰다." 는 것이다(김상준, 〈禮의 기원과 유교적 안티노미〉, 48쪽). 한편, 함재학은 유교의 禮가 '군주를 윤리적으로 견제하는 역할' 을 수행했다는 점을 주목하고, 이를 '유교적 입헌주의' 라고 해석했다. 군주는 禮를 상정하고 禮를 준수함으로써 자신의 정당성을 보장받았으며, 따라서 禮는 군주의 지위와 의무에 관하여 직접

'법치' 와 대비된다. 가의(賈誼)는 예치의 의의를 "악(惡)이 싹트기 전에 근절하고 은미한 데서 가르침을 일으켜서, 백성들이 날마다 선(善)으로 옮겨가고 죄를 멀리하게 하려는 것" 이라고 설명하고,[128] 다음과 같이 예치와 법치를 대비하여 설명했다.

> 예(禮)는 장차 그렇게 되기 전에 금하는 것이요, 법(法)은 이미 그렇게 되고 난 뒤에 금하는 것이다. 그러므로 법이 쓰이는 바는 알기 쉬우나, 예가 생겨나는 까닭은 알기 어렵다. (…) 예의(禮義)로 다스리는 사람은 예의를 쌓고, 형벌(刑罰)로 다스리는 사람은 형벌을 쌓는데, 형벌이 쌓이면 백성이 원망하고, 예의가 쌓이면 백성이 화친한다. 그러므로 세상의 군주들이 '백성을 착하게 하려는 마음' 은 같지만, '백성을 착하게 하는 방법' 은 달라서, 혹은 덕교(德敎)로써 인도하고, 혹은 법령(法令)으로 통제한다. 덕교로 인도하면 덕교가 흡족해짐에 백성들의 기상이 즐거워지고, 법령으로 통제하면 법령이 극에 달함에 백성들의 기풍이 슬퍼진다. 슬픔이 일면 화(禍)가 응하고, 즐거움이 일면 복(福)이 응한다.[129]

공자는 법치에 대해서는 '백성이 법망을 피하려고만 하고, 부끄러움이 없게 된다' 고 비판하고,[130] 덕치에 대해서는 '백성이 부끄러움을 알게

규율하는 '헌법적 규범' 이었다는 것이다(함재학, 「경국대전이 조선의 헌법인가?」, 『법철학연구』 제7권 제2호, 281쪽).

128) 『漢書』〈賈誼傳〉: 禮云禮云者 貴絶惡於未萌 而起敎於微眇 使民日遷善遠罪 而不自知也

129) 『漢書』〈賈誼傳〉: 夫禮者 禁於將然之前 而法者 禁於已然之後 是故 法之所用易見 而禮之所爲生難知也 (…) 以禮義治之者 積禮義 以刑罰治之者 積刑罰 刑罰積而民怨背 禮義積而民和親 故世主欲民之善同 而所以使民善者或異 或道之以德敎 或敺之以法令 道之以德敎者 德敎洽而民氣樂 敺之以法令者 法令極而民風哀 哀樂之感 禍福之應也

130) 공자가 비판한 법치는 'rule by law' 또는 司法主義에 해당하는 것이다. 'rule by law' 또는 司法主義에 대해서는 이 책의 제3장 '법가 : 상명하복과 신상필벌' 의 마

되고, 바르게 된다' 고 옹호한 바 있다. 그런데 가의는 법치에 대해서는 '백성들의 기풍이 슬퍼지고, 화(禍)를 초래한다' 고 비판하고, 덕치에 대해서는 '백성들의 기상이 즐거워지고, 복(福)을 초래한다' 고 옹호한 것이다.

이상의 내용을 요약하면, 유가적 질서는 윗사람이 먼저 본분을 다함으로써 아랫사람이 자발적으로 감복하도록 하자는 것이요, 그 결과 사람들이 서로 화친하고 행복을 누릴 수 있게 하자는 것이었다. 유가의 주장대로 **윗사람이 먼저 본분을 다한다면**, 실제로 아랫사람들은 자발적으로 감복할 것이요, 그 결과 사람들이 서로 화친하고 행복을 누릴 수 있을 것인 바, 이것이 유가적 질서의 의의일 것이다.

문제는 **윗사람이 먼저 본분을 다하지 않는 경우**이다. 정치의 현실에서 최상의 통치자인 군주가 본분을 다하지 않는 경우는 허다하다. 그런데 유가는 이에 대한 적절한 대책을 마련하지 못했다. 유가는 그저 군주의 수기(修己)와 신하의 간언(諫言)을 역설했을 뿐이다. 대부분의 군주는 수기를 게을리하고 간언을 외면했거니와, 이에 대한 대책을 제시하지 못한 것이 유가의 근본적 한계였다. 예컨대 주자의 다음과 같은 상소문을 보자.

> 이른바 '강(綱)' 은 그물의 버팀줄과 같고, '기(紀)' 는 실의 실마리와 같습니다. 그물에 버팀줄이 없으면 제대로 펼칠 수 없고, 실에 실마리가 없으면 제대로 정돈할 수 없습니다. 그러므로 한 집에는 집안의 기강이 있고, 한 나라에는 나라의 기강이 있는 것입니다. 향(鄕)은 현(縣)에 통솔되고, 현은 주(州)에 통솔되며, 주(州)는 여러 로(路)에 통솔되고, 여러 로는 대성(臺省)에 통솔되며, 대

지막 부분에서 다시 논의하기로 하자.

성은 재상(宰相)에게 통솔되고, 재상은 다른 여러 직책을 겸하여 통솔하면서 천자(天子)와 함께 가부(可否)를 의논해서 정령(政令)을 내리는바, 바로 이것이 천하의 기강입니다.

그러나 기강은 저절로 확립될 수 없으니, 반드시 군주의 마음가짐이 공평(公平)하고 정대(正大)하여 사사로이 편당(偏黨)을 만들거나 이랬다저랬다 하지 않은 다음에야 이에 근거해서 확립될 수 있습니다. 군주의 마음은 스스로 바로잡을 수 없으니, 반드시 현명한 신하를 가까이하고 소인을 멀리하며, 의리(義理)의 귀결처를 밝혀서 사사롭고 간사한 통로를 막은 다음에야 바르게 될 수 있습니다. 그리하여 옛 성왕들이 사부(師傅)의 관직을 세우고, 빈우(賓友)의 지위를 설치하며, 간쟁(諫諍)의 직책을 두었던 것입니다.[131)]

위의 첫째 문단에서는 '윗사람이 아랫사람을 통솔하는 것' 이 '천하의 기강' 이라 했다. 윗사람은 아랫사람보다 더 큰 권력을 지니고 있거니와, 따라서 윗사람이 아랫사람을 통솔하는 것은 어렵지 않다. 문제는 '윗사람이 공평정대하지 않을 경우' 이다. 위의 둘째 문단에서는 '윗사람이 공평정대해야 함' 을 강조하고, 군주의 수기(修己)를 돕기 위해 옛 성왕들이 사부(師傅), 빈우(賓友), 간쟁(諫諍)의 직책을 설치했던 것이라고 설명했다. 그런데 이러한 장치들은 대부분 용군(庸君)이나 폭군(暴君)을 제어하는 데에는 한계가 있었다. 그럼에도 불구하고, 유가에서 '통치자의 횡포' 를

131) 『朱子大全』 卷11 頁19, 〈庚子應詔封事〉 : 夫所謂綱者 猶網之有綱也 所謂紀者 猶絲之有紀也 網無綱則不能以自張 絲無紀則不能以自理 故一家則有一家之綱紀 一國則有一國之綱紀 若乃鄉總於縣 縣總於州 州總於諸路 諸路總於臺省 臺省總於宰相 而宰相兼統衆職 以與天子相可否而出政令 此則天下之綱紀也 然而綱紀 不能以自立 必人主之心術公平正大 無偏黨反側之私 然後綱紀有所繫而立 君心不能以自正 必親賢臣遠小人 講明義理之歸 閉塞私邪之路 然後乃可得而正也 古先聖王 所以立師傅之官 設賓友之位 置諫諍之職

막을 수 있는 장치는 더 이상은 없었다. 주자도 용렬한 군주에게 그저 위와 같이 간언한 것이다. 퇴계도 한 상소문에서 다음과 같이 말한다.

> 군주의 마음은 만 가지 징조가 연유하는 곳이요, 백 가지 책임이 모이는 곳이며, 온갖 욕심이 공격하고 온갖 간사함이 서로 침해하는 곳입니다. 만약 조금이라도 태만하고 소홀하여 방종하게 되면 마치 산이 무너지고 바다가 들끓는 것처럼 되거니와, 이것을 누가 막겠습니까?
>
> 옛날의 거룩한 제왕은 이런 점을 근심하였습니다. 그리하여 항상 날마다 조심하고 공경하며 두려워하면서도 오히려 미흡하다고 여겨, 스승을 정하여 놓고 굳게 간언하는 직책을 만들어서, 앞에는 의(疑)가 있고 뒤에는 승(丞)이 있으며, 왼쪽에는 보(輔)가 있고 오른쪽에는 필(弼)이 있으며, (…) 소반과 밥그릇 · 책상 · 지팡이 · 칼 · 들창문에 이르기까지 무릇 눈이 가는 곳과 몸이 처하는 곳은 어디든지 훈계를 새겨 놓았습니다. 마음을 유지하고 몸을 방범(防範)하는 것이 이처럼 지극했으므로, 덕이 날로 새롭고 공업(功業)이 날로 넓어져서, 작은 허물도 없고 큰 이름이 나게 된 것입니다.
>
> 그런데 후세의 군주는 천명(天命)을 받고 왕위에 올랐으니 그 책임이 지극히 무겁고 큰데도, 스스로 몸과 마음을 다스리기 위해 구비한 것이 이처럼 엄격한 것이 하나도 없었습니다. 왕공(王公)과 수많은 백성의 추대에 들떠서 버젓이 성인(聖人)처럼 굴며 오만방자하게 구니, 결국 난(亂)이 일어나고 멸망하는 것이 어찌 괴이한 일이겠습니까?[132)]

---

132) 『退溪集』 卷7 頁5-6, 〈進聖學十圖箚〉 : 人主一心 萬幾所由 百責所萃 衆欲互攻 群邪迭鑽 一有怠忽 而放縱繼之 則如山之崩 如海之蕩 誰得而禦之 古之聖帝明王 有憂於此 是以 兢兢業業 小心畏愼 日復一日 猶以爲未也 立師傅之官 列諫諍之職 前有疑後有丞 左有輔右有弼 (…) 以至盤盂几杖刀劍戶牖 凡目之所寓 身之所處 無不有銘有戒 其所以維持此心 防範此身者 若是其至矣 故德日新而業日廣 無纖過而有鴻號矣 後世人主 受天命而履天位 其責任之至重至大爲如何 而所以自治之具 一無如此之嚴也 則其憪然自聖 傲然自肆於王

위의 첫째 문단에서는 만기(萬機)를 주재하는 군주라는 직책의 중요성을 설파했고, 둘째 문단에서는 스승의 훈계와 간관의 간언을 잘 수용하는 군주는 위대한 업적을 낼 수 있다고 설파했다. 셋째 문단에서는 훈계와 간언을 모두 무시하는 '오만방자한 군주'에 대해 언급했는데, 그들은 결국 '난(亂)을 야기하여 멸망하고 말았다'는 것이다. 그렇다면 오만방자한 군주가 등장해도 혼란과 멸망을 예방할 수 있는 방법은 없는 것인가? 유가는 바로 이 문제에 대해 매우 취약했던 것이다.

예컨대 로마의 공화정은 '견제와 균형'이라는 원리를 고안하여 오만방자한 통치자의 권력을 제어하는 데 크게 기여했다. 그런데 유가는 '오만방자한 군주의 권력을 견제하는 방법',[133] 또는 피치 계급이 통치 계급의 권력을 견제한다는 발상을 제대로 보여주지 못했다. 유교 사회에서는 하층계급이 상층계급을 견제한다는 발상은커녕 상층계급에 대한 비판조차도 제대로 할 수 없는 경우가 많았다. 예컨대 조선 말기의 유학자 전우(田愚, 1841~1922)의 다음과 같은 말을 보자.

항상 말하려고 할 때엔 반드시 먼저 이것이 윗사람을 침범하는 것은 아닌지 살펴야 하며, 윗사람을 침범함이 없는 것을 확인한 다음에야 감히 말한다. 만약 조금이라도 침범함이 있는 것 같으면, 조심하여 입을 열지 말아야 한

公之上 億兆之戴 終歸於壞亂殄滅 亦何足怪哉

133) 論者도 유교의 禮治는 군주의 권력을 제한하는 '입헌적 기능'을 수행했다고 본다. 그러나 유교에는 '禮制를 무시하는 군주'에 대해서는 뾰족한 견제 수단이 없었다. 유가도 君主權, 宰相權, 言官權을 분립시켜 서로 견제하도록 하는 방안을 고안했으나, 군주가 이를 무시할 때에는 적절한 대응 수단이 없었다. 더군다나 유교에는 피치 계급이 통치 계급을 견제할 수단이 없었다. 이 대목에서 밀(John S. Mill)의 "한 정치체제에 대한 믿음은 어디에서 오는 것인가? 권력자들이 권력남용을 안 하는 것이 아니라 할 수 없는 구조일 때 체제에 대한 신뢰가 쌓인다."는 말을 음미할 필요가 있겠다(밀, 서병훈 역, 『대의정부론』, 아카넷, 2012, 164쪽).

다.[134)]

유가적 질서는 위계질서를 한 축으로 삼고 있거니와, 위계질서를 강조하면 위에 보이는 것처럼 윗사람에 대한 비판 자체도 위축될 수 있다.[135)] 이러한 분위기 속에서, 유교 사회에서는 상층계급은 더욱 오만방자해지고 하층계급은 신음하며 견디다가 반란으로 보복하는 일이 반복되었다. 요컨대 유가는 '본능적인 것' 이 폭주(暴走)할 때 이를 적절히 제어할 수 있는 '현실적 방안' 을 마련하지 못했다. 유가가 고안한 제어의 방법은 모두 훈계와 간언 등 '본성적인 것' 들이었는데, '본성적인 것' 으로 '본능적인 것' 을 제어하는 데에는 한계가 있었던 것이다.

마지막으로 한 가지 더 언급할 것은, 이른바 '군자와 소인의 구분' 문제이다. 유가는 군자와 소인의 구분에 예민했고, 특히 통치의 영역에서는 '군자를 등용하고 소인을 물리쳐야 한다' 고 역설했다. 일반적으로 '사람됨' 에는 분명 군자와 소인이 있거니와, 그렇다면 '군자를 등용하고 소인을 물리쳐야 한다' 는 주장도 일견 지당한 것이다. 문제는 군자소인론이 정치의 현장에서 무한한 정쟁(政爭)의 도구가 될 수 있다는 점이다. 유교적 정치의 현장에서 서로 군자를 자처하면서, 상대방을 소인이라고 규정하여 배척하는 일은 다반사였다. 정치적 논쟁은 대개 시비(是非)를 명확하게 판단하기 어렵거니와, 여기에다 군자소인론까지 적용하면 그 갈등은 더욱 첨예화될 수밖에 없는 것이다. 이러한 맥락에서 정치의 영역에서

---

134) 『艮齋集』 前編 卷13 頁14, 〈体言〉 : 每將言時 必先審思此得無干犯於上否 知其無也而後敢言 萬有一近似之者 愼勿啓口

135) 조선시대에는 하급 서리나 일반 백성들이 상급 관리들에 대해 고소를 금지하는 '部民告訴禁止法' 도 있었다. 上官의 謀反大逆罪와 不法殺人罪 등 중대 범죄를 고소하는 것은 허용하되, 그 밖의 경우에는 수리하지 않았으며, 오히려 고소자를 杖刑이나 徒刑에 처했다(『經國大典』「刑典」〈訴冤〉條 참조).

군자소인론은 매우 큰 부작용을 낳았던 것이다.[136)]

136) 莊子는 이러한 점을 직시했기 때문에 齊物論을 주장하면서 유가의 君子小人論을 비판하고, '是非善惡을 초탈하라' 고 설파한 것이다. 개인적 차원에서 군자가 되려고 노력하는 것은 매우 고상한 일이다. 그러나 스스로 군자로 자처하면서 상대방을 소인으로 규정하여 배척하는 경우, 君子小人論은 대부분 政爭의 도구로 전락할 뿐이다.

제3장

법가 : 상명하복과 신상필벌

사마천은 『사기열전』〈태사공자서〉에서 "법가는 친소(親疏)와 귀천(貴賤)을 구별하지 않고 한결같이 법으로 재단(裁斷)하여, 친한 사람을 친하게 대하고 높은 사람을 높여주는 은혜가 끊어지게 하니, 일시적으로는 행할 수 있는 계책이나 오래도록 활용할 수는 없는 것이다. 그러므로 '엄격하여 은혜가 적다' 고 말하는 것이다. 그러나 군주를 높이고 신하를 낮추며 직분을 밝혀서 서로 넘볼 수 없게 한 것은 아무도 고칠 수 없는 것이다."라고 평한 바 있다.[1] 요컨대 친소와 귀천을 막론하고 모두에게 국법을 엄하게 적용한 것은 각박하여 수긍하기 어렵지만, 명분론적 위계질서를 추구한 것은 보편타당한 의의가 있다는 것이다. 같은 맥락에서, 반고도 『한서』「예문지」에서 법가의 핵심 사상을 다음과 같이 요약한 바 있다.

법가는 대개 이관(理官, 司法官)에서 나왔으며, 신상필벌(信賞必罰)로 예제

1) 『史記列傳』〈太史公自序〉 : 法家 不別親疏 不殊貴賤 一斷於法 則親親尊尊之恩絶矣 可以行一時之計 而不可長用也 故曰 嚴而少恩 若尊主卑臣 明分職不得相踰越 雖百家弗能改也

(禮制)를 보완하려 했다. 『주역』에서는 "선왕(先王)은 (噬嗑卦의 형상을) 본받아 형벌을 밝히고 법제를 정비한다" 고 했는데, 이것이 그들의 장점이었다. 각박한 자들에 이르러서는 교화(敎化)를 없애고 인애(仁愛)를 제거한 다음, 오로지 형법(刑法)에 맡겨서 통치하고자 함으로써, 지친(至親)을 잔인하게 해쳐서 은혜를 손상하고 후덕한 풍속을 야박하게 바꾸어 놓았다.[2)]

반고는 법가에 대해 '법제로 예제를 보완한 공로' 를 인정하면서도, '잔인하고 야박한 단점' 이 있었다고 비판했다. 그리하여 사마천은 '일시적으로는 행할 수 있으나 오래도록 활용할 수는 없는 계책' 이라고 평했던 것이다.

법가의 비조로는 대개 관자(管子, ?~기원전 645)를 거론하며, 골격을 확립한 사람으로는 상앙(商鞅, 기원전 390?~기원전 338)을, 집대성자로는 한비자(韓非子, 기원전 280?~기원전 233)를 거론한다. 관자는 각종 부국강병책으로 제환공(齊桓公)의 패업(霸業)을 뒷받침한 인물이며, 상앙은 진효공(秦孝公)의 신임 아래 과감한 변법(變法)을 통해 진나라를 부강하게 만든 인물이다. 한비자는 상앙의 '법(法)' 사상, 신불해(申不害, ?~기원전 337)의 '술(術)' 사상, 신도(愼到, ?~기원전 302)의 '세(勢)' 사상을 종합하여 집대성했다. 그밖에 위문후(魏文侯)를 받들어 부국강병을 이룩한 이회(李悝, 기원전 455?~기원전 395?), 진시황(秦始皇)의 재상으로 이름을 날린 이사(李斯, ?~기원전 210) 등도 법가의 주요 인물로 거론된다.[3)] 이 가운데 법가를 사상적으로 대표하는 인물은 상앙과 한비자이다.

---

2) 『漢書』「藝文志」: 法家者流 蓋出於理官 信賞必罰 以輔禮制 易曰先王以明罰飭法 此其所長也 及刻者爲之 則無敎化 去仁愛 專任刑法而欲以致治 至於殘害至親 傷恩薄厚

3) 劉澤華 등은 '管仲(管子)과 子產은 법가적 성향을 지니고는 있었지만, 그들은 그에 상응하는 이론을 제기하지 못했기 때문에 아직 法家라 부를 수 없다' 고 주장하고, '이론 형태를 만든 법가는 응당 李悝에서 시작한다' 고 보았다(劉澤華 主編, 장현근 역, 『中國

본고에서는 『상군서(商君書)』와 『한비자(韓非子)』를 중심으로 법가의 기본 입장과 통치 이론을 살펴보고자 한다.

1. 법가의 기본 입장

1) 법가의 인간관

법가의 인간관은 한마디로 인간은 '이기적 존재' 요, '타산적 존재' 라는 것이다. 먼저 '이기적 존재' 라는 측면을 살펴보자. 법가에 의하면, 인간은 태어나면서부터 이익을 좋아하고 손해를 싫어하며, 자신의 이익을 위해서는 무슨 일이든 할 수 있는 존재이다. 상앙은 다음과 같이 말한다.

> 백성은 태어나면서부터 배고프면 음식을 찾고, 힘들면 편안함을 찾으며, 괴로우면 즐거움을 찾고, 치욕을 당하면 영광을 찾으니, 이것이 백성의 성정(性情)이다. 백성은 이익을 추구하느라 예법(禮法)을 잃기도 하고, 명예를 추구하느라 본성의 일정함을 잃기도 한다. 어떻게 그러한 것을 아는가? 지금 도적들이 위로는 군주가 금지하는 것을 어기고 아래로는 신자(臣子)로서의 예법을 잃어서 명예가 더럽혀지고 몸이 위험해져도 오히려 (도적질을) 그치지 않는 것은 이익 때문이다. 저 옛날의 선비들은 옷을 입어도 전혀 따뜻하지 않게 입고, 밥을 먹어도 전혀 배부르지 않게 먹으며, 마음을 괴롭게 하고, 몸을 수고롭게 하며, 오장(五臟)을 손상시키면서도, 명성이 더욱 널리 퍼지도록 했는데, 본성의 일정함이 아닌데도 그렇게 한 것은 명예 때문이다. 그러므로 "명예와 이익

政治思想史』 先秦篇(上), 동과서, 2002, 484-485쪽).

이 모이는 곳에 백성이 들끓는다." 고 말하는 것이다.[4]

상앙은 "백성은 태어나면서부터 배고프면 음식을 찾고, 힘들면 편안함을 찾으며, 괴로우면 즐거움을 찾고, 치욕을 당하면 영광을 찾는다." 고 했는데, 이는 인간의 '본능적 욕구' 일 것이다. 그렇다면 인간의 이기심은 결국 본능적 욕구로부터 기인하는 것이다. 상앙은 본능적 욕구의 대상을 '이익' 과 '명예' 둘로 요약했다. 인간은 이익을 추구하느라 '예법(禮法)' 을 잃기도 하고, 명예를 추구하느라 '일정한 본성' 을 어기기도 한다.[5] 요컨대 인간은 이익과 명예를 위해서 무슨 짓이든 하는 존재라는 것이다. 같은 맥락에서 한비자도 다음과 같이 말한다.

> 장어는 뱀과 비슷하고, 누에는 애벌레와 비슷하다. 사람들은 뱀을 보면 깜짝 놀라고, 애벌레를 보면 소름이 끼친다. 그러나 어부는 장어를 손에 쥐고, 아낙네는 누에를 주워 올린다. 이익이 있는 곳에는 모두가 맹분(孟賁)이나 전저(專諸)처럼 용감해진다.[6]

한비자는 사람들이 이익을 위해서는 장어를 손에 쥐고, 누에를 주워 올

---

4) 『商君書』〈算地〉: 民之生 饑而求食 勞而求佚 苦則索樂 辱則求榮 此民之情也 民之求利 失禮之法 求名 失性之常 奚以論其然也 今夫盜賊 上犯君上之所禁 下失臣子之禮 故名辱而身危 猶不止者 利也 其上世之士 衣不煖膚 食不滿腸 苦其志意 勞其四肢 傷其五臟 而益裕廣耳 非性之常 而爲之者 名也 故曰名利之所湊 則民道之

5) 여기서 말하는 '일정한 본성' 이란 '배고프면 음식을 찾고, 힘들면 편안함을 찾으며, 괴로우면 즐거움을 찾고, 치욕을 당하면 영광을 찾는 것' 으로서 역시 '본능적 욕구의 일정함' 을 뜻한다. 명예를 추구하는 것 자체가 본능적 욕구인데, '명예를 얻기 위해서 본능적 욕구를 어기는 것' 은 명예가 주는 이익이 육체적 고통을 감내하는 손실보다 크다는 '타산' 에 따른 것이다.

6) 『韓非子』〈說林下〉: 鱣似蛇 蠶似蠋 人見蛇則驚駭 見蠋則毛起 漁者持鱣 婦人拾蠶 利之所在 皆爲賁諸

리는 등의 '소름 끼치는 일' 도 할 수 있다고 설명했다. 한비자는 "이익이 있는 곳에는 모두가 맹분이나 전저처럼 용감해진다." 고 했거니와, 사람들은 중대한 이익을 위해서는 자신의 목숨까지도 바칠 수 있다는 것이다.

법가에 의하면, 인간은 이익을 추구하는 '이기적 존재' 일 뿐만 아니라, 이익과 손해의 크기를 계산하여 더 큰 이익을 추구하는 '타산적 존재' 이기도 하다. 상앙은 다음과 같이 말한다.

> 백성들의 본성은 재보고 긴 것을 취하고, 달아보고 무거운 것을 취하고, 헤아려보고 이로운 것을 취한다. 현명한 군주가 이 셋을 신중하게 관찰하면 국가의 통치를 확립할 수 있고, 백성의 능력을 활용할 수 있다.[7]

> 백성의 성정(性情)은, 순박하면 노력을 발휘하여 쉽게 힘쓰고, 곤궁하면 지혜를 발휘하여 이익을 저울질한다. 쉽게 힘쓰면 죽음을 가볍게 여기므로 (국가를 위해) 쓰이는 것을 즐거워하고, 이익을 저울질하면 형벌을 두려워하여 힘든 일도 쉽게 맡는다.[8]

위의 두 인용문에 보이는 것처럼, 법가는 이기적이고 타산적인 것을 인간의 본성으로 규정하고, 통치자는 인간의 이러한 본성을 적극 활용해야 한다고 보았다.[9] 이기적이고 타산적인 인간은 최선과 차선 가운데 최선

---

7) 『商君書』〈算地〉: 民之性 度而取長 稱而取重 權而索利 明君愼觀三者 則國治可立 而民能可得

8) 『商君書』〈算地〉: 夫民之情 樸則生勞而易力 窮則生知而權利 易力則輕死而樂用 權利則畏罰而易苦

9) 여기서 유의할 것은 둘째 인용문의 또 다른 함의이다. 백성이 순박하면 국가를 위해 쓰이는 것을 즐거워하고, 곤궁하면 힘든 일도 쉽게 맡는다는 관점에서, 법가는 백성을 순박한 상태, 곤궁한 상태로 계속 묶어두어야 한다고 보았다. 법가는 백성을 '순박한

을 택하고, 최악과 차악 가운데 차악을 택하게 마련이다. 인간의 이러한 심리를 잘 활용하면 백성들이 들판에서 열심히 일하게 할 수 있고, 전쟁터에서 용감히 싸우게 할 수 있다는 것이다. 상앙은 다음과 같이 말한다.

> 무릇 농업은 백성들이 힘들게 여기는 일이요, 전쟁은 백성들이 무섭게 여기는 일이다. 그 힘듦을 무릅쓰고, 그 무서운 일을 실행하는 것은 '계산(計算)' 때문이다. 백성들은 살아서는 이익을 계산하고, 죽어서는 명예를 생각하니, 명예와 이익이 나오는 곳을 살피지 않을 수 없다. 이익이 농업에서 나오면 백성들은 온 힘을 다해 농사를 짓고, 명예가 전쟁에서 나오면 백성들은 죽음을 각오하고 싸운다. 안으로는 백성들로 하여금 온 힘을 다해 농사를 짓게 만들면 황무지가 개간될 것이요, 밖으로는 백성들로 하여금 죽을 각오로 싸우게 만들면 적국(敵國)을 이길 것이다. 적국을 이기고 황무지를 개간한다면, 앉아서 부강(富强)을 이룰 수 있다.[10)]

> 백성이 용감하면 그들이 원하는 것으로 포상하고, 백성이 비겁하면 그들이 싫어하는 것으로 처벌한다. 그러므로 비겁한 백성을 형벌로 부리면 용감해지고, 용감한 백성을 포상으로 부리면 목숨을 바치게 된다. 비겁한 백성이 용감해지고, 용감한 백성이 목숨을 바치면, 국가에 적수(敵手)가 없게 되어 반드시 천하의 왕이 될 수 있다.[11)]

상태'로 묶어두기 위해 다른 학파와 사상을 '좀〔五蠹〕' 또는 '이〔六蝨〕'로 규정하여 배척하고, 백성을 '가난한 상태'로 묶어두기 위해 부유한 백성들에게 가혹한 세금을 징수하라고 했다.

10) 『商君書』〈算地〉: 聖人之爲國也 入令民以屬農 出令民以計戰 夫農 民之所苦 而戰 民之所危也 犯其所苦 行其所危者 計也 故民生則計利 死則慮名 名利之所出 不可不審也 利出於地 則民盡力 名出於戰 則民致死 入使民盡力 則草不荒 出使民致死 則勝敵 勝敵而草不荒 富强之功 可坐而致也

상앙은 인간의 이기적이고 타산적인 본성을 이용하면 백성을 일정한 방향으로 자연스럽게 유도할 수 있다고 보았거니와, 그 방법의 핵심은 포상과 처벌이었다.[12] 상앙은 '백성이 원하는 바로 포상하고, 백성이 싫어하는 바로 처벌하라' 고 했다. 예컨대 전쟁터에서 도망친 사람에게는 죽음보다도 가혹한 처벌을 가한다면 비겁한 사람도 도망치지 못하며, 전공(戰功)을 세운 사람에게는 목숨보다도 두터운 포상을 내린다면 용감한 사람은 더욱 용감하게 싸운다. 이처럼 포상과 처벌을 적절히 활용하면 '앉아서 부강(富强)을 이룰 수 있고, 천하의 왕이 될 수 있다' 는 것이다. 같은 맥락에서 한비자도 다음과 같이 말한다.

> 이익을 좋아하고 손해를 싫어함은 사람의 본성이다. 포상이 두텁고 틀림없으면 사람들이 적(敵)을 가볍게 여기며, 형벌이 무겁고 확실하면 사람들이 전쟁터에서 도망치지 않는다. 오랫동안 싸우면서 임금을 따르는 사람은 백에 하나도 되지 않으나, 이익을 기뻐하고 처벌을 두려워함은 누구나 그렇지 않은 사람이 없다. 민중(民衆)을 거느리는 자가 '누구나 그렇지 않음이 없는 방법' 을 외면하고 '백에 하나도 되지 않는 방법' 을 따른다면, 이는 민중을 부리는 방법을 모르는 것이다.[13]

---

11) 『商君書』〈說民〉: 民勇則賞之以其所欲 民怯則刑之以其所惡 故怯民使之以刑則勇 勇民使之以賞則死 怯民勇 勇民死 國無敵者必王

12) 한비자도 상앙과 마찬가지로 인간의 '이기적 타산〔計算之心〕' 을 주목했다. 한비자는 부모와 자식 사이에도 計算之心이 작용한다고 주장하고, 따라서 부모와 자식 사이의 사랑도 믿을 수 없는 것이라고 설파했다. 이러한 맥락에서 한비자는 국가의 통치에서 '사랑〔仁政〕' 의 요소를 배제하고, 대신 '賞과 罰' 로 규율해야 한다고 보았다(『韓非子』〈六反〉).

13) 『韓非子』〈難二〉: 好利惡害 夫人之所有也 賞厚而信 人輕敵矣 刑重而必 人不北矣 長行徇上 數百不一 喜利畏罪 人莫不然 將衆者不出乎莫不然之數 而道乎百無一人之行 行人未知用衆之道也

한비자는 "이익을 좋아하고 손해를 싫어함은 사람의 본성" 이라는 전제 아래, 신상필벌(信賞必罰)의 방법으로 모든 백성을 완벽하게 통제할 수 있다고 보았다. 위에서 주목할 것은 "오랫동안 싸우면서 임금을 따르는 사람은 백에 하나도 되지 않으나, 이익을 기뻐하고 처벌을 두려워함은 누구나 그렇지 않은 사람이 없다."는 내용이다. '오랫동안 싸우면서 임금을 따르는 사람' 이란 '임금에 대한 충성심이 가득한 사람' 이거니와, 이러한 사람은 '백에 하나도 되지 않는다' 는 것이다. 이는 유가의 덕치론(德治論)을 정면으로 비판하는 내용으로서, 군주가 아무리 인정(仁政)을 베풀어도 끝까지 목숨을 걸고 충성할 신민(臣民)은 거의 없다는 말이다. 한비자에 의하면, 사람들은 누구나 이익을 기뻐하고 처벌을 두려워하는바, 따라서 백성은 포상과 처벌로 다스려야 한다. 이러한 맥락에서, 법가의 법치(法治)란 무엇보다도 신상필벌의 원칙을 제도화한 것이었다.

이상의 내용을 요약해 보자. 법가에 의하면, 인간은 이기적 존재로서, 자신의 이익을 위해서는 무슨 짓이든 할 수 있는 존재이다. 그리하여 인간 사회는 쉽게 혼란에 빠지는 것이다. 그런데 인간은 또한 이익과 손해를 계산하여 더 큰 이익을 추구하는 타산 능력을 지니고 있다. 그러므로 인간의 이기심과 타산 능력을 잘 활용하면, 인간을 쉽게 통제할 수 있다는 것이다. 이러한 맥락에서 법가는 신상필벌을 통치의 핵심적 방법으로 삼았던 것이다. 문제는 법가가 백성을 더욱 쉽게 통제하기 위해서 백성을 '순박한 상태, 곤궁한 상태' 로 계속 묶어두고자 했다는 점이다. 그리하여 법가는 결국 포악한 정치의 주범으로 비판받게 된 것이다.

2) 법가의 역사관

법가는 인류의 역사가 일정한 단계를 거치면서 발전해 왔다고 보며, 각

단계마다 삶의 방식도 근본적으로 달라졌다고 본다. 또한 법가는 역사를 치열한 생존경쟁의 과정으로 본다. 법가는 전자의 맥락에서는 국가의 법제도 시대에 알맞게 바뀌어야 한다는 변법론(變法論)을 주장하고, 후자의 맥락에서는 국가를 부강하게 만들어 생존경쟁에서 승리해야 한다는 부국강병론(富國强兵論)을 주장했다.

먼저 상앙의 경우를 살펴보자. 상앙은 역사를 상세(上世)·중세(中世)·하세(下世)로 구분하고, 각 시대마다 삶의 양식도 달랐다고 보았다.

> 하늘과 땅이 만들어지면서 백성이 태어났다. 이 시대에는 백성이 그 어미는 알아도 아비는 몰랐으니, 이 시대의 道는 친한 사람을 친하게 여기고〔親親〕 사사로운 것을 사랑하는 것〔愛私〕이었다. 친한 사람을 친하게 여기면 사람들을 차별하게 되고, 사사로운 것을 사랑하면 사회가 위험하게 된다. 백성이 많아지는데도 차별하는 것과 위험한 것에 힘쓰면 백성들이 혼란에 빠진다. 이러한 때를 당해서, 백성들은 남을 이기려 하고, 힘으로 정복하려 했다. 남을 이기려고 하면 다투게 되고, 힘으로 정복하려 하면 송사(訟事)가 일어나며, 송사가 일어났는데도 공정함이 없으면 백성의 본성에 부합할 수 없다. 그러므로 현자(賢者)가 등장하여 공정하고 알맞은 표준을 세우고 사사로움이 없는 원칙을 세우니, 백성들도 인(仁)을 좋아하게 되었다. 이러한 때를 당해서 친한 사람을 친하게 여기는〔親親〕 원칙이 폐지되고, 현자를 숭상하는〔上賢〕 원칙이 세워졌다.
>
> 인자(仁者)는 남을 사랑하고 이롭게 하는 데 힘쓰고, 현자(賢者)는 서로 돕는 것을 道로 삼았다. 백성이 많은데 법제가 없고, 오랜 세월 동안 서로 돕는 것을 道로 삼으면, 혼란에 빠지게 된다. 그러므로 성인(聖人)이 이어받아 토지(土地)와 재화(貨財)와 남녀(男女)의 구분을 만들었다. 구분이 정해졌는데 법제가 없으면 안 되므로 금법(禁法)을 세우고, 금법이 세워졌는데 맡은 사람이 없으면 안 되므로 관리(官吏)를 세웠으며, 관직이 설치되었는데 통일시키지 않으면 안

되므로 군주(君主)를 세웠다. 이미 군주를 세운 다음에는 현자를 숭상하는〔上賢〕 원칙이 폐지되고, 귀한 사람을 귀하게 여기는〔貴貴〕 원칙이 세워졌다.

그렇다면 상세(上世)에는 친한 사람을 친하게 여기고 사사로운 것을 사랑했던 것이요, 중세(中世)에는 현자를 숭상하고 인(仁)을 좋아했던 것이며, 하세(下世)에는 귀한 사람을 귀하게 여기고 관리를 존중한 것이다. '현자를 숭상함〔上賢〕' 이란 남는 것을 가지고 서로 돕는 것인데, 군주를 세운 것은 현자로 하여금 쓸모없게 하는 것이다. '친한 사람을 친하게 여김〔親親〕' 이란 사사로운 것을 道로 삼는 것인데, (賢者가) 공정하고 알맞은 표준을 세운 것은 사사로움이 행해지지 못하도록 한 것이다. 이 세 가지 일은 서로 반대되는 것이 아니요, 백성의 道가 무너짐에 따라 중요하게 여기는 바가 바뀐 것이며, 세상의 일이 변함에 따라 道를 실천하는 방법이 달라진 것이다.[14]

상앙은 당시까지의 역사를 세 시대로 구분하여, 상세는 친친(親親)의 원칙이 지배하던 시대요, 중세는 상현(上賢)의 원칙이 지배하던 시대이며, 하세는 귀귀(貴貴)의 원칙이 지배하는 시대라고 규정했다. 상세의 '친친' 원칙은 일가친척들이 소규모의 공동체를 이루어 살던 시대의 원칙으로서, 사람들 간의 사사로운 혈연관계를 중시하는 것인데, 인구가 늘어나면서 이러한 방식은 더 이상 통용될 수 없게 되었다. 그리하여 '상현' 원칙에 입각하는 새로운 시대가 열리고 중세가 성립한 것이다. 중세의 '상

---

14) 『商君書』〈開塞〉: 天地設 而民生之 當此之時也 民知其母而不知其父 其道親親而愛私 親親則別 愛私則險 民衆而以別險爲務則民亂 當此時也 民務勝而力征 務勝則爭 力征則訟 訟而無正 則莫得其性也 故賢者立中正 設無私 而民說仁 當此時也 親親廢 上賢立矣 凡仁者以愛利爲務 而賢者以相出爲道 民衆而無制 久而相出爲道則有亂 故聖人承之 作爲土地貨財男女之分 分定而無制 不可 故立禁 禁立而莫之司 不可 故立官 官設而莫之一 不可 故立君 旣立君 則上賢廢 而貴貴立矣 然則上世親親而愛私 中世上賢而說仁 下世貴貴而尊官 上賢者 以贏相出也 而立君者 使賢無用也 親親者 以私爲道也 而中正者使私無行也 此三者 非事相反也 民道弊而所重易也 世事變而行道異也

현' 원칙은 기존의 사사로운 혈연에 입각한 원칙을 배격하고 모든 사람을 공정하게 대하며, 또 사람들이 서로 돕는 인(仁)을 중시하는 것이다. 그런데 세월이 흐르고 인구가 더욱 늘어나면서 공정성과 인(仁)만으로는 더 이상 사회를 통제할 수 없게 되었다. 이제는 각자의 몫을 분명히 구분하여 법제화하고, 그 법을 주관하여 집행하는 관료 제도를 정립하고, 관료 제도를 통일적으로 운용하는 통치 체계가 필요하게 되었다는 것이다. 이러한 시대에는 법을 운용하는 관료들의 역할이 중요하므로 그들을 우대할 수밖에 없는바, 그리하여 상앙은 하세를 '귀귀(貴貴)' 의 시대라고 규정한 것이다.[15)]

상앙은 바로 이러한 시대, 즉 중세의 '상현' 원칙이 폐단을 노정하면서 새롭게 '귀귀' 의 원칙을 정립해야 하는 시대를 살았다. 상앙은 "이 세 가지 일은 서로 반대되는 것이 아니요, 백성의 道가 무너짐에 따라 중요하게 여기는 바가 바뀐 것이며, 세상의 일이 변함에 따라 道를 실천하는 방법이 달라진 것" 이라 하여, 이러한 변화를 자연스럽고도 필연적인 것으로 설명하고, 자신의 시대에는 귀귀의 원칙을 정립하기 위한 변법(變法)이 필요하다고 역설했다.

이제 한비자의 경우를 살펴보자. 상앙과 마찬가지로, 한비자도 시대의 변화를 근본적으로 '인구 증가' 의 관점에서 설명했다. 한비자는 다음과 같이 말한다.

> 옛날에는 남자가 농사를 짓지 않아도 초목(草木)의 열매가 먹기에 충분했고, 여자가 베를 짜지 않아도 금수(禽獸)의 가죽이 입기에 충분했다. 힘들여 일하지 않아도 생활이 넉넉하고, 인구가 적어 재물이 남아돌았으니, 그러므로 백성

15) 貴貴의 핵심은 尊君이다. 법가는 군주가 존엄해져야 군주의 명령이 제대로 시행되고, 백성의 삶이 편안해진다고 보았다.

들이 다투지 않았다. 그리하여 두터운 상(賞)을 주지 않고 무거운 벌(罰)을 쓰지 않아도 백성들이 저절로 다스려졌다. 지금 사람들은 다섯 명의 자식을 두는 것을 많다고 여기지 않으며, 자식이 또 다섯 자식을 두니, 할아버지가 죽기 전에 이미 25명의 손자가 생기게 된다. 그리하여 인구가 많아지면서 재물이 부족하게 되었으니, 힘들게 일해도 공양(供養)이 부족한 것이다. 그러므로 백성들이 다투는 것이니, 비록 상(賞)을 두 배로 하고 벌(罰)을 거듭하더라도 혼란을 면할 수 없는 것이다.[16)]

요컨대 옛날에는 인구는 적고 재물은 충분하여 백성들이 저절로 잘 다스려졌으나, 지금은 인구가 급격히 늘어나고 재물이 부족하여 사람들이 서로 다투게 되었는데, 이는 웬만한 포상과 처벌로는 다스리기 힘들다는 것이다. 여기서 주목할 것은, 한비자는 풍속(風俗)의 변화를 '시대 상황의 변화'에서 기인하는 것으로 보았을 뿐, 결코 '인간 본성의 변화'로 파악하지 않았다는 점이다. 한비자는 다음과 같이 말한다.

흉년이 든 다음 해의 봄에는 어린 아우에게도 양식(糧食)을 주지 않으나, 풍년 든 해의 가을에는 잘 모르는 손님에게도 반드시 식사를 제공하니, 이는 골육(骨肉)을 성글게 대하고 과객(過客)을 사랑하기 때문이 아니요, 많고 적은 실상이 다르기 때문이다. 그러므로 옛날 사람들이 재물을 가볍게 여긴 것은 마음씨가 어질기 때문이 아니요, 재물이 많았기 때문이며, 오늘날 사람들이 재물을 두고 싸우고 빼앗는 것은 마음씨가 야비하기 때문이 아니요, 재물이 적기 때문

16) 『韓非子』〈五蠹〉: 古者丈夫不耕 草木之實足食也 婦人不織 禽獸之皮足衣也 不事力而養足 人民少而財有餘 故民不爭 是以 厚賞不行 重罰不用 而民自治 今人有五子不爲多 子又有五子 大父未死而有二十五孫 是以人民衆而貨財寡 事力勞而供養薄 故民爭 雖倍賞累罰而不免於亂

이다.[17)]

한비자에 의하면, 옛날에는 사람들의 마음씨가 어질었는데 지금은 사람들의 마음씨가 야비하게 된 것이 아니다. 인간의 본성은 이익을 좋아하고 손해를 싫어하는데, 이러한 본성은 언제나 변함이 없는 것이다. 그런데 사람들이 때때로 후덕하기도 하고 야박하기도 한 것은 풍년과 흉년 등 상황의 변화 때문이다. 요컨대 상황이 변하면 사람들의 행태도 변하거니와, 한비자는 이러한 맥락에서 시대가 변하면 통치술도 바뀌어야 한다고 역설했다.

> 무릇 옛날과 지금은 풍속이 다르고, 새로운 시대와 지나간 시대는 대비(對備)할 것이 다르다. 만약 너그럽고 느슨한 정책으로 급박한 세상의 백성을 다스리고자 한다면, 이는 고삐나 채찍도 없이 사나운 말을 부리려는 것과 같으니, 이는 세상을 알지 못하는 근심이다.[18)]

위에서 말하는 '너그럽고 느슨한 정책' 이란 유가(儒家)나 묵가(墨家)가 주장하는 '인정(仁政)' 을 지칭하며, '급박한 세상' 이란 인구는 많고 재물은 부족하여 '생존경쟁이 치열한 세상' 을 말한다. 한비자는 "상고에는 나라와 나라가 '도덕' 으로 경쟁했고, 중세에는 '지혜와 꾀' 로 경쟁했는데, 지금 세상은 서로 '힘〔氣力〕' 으로 경쟁한다." [19)]고 보았다. 이처럼 시대적 환경이 바뀌었으면, 그에 대한 대응 방식도 바뀌어야 한다는 것이 한비자

---

17) 『韓非子』〈五蠹〉: 饑歲之春 幼弟不饟 穰歲之秋 疏客必食 非疏骨肉愛過客也 多少之實異也 是以 古之易財 非仁也 財多也 今之爭奪 非鄙也 財寡也

18) 『韓非子』〈五蠹〉: 夫古今異俗 新故異備 如欲以寬緩之政 治急世之民 猶無轡策而御馯馬 此不知之患也

19) 『韓非子』〈五蠹〉: 上古競於道德 中世逐於智謀 當今爭於氣力

의 지론이었다. 이러한 맥락에서 한비자는 "너그럽고 느슨한 정책으로 급박한 세상의 백성을 다스리고자 한다면, 이는 고삐나 채찍도 없이 사나운 말을 부리려는 것과 같다."고 비판했다. 한비자는 당시의 세상에서 덕치(德治)나 인정(仁政)을 주장하는 사람들에 대해 '수주대토(守株待兎)' 처럼 어리석은 일이라고 비판하기도 했다.

송(宋)나라의 어느 농부가 밭을 갈고 있었다. 밭 가운데에는 나무 그루터기가 있었는데, 토끼가 달려와 그루터기에 머리를 부딪쳐 목이 부러져 죽었다. 그것을 본 뒤로 농부는 밭일을 그만두고 날마다 그루터기만 지켜보고 있었다. 다시 토끼를 얻을 수 있을까 하는 생각에서였다. 그러나 토끼는 다시 나타나지 않았고, 그는 송나라 사람들의 웃음거리가 되었다. 지금 선왕(先王)이 시행했던 인정(仁政)으로 오늘날 세상의 백성을 다스리고자 한다면, 이는 모두 '그루터기를 지키고 토끼를 기다리는 농부' 와 같은 부류이다.[20]

한비자에 의하면, 인정(仁政)은 재물이 풍족하여 사람들이 도덕으로 경쟁했던 옛날에나 가능했던 통치술로서, 결코 당시와 같은 생존경쟁의 시대에는 통용될 수 없는 것이다. 한비자의 시대는 '전국시대(戰國時代)' 로서, 각국이 존망(存亡)을 걸고 무력으로 경쟁하던 시대였다. 이러한 시대에 생존하려면 부국강병이 필수적인바, 따라서 이제는 부국강병을 뒷받침할 수 있는 새로운 통치술이 절실하다는 것이다.[21]

부국강병을 위해서는 모든 사람이 들판에서 열심히 일해야 하고, 모든

---

20)『韓非子』〈五蠹〉: 宋人有耕田者 田中有株 兎走觸株 折頸而死 因釋其耒而守株 冀復得兎 兎不可復得 而身爲宋國笑 今欲以先王之政 治當世之民 皆守株之類也

21) 유가가 법가의 霸道論과 富國强兵論을 '緣木求魚' 라고 비판하자, 법가는 유가의 王道論과 仁政論을 '守株待兎' 라고 비판한 것이다.

사람이 전쟁터에서 용감하게 싸워야 한다. 그러나 농업은 힘들고 전쟁은 무서운 것이어서, 백성들이 대개 기피하는 것이다. 법가는 게으르고 비겁한 백성들을 두터운 포상과 가혹한 처벌로 통제하면 부국강병을 이룰 수 있다고 보았다. 이러한 맥락에서, 한비자는 바로 신상필벌(信賞必罰)을 기약할 수 있는 '법치'가 새 시대의 요청에 부응하는 통치술이라고 역설한 것이다.

3) '법치(法治)' 사상의 정립

이상에서 법가의 인간관과 역사관을 살펴보았거니와, 법가는 '생존경쟁의 시대'에 '이기적이고 타산적인 인간'을 다스리는 방법으로 '법치'를 제창한 것이다. 먼저 '법치' 사상의 전반적 면모를 이해하기 위해서는 劉澤華의 다음과 같은 설명을 참고하는 것이 좋겠다.

> 이회(李悝)는 당시 각국의 법률을 연구하고 총결산하여 이를 집대성한 새로운 법전을 만들었다. 이 법전은 후세에 『법경(法經)』으로 불리었다. 『법경』에는 모두 6편이 있는데, 도법(盜法), 적법(賊法), 수법(囚法), 포법(捕法), 잡법(雜法), 구법(具法)이다. 이회는 생각했다. "왕자(王者)의 정치는 도적을 잡는 것보다 급한 일이 없다. 그래서 법률은 도적에서 시작한다." 여기서 말하는 도(盜)는 주로 사유재산에 대한 침범을 가리키며, 적(賊)은 주로 윗사람을 범하고 난(亂)을 일으키거나 인신(人身)에 대한 침범을 가리킨다. 즉 이 법률은 주로 사유재산의 보호, 정치적 통치권 및 통치자의 신변 안전이 핵심임을 알 수 있다. 수법(囚法)은 소송사건의 판결을 말하고, 포법(捕法)은 도망자의 체포를 말한다. 잡법(雜法)은 "경범죄〔輕狡〕, 월담〔越城〕, 도박〔博戲〕, 차가(借假), 불렴(不廉), 음란 사치〔淫侈〕, 유제(逾制)" 등 범법 행위에 대한 처벌을 담고 있다. 구법

(具法)은 그에 맞는 "구율(具律)을 갖추어 더하고 뺀다.", 즉 구체적 상황에 따라 무겁게 혹은 가볍게 치죄하는 것과 관련된 규정이다.[22)]

이회는 상앙보다 60여 년 앞선 인물이거니와, 이회가 편찬한 『법경』의 6편, 즉 '도법(盜法), 적법(賊法), 수법(囚法), 포법(捕法), 잡법(雜法), 구법(具法)' 은 법률로써 보호하고자 했던 주요 권익(權益)과 그 법률의 집행 방법 등을 두루 포괄하고 있다. 다만 위의 인용문으로 보면 이회의 법치 사상에는 '신상필벌' 의 요소가 잘 드러나지 않고 있거니와, 신상필벌을 본격적으로 부각시킨 인물은 상앙인 것 같다. 상앙은 '법치' 사상이 등장하게 되는 이유와 법치의 방법, 그리고 그 의의를 다음과 같이 설명한 바 있다.

옛날에 아직 군주와 신하, 윗사람과 아랫사람의 구분이 없었을 때 백성이 혼란에 빠져 다스려지지 않았다. 그리하여 성인(聖人)이 귀·천(貴賤)을 구별하고, 작위(爵位)를 제정하고 명호(名號)를 정립하여 군주와 신하, 윗사람과 아랫사람의 의리를 구별한 것이다. 땅이 넓고, 백성이 많으며, 만물이 많아졌으니, 그러므로 다섯 관직을 구분하여 지키게 하였다. 백성이 많아짐에 간사(奸邪)가 생기니, 그러므로 법제를 확립하고 도량형(度量衡)을 만들어 금지하였다. 그리하여 군주와 신하의 의리, 다섯 관직의 구분, 법제의 금령(禁令)이 있게 되었으니, 삼가지 않을 수 없다.

군주의 자리에 있으면서 명령이 행해지지 않으면 위태롭고, 다섯 관직을 나누었는데 일정함이 없으면 혼란하며, 법제를 설치했는데 사사롭게 선행(善行)을 베풀면 백성이 형벌을 두려워하지 않는다. 군주가 존엄하면 명령이 행해지

22) 劉澤華 主編, 『中國政治思想史』 先秦篇(上), 498쪽.

> 고, 관직이 닦이면 일이 일정해지며, 법제가 분명하면 백성이 형벌을 두려워한다. 법제가 분명하지 못한데 백성이 명령에 따르기를 바란다면 불가능한 일이요, 백성이 명령에 따르지 않는데도 군주가 존엄해지기를 바란다면 비록 요·순(堯舜)의 지혜로도 다스릴 수 없다.
>
> 현명한 군왕은 천하를 다스릴 때 법에 근거하여 다스리고 공로를 살펴 포상한다. 무릇 백성들이 전쟁을 싫어하면서도 죽음을 회피하지 않는 것은 작록(爵祿)을 추구하기 때문이다. 현명한 군왕은 국가를 다스릴 때, 병사가 적(敵)을 참수하거나 사로잡은 공로가 있으면, 반드시 영광스러운 작위를 주고 먹고 살기에 충분한 녹봉을 준다. 농민이 자기 터전을 떠나지 않는 것은 부모를 봉양하고 군수품을 공급하기에 충분하기 때문이다. 그러므로 병사들이 죽음으로 절개를 지키고, 농민들이 게으름을 피우지 않게 된다.[23]

위의 첫째 문단은 역사적 관점에서 '법치' 사상이 등장하게 되는 필연적 이유를 설명한 것이다. 상앙에 의하면, 고대에는 "귀·천(貴賤)을 구별하고, 작위(爵位)를 제정하고 명호(名號)를 정립하여 군주와 신하, 윗사람과 아랫사람의 의리를 구별한 것"만으로도 세상이 다스려질 수 있었다. 그러나 영토가 넓어지고, 백성이 증가하며, 만물이 많아지면서부터는 여러 관직을 설치하여 업무를 분장할 필요가 생겼고, 간사(奸邪)를 예방하기 위해서는 법제를 확립하고 도량형을 만들어 금지할 필요가 생겼다는

---

23) 『商君書』〈君臣〉: 古者未有君臣上下之時 民亂而不治 是以聖人別貴賤 制爵位 立名號 以別君臣上下之義 地廣 民衆 萬物多 故分五官而守之 民衆而姦邪生 故立法制爲度量以禁之 是故有君臣之義 五官之分 法制之禁 不可不愼也 處君位而令不行則危 五官分而無常則亂 法制設而私善行則民不畏刑 君尊則令行 官修則有常事 法制明則民畏刑 法制不明 而求民之從令也 不可得也 民不從令 而求君之尊也 雖堯舜之知 不能以治 明王之治天下也 緣法而治 按功而賞 凡民之所疾戰不避死者 以求爵祿也 明君之治國也 士有斬首捕虜之功 必其爵足榮也 祿足食也 農不離廛者 足以養二親 給軍事 故軍士死節 而農民不偸也

것이다.

둘째 문단에서는 법치가 제대로 실행되려면 먼저 법령을 분명하게 제정하고 군주를 존엄하게 만들어야 한다는 점, 군주가 존엄해지기 위해서는 군주가 백성에게 사사로운 인정(人情)을 베풀지 않고 엄격한 형벌로 다스려야 한다는 점을 강조했다. 셋째 문단에서는 신상필벌(信賞必罰)의 중요성을 설파했다. 신상필벌을 통해 '병사들이 죽음으로 절개를 지키고, 농민들이 게으름을 피우지 않는 나라' 를 만들 수 있다는 것이다. 이러한 맥락에서 법가의 법은 또한 신상필벌에 관한 사항들을 명문화한 것이기도 했다. 위의 인용문을 통해 '법치' 사상의 전반적 면모를 엿볼 수 있거니와, 이제 그 내용을 보다 구체적으로 살펴보자.

첫째, 법으로 각자의 명분(名分)을 확정해 두어야 한다. 요컨대 법령의 본질적 기능 중의 하나는 각자의 명분을 확정해 주는 것이다. 상앙은 다음과 같이 말한다.

> 한 마리의 토끼가 달아나는 데 백 명의 사람이 쫓아가는 것은 토끼 때문이 아니요, 물건을 파는 사람이 시장에 가득해도 도둑이 감히 그것을 가져가지 못하는 까닭은 명분(名分)이 이미 정해져 있기 때문이다. 명분이 아직 정해지지 않았을 때엔 요 · 순 · 우 · 탕(堯舜禹湯) 같은 성인이라도 (주인 없는 토끼를 잡으려고) 어지러이 달려들지만, 명분이 이미 정해지면 탐욕스러운 도둑이라도 그것을 가지려고 하지 않는다. 지금 법령이 밝혀지지 않아 그 명분이 정해지지 않으면, 천하 사람들이 의논할 수 있게 되는데, 그 의논은 사람마다 달라서 확정될 수 없는 것이다. 군주가 위에서 법을 제정했는데 백성들이 아래에서 그에 대해 의논한다면, 이는 법령이 확정되지 못하고, 아랫사람을 윗사람으로 삼는 것이니, 이것이 바로 '명분이 정해지지 않은 것' 이다. 명분이 정해지지 않으면 요 · 순 같은 성인도 오히려 꺾여서 간사해지는데, 하물며 민중(民衆)은 어떻겠

는가? 이는 간악(姦惡)이 크게 일어나서, 군주가 위세(威勢)를 빼앗기고 국가와 사직이 멸망하게 되는 것이다.[24]

위에 보이는 것처럼, 상앙은 법령의 본질적 기능을 '명분의 확정' 으로 설명했다. 어떤 사안에 대해 명분이 확정되지 않은 상태에서는 그에 대해 여러 사람들의 의견이 분분하게 되어 군주의 권위를 무너뜨리게 되고, 이는 결국 혼란과 간악(姦惡)을 초래하여 국가를 멸망하게 만든다는 것이다.

법령의 본질적 기능을 '명분을 확정하는 것' 으로 설명한다면, 이는 유가의 '예제(禮制)' 와 유사한 것이다. 그런데 주의해야 할 것은, 유가가 말하는 명분과 법가가 말하는 명분은 그 의미가 매우 다르다는 점이다. 위의 인용문에서는 '명분이 정해지지 않은 상태' 를 '토끼의 주인이 정해지지 않은 상태' 에 비유하고 있는데, 여기서 알 수 있듯이 법가가 말하는 명분은 '각자의 정해진 권리(權利)' 를 뜻하는 것이다.[25] 요컨대 유가가 말하는 명분은 '각자의 도리(道理)' 를 뜻하는 반면, 법가가 말하는 명분은 '각자의 권리' 를 뜻하는 것이었다.

둘째, 법령은 그 의미가 명백해야 하며, 법령의 해석을 두고 혼란이 발생하게 해서는 안 된다. 상앙은 법령의 의미가 명백해야만 하는 이유를 다음과 같이 설명한다.

---

24) 『商君書』〈定分〉: 一兔走 百人逐之 非以兔也 夫賣者滿市 而盜不敢取 由名分已定也 故名分未定 堯舜禹湯且皆如鶩焉而逐之 名分已定 貪盜不取 今法令不明 其名不定 天下之人得議之 其議人異而無定 人主爲法於上 下民議之於下 是法令不定 以下爲上也 此所謂名分之不定也 夫名分不定 堯舜猶將皆折而姦之 而況衆人乎 此令姦惡大起 人主奪威勢 亡國滅社稷之道也

25) 위에서 소개한 李悝의 『法經』에도 이미 '개인의 사유재산권과 신체에 대한 권리' 가 法이 보호해야 할 핵심적 權益으로 설정되어 있었다.

미묘한 뜻이 담긴 말은 상지(上智)도 이해하기 어렵다. 법령과 기준을 기다리지 않고도 항상 올바른 사람은 천만(千萬) 명 가운데 하나 정도이다. 그러므로 성인(聖人)은 천만을 기준으로 천하를 다스린다. 그러므로 지혜로운 자들만 알 수 있는 것은 법으로 삼을 수 없으니, 백성이 모두 지혜롭지는 않기 때문이며, 현명한 자들만 알 수 있는 것은 법으로 삼을 수 없으니, 백성이 모두 현명하지는 않기 때문이다. 그러므로 성인이 법을 제정할 때엔 반드시 명백하여 알기 쉽도록 한다. (…) 성인이 천하의 제왕이 됨에 형벌로 죽는 사람이 없는 것은 사형(死刑) 제도가 없기 때문이 아니요, 법령이 명백하여 알기 쉽기 때문이며, 법관을 두고 그들이 스승이 되어 백성들이 잘 알 수 있도록 인도하기 때문이다. 만민(萬民)이 모두 피할 바와 나아갈 바를 알아서, 화(禍)를 피하고 복(福)으로 나아가니, 모두가 '스스로 다스려지는 것〔自治〕'이다. 그러므로 현명한 군주는 다스려지는 방법으로 다스리니, 그러므로 천하가 크게 다스려진다.[26)]

상앙에 의하면, 미묘한 뜻도 잘 파악할 수 있는 사람은 아주 소수에 불과하다. 따라서 법령의 뜻을 미묘하게 만들어두면 대부분의 사람은 그 법령을 이해하지 못하여 법령을 자기 행위의 기준으로 삼을 수 없는 반면에, 법령의 뜻이 명백하면 모든 사람이 피할 바와 나아갈 바를 알아서 화를 피하고 복으로 나아가게 되므로 모두가 스스로 다스려지게 된다는 것이다.

셋째, 법은 누구에게나 예외 없이 공평하게 적용되어야 한다. 법가는

26)『商君書』〈定分〉: 夫微妙意志之言 上智之所難也 夫不待法令繩墨而無不正者 千萬之一也 故聖人以千萬治天下 故夫智者而後能知之 不可以爲法 民不盡智 賢者而後知之 不可以爲法 民不盡賢 故聖人爲法 必使之明白易知 (…) 聖人立天下而無刑死者 非不刑殺也 法令明白易知 爲置法官吏爲之師以道之知 萬民皆知所避就 避禍就福 而皆以自治也 故明主因治而治之 故天下大治也

모든 사람이 공정하게 법의 지배를 받아야 한다고 역설했다. 한비자는 다음과 같이 말한다.

> 법으로 나라를 다스리는 것은 지극히 쉬운 일이다. 법은 귀한 사람에게 아첨하지 않고, 먹줄은 나무가 휘었다 하여 휘어지지 않는다. 법을 적용하면 지혜로운 사람이라도 변명할 수 없으며, 용감한 사람이라도 감히 다툴 수 없다. 죄를 처벌할 때에는 대신(大臣)을 피하지 않고, 선행을 포상할 때에는 서민(庶民)도 빠뜨리지 않는다. 따라서 윗사람의 잘못을 바로잡고, 아랫사람의 간사함을 꾸짖으며, 혼란을 다스리고, 얽힌 것을 끊으며, 넘치는 것을 물리치고, 바르지 못한 것을 가지런히 하여 백성이 지킬 규범을 통일시키는 데는 법보다 좋은 것이 없다. 또한 관리를 단속하고, 백성에게 위엄을 세우며, 음란한 자를 물리치고, 거짓된 자를 막는 데는 형벌만 한 것이 없다.[27)]

위에 보이듯이, 한비자는 두 맥락에서 법의 공정성을 논했다. 첫째는 "법은 귀한 사람에게 아첨하지 않고, 먹줄은 나무가 휘었다 하여 휘어지지 않는다."는 맥락에서, 법 자체가 공정해야 한다는 것이다. 둘째는 "죄를 처벌할 때에는 대신(大臣)을 피하지 않고, 선행을 포상할 때에는 서민(庶民)도 빠뜨리지 않는다."는 맥락에서, 법이 모든 사람에게 공평하게 적용되어야 한다는 것이다. 법가는 누구에게나 공평하게 적용되는 '공정한 법'과 무서워서 감히 어길 생각을 못 하게 만드는 '엄격한 형벌'로 정의롭고 청렴한 국가를 만들 수 있다고 보았다.

넷째, 모든 통치를 법에 따라 시행하고, 통치자의 개인적 덕망에 의존

27) 『韓非子』〈有度〉: 以法治國 擧措而已 法不阿貴 繩不撓曲 法之所加 智者不能辭 勇者不敢爭 刑過不避大臣 賞善不遺匹夫 故矯上之失 詰下之邪 治亂決繆 絀羨齊非 一民之軌 莫如法 屬官威民 退淫殆 止詐僞 莫如刑

하지 말라는 것이다. 한비자는 개인적 덕망에 의존한 예로서 순(舜)의 통치를 들었다. 역산(歷山)의 농부들이 밭두렁을 서로 침범했는데 순이 가서 농사를 짓자 1년 만에 밭의 경계선이 바르게 되었고, 하빈(河濱)의 어부들이 낚시터를 서로 다투었는데 순이 가서 고기를 잡자 1년 만에 어른에게 낚시터를 양보했으며, 동이(東夷)의 질그릇은 여물지가 못했는데 순이 가서 그릇을 굽자 1년 만에 그릇이 단단해졌다. 이에 공자(孔子)는 "밭갈이와 고기잡이와 그릇 구이는 순의 직책이 아니었다. 그런데 순이 가서 한 것은 잘못을 바로잡기 위한 것이었다. 참으로 어질다. 몸소 밭갈이하며 고생하니, 백성들이 따랐다. 이것이 바로 성인(聖人)의 덕화(德化)이다."라고 감탄했다. 한비자는 이러한 예화를 소개하고는 순의 통치를 다음과 같이 혹평했다.

> 순(舜)이 잘못을 바로잡는 데, 1년에 한 허물을 고치게 하여, 3년에 세 허물을 고치게 했다. 순과 같은 사람도 한이 있고, 사람의 수명도 한이 있는데, 천하의 허물은 끝이 없다. 한이 있는 것이 그 끝이 없는 것을 상대하여 이길 수는 없다. 상 · 벌(賞罰)은 천하 사람들로 하여금 반드시 실행하게 한다. 법을 지키는 자는 상을 주고, 법에 어긋나는 자는 벌을 준다고 명령하면, 명령이 아침에 이르면 저녁에 행실을 고치게 되고, 저녁에 이르면 아침에 고치게 되어, 열흘이면 천하가 다 따르게 된다. 어찌 1년을 기다리겠는가? 순이 이러한 말로 요(堯)를 설득하지 못하고 몸소 행해 보였으니, 또한 방법을 모르는 것이다. 또 몸소 고생하여 백성으로 하여금 좇게 하는 것은 요 · 순에게도 힘든 일이고, 권세(權勢)로써 명령하는 것은 못난 임금도 하기 쉬운 일이다. 천하를 다스리려 하면서 '못난 임금도 쉽게 하는 것'을 버리고 '요 · 순도 어려워하는 것'을 따른다면, 함께 정치를 할 수 없는 것이다.[28]

한비자는 '통치자가 모범을 보이는 덕치' 를 어려우면서도 비효율적인 통치술로 규정하고, '상 · 벌과 권세를 활용하는 법치' 를 쉬우면서도 효과적인 통치술로 규정했다. 그러므로 통치자는 자신의 도덕적 감화에 의존하지 말고, 권세와 상 · 벌로 다스려야 한다는 것이다.

마지막으로, 엄격한 법이 완벽하게 시행되면 국가가 저절로 부강하게 다스려지고, 엄격한 형벌을 사용할 일도 없게 된다는 것이다. 상앙은 다음과 같이 말한다.

> 성인(聖人)이 나라를 다스리는 방법은 포상과 형벌과 교육을 일관되게 하는 것이다. 포상이 일관되면 군대가 대적(對敵)할 수 없게 되고, 형벌이 일관되면 명령이 행해지며, 교육이 일관되면 백성들이 군주에게 복종한다. 포상을 밝히면 낭비가 없게 되고, 형벌을 밝히면 살육(殺戮)이 없게 되며, 교육을 밝히면 변고(變故)가 없게 되어, 백성들은 백성의 임무를 알게 되고, 나라에 다른 풍속이 없게 된다. 포상을 밝힌 극치는 상을 줄 일이 없는 데 이르고, 형벌을 밝힌 극치는 형벌을 가할 일이 없는 데 이르며, 교육을 밝힌 극치는 교육할 일이 없는 데 이른다.[29)]

'포상을 일관되게 함' 이란 이록(利祿)과 관작(官爵)을 오로지 군공(軍功)으로만 결정함으로써, 모든 사람이 군공을 세우기 위해 헌신하도록 하

---

28) 『韓非子』〈難一〉: 且舜救敗 期年已一過 三年已三過 舜有盡 壽有盡 天下過無已者 以有盡逐無已 所止者寡矣 賞罰使天下必行之 令曰 中程者賞 弗中程者誅 令朝至暮變 暮至朝變 十日而海內畢矣 奚待年 舜猶不以此說堯令從己 乃躬親 不亦無術乎 且夫以身爲苦而後化民者 堯舜之所難也 處勢而驕下者 庸主之所易也 將治天下 釋庸主之所易 道堯舜之所難 未可與爲政也

29) 『商君書』〈賞刑〉: 聖人之爲國也 壹賞 壹刑 壹教 壹賞則兵無敵 壹刑則令行 壹教則下聽上 夫明賞不費 明刑不戮 明教不變 而民知於民務 國無異俗 明賞之猶 至於無賞也 明刑之猶 至於無刑也 明教之猶 至於無教也

는 것이다. '형벌을 일관되게 함' 이란 형벌에 차등이 없는 것으로서, 국법이나 왕명을 어긴 경우엔 지위의 고하를 막론하고 동일하게 무거운 형벌로 처벌하는 것이다. '교육을 일관되게 함' 이란 다른 학파를 따르는 무리는 부귀(富貴)를 누리지 못하게 하고, 형벌을 논평하지도 못하게 하며, 국정을 논하거나 건의하지도 못하게 하여, 백성이 오로지 농사와 전쟁에 힘쓰도록 하는 것이다. 위의 인용문에서는 포상 · 형벌 · 교육을 일관되게 시행하면 결국엔 포상 · 형벌 · 교육이 필요 없는 국가를 만들 수 있다고 했다. 이것이 법가가 추구한 궁극적 이상으로서, 법가는 '법을 엄격하게 시행하면, 결국 엄격한 형벌을 사용할 일이 없게 된다' 고 보았다.[30]

2. 법가의 정치사상

1) 정치체의 본질과 성격

유가와 마찬가지로, 법가도 인간의 사회에 정치체(政治體)가 등장하게 되는 계기를 '자연상태의 혼란' 으로 설명한다. 이기적 존재들이 모인 자연상태는 결국 혼란에 빠지게 되는바, 이 혼란을 해결해 줄 사람이 필요하게 되었고, 그리하여 '군주의 통치' 가 시작되었다는 것이다. 상앙은 다음과 같이 말한다.

30) '법을 엄격하게 시행함으로써, 결국 엄격한 형벌을 사용할 일이 없게 만들자' 는 것은 본래 유가의 理想이었다. 『書經』「虞書」〈大禹謨〉에서는 "형벌은 형벌이 없어지기를 기약하라〔刑期于無刑〕" 고 했고, 『書經』「周書」〈君陳〉에서는 "형벌로써 형벌을 그치게 할 수 있을 때에만 형벌을 사용하라〔辟以止辟 乃辟〕" 고 했다.

옛날에 백성들이 무리 지어 살면서 혼란이 발생하자, (혼란을 해결해 줄) 윗사람을 두고자 했다. 그렇다면 세상 사람들이 윗사람이 있는 것을 좋아하는 것은 다스림〔統治〕을 위한 것이다. 지금 군주가 있는데 법이 없으면 그 해로움은 군주가 없는 것과 동일하며, 법이 있는데 그 혼란을 이길 수 없다면 법이 없는 것과 마찬가지이다. 천하가 군주가 없는 것을 불안하게 여기면서도, 그 법을 이기기를 좋아하면, 온 세상이 미혹된 것으로 여긴다. 무릇 천하의 백성을 이롭게 함에는 다스림보다 중대한 것이 없고, 다스림에는 군주를 세우는 것보다 편안한 것이 없다. 군주를 세우는 방법은 법을 존엄하게 만드는 것보다 좋은 것이 없고, 법을 존엄하게 만드는 일에는 간인(姦人)을 제거하는 일보다 급한 것이 없으며, 간인을 제거하는 근본은 형벌을 엄격히 하는 것보다 더 좋은 것이 없다. 그러므로 왕자(王者)는 상(賞)으로 (간사함을) 금지하고, 형벌로 (복종을) 권장하며, 과실(過失)을 찾고 선행(善行)을 찾지 않으며, 형벌을 통해 형벌을 없애는 것이다.[31)]

위의 인용문은 정치체의 본질에 대한 법가의 관점을 잘 보여주는 것으로서, 그 특징은 다음과 같이 정리할 수 있다. 첫째, 자연상태의 혼란을 극복하기 위해서는 '상 · 하의 위계질서' 가 필요하다. 둘째, 군주는 법으로 국가를 다스려야 한다. 셋째, 법이 시행되기 위해서는 군주가 존엄해져야 한다. 넷째, 군주가 존엄해지기 위해서는 포상으로 간사함을 금지하고, 형벌로 복종을 권장해야 한다. 이상의 내용을 종합하면, '법가적 정치체' 란 '상명하복(上命下服)의 법체계를 통하여 인간 사회를 질서 있게 규율

31)『商君書』〈開塞〉: 古者民叢生而群處亂 故求有上也 然則天下之樂有上也 將以爲治也 今有主而無法 其害與無主同 有法不勝其亂 與無法同 天下不安無君 而樂勝其法 則擧世以爲惑也 夫利天下之民者 莫大於治 而治莫康於立君 立君之道 莫廣於勝法 勝法之務 莫急於去姦 去姦之本 莫深於嚴刑 故王者以賞禁 以刑勸 求過不求善 藉刑以去刑

하는 체제' 라고 정의할 수 있다.

정치체에 대한 법가의 또 하나의 중요한 관점은, 법가는 '국가' 를 '생존의 단위' 로 인식하고 있었다는 점이다. 법가는 역사를 생존경쟁의 과정으로 파악하고 있었는데, 그 생존경쟁의 단위는 국가라는 것이다. 바로 이러한 맥락에서 법가는 '부국강병' 을 역설한 것이다. 상앙은 다음과 같이 말한다.

> 군주가 백성을 권면할 수 있는 방법은 관직(官職)과 작위(爵位)이며, 국가가 흥성할 수 있는 방법은 농업과 전쟁이다. (…) 무릇 국가가 위태롭고 군주가 근심하는 바는 '강대한 적국(敵國)' 이다. 군주가 강대한 적국을 복종시키거나 격파할 수 없다면, 수비(守備)를 닦고, 지형(地形)을 이용하며, 백성의 힘을 결집하여 외부의 도전을 기다리는 것이니, 그런 다음에야 근심거리를 없앨 수 있고, 왕위를 지킬 수 있다.[32]

> 국가가 '어려운 것' 으로 (他國을) 공격하면 한 번 군사를 일으켜 10배의 이익을 얻고, 국가가 '쉬운 것' 으로 (他國을) 공격하면 열 번 군사를 일으켜 100배의 손실을 입는다. '힘' 을 숭상하는 나라를 '어려운 것으로 공격하는 나라' 라 하고, '말' 을 숭상하는 나라를 '쉬운 것으로 공격하는 나라' 라고 한다. 백성들이 말하기가 쉬우면, 부리기가 어렵다. 국법(國法)을 백성들이 어기기 어렵도록 만들고 백성들을 쉽게 전투에 동원하여 (他國을) 힘으로 공격하는 나라는 한 번 군사를 일으키면 10배의 이익을 얻는다. 국법을 백성들이 어기기 쉽게 만들고 백성들을 어렵게 전투에 동원하며 (他國을) 말로 공격하는 나라는

32)『商君書』〈農戰〉: 凡人主之所以勸民者 官爵也 國之所以興者 農戰也 (…) 夫國危主憂也者 强敵大國也 人君不能服强敵 破大國也 則修守備 便地形 摶民力以待外事 然後患可以去 而王可致也

열 번 군사를 일으키면 100배의 손실을 입는다.[33]

위의 첫째 인용문에서는 '국가를 홍성하게 하는 방법'으로 농업과 전쟁을 거론했다. 농업은 '자국의 생산을 늘리는 것'이며, 전쟁은 '타국의 재물을 빼앗는 것'이다. 법가는 이렇게 이룩한 부국강병을 통하여, 크게는 이웃 나라를 병탄하고, 작게는 자기 나라를 지키자고 했다. 둘째 인용문에서는 국가가 생존을 위해 의지할 것은 '말〔言〕'이 아니라 '힘'이라고 주장했다. 힘을 숭상하면 전쟁에 승리하여 10배의 이익을 얻을 수 있으나, 말을 숭상하면 전쟁에 패배하여 100배의 손해를 본다는 것이다.

춘추전국시대는 주(周)의 봉건제도가 무너져가던 시대로, 각국에서 국내적으로는 난신적자(亂臣賊子)들이 활개 치던 '혼란의 시대'였으며, 국제적으로는 제후들 간의 병탄 전쟁이 계속되던 '전쟁의 시대'였다. 법가는 이러한 혼란과 전쟁에 대처하는 방법을 고민하여, 난신적자를 제압하는 방법으로는 세(勢)·법(法)·술(術)에 의거한 통치를 구상했고, 병탄 전쟁에서 이기는 방법으로는 각종 부국강병책을 구상했다. 세·법·술의 통치론과 부국강병책은 서로 표리를 이루거니와, 한비자는 그 궁극적 목표를 다음과 같이 설명했다.

성왕(聖王)이 법을 제정함에, 그 상(賞)은 선(善)을 권장하기에 충분하고, (형벌의) 위엄은 포악을 제압하기에 충분하며, 그 대비(對備)는 완전을 기약하기에 충분하게 한다. 다스려지는 세상의 신하는, 공(功)이 많은 자는 지위가 높아지고, 노력을 다한 자는 상을 후하게 받으며, 정성을 다한 자는 명예를 누리게

33) 『商君書』〈說民〉: 國以難攻 起一取十 國以易攻 起十亡百 國好力曰以難攻 國好言曰以易攻 民易爲言 難爲用 國法作民之所難 兵用民之所易 而以力攻者 起一得十 國法作民之所易 兵用民之所難 而以言攻者 出十亡百

된다. 착한 사람을 살려줌이 봄바람처럼 온화하고, 악한 자를 죽임이 가을 서리처럼 준엄하니, 그러므로 백성들이 권장되어 노력을 다하고 기꺼이 정성을 다하는 것이다. 이것을 일컬어 '상 · 하가 서로 얻는다〔上下相得〕' 고 한다. 상 · 하가 서로 얻으면 (…) 군주는 베개를 높이 베고 자더라도 나라를 지키는 일이 이미 완벽할 것이다.[34]

나라를 다스림에는 분명한 법을 바르게 확립하고, 엄한 형벌을 베풀어, 이로써 장차 많은 사람들의 혼란을 구제하고 천하의 재앙을 제거해야 한다. 그리하여 강자가 약자를 능멸하지 못하고, 다수가 소수를 학대하지 못하며, 노인이 천수를 누리고, 어린 고아가 제대로 성장할 수 있으며, 변경이 침략을 당하지 않고, 임금과 신하가 서로 친하며, 부모와 자식이 서로 보호하여, (命대로 살지 못하고) 죽거나 포로로 붙잡히는 근심이 없게 하는 것이다.[35]

위의 첫째 인용문에서 "그 상(賞)은 선을 권장하기에 충분하고, (형벌의) 위엄은 포악을 제압하기에 충분하며, 그 대비는 완전을 기약하기에 충분하게 함" 은 통치자가 추구해야 할 법치의 내용이며, "공이 많은 자는 지위가 높아지고, 노력을 다한 자는 상을 후하게 받으며, 정성을 다한 자는 명예를 누리게 됨" 은 법치에 순응하는 신민이 누릴 수 있는 보답이다. 이러한 통치 체제를 갖추면, 신민은 부지런히 일하고 용감히 싸우며 충절을 지키게 되고, 그 결과 군주는 베개를 높이 베고 잘 수 있게 된다. 한비자는 이것을 '상하상득(上下相得)' 이라 했다.

---

34) 『韓非子』〈守道〉: 聖王之立法也 其賞足以勸善 其威足以勝暴 其備足以必完法 治世之臣 功多者位尊 力極者賞厚 情盡者名立 善之生如春 惡之死如秋 故民勸極力而樂盡情 此之謂 上下相得 上下相得 (…) 則君人者高枕而守已完矣

35) 『韓非子』〈姦劫弑臣〉: 其治國也 正明法 陳嚴刑 將以救群生之亂 去天下之禍 使強不陵弱 衆不暴寡 耆老得遂 幼孤得長 邊境不侵 君臣相親 父子相保 而無死亡係虜之患

위의 둘째 인용문은 법가의 이상국가상을 설명한 것이다. 그런데 위의 내용 가운데 '분명한 법을 바르게 확립하고, 엄한 형벌을 베푼다' 는 방법론은 법가적인 것이지만, 그 이하의 내용 즉 법치가 추구하는 이상적인 국가의 모습은 다른 학파의 사상과 별로 다를 바 없다. 여기서 알 수 있듯이, 통치의 궁극적 이상은 학파별로 크게 다른 것이 아니다. 모든 학파가 이른바 '국리민복(國利民福)' 을 추구하는 것은 마찬가지이기 때문이다. 각 학파의 특징은 '어떤 방법론으로 그것을 실현하는가' 에서 드러난다. 법가가 추구했던 이상국가는 다음의 세 가지 특징을 지닌다.

첫째, 법가의 이상국가는 세(勢)·법(法)·술(術)로 통치하는 국가로서, 철저하게 덕치(德治)를 배제하는 국가이다. 한비자는 다음과 같이 말한다.

> 무릇 성인(聖人)은 국가를 통치할 때 '남들이 나를 위해 선량해질 것' 을 기대하지 않고, '남들이 잘못을 범할 수 없는 방법' 을 사용한다. '남들이 나를 위해 선량해질 것' 을 기대한다면 나라 안에 그런 사람이 10명도 안 될 것이나, '남들이 잘못을 범할 수 없는 방법' 을 사용한다면 한 나라를 모두 질서정연하게 만들 수 있다. 통치자는 '많은 사람을 통제할 수 있는 방법' 을 사용하고, '적은 사람을 통제할 수 있는 방법' 을 버리는 것이니, 그러므로 덕(德)에 힘쓰지 않고 법(法)에 힘쓴다.[36)]

한비자에 의하면, 통치자의 덕에 감복할 사람은 한 국가에서 10명도 안 되므로, 덕치는 실패할 수밖에 없다. 요컨대 백성은 '덕' 에 복종하는 것이 아니라 '법' 에 복종한다는 것이다. 한비자는 "백성은 본래 세(勢)에 굴복하며, 의(義)를 따를 수 있는 자는 적다."는 이유로 세(勢)에 입각한 통

36)『韓非子』〈顯學〉: 夫聖人之治國 不恃人之爲吾善也 而用其不得爲非也 恃人之爲吾善也 境內不什數 用人不得爲非 一國可使齊 爲治者用衆而舍寡 故不務德而務法

치를 강조하기도 하고,[37] "한 나라에 정직한 사람은 10명도 안 되나, 관직은 100개나 되므로" 정직한 사람을 등용하려고 고집하지 말고 능력 있는 사람을 등용한 다음 술(術)로 통제하라고 주장하기도 했다.[38]

둘째, 법가의 이상국가는 '통치자의 원대한 판단'에 따르는 국가로서, 철저하게 '민의(民意)'를 배제하는 국가이다. 한비자는 다음과 같이 말한다.

> 지금 통치를 모르는 자들은 반드시 '민심(民心)을 얻으라'고 말한다. '민심을 얻으면 통치를 할 수 있다'고 한다면, 이는 '이윤(伊尹)이나 관중(管仲) 같은 사람은 쓸모가 없으니, 백성의 말을 듣기만 하면 된다'는 말이다. 그러나 백성의 지혜는 쓸 만한 것이 못됨은 어린아이의 마음과 같기 때문이다. (…) 어린아이는 작은 고통을 참으면 큰 이익을 얻을 수 있다는 것을 모른다. 지금 윗사람이 밭을 갈고 풀밭을 개간하라고 다그치는 것은 백성의 생업을 두텁게 하려는 것인데, 백성들은 윗사람을 가혹하다고 여긴다. 윗사람이 형법을 정비하여 무겁게 처벌하는 것은 사악(邪惡)을 막으려는 것인데, 백성들은 윗사람을 엄격하다고 여긴다. 윗사람이 돈과 곡식을 거두어 창고를 채워두는 것은 또한 기근을 구제하고 군량미를 비축하려는 것인데, 백성들은 윗사람을 탐욕스럽다고 여긴다. 나라 안의 사람들이 모두 무장하게 하고 사사로운 병역 면제를 없애며, 힘을 모아 싸우게 함은 적군을 사로잡기 위한 것인데, 백성들은 윗사람을 포악하다고 여긴다. 이 네 가지 일은 백성을 편안하게 만들려는 것인데, 백성들은 기뻐할 줄을 모른다. (伊尹이나 管仲처럼) 거룩하고 통달한 선비를 찾는 까닭은 백성의 지혜는 본보기로 삼아 쓰기에 부족하기 때문이다.[39]

---

37) 『韓非子』〈五蠹〉: 且民者 固服於勢 寡能懷於義

38) 『韓非子』〈五蠹〉: 今貞信之士不盈於十 而境內之官以百數 必任貞信之士 則人不足官 人不足官則治者寡而亂者衆矣 故明主之道 一法而不求智 固術而不慕信

39) 『韓非子』〈顯學〉: 今不知治者 必曰得民之心 欲得民之心而可以爲治 則是伊尹管仲無所

한비자에 의하면, 통치자는 심모원려(深謀遠慮)를 통해 백성에게 유익한 방책들을 시행하나, 백성은 목전의 이익에 집착하여 통치자를 원망할 뿐이다. 그러므로 통치자는 민심에 얽매이지 말고 자신의 원대한 판단에 따라야 한다는 것이다.

셋째, 법가의 이상국가는 '일사불란한 농전(農戰) 국가'로서, 다양한 견해를 철저하게 배격하는 국가이다. 국가는 오로지 농업과 전쟁만을 목표로 삼아 국론을 통일하고 매진해야 한다는 것이다. 상앙은 이념적 차원에서는 '유가, 묵가, 종횡가(縱橫家)' 등을, 생업의 차원에서는 '상업과 기예(技藝, 工匠)'를 억제해야 할 대상〔六蝨〕으로 꼽았다. 이들의 활동을 조금이라도 용납하면 결국 수많은 백성을 타락시킨다는 것이다.[40] 같은 맥락에서 한비자도 '학자(學者, 유가와 묵가), 유세객(遊說客, 縱橫家), 협객(俠客), 환시(宦侍), 상공인(商工人)'을 '나라를 좀먹는 좀 벌레〔五蠹〕'라고 지목했다.[41] 진시황의 '분서갱유(焚書坑儒)'는 이런 좀 벌레들을 일거에 소탕해야 한다는 명목으로 자행된 폭거였다.

2) 사회의 운영 : 상명하복과 신상필벌

유가는 성선설(性善說)을 견지하면서 윗사람의 솔선수범을 통해 아랫사람을 감화시키는 방식으로 사회적 결속을 도모했다. 그러나 상앙과 한

用也 將聽民而已矣 民智之不可用 猶嬰兒之心也 (…) 嬰兒子不知犯其所小苦致其所大利也 今上急耕田墾草以厚民産也 而以上爲酷 修刑重罰以爲禁邪也 而以上爲嚴 徵賦錢粟以實倉庫 且以救饑饉備軍旅也 而以上爲貪 境內必知介 而無私解 幷力疾鬥 所以禽虜也 而以上爲暴 此四者所以治安也 而民不知悅也 夫求聖通之士者 爲民知之不足師用

40) 『商君書』〈農戰〉: 農戰之民千人 而有詩書辯慧者一人焉 千人者皆怠於農戰矣 農戰之民百人 而有技藝者一人焉 百人者皆怠於農戰矣 國待農戰而安 主待農戰而尊

41) 『韓非子』〈五蠹〉 참조.

비자 등 법가는 이를 전혀 성공할 수 없는 방식이라고 비판했다. 인간은 본래 이기적 존재이기 때문에 도덕적 감화란 애초에 불가능한 일이라는 것이다. 법가는 '솔선수범의 덕치' 대신에 '상명하복의 법치'를 주장했다. 예컨대 다음의 인용문을 보자.

> 인자(仁者)는 남에게 仁을 베풀 수는 있으나 남으로 하여금 仁하게 할 수는 없으며, 의자(義者)는 남에게 사랑을 베풀 수는 있으나 남으로 하여금 사랑하게 할 수는 없다. 이로써 仁과 義가 천하를 다스리기에 부족한 것임을 알 수 있다. (…) 성왕(聖王)은 義를 귀하게 여기지 않고 法을 귀하게 여긴다. 法이 반드시 밝혀지고 명령이 반드시 행해지면 그것으로 충분하다.[42)]

법가에 의하면, 이 세상에 어질고 의로운 사람은 몇 명 되지 않으며, 대부분은 이기적인 사람들인바, 이기적인 사람들은 몇몇 사람들의 선행(善行)에 감복하지 않는다. 예컨대 순(舜)은 성군이었음에도 불구하고, 몸소 솔선수범하여 백성을 교화한 것은 3년에 세 건밖에 되지 않았다는 것이다. 법가는 다수의 이기적인 사람들을 쉽게 통솔할 수 있는 방법으로 '법치', 즉 '상명하복'의 체계를 제시했다. 통치자가 솔선수범으로 백성을 감화시키는 것은 어쩌다 한 번 성공할 수 있으나, 통치자가 법으로 명령하면 모든 사람을 신속하게 복종시킬 수 있다. 그러므로 국가는 반드시 법으로 다스려야 한다는 것이다.

법가의 법치란 무엇보다도 '포상과 처벌에 의한 통치'를 뜻한다. 인간은 누구나 본능적으로 이익을 좋아하고 손해를 싫어하며, 쾌락을 추구하고 고통을 회피한다. 그러므로 통치자가 누구나 좋아하는 것으로 포상하

42)『商君書』〈畫策〉: 仁者能仁於人 而不能使人仁 義者能愛於人 而不能使人愛 是以知仁義之不足以治天下也 (…) 聖王者 不貴義而貴法 法必明 令必行 則已矣

고, 누구나 싫어하는 것으로 처벌한다면, 백성을 쉽게 통제할 수 있다는 것이다. 상앙은 다음과 같이 말한다.

> 사람의 성정(性情)은 좋아하는 것이 있고 싫어하는 것이 있으니, 그러므로 백성을 다스릴 수 있다. 군주는 백성이 좋아하고 싫어하는 것을 살피지 않을 수 없으니, 좋아함과 싫어함이 상(賞)과 벌(罰)의 근본이다. 사람의 성정은 작록(爵祿)을 좋아하고 형벌(刑罰)을 싫어하니, 군주는 이 둘을 가지고 백성의 의지(意志)를 제어한다.[43]

법가는 더 나아가 포상과 처벌로 '백성이 기피하는 일까지 시킬 수 있다' 고 주장한다. 인간은 이기적 존재일 뿐만 아니라 타산적 존재이기도 하므로, 통치자는 포상과 처벌을 통해서 백성들을 얼마든지 원하는 방향으로 통제할 수 있다는 것이다. 상앙은 다음과 같이 말한다.

> 무릇 농업은 백성들이 힘들게 여기는 일이요, 전쟁은 백성들이 무섭게 여기는 일이다. 그 힘듦을 무릅쓰고, 그 무서운 일을 실행하는 것은 계산(計算) 때문이다. 백성들은 살아서는 이익을 계산하고, 죽어서는 명예를 생각하니, 명예와 이익이 나오는 곳을 살피지 않을 수 없다. 이익이 농업에서 나오면 백성들은 온 힘을 다해 농사를 짓고, 명예가 전쟁에서 나오면 백성들은 죽음을 각오하고 싸운다. 안으로는 백성들로 하여금 온 힘을 다해 농사를 짓게 만들면 황무지가 개간될 것이요, 밖으로는 백성들로 하여금 죽을 각오로 싸우게 만들면 적국(敵國)을 이길 것이다. 적국을 이기고 황무지를 개간한다면, 앉아서 부강(富强)을 이룰 수 있다.[44]

43) 『商君書』〈錯法〉: 人情而有好惡 故民可治也 人君不可以不審好惡 好惡者 賞罰之本也 夫人情好爵祿而惡刑罰 人君設二者 以御民之志

백성들은 대개 농업은 힘들다고 기피하고 전쟁은 무섭다고 기피하는데, 위의 인용문은 이런 백성들을 거느리고 부국강병을 달성하는 방법을 제시한 것이다. 인간은 누구나 이익과 손해를 계산하는 마음이 있거니와, 이러한 마음을 이용하라는 것이다. 예컨대 전쟁터에서 도망친 사람에게는 죽음보다도 가혹한 처벌을 가한다면 비겁한 사람도 도망치지 못하며, 전공(戰功)을 세운 사람에게는 목숨보다도 두터운 포상을 내린다면 용감한 사람은 더욱 용감하게 싸운다는 것이다. 이러한 맥락에서, 법가는 포상과 처벌의 권한을 쥐고 있는 통치자는 얼마든지 백성을 원하는 방향으로 통제할 수 있다고 보았다. 한비자는 다음과 같이 말한다.

성왕(聖王)이 법을 제정함에, 그 상(賞)은 선(善)을 권장하기에 충분하고, (형벌의) 위엄은 포악을 제압하기에 충분하며, 그 대비(對備)는 완전을 기약하기에 충분하게 한다. 다스려지는 세상의 신하는, 공(功)이 많은 자는 지위가 높아지고, 노력을 다한 자는 상을 후하게 받으며, 정성을 다한 자는 명예를 누리게 된다. 착한 사람을 살려줌이 춘풍(春風)처럼 온화하고, 악한 자를 죽임이 추상(秋霜)처럼 준엄하니, 그러므로 백성들이 권장되어 노력을 다하고 기꺼이 정성을 다하는 것이다. 이것을 일컬어 '상 · 하가 서로 얻는다(上下相得)' 고 한다. 상 · 하가 서로 얻으니, 그러므로 능히 힘쓰는 자로 하여금 법도 안에서 노력을 다하여 임비(任鄙)와 같은 장사(壯士)가 되게 하고, 전사(戰士)로 하여금 죽을 힘을 다하여 맹분(孟賁) · 하육(夏育)처럼 용감하게 하며, 도(道)를 지키는 자로 하여금 금석(金石)과 같은 마음을 품어 오자서(伍子胥)처럼 충절(忠節)로 죽을

44) 『商君書』〈算地〉: 聖人之爲國也 入令民以屬農 出令民以計戰 夫農 民之所苦 而戰 民之所危也 犯其所苦 行其所危者 計也 故民生則計利 死則慮名 名利之所出 不可不審也 利出於地 則民盡力 名出於戰 則民致死 入使民盡力 則草不荒 出使民致死 則勝敵 勝敵而草不荒 富强之功 可坐而致也

수 있게 한다. 힘을 쓰는 자가 임비처럼 되고, 싸우는 자가 맹분 · 하육처럼 되며, 도를 지키는 자가 금석처럼 된다면, 군주는 베개를 높이 베고 자더라도 나라를 지키는 일이 이미 완벽할 것이다.[45]

포상과 처벌로 백성을 원하는 대로 통제하려면, 포상은 선(善)을 권장하기에 충분하고 형벌은 포악을 제압하기에 충분해야 하는데, 그 까닭은 역시 이익과 손해를 계산하는 마음 때문이다. 이러한 맥락에서 법가는 성공적인 통치의 관건으로 '두터운 포상과 엄중한 처벌' 을 역설하고, 이를 통해 '상하상득(上下相得)' 을 달성할 수 있다고 주장했다. '상하상득' 이란 '위의 통치자와 아래의 피치자가 서로 원하는 것을 얻는다' 는 말이니, 이는 분명 사회적 결속에 해당할 것이다. 이제 법가의 '법치' 또는 '상명하복' 이론이 지니는 의의를 정리해 보자.

첫째, 법가의 법치론은 신상필벌(信賞必罰)로 권선징악(勸善懲惡)을 기약하자는 취지를 담고 있다. 현명한 군주는 나라를 다스림에 "작록(爵祿)을 두텁게 하여 백성들이 현덕과 재능을 모두 발휘하게 하고, 형벌을 무겁게 하여 간사(姦邪)를 금한다. 그리하여 백성들로 하여금 자신의 노력으로 부(富)를 얻고, 일의 결과로 귀(貴)를 얻으며, 과오로써 죄(罪)를 받고, 공적으로 상(賞)을 받아서, 군주가 자혜(慈惠)를 베풀기를 바라지 않게 한다."[46]는 것이다. 한비자는 다음과 같이 말한다.

---

45) 『韓非子』〈守道〉: 聖王之立法也 其賞足以勸善 其威足以勝暴 其備足以必完法 治世之臣功多者位尊 力極者賞厚 情盡者名立 善之生如春 惡之死如秋 故民勸極力而樂盡情 此之謂上下相得 上下相得 故能使用力者自極於權衡 而務至於任鄙 戰士出死 而願爲賁育 守道者皆懷金石之心 以死子胥之節 用力者爲任鄙 戰如賁育 守爲金石 則君人者高枕而守己完矣

46) 『韓非子』〈六反〉: 明主之治國也 適其時事以致財物 論其稅賦以均貧富 厚其爵祿以盡賢能 重其刑罰以禁姦邪 使民以力得富 以事致貴 以過受罪 以功致賞 而不念慈惠之賜 此帝王之政也

> 포상은 두텁고 틀림없게 하여 백성들이 이롭게 여기도록 하는 것이 최선이요, 처벌은 무겁고 틀림없게 하여 백성들이 두렵게 여기도록 하는 것이 최선이며, 국법은 일정하고 확고하게 하여 백성들이 모두 알도록 하는 것이 최선이다. 그러므로 군주는 상을 베풀 때 이리저리 바꾸지 않고, 처벌을 행할 때 용서함이 없으며, 상에는 명예가 따르게 하고, 벌에는 비방이 따르게 한다. 이렇게 하면 현자(賢者)와 불초(不肖)가 모두 그 노력을 다하게 된다.[47)]

위의 주장대로, 군주가 일정하고 확고한 국법을 바탕으로 신상필벌을 실천한다면, 모든 백성이 자신의 본분을 다하려고 노력할 것이다. 이러한 맥락에서 법가의 신상필벌론은 국가의 기강을 확립하는 긴요한 방법이라 할 수 있다.

둘째, 법가의 법치론은 '중벌(重罰)로 중벌을 예방한다' 는 취지를 담고 있다. 상앙은 "다스려지는 나라는 형벌이 많고 상(賞)은 적으며, 혼란한 나라는 상이 많고 형벌은 적다. 그러므로 왕자(王者)의 나라는 '형벌이 아홉에 상이 하나' 인데, 쇠퇴하는 나라는 '상이 아홉에 형벌이 하나' 이다."[48)] 라고 했거니와, 법가는 신상필벌(信賞必罰)을 주장하면서도 상보다 벌이 많아야 한다고 보았고, 특히 그 벌은 아주 엄하고 무거워야 한다고 보았다. 상앙은 다음과 같이 말한다.

> 형벌을 행할 때 가벼운 죄에 무거운 형벌을 가하면 가벼운 범죄도 생기지 않으니, 무거운 죄를 진 사람은 더욱 나타날 수가 없다. 이것을 가리켜 '백성을 안정시키는 방법으로 백성을 다스린다' 고 한다. 형벌을 행할 때 무거운 죄에

---

47) 『韓非子』〈五蠹〉: 賞莫如厚而信 使民利之 罰莫如重而必 使民畏之 法莫如一而固 使民知之 故主施賞不遷 行誅無赦 譽輔其賞 毀隨其罰 則賢不肖俱盡其力矣

48) 『商君書』〈開塞〉: 治國 刑多而賞少 亂國 賞多而刑少 故王者 刑九而賞一 削國 賞九而刑一

> 무거운 형벌을 가하고, 가벼운 죄에 가벼운 형벌을 가하면, 가벼운 범죄가 그치지 않으니, 그러면 무거운 죄를 지은 사람은 더욱 그칠 수가 없다. 이것을 가리켜 '백성을 혼란스럽게 하는 방법으로 백성을 다스린다' 고 한다. 가벼운 죄에 무거운 형벌을 가하면 형벌이 없어도 소기의 성과를 거둘 수 있으며, 나라는 강해진다. 무거운 죄에 무거운 형벌을 가하고 가벼운 죄에 가벼운 형벌을 가하면, 형벌이 있어도 끊임없이 사건이 생겨나며, 나라는 약해진다.[49]

우리는 보통 범죄와 형벌은 서로 비례해야 한다는 입장에서 '무거운 죄에는 무거운 형벌을, 가벼운 죄에는 가벼운 형벌을' 가해야 한다고 생각한다. 그러나 상앙에 의하면, 이는 범죄를 근절시킬 방법이 못 된다. 오히려 가벼운 죄에도 무거운 형벌을 가해야만 모든 범죄를 근절할 수 있다는 것이다. 요컨대 법가는 '형벌을 무겁게 시행하면, 결국엔 무거운 형벌을 시행할 일이 사라진다' 고 본다. 법가의 이러한 주장은 매우 그럴듯하나, 정의로운 것은 아닐 것이다.

셋째, 법가의 상명하복론은 '민의(民意)를 존중할 필요가 없다' 는 의미를 내포한다. 상명하복론에 따르면 국정의 방향을 설정하는 것은 통치자의 몫이요, 백성은 그저 묵묵히 통치자의 명령에 따라야 하는 것이다. 한비자는 '백성은 목전의 이익밖에 모른다' 는 관점에서 다음과 같이 말한다.

> 지금 통치를 모르는 자들은 반드시 '민심(民心)을 얻으라' 고 말한다. '민심을 얻으면 통치를 할 수 있다' 고 한다면, 이는 '이윤(伊尹)이나 관중(管仲) 같은 사람은 쓸모가 없으니, 백성의 말을 듣기만 하면 된다' 는 말이다. 그러나 백

---

49) 『商君書』〈說民〉: 行刑 重其輕者 輕者不生 則重者無從至矣 此謂治之於其治也 行刑 重其重者 輕其輕者 輕者不止 則重者無從止矣 此謂治之於其亂也 故重輕 則刑去事成 國强 重重而輕輕 則刑至而事生 國削

> 성의 지혜는 쓸 만한 것이 못됨은 어린아이의 마음과 같기 때문이다. (…) 어린아이는 작은 고통을 참으면 큰 이익을 얻을 수 있다는 것을 모른다. 지금 윗사람이 밭을 갈고 풀밭을 개간하라고 다그치는 것은 백성의 생업을 두텁게 하려는 것인데, 백성들은 윗사람을 가혹하다고 여긴다. 윗사람이 형법을 정비하여 무겁게 처벌하는 것은 사악(邪惡)을 막으려는 것인데, 백성들은 윗사람을 엄격하다고 여긴다. 윗사람이 돈과 곡식을 거두어 창고를 채워두는 것은 또한 기근(饑饉)을 구제하고 군량미를 비축하려는 것인데, 백성들은 윗사람을 탐욕스럽다고 여긴다. 나라 안의 사람들을 모두 무장(武裝)하게 하고 사사로운 병역 면제를 없애며, 힘을 모아 싸우게 함은 적군을 사로잡기 위한 것인데, 백성들은 윗사람을 포악하다고 여긴다. 이 네 가지 일은 백성을 편안하게 만들려는 것인데, 백성들은 기뻐할 줄을 모른다. (伊尹이나 管仲처럼) 거룩하고 통달한 선비를 찾는 까닭은 백성의 지혜는 본보기로 삼아 쓰기에 부족하기 때문이다.[50]

한비자에 의하면, 통치자는 심모원려(深謀遠慮)를 통해 백성에게 유익한 방책들을 시행하나, 백성은 목전의 이익에 집착하여 통치자를 원망할 뿐이다. 그러므로 통치자는 민심에 얽매이지 말고 자신의 원대한 판단에 따라야 한다. 요컨대 백성은 이기적이고 타산적이면서도, 목전의 이익만 아는 어리석은 존재이므로, 원대한 안목이 있는 통치자가 자신의 소신에 따라 백성을 다스려야 한다는 것이다. 위의 인용문에서는 "(伊尹이나 管仲처럼) 거룩하고 통달한 선비를 찾는 까닭"을 언급했거니와, 그렇다고 한비자가 '군주는 현명한 신하의 의견을 존중해야 한다'고 보았던 것도

50) 『韓非子』〈顯學〉: 今不知治者 必曰得民之心 欲得民之心而可以爲治 則是伊尹管仲無所用也 將聽民而已矣 民智之不可用 猶嬰兒之心也 (…) 嬰兒子不知犯其所小苦致其所大利也 今上急耕田墾草以厚民產也 而以上爲酷 修刑重罰以爲禁邪也 而以上爲嚴 徵賦錢粟以實倉庫 且以救饑饉備軍旅也 而以上爲貪 境內必知介 而無私解 幷力疾鬥 所以禽虜也 而以上爲暴 此四者所以治安也 而民不知悅也 夫求聖通之士者 爲民知之不足師用

아니다. 한비자는 다음과 같이 말한다.

> 현명한 사람은 남의 신하가 되어 군주께 폐백을 바쳤다면 두 마음을 품지 않는다. 조정에서는 낮은 자리라 하여 그만두지 않고, 전쟁터에서는 어려움을 회피하지 않으며, 군주가 하는 일에 순종하고, 군주가 제정한 법에 따르며, 마음을 비우고 명령을 기다리며, 옳고 그름을 따지지 않는다. 그러므로 (신하는) 입이 있어도 사사롭게 말하지 않고, 눈이 있어도 사사롭게 보지 않아서, 군주가 모든 것을 통제하는 것이다.[51]

위의 인용문에서는 '현명한 신하'는 "군주가 하는 일에 순종하고, 군주가 제정한 법에 따르며, 마음을 비우고 명령을 기다리며, 옳고 그름을 따지지 않는다."고 했다. 그렇다면 현명한 신하 역시 군주의 명령에 기계적으로 복종해야 하는 존재일 따름이다. 위에 보이듯이 한비자는 군주가 모든 것을 통제하는 것, 즉 '군주의 전제(專制)'를 이상으로 삼았다.

3) 통치의 방법 : 세(勢) · 법(法) · 술(術)

위에서 살펴보았듯이, 법가의 인간관은 한마디로 '인간은 본래 이기적이며 타산적인 존재'라는 것이다. 이기적 존재들은 이익을 추구하고 손해를 회피한다. 법가의 관점에서 볼 때, 인간의 삶은 이익을 추구하고 손해를 회피하는 과정이다. 법가는 이를 당연한 사실로 전제하고, 이를 바탕으로 자신들의 통치론을 정립했다. 두터운 상(賞)과 엄격한 벌(罰)로 백성들을 특정한 방향으로 이끌 수 있다는 주장이 그것이다. 한비자는 다음과

51) 『韓非子』〈有度〉: 賢者之爲人臣 北面委質 無有二心 朝廷不敢辭賤 軍旅不敢辭難 順上之爲 從主之法 虛心以待令而無是非也 故有口不以私言 有目不以私視 而上盡制之

같이 말한다.

> 현명한 군주는 (…) 백성이 바라는 것을 마련하여 공(功)을 요구하니 그러므로 작록(爵祿)을 만들어서 권장하며, 백성이 싫어하는 것을 마련하여 간악(姦惡)을 막으니 그러므로 형벌(刑罰)을 만들어서 위협한다. 포상을 어김없이 하고 형벌을 반드시 가하니, 그러므로 군주는 신하들 사이에서 공이 있는 사람을 등용하고, 간악한 자를 윗자리에 앉히지 않는다.[52)]

또한 상과 벌을 제대로 시행하려면 '막강한 권세'가 필요하다. 이러한 맥락에서 법가는 신상필벌(信賞必罰)을 제도화해야 한다는 '법론(法論)'과 법의 시행을 뒷받침하려면 막강한 권세가 필요하다는 '세론(勢論)'을 전개했다. 한비자는 다음과 같이 말한다.

> 무릇 재능이 있더라도 권세가 없으면 비록 현자(賢者)라도 불초(不肖)를 통제할 수 없다. 그러므로 한 자밖에 되지 않는 나무라도 높은 산 위에 세우면 천 길 깊은 골짜기를 내려다볼 수 있는데, 이는 나무가 길기 때문이 아니라 지위가 높기 때문이다. 걸(桀)이 천자(天子)가 되어 능히 천하를 통제할 수 있었던 것은 어질기 때문이 아니라 권세가 무겁기 때문이다. 요(堯)는 필부(匹夫)로서는 세 집안도 바로잡을 수 없는데, 이는 어질지 않기 때문이 아니라 지위가 낮기 때문이다.[53)]

---

52) 『韓非子』〈難一〉: 明主之道 (…) 設民所欲以求其功 故爲爵祿以勸之 設民所惡以禁其姦 故爲刑罰以威之 慶賞信而刑罰必 故君擧功於臣 而姦不用於上

53) 『韓非子』〈功名〉: 夫有材而無勢 雖賢不能制不肖 故立尺材於高山之上 則臨千仞之谿 材非長也 位高也 桀爲天子 能制天下 非賢也 勢重也 堯爲匹夫 不能正三家 非不肖也 位卑也

또한 '모든 인간은 이익을 추구하고 손해를 회피한다' 는 주장은 '자율적 도덕이란 성립할 수 없다' 는 뜻, 즉 '인간은 어느 누구도 믿을 수 없다' 는 뜻이기도 하다. 한비자는 다음과 같이 말한다.

> 의원이 환자의 종기를 빨고 피고름을 머금는 것은 골육처럼 친애하기 때문이 아니라 이익이 생기기 때문이다. 그러므로 가마를 만드는 사람은 사람들이 부귀해지기를 바라고, 관(棺)을 만드는 사람은 사람들이 일찍 죽기를 바란다. 이는 가마 만드는 사람은 어질고 관 만드는 사람은 잔혹해서 그런 것이 아니다. 사람들이 부귀하지 않으면 가마가 팔리지 않고, 사람들이 죽지 않으면 관이 팔리지 않으니, 정말로 사람을 미워하기 때문이 아니라 사람들이 죽어야 이익이 생기기 때문이다. 그러므로 후비(后妃) · 부인(夫人) · 태자(太子)의 당(黨)이 생겨서 임금이 죽기를 바라는 것도 임금이 죽지 않으면 자신들의 권세가 무거워지지 않기 때문이니, 정말로 임금을 미워하기 때문이 아니라 임금이 죽어야 이익이 생기기 때문이다. 그러므로 임금은 자기의 죽음을 이롭게 여길 자들에 대해서 마음을 쓰지 않을 수 없다.[54]

한비자는 인간의 이기심은 골육을 사랑하는 마음보다도 강력하다고 보았다. 게다가 세상살이에서 이해관계는 수시로 바뀐다. 인간은 이기적 존재일 뿐이라면, 그의 모든 행위도 이해관계의 변화에 따라 변할 것이다. 따라서 백성과 신하는 물론 후비나 태자조차도 믿을 수 없다는 것이 법가의 지론이었다. 법가는 '믿을 수 없는 인간을 다루는 방식' 으로 권모

---

54) 『韓非子』〈備內〉: 醫善吮人之傷 含人之血 非骨肉之親也 利所加也 故輿人成輿 則欲人之富貴 匠人成棺 則欲人之夭死也 非輿人仁而匠人賊也 人不貴則輿不售 人不死則棺不買 情非憎人也 利在人之死也 故后妃夫人太子之黨成而欲君之死也 君不死則勢不重 情非憎君也 利在君之死也 故人主不可以不加心於利己死者

술수(權謀術數)를 활용해야 한다는 '술론(術論)' 을 제창했다.

요컨대 법가는 '인간은 이기적 존재' 라는 생각을 바탕으로 성공적인 통치를 위해서는 '막강한 권세〔勢〕, 엄격한 형법〔法〕, 권모와 술수〔術〕' 가 필요하다는 주장을 전개했다. 군주는 막강한 '권세' 를 바탕으로, 한편으로는 '법(法)' 으로 백성을 통제하고, 한편으로는 '술(術)' 로 신하를 통제해야 한다는 것이다. 한비자는 '법' 과 '술' 을 '군주의 중대한 물건' 으로 규정하고, 그 차이에 대해 다음과 같이 설명한 바 있다.

> '법(法)' 은 문서로 작성하여 관청에 보관하고 백성에게 공포(公布)하는 것이요, '술(術)' 은 가슴 속에 감추어두었다가 여러 가지 일의 발단에 맞추어서 슬며시 여러 신하를 제어하는 것이다. 그러므로 '법' 은 뚜렷해야 좋고, '술' 은 드러내지 말아야 한다.[55)]

한비자에 의하면, '법' 은 백성을 통제하기 위한 것으로 '모든 사람이 알 수 있도록' 명백하게 만들어서 공포해야 하며, '술' 은 신하를 통제하기 위한 것으로 '아무도 모르도록' 군주의 마음속에 품고 있어야 한다. 그러므로 현명한 군주는 '법' 을 말할 때엔 나라 안의 비천(卑賤)한 사람들도 모두 들어서 알 수 있게 하고, '술' 을 쓸 때엔 가까이 친애하는 사람들도 들을 수 없게 한다는 것이다.[56)] 이제 세 · 법 · 술에 대해 보다 자세

---

55) 『韓非子』〈難三〉: 人主之大物 非法則術也 法者 編著之圖籍 設之於官府 而布之於百姓者也 術者 藏之於胸中 以偶衆端而潛御群臣者也 故法莫如顯 而術不欲見

56) 『韓非子』의 〈定法〉에서는 "申不害는 術을 말하고, 商鞅은 法을 말했다. 術이란 능력에 따라 관직을 주고, 명목에 따라 실적을 추궁하며, 殺生의 자루를 쥐고 신하들의 능력을 시험하는 것이니, 이는 君主가 장악하는 것이다. 法이란 官府에 憲令을 게시하고, 백성들의 마음속에 형벌을 새기며, 조심스럽게 法을 지키는 자를 포상하고, 법령을 어기는 자를 처벌하는 것이니, 이는 臣下들이 모범으로 삼을 바이다. 君主에게 術이

히 살펴보기로 하자.

먼저 '세(勢)' 에 대해 살펴보자. '세' 란 신민(臣民)들이 넘볼 수 없는 '막강한 권세(권력)' 를 말한다. 한비자는 권세의 의의를 강조하고자 다음과 같은 신도(愼到)의 말을 소개한다.

> 나는 용(龍)은 구름을 타고, 달리는 뱀은 안개 속에 떠다니다가도, 구름이 걷히고 안개가 개면 용과 뱀도 말개미와 마찬가지가 된다. 타고 있던 것을 잃었기 때문이다. 현인(賢人)으로서 불초(不肖)에게 굴복하는 것은 권세가 가볍고 지위가 낮기 때문이다. 그와 반대로 불초가 현인을 굴복시키는 것은 권세가 무겁고 지위가 높기 때문이다. 요(堯)도 한 사내로서는 세 사람을 다스리지 못하지만, 걸(桀)도 천자(天子)가 되어서는 천하를 흔들 수 있다. 이것으로 나는 권세와 지위가 믿을 만한 것이요, 어질다든가 지혜롭다는 것은 숭상할 만한 것이 못 됨을 알 수 있다.[57)]

신도는 성군이었던 요(堯)와 폭군이었던 걸(桀)을 대비하면서, 중요한 것은 통치자의 '인격' 이 아니라 '무거운 권세와 높은 지위' 라고 주장했다. 같은 맥락에서 한비자는 공자(孔子)와 애공(哀公)을 대비시켰다. 공자는 이름난 성인이었으나 공자를 추종한 제자는 70명에 불과했던 반면, 노(魯)의 애공은 보잘것없는 군주였으나 백성들은 감히 거역하지 못했다. 이처럼 백성은 본래 권세에 복종할 뿐, 인의(仁義)를 추종하는 경우는 별로 없다. 그러므로 "힘써 인의를 실천하면 왕이 될 수 있다."는 유가의 덕

없으면 위에서 눈이 가려지고, 臣下들에게 法이 없으면 아래에서 혼란해진다. 法과 術은 하나라도 없을 수 없으니, 모두 '帝王의 도구' 이다."라고도 했다.

57) 『韓非子』〈難勢〉: 愼子曰 飛龍乘雲 騰蛇遊霧 雲罷霧霽 而龍蛇與螾螘同矣 則失其所乘也 賢人而詘於不肖者 則權輕位卑也 不肖而能服於賢者 則權重位尊也 堯爲匹夫不能治三人 而桀爲天子能亂天下 吾以此知勢位之足恃 而賢智之不足慕也

치론은 '헛소리' 에 불과하다는 것이다.[58)]

한비자는 세상의 군주는 대개 '중간 정도의 인격자' 라는 데서 '권세에 의한 통치의 필요성' 을 찾았다. 한비자는 다음과 같이 말한다.

> 요 · 순(堯舜)과 걸 · 주(桀紂)는 천 년에 한 번 나오니, 어깨가 발꿈치를 따르듯 이어져 나오는 것이 아니다. 세상의 통치자들은 중간 정도에서 끊어지지 않으니, 내가 세(勢)를 말하는 까닭은 중간 정도를 위한 것이다. 중간 정도의 사람은 위로는 요 · 순에 미치지 못하지만, 아래로도 또한 걸 · 주와 같지는 않다. 법(法)을 안고 세(勢)에 처하면 다스려지고, 법을 등지고 세를 버리면 혼란해진다. 이제 세를 버리고 법을 등진 채 요 · 순을 기다린다면, 요 · 순이 이르러 다스려진다고 해도 천 년 동안 혼란하다가 한 번 다스려지는 것이다. 법을 안고 세에 처하여 걸 · 주를 기다린다면, 걸 · 주가 이르러 혼란해진다고 해도 천 년 동안 다스려지다가 한 번 혼란한 것이다.[59)]

설령 요 · 순과 같은 성군은 권세가 없어도 천하를 다스릴 수 있다고 할지라도, 그런 성군은 천 년에 한 번 나오므로, 언제나 성군의 출현을 기대할 수는 없다. 또한 걸 · 주와 같은 폭군은 권세를 악용하여 천하를 괴롭힌다고 할지라도, 그런 폭군 역시 천 년에 한 번 나오므로, 폭군에 의한 권세의 악용을 크게 걱정할 필요가 없다. 대부분의 통치자는 '중간 정도의

---

58) 『韓非子』〈五蠹〉: 仲尼 天下聖人也 修行明道以遊海內 海內說其仁美其義 而爲服役者七十人 (…) 魯哀公 下主也 南面君國 境內之民莫敢不臣 (…) 今學者之說人主也 不乘必勝之勢 而務行仁義則可以王 是求人主之必及仲尼 而以世之凡民皆如列徒 此必不得之數也

59) 『韓非子』〈難勢〉: 夫堯舜桀紂 千世而一出 是非肩隨踵而生也 世之治者 不絶於中 吾所以爲言勢者 中也 中者 上不及堯舜 而下亦不爲桀紂 抱法處勢則治 背法去勢則亂 今廢勢背法而待堯舜 堯舜至乃治 是千世亂而一治也 抱法處勢而待桀紂 桀紂至乃亂 是千世治而一亂也

인격' 을 지니고 있거니와, 평범한 군주들이 국가를 손쉽게 다스릴 수 있는 방법이 바로 권세에 입각한 통치이다. 아무리 평범한 군주라도 '막강한 권세' 를 잡고 있으면 쉽게 나라를 다스릴 수 있다는 것이다.[60]

'막강한 권세' 의 핵심은 '포상과 처벌의 권한' 이다. 법가에 의하면 신민들은 인의(仁義)에 반응하지 않고 포상과 처벌에 반응한다. 그러므로 군주는 상벌의 권한을 움켜쥐고 신민을 통제해야 한다. 한비자는 '포상과 처벌의 권한' 을 '권력의 두 자루' 라고 규정하고, 다음과 같이 말한다.

> 현명한 군주가 그 신하를 통제하는 방법은 '두 자루' 일 뿐이다. '두 자루' 는 형벌(刑罰)과 은덕(恩德)이다. 무엇을 형벌과 은덕이라 하는가? 살육(殺戮)을 형벌이라 하며, 경상(慶賞)을 은덕이라 한다. 남의 신하가 된 사람은 주벌(誅罰)을 누려워하고 경상(慶賞)을 이로워 한다. 그러므로 군주가 스스로 형벌과 은덕을 활용하면, 여러 신하는 그 위엄을 두려워하고 이로운 일을 하게 될 것이다.[61]

한비자는 위와 같이 설명한 다음, '군주란 형벌과 은덕으로 신하를 제어하는 존재' [62]라고 정의했다. 군주는 상벌의 권한으로 신하를 통제함으로써 자기가 원하는 통치를 구현할 수 있다는 말이다. "몸소 고생하여 백성이 본받게 하는 것은 요 · 순(堯舜)도 하기 힘든 일이고, 권세로써 명령

---

60) 蕭公權은 한비자의 勢論에 대해 '도덕을 정치의 영역 밖에 놓은 것' 으로서 '근대적 의미의 정치철학을 세운 것' 이라고 평하고, 이를 '마키아벨리의 君主論' 에 비견한 바 있다(蕭公權, 『中國政治思想史』, 412쪽). 그런데 한비자의 勢論뿐만 아니라 術論도 '도덕을 정치의 영역 밖에 놓은 것' 에 해당할 것이다.

61) 『韓非子』〈二柄〉: 明主之所導制其臣者 二柄而已矣 二柄者 刑德也 何謂刑德 曰殺戮之謂刑 慶賞之謂德 爲人臣者畏誅罰而利慶賞 故人主自用其刑德 則群臣畏其威而歸其利矣

62) 『韓非子』〈二柄〉: 人主者 以刑德制臣者也

하는 것은 보통 군주도 하기 쉬운 일이다. 천하를 다스리려 하면서 '보통 군주도 쉽게 하는 것'을 버리고 '요·순도 하기 어려운 것'을 주장한다면, 함께 정치를 할 수 없는 것이다."[63]

다음, '법(法)'에 관해 살펴보자. 법가의 법사상은 '분명한 법을 바르게 확립함', '동일한 법을 모든 사람에게 공평하게 적용함', '엄한 형벌을 베풂'을 세 축으로 삼는다. 한비자는 법이 분명해야 하는 까닭을 다음과 같이 설명한다.

> 지금 세상에는 백이(伯夷)처럼 청렴한 사람이 하나도 없으며, 간사한 사람들이 끊이지 않으니, 그러므로 법을 제정하고 기준을 확립해야 한다. 기준이 확실하면 백이(伯夷)는 옳음을 잃지 않고 도척(盜跖)은 잘못을 우길 수 없으며, 법이 분명하면 현자(賢者)가 불초(不肖)를 침탈할 수 없고, 강자가 약자를 침탈할 수 없으며, 다수가 소수에게 횡포를 부릴 수 없다.[64]

요컨대 법이 분명하면 옳고 그름을 확실하게 분간할 수 있고, 또 모든 백성에게 법이 분명히 알려지면 강자의 횡포를 막을 수 있다. 법의 내용이 명확해야 하며 또 그 내용은 백성들에게 정확히 알려져야 한다는 것은 누구나 수긍할 지당한 내용이다. 한비자는 또 "죄를 처벌할 때엔 대신(大臣)을 피하지 않고, 선행을 포상할 때엔 서민(庶民)도 빠뜨리지 않는다."고 하여 법은 모든 사람에게 공평하게 적용되어야 한다고 주장했거니와, 이것도 역시 누구나 수긍할 지당한 내용이다. 그런데 법가는 '법을 공평

63)『韓非子』〈難一〉: 夫以身爲苦而後化民者 堯舜之所難也 處勢而驕下者 庸主之所易也 將治天下 釋庸主之所易 道堯舜之所難 未可與爲政也

64)『韓非子』〈守道〉: 今天下無一伯夷 而姦人不絶世 故立法度量 度量信則伯夷不失是 而盜跖不得非 法分明則賢不得奪不肖 强不得侵弱 衆不得暴寡

하게 적용할 것' 과 함께 또한 '엄격한 형벌을 가할 것' 을 주장했다. 법을 어긴 자는 모두 똑같이 엄벌에 처해야 한다는 것이다. 상앙은 다음과 같이 말한다.

> 경상(卿相)이나 장군(將軍)으로부터 대부(大夫)와 서인(庶人)에 이르기까지 왕령(王令)을 따르지 않는 자, 국금(國禁)을 범한 자, 위에서 제정한 법도를 어지럽힌 자가 있으면 모두 사형(死刑)에 처하고 용서하지 않는다. (…) 충신과 효자도 잘못이 있으면 반드시 그 죄목에 따라 판결하고, 법을 수호하는 직책에 있는 관리가 왕법(王法)을 집행하지 않으면 사형에 처하고 용서하지 않으며, 형벌이 삼족(三族)에 미치도록 한다. 같은 관청에 근무하는 사람이 (윗사람의 犯法 사실을) 알고 임금께 고발하는 경우 그의 죄를 면해주고, 귀천을 막론하고 그 관장(官長)의 관작(官爵)과 전록(田祿)을 이어받게 한다. 그러므로 "무거운 형벌을 내리고 연좌제를 시행하면 백성들이 감히 법을 시험하지 못한다." 고 하는 것이니, 백성들이 감히 법을 시험하지 못하는 까닭에 형벌을 사용할 일이 없어진다.[65]

요컨대 법을 어긴 자에 대해서는 지위 고하를 막론하고 똑같이 엄벌에 처하며, 그 형벌이 삼족에 미치는 연좌제를 실시하면, 법이 준수되어 형벌을 사용할 일이 없게 되고, 그리하여 천하가 안정되어 모든 사람이 복락을 누리는 '지극히 두터운 공적(功績)' 을 이룰 수 있다는 것이다. 이처럼 법가는 형벌에 입각한 통치를 주장하면서, 덕치를 폄하했다.

---

65) 『商君書』〈賞刑〉: 自卿相將軍 以至大夫庶人 有不從王令 犯國禁亂上制者 罪死不赦 (…) 忠臣孝子有過 必以其數斷 守法守職之吏 有不行王法者 罪死不赦 刑及三族 同官之人 知而訐之上者 自免於罪 無貴賤 尸襲其官長之官爵田祿 故曰 重刑連其罪 則民不敢試 民不敢試 故無刑也

한비자는 유가가 주장하는 '덕치' 란 쓸모없는 헛소리라는 것을 입증하기 위해 순(舜)의 예를 들었다. 한비자에 의하면, 순(舜)은 성인임에도 불구하고, 몸소 솔선수범하여 백성을 교화한 것은 3년에 세 건밖에 되지 않았다. "사람의 수명은 한이 있는데, 천하의 허물은 끝이 없다. 한이 있는 것이 그 끝이 없는 것을 상대하여 이길 수는 없다. 상벌(賞罰)은 천하 사람들로 하여금 반드시 실행하게 한다. '법을 지키는 자는 상을 주고, 법을 어기는 자는 벌을 준다' 고 명령하면, 명령이 아침에 이르면 저녁에 행실을 고치게 되고, 저녁에 이르면 아침에 고치게 되어, 열흘이면 천하가 다 따르게 된다. 어찌 1년을 기다릴 것인가?"[66]

다음, '술(術)' 에 대해 살펴보자. 술(術)이란 군주가 마음속에 다양한 술책을 감추어 두고 있다가, 여러 가지 일의 발단에 맞추어서 활용함으로써 신하들을 떠보고 제어함을 말한다. 한비자는 신불해의 말을 인용하여 다음과 같이 말한다.

> 신불해(申不害)가 말하기를 "군주의 총명이 드러나면 사람들이 대비하고, 총명하지 못함이 드러나면 사람들은 속이려 한다. 군주가 안다고 보이면 사람들은 꾸미고, 알지 못한다고 보이면 사람들은 숨기려 한다. 군주가 욕심이 없다고 보이면 사람들은 살펴보고, 욕심이 있다고 보이면 사람들은 미끼를 던져 이용하려 한다. 그러므로 '나는 밖에서 (나 자신을) 알지 못하게 하고, 오직 무위(無爲)로 (신하들을) 살핀다' 고 하는 것이다."[67]

---

66) 『韓非子』〈難一〉: 壽有盡 天下過無已者 以有盡逐無已 所止者寡矣 賞罰使天下必行之 令曰 中程者賞 弗中程者誅 令朝至暮變 暮至朝變 十日而海內畢矣 奚待期年

67) 『韓非子』〈外儲說右上〉: 申子曰 上明見 人備之 其不明見 人惑之 其知見 人飾之 不知見 人匿之 其無欲見 人司之 其有欲見 人餌之 故曰 吾無從知之 惟無爲可以規之

우리는 어떤 대상의 속성을 알면 그에 맞추어 대비하고 안심할 수 있으나, 알지 못하면 대비할 수 없어 두려움을 갖게 된다. 따라서 군주도 '자신의 총명 여부, 지식 여부, 의지와 욕망' 등 일체를 남들이 알 수 없도록 숨김으로써 신하들이 두려워하게 만들어야 한다는 것이다.[68] 이처럼 자신의 모든 것을 숨기고 신하들을 관찰함으로써 신하들을 견제하는 것이 술(術)의 출발점이다.[69]

군주에게 술(術)이 긴요한 까닭은 기본적으로 신하들을 믿을 수 없기 때문이다. 한비자는 "군주의 환난(患亂)은 사람들을 믿는 데 있다."고 단언하고, "군주는 자신의 아내나 자식조차도 믿어서는 안 된다"고 설파했다. 남자는 50세가 되어도 색욕이 줄지 않지만, 여자는 30세가 지나면 미모가 쇠하는바, 미모가 쇠한 후비(后妃)는 자신이 소외되고 제 자식이 왕위를 계승하지 못할까 걱정하여 군주가 빨리 죽기를 바랄 수 있다. 군주가 빨리 죽으면 후비는 태후가 되고 태자는 군주가 되어, 모든 일을 마음대로 할 수 있기 때문이다. 이처럼 가까운 아내나 친한 자식조차도 오히려 믿을 수 없으니, 그 나머지는 더 말할 것도 없다.[70] 한비자는 다음과 같이 말한다.

> 군주와 신하의 이익이 다르므로 신하들에게 충(忠)이란 없으며, 따라서 신하의 이익이 성립되면 군주의 이익이 없어지는 것이다. 이런 까닭에 간신(姦

68) 『韓非子』〈主道〉: 君無見其所欲 (…) 君無見其意 (…) 明君無爲於上 群臣竦懼乎下

69) 고재욱은 '韓非子의 術'을 '나라를 다스리는 治國術, 신하 및 관료를 거느리는 기술, 간악한 신하를 살피는 기술, 用人術, 여론청취술'로 분류하여 논의한 바 있다(고재욱, 「한비자의 정치사상 연구」, 『강원인문논총』 제12집, 강원대학교 인문과학연구소, 2004, 430-433쪽).

70) 『韓非子』〈備內〉: 人主之患 在於信人 信人則制於人 (…) 夫以妻之近與子之親 而猶不可信 則其餘無可信者矣

臣)은 적국(敵國)의 군대를 불러들여 안의 방해자를 제거하며, 밖으로 일을 꾸며 군주를 현혹하니, 진실로 그의 사익(私益)을 이룰 수 있다면 국가의 환란은 돌보지 않는다.[71]

위에 보이듯이 한비자는 군주와 신하는 서로 이해관계가 대립한다고 보았다. 따라서 모든 신하는 사익을 위해 군주를 배반할 가능성이 크므로, 술(術)을 활용하여 간사하거나 무능한 신하를 색출해야 한다는 것이다.

법(法)은 누구나 분명히 알 수 있도록 뚜렷해야 하지만, 술(術)은 아무도 알아채지 못하도록 은미해야 한다. 한비자는 군주가 신하를 제어하는 '일곱 가지의 술책' 을 제시한 바 있다. 첫째는 '중단참관(衆端參觀)' 으로서, 특정인의 말만 듣지 말고 많은 사람의 이야기를 두루 참고하는 것이다. 둘째는 '필벌명위(必罰明威)' 로서, 아무리 가벼운 죄라도 반드시 처벌함으로써 그 위신(威信)을 밝히고 중죄(重罪)를 범하지 않도록 경고하는 것이다. 셋째는 '신상진능(信賞盡能)' 으로서, 상줄 사람은 반드시 상을 줌으로써 각자의 능력을 다하게 만드는 것이다. 넷째는 '일청책하(一聽責下)' 로서, 무슨 일이든지 일일이 신하에게 물음으로써 각자 책임을 수행하도록 독책(督責)하는 것이다. 다섯째는 '의조궤사(疑詔詭使)' 로서, 군주가 어떤 목적을 가지고 있으나 그것을 숨겨두고 다른 일을 신하에게 명하여 행하게 함으로써 그 목적을 달성하는 것이다. 여섯째는 '협지이문(挾智而問)' 으로서, 군주가 어떤 일에 대해 잘 알고 있으면서도 모르는 척하며 신하에게 물음으로써 그 신하의 사정(邪正)을 알아보는 것이다. 일곱째는 '도언반사(倒言反事)' 로서, 군주가 일부러 자신의 생각과 반대로 말하고 행동함으로써 신하를 시험하는 것이다.[72]

---

71) 『韓非子』〈內儲說下〉: 君臣之利異 故人臣莫忠 故臣利立而主利滅 是以姦臣者 召敵兵以內除 擧外事以眩主 苟成其私利 不顧國患

이상에서 세(勢) · 법(法) · 술(術)을 중심으로 법가의 통치론을 고찰했거니와, 법가의 이러한 주장은 유가의 덕치론(德治論)을 전면적으로 비판하는 것이기도 하다. 한비자에 의하면, 덕치란 옛날처럼 힘들여 일하지 않아도 생활이 넉넉하며, 사람은 적고 재물은 남아 백성들이 서로 다투지 않았던 시대에나 가능한 것이다. 그런데 지금은 사람은 많아지고 재물은 부족하며, 힘써 일하더라도 생활이 야박한 시대이므로, 엄한 법으로 다스리지 않을 수 없다는 것이다. 한비자는 이렇게 각박해진 지금 시대에 아직도 먼 옛날의 덕치를 주장하는 것은 '수주대토(守株待兎)' 처럼 어리석은 일이라고 비판했다. 시대가 변하면 통치술도 변해야 하는바, 각박한 시대에는 막강한 권세를 바탕으로 법을 엄격하게 집행하며 교묘한 술수로 신하들을 통제하는 통치가 최선이라는 것이다.

3. 법가 정치사상의 인성론적 조명

1) 법가의 특징 : '본능–본능' 의 질서

법가는 자신들의 통치론을 전개하면서 종종 '인간의 본성' 을 거론했다. 요컨대 자신들의 통치론은 철저하게 '인간의 본성' 에 입각한 것이라는 주장이다. 몇 가지 예문들을 다시 살펴보자.

> 백성은 태어나면서부터 배고프면 음식을 찾고, 힘들면 편안함을 찾으며, 괴로우면 즐거움을 찾고, 치욕을 당하면 영광을 찾으니, 이것이 백성의 성정(性

72)『韓非子』〈內儲說上〉.

情)이다. 백성은 이익을 추구하느라 예법(禮法)을 잃기도 하고, 명예를 추구하느라 본성의 일정함을 잃기도 한다.[73]

백성들의 본성은 재보고 긴 것을 취하고, 달아보고 무거운 것을 취하고, 헤아려보고 이로운 것을 취한다. 현명한 군주가 이 셋을 신중하게 관찰하면 국가의 통치를 확립할 수 있고, 백성의 능력을 활용할 수 있다.[74]

백성의 성정(性情)은, 순박하면 노력을 발휘하여 쉽게 힘쓰고, 곤궁하면 지혜를 발휘하여 이익을 저울질한다. 쉽게 힘쓰면 죽음을 가볍게 여기므로 (국가를 위해) 쓰이는 것을 즐거워하고, 이익을 저울질하면 형벌을 두려워하여 힘든 일도 쉽게 맡는다.[75]

사람의 성정(性情)은 좋아하는 것이 있고 싫어하는 것이 있으니, 그러므로 백성을 다스릴 수 있다. 군주는 백성이 좋아하고 싫어하는 것을 살피지 않을 수 없으니, 좋아함과 싫어함이 상(賞)과 벌(罰)의 근본이다. 사람의 성정은 작록(爵祿)을 좋아하고 형벌(刑罰)을 싫어하니, 군주는 이 둘을 가지고 백성의 의지(意志)를 제어한다.[76]

현명한 군주는 (…) 백성이 바라는 것을 마련하여 공(功)을 요구하니 그러므

73) 『商君書』〈算地〉: 民之生 饑而求食 勞而求佚 苦則索樂 辱則求榮 此民之情也 民之求利 失禮之法 求名 失性之常

74) 『商君書』〈算地〉: 民之性 度而取長 稱而取重 權而索利 明君愼觀三者 則國治可立 而民能可得

75) 『商君書』〈算地〉: 夫民之情 樸則生勞而易力 窮則生知而權利 易力則輕死而樂用 權利則畏罰而易苦

76) 『商君書』〈錯法〉: 人情而有好惡 故民可治也 人君不可以不審好惡 好惡者 賞罰之本也 夫人情好爵祿而惡刑罰 人君設二者 以御民之志

로 작록(爵祿)을 만들어서 권장하며, 백성이 싫어하는 것을 마련하여 간악(姦惡)을 막으니 그러므로 형벌(刑罰)을 만들어서 위협한다.[77)]

이익을 좋아하고 손해를 싫어함은 사람의 본성이다. 포상이 두텁고 틀림없으면 사람들이 적(敵)을 가볍게 여기며, 형벌이 무겁고 확실하면 사람들이 전쟁터에서 도망치지 않는다. 오랫동안 싸우면서 임금을 따르는 사람은 백에 하나도 되지 않으나, 이익을 기뻐하고 처벌을 두려워함은 누구나 그렇지 않은 사람이 없다. 민중(民衆)을 거느리는 자가 '누구나 그렇지 않음이 없는 방법' 을 외면하고 '백에 하나도 되지 않는 방법' 을 따른다면, 이는 민중을 부리는 방법을 모르는 것이다.[78)]

위의 여러 인용문에서는 모두 인간의 '이기적이고 타산적인 마음' 을 '인간의 본성' 으로 규정하고, 이러한 이기적 본성을 적극 활용하면 백성을 제대로 통치할 수 있다고 주장했다.[79)] 그런데 위의 여러 인용문에서 말하는 '인간의 본성' 은 사실 '인간의 이기적 본능' 을 뜻하는 것일 뿐, '진정한 의미에서의 인간의 본성' 을 뜻하는 것이 아니다.[80)] 따라서 법가

---

77) 『韓非子』〈難一〉: 明主之道 (…) 設民所欲以求其功 故爲爵祿以勸之 設民所惡以禁其姦 故爲刑罰以威之

78) 『韓非子』〈難二〉: 好利惡害 夫人之所有也 賞厚而信 人輕敵矣 刑重而必 人不北矣 長行徇上 數百不一 喜利畏罪 人莫不然 將衆者不出乎莫不然之數 而道乎百無一人之行 行人未知用衆之道也

79) 상앙은 인간의 '이기적이고 타산적인 마음' 을 '民之情' 이라고도 하고 '民之性' 이라고도 하여, '性' 과 '情' 을 구분하지 않았다. 그리하여 본고에서는 '民之情' 과 '民之性' 을 구분하지 않고 모두 '백성의 性情' 이라고 번역했다. 先秦 시대에는 '心, 性, 情' 을 같은 의미로 혼용한 경우가 많으나, 宋代 性理學에서는 '心, 性, 情' 을 엄격히 구분하여 설명했다. 性理學에 의하면, 마음〔心〕은 지각능력을 지닌 인식기관이요, 본성〔性〕은 마음의 특정한 성향으로서, 마음의 지각 작용을 통해 본성이 외부로 표출된 것이 감정〔情〕이다.

의 통치론은 철저히 인간의 이기적 본능에 입각한 것이라 할 수 있다. 사실 법가의 통치론은 삼중적 맥락에서 '본능적 질서' 를 추구한 것이다.

첫째, 법가는 오직 '부국강병(富國强兵)' 을 이상으로 삼았다는 점이다. 법가의 이상은 백성들이 오로지 농업과 전쟁에만 힘쓰는 것이었던바, 상앙은 다음과 같이 말했다.

> 나라 안에 '시(詩), 서(書), 예(禮), 악(樂), 선(善), 수(修), 인(仁), 청렴, 변론, 지혜' 열 가지가 있으면, 윗사람은 백성들을 전쟁에 나가게 할 수가 없다. 이 열 가지로 다스리는 나라는 적(敵)이 침략해 오면 반드시 영토가 깎이고, 침략해 오지 않더라도 반드시 가난해진다. 이 열 가지를 없앤 나라는 적국이 감히 침략해 오지 못하고, 침략해 오더라도 반드시 퇴각한다. 전쟁을 일으켜서 상대국을 공격하면 반드시 빼앗고, 병사들을 쉬게 하고 공격하지 않는다면 반드시 부강하게 된다.[81]

위에서 말하는 '열 가지' 는 사람을 사람답게 만들어주는 인문교양과 도덕적 덕목에 해당하는 것인데, 법가는 부국강병에 방해가 된다는 이유로 모두 배격했다. 법가는 유가가 강조하는 '인의(仁義)와 혜애(惠愛)' 에 대해서도 '크게는 나라가 망하고 임금을 죽게 만들며, 작게는 영토가 깎이고 임금을 하찮게 만드는 아주 잘못된 방법' 이라고 비판했다.

---

80) 윤대식, 『상앙』, 신서원, 2020, 56-57쪽 참조. '진정한 의미에서의 인간의 본성' 이란 인간과 짐승을 구별해주는 인간만의 고유한 성질로서, 예컨대 孟子가 말하는 '仁義禮智의 본성' 이 그것이다. 法家가 말하는 "배고프면 음식을 찾고, 힘들면 편안함을 찾으며, 괴로우면 즐거움을 찾고, 치욕을 당하면 영광을 찾음" 이나 "이익을 좋아하고 손해를 싫어함" 은 인간과 동물이 공유하는 성질로서 '인간의 동물적 본능' 에 해당하는 것이다.

81) 『商君書』〈農戰〉: 詩書禮樂善修仁廉辯慧 國有十者 上無使守戰 國以十者治 敵至必削 不至必貧 國去此十者 敵不敢至 雖至必卻 興兵而伐 必取 按兵不伐 必富

어떻게 증명할 수 있는가? 무릇 빈곤한 자에게 베풀어 주는 것을 세상 사람들은 '인의(仁義)' 라 하고, 백성을 가엽게 여겨 차마 처벌하지 못하는 것을 세상 사람들은 '혜애(惠愛)' 라 한다. 무릇 빈곤한 자에게 베풀어 주면, 공(功)이 없는 자가 상(賞)을 받게 되고, 차마 처벌하지 못하면 폭력과 혼란이 그치지 않는다. (…) 그러므로 간사한 신하가 더욱 많아지고 폭력과 혼란을 일삼는 무리가 더욱 기승을 부리니, 나라가 망하지 않고 무엇을 기다리겠는가? 무릇 엄하고 무거운 형벌은 백성들이 두려워하고 싫어하는 바이다. 그러므로 성인(聖人)은 그 두려워하고 싫어하는 바를 베풀어 그 간사함을 금하고 막는다. 그러므로 나라가 편안해지고 폭력과 혼란이 사라진다. 나는 이로써 인의와 혜애는 사용하기에 부족하고, 엄형(嚴刑)과 중벌(重罰)로 나라를 다스릴 수 있음을 밝히는 바이다.[82]

이처럼 법가는 여러 가지 이유를 들면서 "인의와 혜애는 사용하기에 부족하다." 고 하여,[83] 인문교양과 도덕적 덕목 등 '본성적인 것' 을 모두 배격하고, 부국강병과 엄형과 중벌 등 '본능적인 것' 만을 추구했다.

둘째, 법가가 '위계질서' 를 중시했다는 점이다. 앞에서 누차 거론했듯이, 위계질서는 그 자체가 '본능적 질서' 에 속하는 것이다. 위계질서는 본래 '힘의 우 · 열' 에서 비롯되는 질서이거니와, 법가는 이러한 인식에 투철하여 통치자의 기본 요건을 '세(勢, 권력)의 확보' 로 규정했다. 이처

82) 『韓非子』〈姦劫弑臣〉: 何以明之 夫施與貧困者 此世之所謂仁義 哀憐百姓不忍誅罰者 此世之所謂惠愛也 夫有施與貧困 則無功者得賞 不忍誅罰 則暴亂者不止 (…) 故姦私之臣愈衆 而暴亂之徒愈勝 不亡何待 夫嚴刑者 民之所畏也 重罰者 民之所惡也 故聖人陳其所畏以禁其邪 設其所惡以防其姦 是以國安而暴亂不起 吾以是明仁義愛惠之不足用 而嚴刑重罰之可以治國也

83) 법가의 이러한 주장을 긍정적으로 해석하자면, 법가는 仁義와 惠愛가 초래하는 '도덕적 해이(moral hazard)' 를 경계한 것이라 하겠다.

럼 상층의 통치자가 막강한 권력으로 하층의 피치자를 지배하는 것은 다른 동물들의 세계에서도 흔히 발견되는 것으로서,[84] 이는 '본능적 질서'에 해당하는 것이다.

셋째, 법가가 상·하의 관계를 '명령과 복종'의 관계로 규정했을 뿐만 아니라, 또한 '포상과 처벌'로 백성을 통제하고자 했다는 점이다. '명령과 복종' 역시 본래 '힘의 우·열'에서 비롯되는 것이므로 그 자체가 '본능적 질서'에 해당한다. 그런데 법가는 한 걸음 더 나아가 '포상과 처벌'을 이용하면 통치 체계가 스스로 작동하게 된다고 보았다.[85] 그런데 포상과 처벌은 인간의 '이기적 타산'에 의거하는 것이니, 역시 본능적인 것이라 하겠다. 예컨대 다음의 인용문을 보자.

> 이익을 바라고 죽음을 두려워하는 사람들의 위와 같은 성질을 극단적으로 이용하여 탁월한 정치적 효과를 거둔 사람이 상앙이다. (…) 말을 잘 조련시키는 사람은 당근과 채찍을 적절히 사용할 줄 안다. 나라를 잘 다스리는 정치가는 상과 벌을 적절히 이용할 줄 알아야 한다. 이러한 상벌 수단을 효과적으로 이용하여 뛰어난 정치적 효과를 거둔 사람이 상앙이다.[86]

'당근과 채찍'은 말의 동물적 본능을 통제하는 수단이거니와, 백성을 다스림에 있어서 '포상과 처벌'의 역할은 말을 조련함에 있어서 '당근과 채찍'의 역할과 마찬가지라는 것이다. 여기서 알 수 있듯이, 포상과 처벌에 의한 통치는 인간의 동물적 본능 또는 이기적 타산을 이용하는 통치

---

84) 다이아몬드(Jared Diamond), 김진준 역, 『총, 균, 쇠』, 문학사상, 2019, 226쪽 ; 피터슨(Jordan B. Peterson), 강주헌 역, 『12가지 인생의 법칙』, 메이븐, 2020, 24-34쪽 참조.

85) 『商君書』〈定分〉: 法令明白易知 爲置法官吏爲之師以道之知 萬民皆知所避就 避禍就福而皆以自治也

86) 장현근, 『상군서』, 서울 : 살림, 2005, 18-19쪽.

요, 따라서 '본능적 질서'에 속하는 것이다.

한비자는 "오랫동안 싸우면서 임금을 따르는 사람은 백에 하나도 되지 않으나, 이익을 기뻐하고 처벌을 두려워함은 누구나 그렇지 않은 사람이 없다."고도 했고, "백성은 본래 세(勢)에 굴복하며, 의(義)를 따를 수 있는 자는 적다."고도 했다. 요컨대 이 세상에 '도덕적 본성'을 따르는 사람은 거의 없으므로, '도덕적 방법'으로는 제대로 국가를 통치할 수 없다는 말이다. 이러한 맥락에서 법가는 '군주는 포상과 처벌의 권한을 장악하고, 이를 통해 백성을 통제해야 한다'고 주장한 것이다.

2) 법가적 질서의 의의와 한계

법가적 질서의 기본 논리는 '군주는 포상과 처벌의 권세를 장악하고, 이를 통해 백성을 통제함으로써 부국강병을 달성하자'는 것이었는데, 위에서 살핀 것처럼 이는 삼중적 맥락에서 '본능적 질서'에 해당하는 것이다. 이제 법가적 질서의 의의와 한계에 대해 정리해 보자.

'이기적 본능'과 '도덕적 본성'을 비교하면, 이기적 본능은 도덕적 본성에 비해 훨씬 강력하고 효과적이다. 이러한 맥락에서 법가가 추구한 '본능-본능'의 질서는 매우 강력하고 효과적인 통치술이라 할 수 있다. 예컨대 상앙의 다음과 같은 주장을 보자.

> 백성들을 기꺼이 전쟁에 참여하게 만들려면 반드시 법을 엄중하게 하고, 포상은 반드시 많이 하며, 위세(威勢)는 반드시 존엄해야 한다. 음란한 도(道)는 반드시 막아야 하니, 변설(辨說)과 지혜를 말하는 자를 천대하고, 떠돌며 벼슬하는 자를 임용하지 않고, 문학으로 사사롭게 명성을 날리지 못하게 한다. 포상이 많고 위세가 존엄하여, 백성이 참전의 포상이 많은 것을 보면 죽음〔戰死〕

을 잊게 되고, 싸우지 않고 도망쳤을 때의 치욕을 보면 구차하게 살아남는 것을 고통으로 여기게 된다. 포상이 죽음을 잊게 하고, 위세가 살아남는 것을 고통스럽게 하며, 음란한 도(道) 또한 막혔다면, 이것으로 적군과 대결하게 한다. 이는 백석(百石)의 쇠뇌로 떨어지는 낙엽을 쏘는 것과 같으니, 어찌 함락시키지 못하는 수가 있겠는가?(…)

농업으로 국가를 부유하게 만들려면 나라 안의 식량값을 반드시 높게 책정하고, 농사를 짓지 않는 사람에게는 반드시 많은 세금을 징수하며, 시장에서 생기는 이익에 대해서도 무거운 세금을 부과하니, 이렇게 하면 백성들이 농사를 짓지 않을 수 없다. 농사를 짓지 않으면 식량을 구입해야 하는데, 식량값이 비싸면 농사짓는 사람이 이로우며, 농사짓는 사람이 이로우면 농사짓는 사람이 늘어난다. 식량값이 비싸면 식량을 사들이는 것이 불리하며, 또한 무거운 세금을 징수하면 백성들은 상업과 기교(技巧)를 포기할 수밖에 없어서, 농업의 이로움에 종사하게 된다.[87)]

위의 인용문은 인간의 타산적 이기심을 활용하여 부국강병의 방책을 제시한 것인바, 그 핵심은 두터운 포상으로 백성을 전쟁터로 유인하고, 가혹한 처벌로 백성의 도망을 막으라는 것, 그리고 농업에 유리한 정책으로 백성을 농업으로 유인하고, 상공업에 불리한 정책으로 백성의 상공업 진출을 막으라는 것이다. 상앙은 실제로 이러한 방책으로 진(秦)을 부강하게 만들었다고 한다. 그렇다면 이는 과연 강력하고 효과적인 방법이라 할 수 있겠다.

---

87)『商君書』〈外內〉: 欲戰其民者 必以重法 賞則必多 威則必嚴 淫道必塞 爲辯知者不貴 游宦者不任 文學私名不顯 賞多威嚴 民見戰賞之多則忘死 見不戰之辱則苦生 賞使之忘死 而威備之苦生 而淫道又塞 以此遇敵 是以百石之弩 射飄葉也 何不陷之有哉(…) 欲農富其國者 境內之食必貴 而不農之徵必多 市利之租必重 則民不得無田 無田不得不易其食 食貴則田者利 田者利則事者衆 食貴糴食不利 而又加重徵 則民不得無去其商賈技巧 而事地利矣

사실 인간은 본능적으로 쾌락을 추구하고 고통을 회피한다. 그러므로 대부분의 인간은 두터운 포상의 유혹을 이기기 어렵고, 가혹한 처벌의 공포도 이기기 어렵다. 따라서 상앙이 제시한 위와 같은 방법은 그 성공 가능성이 매우 높을 것으로 보인다. 이러한 맥락에서 법가는 인간의 이기적 본능을 국가의 통치에 적극 이용해야 한다고 역설했다. 법가적 질서는 분명 강력하고 효율적이다. 특히 전국시대처럼 생존경쟁의 와중에서 부국강병의 압박을 받는 상황이라면, 법가의 통치론은 더욱 높이 평가될 수 있을 것이다.

이처럼 법가의 통치론은 중대한 의의가 있음에도 불구하고, 법가의 통치론은 당시부터 많은 비판을 받았다. 공자와 맹자가 덕치와 왕도를 주장하면서, 법치와 패도를 비판한 것은 차치하자. 한대(漢代)의 학자 가의(賈誼)는 덕치에 대해서는 '백성의 기상이 즐거워지고, 복(福)을 초래한다' 고 옹호한 반면, 법치에 대해서는 '백성의 기풍이 슬퍼지고, 화(禍)를 초래한다' 고 비판한 바 있다.[88] 반고(班固)도 법가에 대해 "교화(敎化)를 없애고 인애(仁愛)를 제거한 다음, 오로지 형법(刑法)에 맡겨서 통치하고자 함으로써, 지친(至親)을 잔인하게 해쳐서 은혜를 손상하고 후덕한 풍속을 야박하게 바꾸어 놓았다."[89]고 비판했다. 이처럼 법가의 통치론에 대한 가장 일반적인 비판은 '인륜(人倫)에 반하고, 가혹하다' 는 것이었다. 그리하여 법가는 현실 정치에 지대한 영향을 끼쳤음에도 불구하고, 법가에 대한 역대의 평가는 대체로 우호적이지 못했다. 예컨대 현대의 학자 勞思光은 "진(秦)의 폭정(暴政)은 곧 법가사상의 당연한 결과였다" 고 하고,

---

88) 『漢書』〈賈誼傳〉: 道之以德教者 德教洽而民氣樂 敺之以法令者 法令極而民風哀 哀樂之感 禍福之應也

89) 『漢書』「藝文志」: 法家者流 蓋出於理官 信賞必罰 以輔禮制 易曰先王以明罰飭法 此其所長也 及刻者爲之 則無教化 去仁愛 專任刑法而欲以致治 至於殘害至親 傷恩薄厚

"중국문화정신이 공·맹(孔孟)의 손에서 정형(定型)이 되었고, 순자(荀子)의 손에서 왜곡이 되었다면, 법가(法家)의 손에서 사형을 받은 것" 이라고까지 단언함으로써 법가에 대해 혹평했다.[90)]

흔히 말하듯이, 인간에게는 이기적 본능과 함께 도덕적 본성이 존재한다. 법가가 인간의 이기심을 주목하고, 이기심을 이용하여 이기심을 통제할 수 있는 장치로서 포상과 처벌을 강조한 것은 매우 중요한 의미가 있다. 문제는 법가가 인간의 이기심만 주목하고 도덕적 본성을 외면함으로써, 인간에 대한 '타율적 통제' 의 필요성만 강조하고 '자율성의 영역' 을 완전히 부정했다는 점이다. 타율적 통제가 인간을 효율적으로 길들일 수 있다 하더라도, 인간은 결국 자유와 자율을 꿈꾸는 존재이다. 그러므로 법가적 통치는 일시적 효과만 있을 뿐이다.[91)]

다만 법을 분명하게 만들고, 만인에게 공표하여, 만인에게 공정하게 적용해야 한다는 주장은 오늘날에도 절실한 내용으로서, 이는 법가의 획기적 공헌이라 하겠다.[92)] 그런데 그 법의 제정권을 군주로부터 독립시키지

---

90) 勞思光, 정인재 역, 『中國哲學史』(古代篇), 탐구당, 1989, 384쪽.

91) 현대의 사회학자 콜린스(Randall Collins)에 의하면, '보상과 처벌' 은 우리가 기대하는 것만큼 효과가 없는 것이다. 콜린스는 "금전적 보상과 물리적 강제력은 모두 상대적으로 빈약한 통제 방법" 이라고 결론짓고, 그 대안으로 사람들이 "그 일을 하고 싶어 하도록 만들 방법" 과 "직업과 조직에 대해서 일체감을 느끼게 하는 방법" 이 필요하다고 주장한 바 있다(콜린스, 진수미 역, 『상식을 넘어선 사회학』, 대구 : 경북대출판부, 2006, 72-75쪽 참조). 論者의 생각에, 秦始皇의 戰國統一(기원전 221년)과 秦의 滅亡(기원전 206년)은 法家의 의의와 한계를 정확히 보여주는 것이다. 秦이 법가를 중용하여 부국강병을 달성하고 戰國을 통일한 것은 '법가적 통치의 의의' 요, 秦이 통일 이후 불과 15년 만에 멸망한 것은 '법가적 통치의 한계' 인 것이다.

92) 정윤재는 법가에 대해 "욕구충족을 둘러싼 각양각색의 이해관계가 충돌하고 있는 오늘의 정치 현실과 그러한 정치 현실이 정치지도자 개인의 탁월한 능력뿐 아니라 법과 같은 제도적 장치의 적정한 구비와 운용에 의해 다스려져야 한다는 프락시스적 당위에서 바라볼 때, 법가의 정치사상은 오늘날에도 여전히 유용한 정치리더십적 자원" 이라고 평가한 바 있다(정윤재, 「法家 政治思想의 분석적 이해 : 현실진단, 정치적

않은(못한) 것은 매우 중요한 한계로서, 그리하여 '법가는 군주의 독재를 옹호했을 뿐'이라는 비판을 면하기 어렵게 된 것이다. 예컨대 현대의 정치학자 蕭公權은 법가에 대해 다음과 같이 평한 바 있다.

> 상앙 · 한비자의 사상과 진(秦)의 정치는 외형으로는 법치인 듯하지만, 실제로는 전제(專制)에 불과했다. 전제는 군주를 본위로 하고, 법치는 법을 본위로 한다. 전제는 군주의 의지를 최고의 표준으로 하는 만큼, 거기서 법률은 통치를 돕는 도구에 불과하다. 군주가 마음대로 조문(條文)을 고칠 수 있다면 법은 군주를 제한하는 힘을 지닐 수 없다. (…) 법치는 법을 최고의 표준으로 삼는다. 따라서 거기서는 군주가 법을 집행하는 기관에 불과하다. 군주가 입헌(立憲)할 수는 있지만 마음대로 법을 변경시킬 권력을 지니지는 못한다.[93)]

요컨대 법가에는 'rule by law'의 요소만 있을 뿐, 오늘날 자유민주주의에서 추구하는 'rule of law'의 요소가 결여되었다는 것이다. 'rule of law'는 근대적 의미의 법치로서, 타마나하(Tamanaha)는 근대 법치주의의 핵심을 ① 법에 의해 제한되는 정부, ② 형식적 합법성, ③ 사람이 아닌, 법의 지배로 설명한 바 있다. '법에 의해 제한되는 정부'란 주권자 그

이상, 그리고 처방」,『정치사상연구』 제6집, 119쪽). 한편, 가라타니 고진(柄谷行人)은 秦始皇의 戰國統一을 '帝國의 형성'으로 규정하고, '페르시아제국에 필적하는 세계사적 의의를 갖는다'고 설파한 바 있다. 그는 세계제국의 성립 조건으로 '세계화폐, 세계종교(보편종교), 세계언어' 등과 함께 '萬民法(국제법)'을 거론하고, '秦帝國의 형성'에서는 法家가 萬民法의 이념을 제공했다고 보았다(가라타니 고진,『제국의 구조』, 136-143쪽).

93) 蕭公權, 최명 · 손문호 공역,『中國政治思想史』, 479쪽. 牟宗三이 "과거 중국의 정치사상은 儒家 · 道家 · 法家를 막론하고 오직 人治主義였다"고 하여(牟宗三,『政道與治道』, 臺北 : 學生書局, 1983, 137쪽), 法家마저 人治主義로 규정한 까닭 역시 법가가 立法權을 군주로부터 독립시키지 않았기 때문일 것이다.

리고 국가와 그 공직자들이 법에 의해 제한을 받아야 한다는 뜻이다. '형식적 합법성' 이란 일반성의 성질, 적용의 평등성, 명확성 등을 갖춘 공개적이고 장래효(prospectivity)를 가진 법이 지배해야 한다는 뜻이다. 사람들은 '열정을 지니고, 자의적이며, 주관적인 경우' 가 많거니와, '사람이 아닌, 법의 지배' 란 '사람' 이 지배하는 것이 아니라 '이성적이고 비재량적이며 객관적인 법' 이 지배해야 한다는 뜻이다. 여기서 주목할 것은 '법에 의해 제한되는 정부' 로서, 이는 '공직자들이 현재 유효한 실정법을 준수해야 한다' 는 의미와 '공직자들의 법 제정 · 개정 권한에는 제한이 있다' 는 의미를 동시에 함축하는 것이다.[94]

논자가 보기에, 법가는 타마나하가 거론한 법치주의의 여러 요소를 두루 갖추고 있지만, 유감스럽게도 '공직자들의 법 제정 · 개정 권한에는 제한이 있다' 는 요소를 결여하고 있다. 蕭公權의 "군주가 마음대로 조문(條文)을 고칠 수 있다면 법은 군주를 제한하는 힘을 지닐 수 없다." 는 말도 바로 이 점을 비판한 것이다. 그렇다면 '공직자들의 법 제정 · 개정 권한에는 제한이 있다' 는 말은 구체적으로 무슨 의미인가? 타마나하는 다음과 같이 말한다.

> 정부 공직자들이 법을 개정하고자 하는 경우에조차도 그들은 그들이 원하는 어떤 방법으로 그것을 개정하는 데에 완전히 자유롭지는 않다. 그들이 법을 다루거나 혹은 법의 이름으로 할 수 없는 어떤 것이 있다. 이 제한들은 중세에 지배적 견해였던 자연법 혹은 신법(神法) 혹은 시간과 무관한 관습법 등의 명령에 의하여, 혹은 오늘날의 일반적인 표현법인 인간 혹은 시민의 권리 등의 명령에 의하여 이해되어 왔다. 이 두 번째 의미의 기본적 취지는 실정법에 관

94) 타마나하(Brian Z. Tamanaha), 이헌환 역, 『법치주의란 무엇인가』, 박영사, 2014, 226-245쪽.

한 주권자의 권한이 그 자체 법적 방식으로 제한된다는 것이다.[95)]

타마나하에 의하면, 공직자들이 법을 제정 · 개정할 때엔 자연법 · 신법 · 관습법 등의 제한을 받아야 한다는 것이요, '자기들 마음대로' 법을 제정 · 개정할 수는 없다는 것이다. 주지하듯이, 서양 근대의 역사에서 자연법 · 신법 · 관습법 등은 '인간의 존엄성과 기본적 권리'를 천명하고, 이를 보호하는 것이 국가의 책무라고 확인하는 역할을 수행했다. 이러한 맥락에서 '실정법에 관한 주권자의 권한이 그 자체 법적 방식으로 제한된다'는 말은 요컨대 공직자들은 결코 '인간의 존엄성과 기본적 권리'를 침해하는 법을 만들 수 없다는 뜻으로서, 바로 오늘날의 입헌주의(立憲主義)에 해당하는 것이다.

이제 다시 법가에 대한 논의로 돌아오자. 법가는 바로 '실정법에 관한 주권자의 권한이 그 자체 법적 방식으로 제한된다'는 생각을 결여하고 있었기 때문에, 법가의 법은 '인간의 존엄성과 기본적 권리'를 보장하는 입헌주의적 역할(rule of law)을 수행하지 못하고, 주로 통치자가 신상필벌을 통해 백성들을 효과적으로 통제하는 수단(rule by law)으로 기능한 것이었다. 따라서 법가의 이념을 '법치주의'로 해석하는 것은 부적절하며, 그저 '사법주의(司法主義)'로 해석하는 것이 타당한 것이다.[96)]

---

95) 타마나하, 『법치주의란 무엇인가』, 227쪽.

96) 2025년 1월 18일, 한국의 윤석열 대통령 구속영장 심사일에 있었던 '지지자들의 서울 서부지방법원 난입사태'에 대해, 당시 법원행정처장 천대엽 대법관은 "서부지법에 난입한 폭도들은 법치주의를 부정한 것으로서, 용납할 수 없다."고 비판한 바 있다. 이에 대해 뱅모(Bangmo) 박성현은 "서부지법에 난입한 사람들은 법치주의를 부정한 것이 아니라 사법주의를 공격한 것이다. 그들은 법치주의에 입각하여 사법주의에 저항한 것이다. 대한민국 법치주의를 파괴한 주범은 천대엽과 같은 부류의 법관들이다."라고 주장하고, 법치주의(rule of law)와 사법주의(rule by law)를 구별하는 논설을 펼쳤다. 그에 의하면, 법치주의의 법은 실정법뿐만 아니라 자연법(natural

한편, 법가는 '인간은 이기적 존재' 라 하여 인간성을 불신하면서도, 그에 대한 대책으로 '견제와 균형' 의 방법이 아닌 '감시와 처벌' 의 방법을 추구했다. 그런데 이 감시와 처벌은 신민(臣民)에게만 적용되고, 군주에게는 적용되지 않았다.[97] 예컨대 고대 로마의 공화정(共和政)에서는 군주와 귀족과 평민이 서로를 견제하는 '견제와 균형' 의 체제를 고안했다. 그런데 법가의 통치론에는 군주가 신 · 민(臣民)을 감시하고 처벌하는 요소만 있을 뿐, 신 · 민이 군주를 견제하는 측면이 결여된 것이다. 이러한 체제에서는 '상하상득(上下相得)' 이라는 것도 빈말에 그칠 뿐, 신 · 민은 폭군의 희생양이 될 수밖에 없는 것이다.

법가의 '일사불란한 농전(農戰) 국가, 중벌(重罰)을 통한 중벌의 예방, 민의(民意)에 구애받지 않는 통치' 등도 대체로 수긍하기 어려운 주장들이다. 이러한 국가에서는 인문적 가치, 다양성, 관용, 약자에 대한 배려, 민의의 존중 등은 찾아보기 어렵고 획일성, 잔혹성, 독단 등이 횡행할 것이기 때문이다. 보다 근원적으로 법가는 백성을 '부국강병을 위한 수단'

---

law) 또는 커먼센스(common sense)를 포함하며, 법치주의자들은 실정법도 가능한 한 자연법에 수렴해야 한다고 본다. 반면에, 사법주의의 법은 실정법으로서, 사법주의자들은 '실정법을 그저 자신들에게 편리한 통치 수단으로 삼는 것' 이다(박성현, 〈세뇌탈출 3488탄〉(2025년 1월 20일 시청). 이렇게 본다면 德治를 강조한 儒家야말로 '법치주의(rule of law)' 에 해당하는 것이다. 어느 시대나 儒家는 군주의 자의적 통치를 비판하고, 항상 군주에게 '仁義라는 聖賢의 가르침' 또는 '先王들이 정립한 典章法度(成憲)' 를 따르라고 요구했기 때문이다.

97) 장현근, 『상군서』, 75-76쪽 참조. 이러한 학계의 일반적 평가와는 달리, 가라타니 고진(柄谷行人)은 "법가는 문자 그대로 법치주의를 주장했지만, 그것은 피지배자를 법에 의해 엄중히 다루는 것이 아니라 오히려 권력을 자의적으로 남용하는 지배자(호족들)를 법으로 억누르려는 것이었다." 고 주장했다(가라타니 고진, 『제국의 구조』, 141쪽). 그러나 이러한 주장은 역사적 사실과 부합하지는 않는 것 같다. 만약 가라타니의 주장이 옳다면, 劉邦이 秦의 수도 咸陽을 함락시켰을 때 곧바로 '約法三章' 을 약속하지는 않았을 것이며, 秦의 遺民들이 劉邦의 약속을 그토록 환영하지는 않았을 것이다.

또는 '군주의 야욕(野慾)을 채워주는 수단' 으로만 보았을 뿐, 각자의 의미 있는 삶을 추구하는 '인격적 존재' 로 보지 않았다. 법가의 이러한 태도는 상앙의 "무거운 형벌을 내리고 연좌제(連坐制)를 시행하면 백성들이 감히 법을 시험하지 못한다."는 주장에서 단적으로 엿볼 수 있다. 따라서 실제로 '일사불란한 농전 국가' 를 만들어 부국강병을 달성했다고 하더라도, 농업과 전쟁 이외의 것들을 모두 '음란한 도(道)' 로 배척한다면, 그러한 체제에서는 인간을 인간답게 만들어주는 문화도 꽃피울 수 없고, 인간의 존엄성도 제대로 실현될 수 없을 것이다.

'인간은 이기심과 타산 능력을 함께 지닌다' 는 법가의 인간관은 분명 '인간은 합리적 이기주의자' 라는 서양 근대 자유주의의 인간관과 놀라울 정도로 유사한 것이다. 그런데 근대 자유주의자들은 '개인의 자유와 자율성' 을 극도로 옹호한 반면, 법가는 '개인에 대한 통제의 필요성' 만 강조했을 뿐 '개인의 자유와 자율성' 에 대한 관념을 전혀 제시하지 못했다. 이러한 차이는 무엇보다도 법가가 '인간은 공정성을 추구하는 존재' 라는 점을 외면한 데서 비롯된 것이다. 근대 자유주의자들이 말하는 '인간의 합리성' 에는 타산 능력에 기초하는 '효율성' 과 함께 모든 사람을 공평하게 대우한다는 '공정성' 이 포함된다. 요컨대 인간은 본래 '효율성' 을 추구할 뿐만 아니라 '공정성' 을 추구하기도 한다는 것이다. 자유주의자들은 인간의 천성(天性)에서 효율성을 추구하는 측면뿐만 아니라 공정성을 추구하는 측면을 함께 주목했기 때문에, 개인의 자유와 자율성을 옹호할 수 있었다.[98] 그런데 법가는 공정성의 측면을 외면하고 효율성(타산성)의

98) 홉스는 자연법의 요체를 "자기가 대접받고 싶은 대로 남을 대접함"으로 설명한 바 있고(Thomas Hobbes, *Leviathan*, edited with an introduction by C.B. Macpherson, London : Penguin Books, 1985, chap.17, 223쪽), 밀은 "그 이름에 합당한 유일한 자유는, 우리가 타인의 행복을 빼앗으려고 시도하거나 행복을 성취하려는 노력을 방해하지 않는 한에서, 우리 자신의 방법으로 우리 자신의 善을 추구하는

측면만 주목했기 때문에, 신상필벌로 모든 인간을 통제할 궁리만 하게 된 것이다.

인간의 존엄성을 제대로 설명하고 인간을 인간답게 꾸며주는 문화를 가꾸려면, 먼저 다른 동물들과 구별되는 '인간의 고유한 본성' 을 규명하고 그에 부합하는 체제를 고안해야 한다. 그런데 법가는 이러한 시도 자체를 끊임없이 조롱하고 비판하면서, 인간의 이기적 본능과 타산 능력만을 부각시키고, 신상필벌에 의해 통치자의 의도대로 백성을 얼마든지 통제할 수 있다고 주장했다. 그렇다면 '일사불란한 농전 국가' 에서의 백성의 삶은 기껏해야 '통치자의 의도대로 사육되는 배부른 돼지' 의 삶에 머무르게 될 것이다.

자유이다. 각 개인은 자신의 육체적, 정신적, 靈的 건강의 적절한 보호자이다. 각자가 자기에게 좋다고 여겨지는 방식대로 살도록 서로 참고 견디는 것이 각 개인을 타인에게 좋다고 여겨지는 방식대로 살도록 강제하는 것보다 인류에게 큰 혜택을 준다." 고 설파한 바 있다(John Stuart Mill, *On Liberty,* Auckland : The Floating Press, 2009, 23-24쪽). 근대 자유주의자들은 인간이 공정성을 추구하는 존재라는 점에서 자연법의 성립 근거를 발견하고, 이를 바탕으로 자유와 자율성을 옹호한 것이다.

제4장

묵가 : 상동(尙同)과 겸애

사마천은 『사기열전』 〈태사공자서〉에서 "묵가도 역시 요 · 순(堯舜)의 도(道)를 숭상하고 그 덕행을 설파했다. (…) 죽은 사람을 장사 지낼 때엔 세 치 두께의 오동나무 관(棺)을 사용했고, 소리를 내어 통곡할 때엔 그 슬픔을 다하지 않았는데, 상례(喪禮)를 가르칠 때엔 모든 사람이 반드시 이를 따르도록 했다. 만약 천하가 이를 법으로 삼도록 한다면 존 · 비(尊卑)의 구별이 사라지게 된다. 무릇 세상도 변하고 시절도 바뀌니, 모든 사업이 반드시 같을 필요는 없다. 그러므로 '지나치게 검소하여 따르기 어렵다' 고 말하는 것이다. 묵가의 요점은 '근본을 튼튼하게 하고 쓰임새를 절약한다' 는 것인바, 이는 모든 사람의 가정을 풍족하게 하는 방도이다. 이것이 묵자의 장점이니, 누구도 폐지할 수 없는 것이다."[1]라고 설명했다. 요컨대 사마천은 "묵가도 역시 요 · 순의 도를 숭상하고 그 덕행을 설

1) 『史記列傳』 〈太史公自序〉 : 墨者亦尙堯舜道 言其德行 (…) 其送死 桐棺三寸 擧音不盡其哀 敎喪禮 必以此爲萬民之率 使天下法若此 則尊卑無別也 夫世異時移 事業不必同 故曰 儉而難遵 要曰 彊本節用 則人給家足之道也 此墨子之所長 雖百家弗能廢也

파했다."고 하여 유가와의 유사점을 부각시키면서도, 묵가를 따르면 "존·비(尊卑)의 구별이 사라지게 된다."고 하여, 유가와의 차이점 또한 지적했다. 그러면서도 '근본을 튼튼하게 하고 쓰임새를 절약한다'는 묵가의 요점에 대해서는 매우 높이 평가했다. 한편, 반고는 『한서』「예문지」에서 묵가의 핵심 사상을 다음과 같이 설명했다.

> 묵가는 대개 청묘(淸廟, 宗廟)를 지키던 관리들에게서 나왔다. 띠풀로 지붕을 만들고 떡갈나무로 서까래를 만든 집에서 살았기 때문에 '검소함'을 귀하게 여겼고, 국가의 원로를 봉양하는 일에 종사했으므로 '겸애(兼愛)'를 주장했고, 선비들을 뽑아 활쏘기 대회를 열었으므로 '현자(賢者)'를 숭상했고, 엄부(嚴父)를 사당에서 제사 지냈으므로 '귀신'을 숭상했고, 사계절을 따라 실행했으므로 '운명(運命)'을 부정했고, 효(孝)로써 천하를 보았으므로 '같음'을 숭상했으니, 이것이 그들의 장점이었다. 그들의 폐단에 이르러서는, 검소함의 이익만 보고 예(禮)를 비난했으며, 겸애의 뜻을 미루어나가고자 친·소(親疏)를 구별할 줄 모르게 되었다.[2]

위의 인용문에서는 묵가의 장점으로 '검소함을 귀하게 여겼다, 겸애를 주장했다, 현자를 숭상했다, 귀신을 숭배했다, 운명을 부정했다, 같음을 숭상했다' 등 무려 여섯 가지를 거론했다. 이것으로 본다면 묵가는 장점이 많았던 학파였던 것 같다. 그러나 "검소함의 이익만 보고 예(禮)를 비난했으며, 겸애의 뜻을 미루어나가고자 친·소(親疏)를 구별할 줄 모르게 되었다"는 이유로 특히 유가(儒家)로부터 많은 비판을 받았다.

---

2) 『漢書』「藝文志」: 墨家者流 蓋出於淸廟之守 茅屋采椽 是以貴儉 養三老五更 是以兼愛 選士大射 是以上賢 宗祀嚴父 是以右鬼 順四時而行 是以非命 以孝視天下 是以上同 此其所長也 及蔽者爲之 見儉之利 因以非禮 推兼愛之意 而不知別親疏

묵가는 '상동(尙同), 겸애(兼愛), 절용(節用)' 등을 역설한 학파로서, 묵자(墨子, 기원전 468?~기원전 376?) 당시에는 매우 유력한 학파였으나, 그 학술이 후세에 제대로 계승되지 못했다. 본고에서는 『묵자(墨子)』를 중심으로 묵가의 정치사상을 조명해 보고자 한다.

1. 묵가의 기본 입장

1) 천지론(天志論)

대부분의 학파가 먼저 특정한 인간관과 세계관 등을 정립하고, 이를 바탕으로 정치사상을 전개하는 것과는 달리, 묵가는 인간과 세계에 대한 특정한 설명을 별로 전개하지 않았다. 묵가는 특정한 인간관과 세계관을 제시하는 대신, '하늘〔天〕' 과 '귀신(鬼神)' 에 대한 신앙을 바탕으로 자신들의 정치 이념을 전개했다. 요컨대 인간은 하늘의 뜻에 따라야 하는바, 겸애(兼愛)는 하늘의 뜻이므로 우리는 겸애를 실천해야 하고, 별애(別愛)는 하늘의 뜻에 어긋나므로 별애를 추구해서는 안 된다는 것이다. 이제 묵자의 논의를 따라가 보자.

묵자에 의하면, 모든 사람은 일을 할 때 '본받을 표준〔法儀〕' 이 있어야 한다.[3] 통치의 경우도 마찬가지이다. 그런데 우리의 '부모, 스승, 군주' 는 본받을 표준으로 삼기에 부적절하다. 이 세상에 '부모, 스승, 군주' 는 많지만, 그들 가운데 어진 사람은 드물기 때문이다. 그렇다면 우리는 무엇을 '본받을 표준' 으로 삼아야 하는가? 묵자는 다음과 같이 말한다.

---

3) 『墨子』〈法儀〉: 天下從事者 不可以無法儀 無法儀而其事能成者 無有也

> '하늘을 표준으로 삼는 것' 이 가장 좋다. 하늘의 운행은 넓고 사사로움이 없으며, 하늘의 베풂은 두터우면서도 덕이라고 자랑하지 않으며, 하늘의 밝음은 영원하여 쇠퇴함이 없다. 그러므로 성왕(聖王)은 하늘을 표준으로 삼았다. 이미 하늘을 표준으로 삼았다면 모든 동작과 행위를 반드시 하늘에 비추어서 헤아려야 하니, 하늘이 원하는 것이면 행하고 하늘이 원하지 않는 것이면 그쳐야 한다.
>
> 그런데 하늘은 무엇을 원하고, 무엇을 싫어하는가? 하늘은 반드시 사람들이 서로 사랑하고 서로 이롭게 하는 것을 원하고, 사람들이 서로 미워하고 서로 해치는 것을 원치 않는다. 어떻게 '하늘은 사람들이 서로 사랑하고 서로 이롭게 함을 원하고, 사람들이 서로 미워하고 서로 해침을 원치 않는다' 는 것을 아는가? 하늘이 모든 사람을 아울러 사랑하고 아울러 이롭게 하기 때문이다. 어떻게 '하늘은 모든 사람을 아울러 사랑하고 아울러 이롭게 함' 을 아는가? 하늘은 모든 사람을 아울러 보전하고 아울러 먹여주기 때문이다.[4)]

위의 첫째 문단에서는 "하늘의 운행은 넓고 사사로움이 없으며, 하늘의 베풂은 두터우면서도 덕이라고 자랑하지 않으며, 하늘의 밝음은 영원하여 쇠퇴함이 없다." 는 이유로 "하늘을 표준으로 삼을 것" 을 주장했다. 이렇게 보면 묵자가 말하는 '하늘' 은 '자연(自然)으로서의 하늘' 로 간주할 수도 있겠다. 그런데 둘째 문단에서는 "하늘은 무엇을 원하고, 무엇을 싫어하는가? 하늘은 반드시 사람들이 서로 사랑하고 서로 이롭게 하는 것을 원하고, 사람들이 서로 미워하고 서로 해치는 것을 원치 않는다." 고 말

---

4) 『墨子』〈法儀〉: 莫若法天 天之行廣而無私 其施厚而不德 其明久而不衰 故聖王法之 旣以天爲法 動作有爲 必度於天 天之所欲則爲之 天所不欲則止 然而天何欲何惡者也 天必欲人之相愛相利 而不欲人之相惡相賊也 奚以知天之欲人之相愛相利 而不欲人之相惡相賊也 以其兼而愛之 兼而利之也 奚以知天兼而愛之 兼而利之也 以其兼而有之 兼而食之也

하고 있으니, 이로써 묵자가 말하는 '하늘'은 '의지를 지닌 인격적 존재'임을 알 수 있다. 따라서 묵자가 '하늘을 본받아 표준으로 삼으라〔取法於天〕'고 말하는 것은 '하늘이 원하는 것을 행하라〔爲天之所欲〕'는 말과 같은 의미이다.

묵자는 "하늘은 모든 사람을 아울러 보전하고 아울러 먹여준다."는 것 또는 "하늘이 모든 사람을 아울러 사랑하고 아울러 이롭게 한다."는 것으로부터 "하늘은 사람들이 서로 사랑하고 서로 이롭게 함을 원하고, 사람들이 서로 미워하고 서로 해침을 원치 않는다."는 것을 알 수 있다고 설명했다. 그런데 묵자는 보다 근본적으로 인격적 존재인 '하늘의 뜻'에 근거하여 '만인 평등'과 '만국 평등'을 주장하고, 이에 근거하여 겸애와 평화를 설파한다.

> 지금 천하는 대국(大國)이든 소국(小國)이든 모두 하늘의 고을이며, 사람은 어른과 어린이, 귀족과 천민이 모두 하늘의 신하이다. (…) 사람을 사랑하고 이롭게 하는 자는 하늘이 반드시 복(福)을 내리고, 사람을 미워하고 해치는 자는 하늘이 반드시 화(禍)를 내린다. (…) 이로써 '하늘은 사람들이 서로 사랑하고 서로 이롭게 함을 원하고, 사람들이 서로 미워하고 서로 해침을 원치 않는다'는 것을 알 수 있다.[5)]

"천하는 대국이든 소국이든 모두 하늘의 고을"이라는 말은 영토의 크기와 관계없이 '모든 국가는 위상이 평등하다'는 뜻이며, "사람은 어른과 어린이, 귀족과 천민이 모두 하늘의 신하"라는 말은 나이나 신분과 관계없이 '모든 사람은 위상이 평등하다'는 뜻이다. 요컨대 묵자는 '하늘의

---

5)『墨子』〈法儀〉: 今天下無大小國 皆天之邑也 人無幼長貴賤 皆天之臣也 (…) 愛人利人者 天必福之 惡人賊人者 天必禍之 (…) 是以知天欲人相愛相利 而不欲人相惡相賊也

뜻'에 근거하여 '만국 평등'과 '만인 평등'을 주장하고, 또 '하늘의 뜻'에 근거하여 만국 사이의 '평화'와 만인 사이의 '겸애'를 주장했다. 이처럼 묵자에게 '하늘'은 모든 도덕적 당위의 원천이요 근거였다.

그렇다면 우리는 왜 하늘의 뜻에 따라야 하는가? 그 까닭은 하늘의 뜻을 어기면 벌(罰)을 받기 때문이다. 묵자는 "하늘 아래에 살면서 하늘에 죄를 지으면 도망갈 곳이 없다. 아무리 깊은 골짜기, 아무리 인적 없는 깊숙한 곳이라도, 하늘의 밝음은 그것을 다 찾아낸다."[6]고 설파한다. 따라서 우리는 우리의 이익〔功利〕을 위해 하늘의 뜻에 따라 살 수밖에 없다는 것이다. 묵자는 보다 근원적으로 인간과 하늘의 관계를 '서로가 원하는 것을 실행할 수 있는 상호적 관계'로 보았다. 묵자는 다음과 같이 말한다.

> 하늘은 무엇을 원하고, 무엇을 싫어하는가? 하늘은 의(義)를 원하고, 불의(不義)를 싫어한다. 그렇다면 천하의 백성을 이끌어 의(義)에 종사하게 하면, 이는 내가 하늘이 원하는 것을 행하는 것이다. 내가 하늘이 원하는 것을 행하면, 하늘 또한 내가 원하는 것을 해주신다. 그렇다면 나는 무엇을 원하고, 무엇을 싫어하는가? 나는 복록(福祿)을 원하고 재앙을 싫어한다. 내가 만약 하늘이 원하는 것을 행하지 않고, 하늘이 원하지 않는 것을 행한다면, 이는 내가 천하의 백성을 이끌어 재앙에 빠지게 하는 것이다.[7]

묵자에 의하면, 하늘은 의(義)를 원하고 불의(不義)를 싫어하며, 인간은 하늘의 뜻에 따를 수도 있고 어길 수도 있다. 그런데 또 인간과 하늘은

---

6) 『墨子』〈天志上〉: 焉而晏日 焉而得罪 將惡避逃之 曰無所避逃之 夫天不可爲林谷幽間無人 明必見之

7) 『墨子』〈天志上〉: 天亦何欲何惡 天欲義而惡不義 然則率天下之百姓 以從事於義 則我乃爲天之所欲也 我爲天之所欲 天亦爲我所欲 然則我何欲何惡 我欲福祿而惡禍祟 若我不爲天之所欲 而爲天之所不欲 然則我率天下之百姓 以從事於禍祟中也

'상호적 관계' 로서, 인간이 의를 행하면 하늘은 복록으로 포상하고, 인간이 불의를 행하면 하늘은 재앙으로 처벌한다. 인간은 누구나 복록을 원하고 재앙을 싫어하거니와, 따라서 우리는 하늘의 뜻에 따라 의를 실천해야 한다.

그렇다면 '하늘은 의(義)를 원하고, 불의(不義)를 싫어한다' 는 것을 어떻게 알 수 있는가? 이에 대해 묵자는 다음과 같이 설명한다.

천하에 의가 있으면 살고 의가 없으면 죽으며, 의가 있으면 부유하고 의가 없으면 가난하며, 의가 있으면 다스려지고 의가 없으면 혼란해진다. 그렇다면 하늘은 살리기를 원하고 죽이기를 싫어하며, 부유해지기를 원하고 가난해지는 것을 싫어하며, 다스려지기를 원하고 혼란해지는 것을 싫어하는 것이다. 이로써 나는 '하늘은 의(義)를 원하고, 불의(不義)를 싫어한다' 는 것을 알 수 있다.[8)]

묵자는 "의가 있으면 살고 의가 없으면 죽으며, 의가 있으면 부유하고 의가 없으면 가난하며, 의가 있으면 다스려지고 의가 없으면 혼란해지는 것"을 이 세계의 일반적 사실로 규정하고, 이는 '하늘이 그렇게 주재(主宰)한 결과' 라고 보았다. 이로써 '하늘은 의를 원하고, 불의를 싫어함' 을 알 수 있다는 것이다.

이상에서 '인간은 하늘의 뜻에 따라야 한다' 는 묵자의 주장을 살펴보았거니와, 묵자는 통치의 성공과 실패에 대해서도 이러한 관점에서 설명한다.

옛날의 성왕(聖王) 우·탕·문·무(禹湯文武)는 천하의 백성을 아울러 사랑

8) 『墨子』 〈天志上〉: 天下有義則生 無義則死 有義則富 無義則貧 有義則治 無義則亂 然則天欲其生而惡其死 欲其富而惡其貧 欲其治而惡其亂 此我所以知天欲義而惡不義也

하고, 그들을 이끌어 하늘을 존숭하고 귀신을 섬겼으며, 사람들을 이롭게 한 것이 많았다. 그러므로 하늘이 복록을 내려 천자(天子)가 되게 하였으니, 천하의 제후가 모두 찾아와 그들을 섬긴 것이다. 폭군(暴君) 걸 · 주 · 유 · 려(桀紂幽厲)는 천하의 백성을 아울러 미워하고, 그들을 이끌어 하늘을 욕하고 귀신을 모욕했으며, 사람들을 해친 것이 많았다. 그러므로 하늘이 재앙을 내려 결국 국가를 잃고 몸도 죽어 천하의 치욕거리가 되게 하였다.[9]

묵자에 의하면, 우 · 탕 · 문 · 무 등 이른바 '성왕' 은 하늘의 뜻에 따라 겸애(兼愛)를 실천함으로써 복록을 받은 통치자요, 걸 · 주 · 유 · 려 등 이른바 '폭군' 은 하늘의 뜻을 어기고 겸오(兼惡)를 자행함으로써 재앙을 받은 통치자이다. 이러한 맥락에서, 성왕이 되려면 반드시 '하늘의 뜻에 따라 겸애를 실천해야 한다' 는 것이 묵자의 지론이었다.

2) 절용론(節用論)

묵가 사상에서 또 하나의 핵심 개념은 '절용(節用)' 이다. 쓰임새를 절약하여 백성을 이롭게 하라는 것이다. 묵가는 당시 중국 사회가 쓸데없는 일에 재물을 과도하게 낭비함으로써 백성을 괴롭히고 국가를 가난하게 만든다고 보았다.[10] 따라서 재물의 낭비를 없애면 백성을 이롭게 할 수 있고, 국가를 부유하게 만들 수 있다는 것이다. 묵자는 다음과 같이 말한다.

---

9)『墨子』〈法儀〉: 昔之聖王禹湯文武 兼愛天下之百姓 率以尊天事鬼 其利人多 故天福之 使立爲天子 天下諸侯皆賓事之 暴王桀紂幽厲 兼惡天下之百姓 率以詬天侮鬼 其賊人多 故天禍之 使遂失其國家 身死爲僇於天下

10) 묵자는 禮樂을 중시하고 厚葬을 강조하는 儒家가 재물의 낭비를 조장하는 주범이라고 비판했다.

성인(聖人)이 한 나라에 정치를 하면 한 나라의 이로움을 배(倍)로 만들 수 있고, 천하에 정치를 하면 천하의 이로움을 배로 만들 수 있다. 배로 만든다는 것은 외부에서 땅을 취하는 것이 아니니, 그 쓸데없는 비용을 없애면 족히 배로 만들 수 있다. 성왕이 정치를 함에, 그 명령을 내려 사업을 일으키고 백성을 부리며 재물을 사용하되, 이용에 보탬이 되지 않는 것이 없다. 그러므로 재물을 사용함에 낭비가 없고, 백성들은 수고롭지 않으니, 이로움을 일으킴이 많은 것이다.[11)]

위에 보이듯이, 묵자는 '성왕의 정치'의 핵심을 '절용'으로 설명했다. 국부(國富)를 증진하는 것은 모든 통치자의 염원인바, 절용이 바로 그 요령이라는 것이다. 위에서 주목할 것은 "외부에서 땅을 취하는 것이 아니다"라는 말이다. 쓸데없는 낭비를 없애면 타국을 침략하여 재물을 약탈하지 않고도 나라를 부유하게 만들 수 있다는 것이다.[12)]

묵자에 의하면, 절용은 국가를 부유하게 만드는 요령일 뿐만 아니라, 백성을 사랑하는 방법이기도 하다. 묵자는 다음과 같이 말한다.

옛날에 현명한 성왕이 천하의 왕이 되어 제후들을 바로잡았던 것은, 백성을 사랑함이 신중하고 성실하며, 백성을 이롭게 함이 신중하고 두터우며, 충신(忠信)이 서로 이어지며, 또 이로움으로써 보여준 것이니, 그러므로 종신토록 싫어하지 않고, 세상을 떠날 때까지 게을리하지 않았다. (…)

옛날에 성왕이 절용(節用)의 방법을 제정하여 "무릇 윤거(輪車)와 운포(鞼

11) 『墨子』〈節用上〉: 聖人爲政一國 一國可倍也 大之爲政天下 天下可倍也 其倍之非外取地也 因其國家 去其無用之費 足以倍之 聖王爲政 其發令興事 使民用財也 無不加用而爲者 是故用財不費 民德不勞 其興利多矣

12) 묵자의 이런 주장은 法家가 富國强兵을 주장하면서 '침략전쟁으로 10배의 이익을 얻을 수 있다'고 주장한 것과 대조된다(『商君書』〈說民〉 참조).

鞄), 도야(陶冶)와 재장(梓匠) 등 천하의 여러 공장(工匠)은 각각 자신이 능한 것에 종사하게 한다."라 하고, "무릇 백성들의 쓰임에 공급하기에 족하면 그만이다."라 했으니, 비용을 더하되 백성의 이로움에 보탬이 되지 않는 모든 것은 성왕이 하지 않았다.

옛날에 성왕이 음식의 법도를 제정하여 "허기를 채워 기운이 이어지게 하고, 팔다리를 강하게 하고, 귀와 눈이 밝아지게 하면 그만이다."라 하였다. 그리하여 오미(五味)의 조리와 분향(芬香)의 조화를 지극하게 하지 않았고, 먼 나라의 진귀하고 기이한 물건을 이르게 하지 않았다.[13)]

묵자에 의하면, 성왕은 민생에 필요한 각종 기물(器物)이나 음식물 등을 충분히 공급하되, 민생의 이로움을 초과하여 사치나 낭비에 이르는 것은 제지했다.[14)] 요컨대 성왕은 '민생의 이로움'을 가부(可否)의 기준으로 삼았는데, 이것이 바로 '애민의 정치'라는 것이다.

묵자가 침략전쟁을 비판하고〔非攻〕, 화려한 음악을 비판하며〔非樂〕, 간소한 장례〔節葬〕를 주장한 것 등은 모두 절용과 궤를 같이하는데, 묵자는 이것이 또한 겸애를 실천하는 방법이라고 보았다. 이에 대해 간단히 살펴보자.

먼저 비공론(非攻論)을 살펴보면, 묵자는 '침략전쟁'에 대해 두 가지 이유로 비판했다. 첫째는 '침략전쟁은 정의롭지 않다'는 이유이다.

---

13) 『墨子』〈節用中〉: 古者明王聖人 所以王天下 正諸侯者 彼其愛民謹忠 利民謹厚 忠信相連 又示之以利 是以終身不饜 歿世而不卷 (…) 古者聖王制爲節用之法 曰凡天下群百工 輪車鞼鞄陶冶梓匠 使各從事其所能 曰凡足以奉給民用 則止 諸加費不加于民利者 聖王弗爲 足以充虛繼氣 强股肱 耳目聰明 則止 不極五味之調 芬香之和 不致遠國珍怪異物

14) 『墨子』의 〈辭過〉에서는 '宮室, 衣服, 飮食, 舟車, 蓄妾' 등 다섯 가지를 '절제해야 할 대상'으로 지목한 바 있다.

> 지금 어떤 사람이 남의 과수원과 채마밭에 들어가 복숭아와 자두를 훔쳤다고 하자. 사람들이 들으면 그를 비난하고, 위에서 정치를 하는 자가 잡으면 형벌을 내린다. 이는 무엇 때문인가? 남에게 손해를 끼쳐 자기를 이롭게 했기 때문이다. (…) 죄 없는 사람을 죽여 그의 갖옷을 빼앗고 창과 칼을 취한 자는 그 불의(不義)가 또 남의 울타리와 마구간에 들어가 남의 말이나 소를 훔친 것보다 심하니, 이는 무엇 때문인가? 남에게 손해를 끼침이 더욱 크기 때문이다. 만약 남에게 손해를 끼침이 더욱 크다면 그 불인(不仁)이 더욱 심하고 죄가 더욱 무겁다. 이에 대해서는 천하의 군자(君子)들이 모두 잘못인 줄 알고, 불의(不義)라고 말한다. 그런데 지금 크게 남의 나라를 공격하는 경우에 이르러서는 잘못인 줄을 모르고 추종하여 칭찬하며, 의(義)라고 말한다. 이를 '의(義)와 불의(不義)의 구별을 안다' 고 할 수 있겠는가?[15)]

우리의 상식에 의하면, '남에게 손해를 끼쳐 자기를 이롭게 함' 은 정의롭지 못한 일이다. 그리하여 남의 농작물이나 가축을 훔치는 것을 죄악으로 규정하여, 비난하고 처벌하는 것이다. 농작물과 가축을 훔치는 것에 비하면, 군대를 동원하여 이웃 나라 영토를 빼앗고 재물을 약탈하는 것은 더욱 심각한 죄악이다. 그런데 당시 사람들은 농작물이나 가축을 훔치는 것은 비판하면서도, 침략전쟁에 대해서는 도리어 칭송한다는 것이다. 묵자는 이러한 세태를 질타하면서, '침략전쟁은 옳지 못하므로 당장 그만두어야 한다' 고 설파했다. 둘째는 '침략전쟁은 이롭지도 않다' 는 이유이다. 묵자는 다음과 같이 말한다.

---

15) 『墨子』〈非攻上〉: 今有一人 入人園圃 竊其桃李 衆聞則非之 上爲政者得則罰之 此何也 以虧人自利也 (…) 至殺不辜人也 扡其衣裘 取戈劍者 其不義又甚入人欄廐取人馬牛 此何故也 以其虧人愈多 苟虧人愈多 其不仁茲甚矣 罪益厚 當此 天下之君子 皆知而非之 謂之不義 今至大爲攻國 則弗知非 從而譽之 謂之義 此可謂知義與不義之別乎

가령 중간 정도 규모로 군대를 일으킨다면 (…) 길게는 몇 해, 짧게는 몇 개월 동안, 윗사람은 정치를 보살필 겨를이 없고, 법관은 관부(官府)를 다스릴 겨를이 없고, 농부는 심고 가꿀 겨를이 없고, 부녀자는 실을 잣고 베를 짤 겨를이 없게 될 것이니, 이는 곧 국가가 근본을 잃고 백성이 생업을 바꾸는 것이다. 그러나 또 수레와 말이 피폐해지고, 장막과 휘장, 삼군(三軍)의 군수(軍需)와 갑병(甲兵)의 군비(軍備)가 5분의 1이라도 보전된다면 그나마 오히려 많은 편이다. 그런데 또 도로에서 군사가 흩어지고 죽으며, 도로가 멀어 양식이 이어지지 않고 음식을 제때에 먹지 못한다. 하인이 이 때문에 굶주리고 떨며, 병에 걸려 구렁에 널브러져 죽은 자가 헤아릴 수 없이 많다. 이는 백성에게도 이롭지 않고, 천하에도 크게 해로운 것이다.[16]

위에서 설명하는 것처럼, 전쟁은 진실로 많은 생명을 해치고, 많은 물자를 소모하며, 각종 산업을 마비시킨다. 이처럼 침략전쟁은 "백성에게도 이롭지 않고, 천하에도 크게 해로운 것"이므로, 당장 그만두어야 한다는 것이다.[17]

다음 비악론(非樂論)을 살펴보면, 묵자는 당시의 '음악 연주'에 대해 '민생을 해친다'는 이유로 비판하였다. 묵자는 다음과 같이 말한다.

배는 물에서 쓰고, 수레는 땅에서 쓰니, 군자는 (걷지 않아서) 그 발을 쉴 수

16) 『墨子』〈非攻下〉: 若使中興師 (…) 久者數歲 速者數月 是上不暇聽治 士不暇治其官府 農夫不暇稼穡 婦人不暇紡績織紝 則是國家失卒 而百姓易務也 然而又與其車馬之罷弊也 幔幕帷蓋 三軍之用 甲兵之備 五分而得其一 則猶爲序疏矣 然而又與其散亡道路 道路遼遠 糧食下繼傺 食飲之時 廁役以此飢寒凍餒疾病 而轉死溝壑中者 不可勝計也 此其爲不利於人也 天下之害厚矣

17) 묵자는 이처럼 침략 전쟁에 대해서는 비판했지만, '聖王의 전쟁' 즉 '죄를 문책하는 誅罰'에 대해서는 그 정당성을 인정하였다.

있고, 소인은 (가마를 메지 않아) 어깨와 등을 쉴 수 있다. 그러므로 사람들은 (수레와 배를 만들도록) 세금을 바치더라도 감히 원망하거나 한탄하지 않으니, 무슨 까닭인가? 그것이 도리어 백성의 이익에 부합하기 때문이다. 악기(樂器)도 이처럼 도리어 백성의 이익에 부합한다면, 내가 감히 비난하지 않을 것이다. 백성에게는 세 가지 환난이 있다. 굶주린 자는 먹지 못하고, 추운 자는 입지 못하며, 고달픈 자는 쉬지 못하니, 이 셋은 백성의 큰 환난이다. 그런데 큰 종을 치고, 북을 두드리며, 가야금과 비파를 타고, 생황을 불면서 방패와 도끼를 흔든다면, 백성들이 입고 먹을 재물은 어찌 얻을 수 있겠는가? 나는 반드시 그럴 수 없다고 생각한다.[18)]

요컨대 백성들이 의식주(衣食住)도 제대로 해결하지 못하는 상황에서, 통치자들이 호화로운 음악 연주를 즐기는 것은 민생을 더욱 피폐하게 만들 뿐이라는 것이다.

다음 절장론(節葬論)을 살펴보면, 묵자는 당시의 장례 풍속에 대해 역시 '민생을 해친다' 는 이유로 비판하였다. 당시 유가는 부모의 장례를 후하게 치르고 삼 년 동안 거상(居喪)해야 한다는 입장이었는데, 이에 대해 묵자는 "필부가 이렇게 하면 가산(家產)이 고갈되고, 군주가 이렇게 하면 국고(國庫)가 텅 비게 된다."[19)]고 비판했다. 그리하여 묵자는 절장론을 주장하고, 직접 다음과 같은 장례법을 제시하였다.

---

18) 『墨子』〈非樂上〉: 舟用之水 車用之陸 君子息其足焉 小人休其肩背焉 故萬民出財齎而予之 不敢以爲慼恨者 何也 以其反中民之利也 然則樂器反中民之利亦若此 卽我弗敢非也 (…) 民有三患 飢者不得食 寒者不得衣 勞者不得息 三者民之巨患也 然卽當爲之撞巨鍾 擊鳴鼓 彈琴瑟 吹竽笙而揚干戚 民衣食之財將安可得乎 卽我以爲未必然也

19) 『墨子』〈節葬下〉: 曰棺槨必重 葬埋必厚 衣衾必多 文繡必繁 丘隴必巨 存乎匹夫賤人死者 殆竭家室 存乎諸侯死者 虛車府

> 관(棺)은 세 치면 뼈를 썩히기에 충분하며, 수의(壽衣)는 세 벌이면 육신을 썩히기에 충분하다. 땅을 파는 깊이는 아래로는 지하수에 젖지 않게 하고, 위로는 냄새가 새어 나오지 않게 하며, 봉분은 어디에 있는지를 알 수 있을 정도면 그만이다. 곡(哭)하며 가고 곡하며 와서, 집으로 돌아와서는 입고 먹는 재물을 생산하는 일에 종사하며, 제사를 빠뜨리지 않음으로써 어버이에게 효도를 다한다.[20)]

묵자가 제안한 장례법의 핵심은 호화로운 관곽과 수의를 적절하게 줄이고, 많은 부장품과 순장(殉葬) 등을 모두 없애고, 봉분의 크기도 줄이며, 별도의 거상을 없애 생산 활동에 종사하도록 하자는 것이다. 묵자는 이러한 장례법이 "죽은 자와 산 자의 이로움을 모두 잃지 않은 것"이라고 자부했다.[21)]

이상에서 절용론의 맥락에서 비공론 · 비악론 · 절장론 등을 살펴보았다. 이들을 관통하는 근본이념은 '공리주의(功利主義)'로서, 민생에 이로운 것은 정당한 것이므로 무엇이든 권장하고, 민생에 해로운 것은 부당한 것이므로 무엇이든 금지한다는 것이다. 이처럼 묵자는 철두철미 공리주의자였다. 묵자의 겸애론 역시 한편으로는 공리주의에 입각한 것이다. 예컨대 묵자는 다음과 같이 말한다.

> 여러 가지 해로움이 생겨나는 근원을 살펴보면 이는 어디에서 생기는 것인가? 이것이 남을 사랑하고 남을 이롭게 하는 데서 생기겠는가? 그러면 반드시 '그렇지 않다'고 할 것이요, 반드시 '남을 미워하고 남을 해치는 데서 생긴다'

---

20) 『墨子』〈節葬下〉: 棺三寸足以朽骨 衣三領足以朽肉 掘地之深 下無菹漏 氣無發洩於上 壟足以期其所 則止矣 哭往哭來 反從事乎衣食之財 佴乎祭祀 以致孝於親

21) 『墨子』〈節葬下〉: 子墨子之法 不失死生之利者 此也

고 할 것이다. 천하에 남을 미워하고 남을 해치는 것에 분명히 이름을 붙이자면 '아우름〔兼〕' 이겠는가, '가름〔別〕' 이겠는가? 그러면 반드시 '가름' 이라 할 것이다. 그렇다면 곧 '서로 가름〔交別〕' 이 과연 천하의 큰 해로움을 낳는 것이다. (…)

여러 가지 이로움이 생겨나는 근원을 살펴보면 이는 어디에서 생기는 것인가? 이것이 남을 미워하고 해치는 데서 생기겠는가? 그러면 반드시 '그렇지 않다' 고 할 것이고, 반드시 '남을 사랑하고 남을 이롭게 하는 데서 생긴다' 고 할 것이다. 천하에 남을 사랑하고 남을 이롭게 하는 것에 분명히 이름을 붙이자면 '가름〔別〕' 이겠는가, '아우름〔兼〕' 이겠는가? 그러면 반드시 '아우름' 이라 할 것이다. 그렇다면 곧 '서로 아우름〔交兼〕' 이 과연 천하의 큰 이로움을 낳는 것이다.[22]

묵자에 의하면, 자기와 남을 가르는 '별애' 는 온갖 해로움의 근원이며, 자기와 남을 아우르는 '겸애' 는 온갖 이로움의 근원이다. 묵자는 이러한 맥락에서 "별애는 잘못된 것이요, 겸애가 옳은 것" 이라고 단언했다.[23] 공리주의란 '공리(功利)' 를 초래하는 것을 '옳은 것' 으로 규정하는 것인바, 이처럼 공리주의는 묵자 사상의 핵심 축이었다.

22) 『墨子』〈兼愛下〉: 姑嘗本原若衆害之所自生 此胡自生 此自愛人利人生與 卽必曰非然也 必曰從惡人賊人生 分名乎天下惡人而賊人者 兼與 別與 卽必曰別也 然卽之交別者 果生天下之大害者與 (…) 姑嘗本原若衆利之所自生 此胡自生 此自惡人賊人生與 卽必曰非然也 必曰從愛人利人生 分名乎天下愛人而利人者 別與 兼與 卽必曰兼也 然卽之交兼者 果生天下之大利者與

23) 『墨子』〈兼愛下〉: 今吾本原兼之所生 天下之大利者也 吾本原別之所生 天下之大害者也 是故子墨子曰 別非而兼是者 出乎若方也

3) 상동론(尙同論)과 겸애론(兼愛論)의 정립

이제까지 묵자의 천지론(天志論)과 절용론(節用論)을 살펴보았거니와, 그 결론은 '천하의 현자가 하늘의 뜻에 따라 백성을 이롭게 하는 겸애의 정치를 베풀어야 한다'는 것이었다. 여기서 알 수 있듯이, 묵자의 천지론은 바로 상동론과 겸애론을 뒷받침하는 것이었다.

먼저 상동론으로 연결되는 맥락을 살펴보자. 묵자는 "천하에 의(義)가 있으면 다스려지고, 의가 없으면 혼란해지니, 그러므로 의가 선정(善政)이 됨을 알 수 있다."[24]고 하여, '옳음의 기준'을 확립하는 것이 성공적 통치의 관건이라고 설파한 바 있다. 묵자는 또한 사람들이 제각각 의를 주장할 뿐 모두가 인정하는 의가 없기 때문에 혼란이 발생한다고 보았거니와, 그리하여 묵자는 모두가 인정할 수 있는 '보편타당한 옳음의 기준'을 확립하는 것이 무엇보다도 중요하다고 보았다. 바로 이 대목에서 묵자는 '하늘〔天, 天志〕'을 '보편타당한 옳음의 기준'으로 삼아야 한다고 주장한 것이다. 묵자는 다음과 같이 말한다.

> 천하의 군자로서 인의(仁義)를 실천하려는 사람은 '의(義)가 나오는 곳'을 알아야만 한다. 이미 '의가 나오는 곳을 알아야만 한다'고 했으면, 의는 어디에서 나오는 것인가? 자묵자(子墨子)가 말하기를, 의는 어리석고 비천한 사람으로부터 나오지 않고, 반드시 고귀하고 지혜로운 사람으로부터 나온다. (…) 그렇다면 누가 고귀하고, 누가 지혜로운가? 하늘이 고귀하고, 하늘이 지혜로울 뿐이다. 그렇다면 의는 결국 하늘로부터 나오는 것이다.[25]

---

24)『墨子』〈天志中〉: 天下有義則治 無義則亂 是以知義之爲善政也

25)『墨子』〈天志中〉: 今天下之君子之欲爲仁義者 則不可不察義之所從出 旣曰不可以不察義之所從出 然則義何從出 子墨子曰 義不從愚且賤者出 必自貴且知者出 (…) 然則孰爲貴 孰

하늘의 운행은 넓고 사사로움이 없으며, 하늘의 베풂은 두터우면서도 덕이라고 자랑하지 않으며, 하늘의 밝음은 영원하여 쇠퇴함이 없다. 그러므로 성왕(聖王)은 하늘을 표준으로 삼은 것이다. 이미 하늘을 표준으로 삼았다면 모든 동작과 행위를 반드시 하늘에 비추어서 헤아려야 하니, 하늘이 원하는 것이면 행하고 하늘이 원하지 않는 것이면 그쳐야 한다.[26)]

묵자는 이 세상에 '부모, 스승, 군주'는 많지만, 그들 가운데 어진 사람은 드물기 때문에, 그들을 우리가 '본받을 표준'으로 삼기에 부적절하다고 보았다. 이러한 맥락에서, 위의 첫째 인용문에서는 "의(義)는 결국 하늘로부터 나오는 것"이라고 주장하고, 둘째 인용문에서는 '하늘'을 '보편타당한 옳음의 기준'으로 삼아야 하는 까닭을 설명했다. 하늘은 사사로움이 없고, 공명정대하며, 영원하기 때문에 보편타당한 옳음의 기준이 될 수 있다. 그런데 보편타당한 옳음의 기준을 확립하자는 것은 바로 상동론(尙同論)의 문제의식이었다. 요컨대 묵자에게 있어서 '하늘'은 상동을 설파하고 상동을 실현하기 위한 궁극적 준거였다.[27)]

이제 겸애론으로 연결되는 맥락을 살펴보자. 앞에서 살핀 바 있듯이, 묵자는 '하늘'을 '본받을 표준'으로 삼아야 한다고 주장하면서 "하늘은 무엇을 원하고 무엇을 싫어하는가? 하늘은 반드시 사람들이 서로 사랑하고 서로 이롭게 하는 것을 원하고, 사람들이 서로 미워하고 서로 해치는

爲知 曰 天爲貴 天爲知而已矣 然則義果自天出矣

26) 『墨子』〈法儀〉: 天之行廣而無私 其施厚而不德 其明久而不衰 故聖王法之 旣以天爲法 動作有爲 必度於天 天之所欲則爲之 天所不欲則止

27) 묵자가 上同을 주장하면서 '天子'를 궁극적 준거로 설정하지 않고 그 위에 다시 '하늘〔天〕'을 설정한 것에 대해, 이승율은 '天子로의 上同을 종교적으로 정당화시키려는 것'이라고 설명한 바 있다(이승율, 「공자와 묵자의 갈등관」, 『栗谷學硏究』 제50집, 율곡연구원, 2022, 375쪽).

것을 원치 않는다." 고 하여, '하늘의 뜻' 은 곧 '겸애' 를 실천하는 것이라고 주장했다. 겸애란 '자기와 남을 차별하지 말고, 모든 사람을 평등하게 사랑하자' 는 것이다.[28] 묵자는 '하늘의 뜻' 에 입각한 '겸애' 의 구체적인 내용과 그 효과를 다음과 같이 설명한다.

> 하늘의 뜻은 큰 나라가 작은 나라를 공격하며, 큰 집안이 작은 집안을 어지럽히며, 강한 자가 약한 자에게 횡포를 부리며, 교활한 자가 어리석은 자를 속이며, 귀한 자가 천한 자를 업신여기는 것을 바라지 않는다. 이것은 하늘이 바라지 않는 바이다. 여기에 그칠 뿐만이 아니다. (하늘의 뜻은) 사람들이 힘이 있으면 서로 보호하고, 도(道)가 있으면 서로 가르치며, 재물이 있으면 서로 나누어주기를 바란다. 또 윗사람은 힘껏 정사(政事)를 돌보고, 아랫사람은 힘껏 일하기를 바란다.
>
> 윗사람이 힘껏 정사를 돌보면 국가가 다스려지고, 아랫사람이 힘껏 일하면 재용(財用)이 풍족해진다. 만일 국가가 다스려지고 재용이 풍족하면, 안으로는 정결하게 술과 제물을 마련하여 하늘과 귀신께 제사를 올릴 수 있으며, 밖으로는 각종 보옥(寶玉)을 마련하여 사방의 이웃 나라에 빙문(聘問)하여 사귈 수 있으니, 제후들의 원망이 일어나지 않고 변경의 전쟁도 없어진다. 안으로 굶주린 자를 먹이고 수고로운 자를 쉬게 하여 만민을 부양할 수 있으면, 임금과 신하, 윗사람과 아랫사람은 은혜를 베풀고 충성을 바치며, 부자(父子)와 형제는 자애와 효성으로 대한다.
>
> 그러므로 오로지 하늘의 뜻에 순응하는 것을 명확히 하여 받들어 천하에 널

28) 『墨子』〈兼愛上〉: 若使天下兼相愛 愛人若愛其身 猶有不孝者乎 視父兄與君若其身 惡施不孝 (…) 視人之室若其室 誰竊 視人身若其身 誰賊 (…) 視人家若其家 誰亂 視人國若其國 誰攻 (…) 若使天下兼相愛 國與國不相攻 家與家不相亂 盜賊無有 君臣父子皆能孝慈 若此則天下治

리 베푼다면, 형정(刑政)이 다스려지고 만민(萬民)은 화합하며, 국가는 부강해지고 재용은 풍족하여, 백성들이 모두 따뜻하게 입고 배불리 먹을 수 있어, 편안하고 근심이 없게 된다.[29)]

위에 보이듯이, 겸애는 부모·형제와 이웃 사이는 물론 군주와 백성 사이, 그리고 여러 국가 사이에도 적용되는 매우 포괄적인 실천 원리이다. 또한 겸애는 매우 고상하여 실천하기 어려운 것이 아니다. "사람들이 힘이 있으면 서로 보호하고, 도(道)가 있으면 서로 가르치며, 재물이 있으면 서로 나누어주는 것"은 일상에서 누구나 실천할 수 있는 일이다. 그리고 또 "윗사람은 힘껏 정사(政事)를 돌보고, 아랫사람은 힘껏 일하는 것"은 각자 자신의 본분을 다하는 것일 뿐이다. 이렇게 본다면 겸애는 누구나 수긍할 수 있는 평범한 내용이다. 그런데 겸애는 '만민을 화합하게, 국가를 부강하게, 백성들을 편안하게' 만든다. 이러한 맥락에서 묵자는 겸애를 인간 사회의 모든 문제를 해결할 수 있는 방책이라고 보았다.

묵자는 이처럼 겸애를 '하늘의 뜻'이요 '이로운 결과'를 낳는 것으로 규정하고, "하늘의 뜻에 따라 아울러 사랑하고 서로 이롭게 하면 반드시 상(賞)을 받고, 하늘의 뜻을 어기고 차별하여 서로 미워하고 서로 해치면 반드시 벌(罰)을 받는다."고 설파했다.[30)] 묵자는 통치자의 정치적 성공 여부, 즉 '성군이 되느냐, 폭군이 되느냐'도 이러한 맥락에서 설명한다. 성

29) 『墨子』〈天志中〉: 天之意不欲大國之攻小國也 大家之亂小家也 强之暴寡 詐之謀愚 貴之傲賤 此天之所不欲也 不止此而已 欲人之有力相營 有道相敎 有財相分也 又欲上之强聽治也 下之强從事也 上强聽治 則國家治矣 下强從事則財用足矣 若國家治財用足 則內有以潔爲酒醴粢盛 以祭祀天鬼 外有以爲環璧珠玉 以聘撓四鄰 諸侯之冤不興矣 邊境兵甲不作矣 內有以食飢息勞 持養其萬民 則君臣上下惠忠 父子弟兄慈孝 故唯毋明乎順天之意 奉而光施之天下 則刑政治 萬民和 國家富 財用足 百姓皆得煖衣飽食 便寧無憂

30) 『墨子』〈天志上〉: 順天意者 兼相愛 交相利 必得賞 反天意者 別相惡 交相賊 必得罰

군으로 칭송되는 우 · 탕 · 문 · 무(禹湯文武)는 하늘의 뜻에 따라 겸애를 실천하여 상을 받은 경우로서, 묵자는 다음과 같이 말한다.

> 그들이 일삼은 것은 위로는 하늘을 높이며, 중간으로는 귀신을 섬기며, 아래로는 사람을 사랑하는 것이었다. 그러므로 천의(天意)가 이르기를 "이들은 내가 사랑하는 바를 아울러 사랑하고, 내가 이롭게 여기는 바를 아울러 이롭게 했다. 사람을 사랑하기를 이처럼 널리 하며, 사람을 이롭게 하기를 이처럼 두텁게 하였다."라 하였다. 그러므로 (하늘이) 그들로 하여금 귀하기로는 천자(天子)가 되게 했으며, 부유하기로는 천하를 소유하게 했으며, 자손들이 영원히 이들의 훌륭함을 전하여 칭송하면서 널리 천하에 베풀어지게 하셨다. 그리하여 오늘날까지 그들을 칭송하여 성왕(聖王)이라고 일컫는 것이다.[31]

묵자에 의하면, 우 · 탕 · 문 · 무는 하늘의 뜻을 따라 모범적으로 겸애를 실천했기 때문에, 하늘이 그들을 천자로 뽑아 천하를 다스리게 한 것이다.[32] 한편, 폭군으로 비난받는 걸 · 주 · 유 · 려(桀紂幽厲)는 하늘의 뜻을 어기고 사람들을 차별하고 미워함으로써 벌을 받은 경우로서, 묵자는 다음과 같이 말한다.

> 그들이 일삼은 것은 위로는 하늘을 욕보이며, 중간으로는 귀신을 욕보이며, 아래로는 사람들을 해치는 것이었다. 그러므로 천의(天意)가 이르기를 "이들은 내가 사랑하는 바를 차별하여 미워하고, 내가 이롭게 여기는 바를 번갈아

---

31) 『墨子』〈天志上〉: 其事上尊天 中事鬼神 下愛人 故天意曰 此之我所愛 兼而愛之 我所利 兼而利之 愛人者此爲博焉 利人者此爲厚焉 故使貴爲天子 富有天下 業萬世子孫 傳稱其善 方施天下 至今稱之 謂之聖王

32) 여기서 賢者를 天子로 선택하는 주체는 '백성'이 아니라 '하늘' 임을 알 수 있다.

> 해쳤다. 사람을 미워하기를 이처럼 널리 하였으며, 사람을 해치기를 이처럼 두텁게 하였다."라 하였다. 그러므로 (하늘이) 그들로 하여금 수명을 제대로 마칠 수 없게 했으며, 그들의 세대를 제대로 끝마치지 못하게 했다. 그리하여 오늘날까지 그들을 비난하여 폭왕(暴王)이라고 일컫는 것이다.[33)]

묵자에 의하면, 걸·주·유·려는 하늘의 뜻을 어기고 사람들을 차별하고 미워했기 때문에, 하늘이 그들을 천자의 자리에서 쫓아내고 목숨마저 빼앗은 것이다. 이처럼 묵자는 하늘의 뜻에 따르는가의 여부를 중대한 상벌과 연관시킴으로써 겸애의 실천을 더욱 독려하고자 했다.

지금까지 묵자의 천지론이 상동론과 겸애론으로 연결되는 맥락을 살펴보았거니와, 묵자의 천지론은 또한 상현론(尙賢論)으로 연결되기도 한다. 앞에서 살펴보았듯이, 묵자의 사상체계에서 현자(賢者)는 '하늘의 뜻의 대행자'였다. 그렇다면 묵자가 '현자를 우대하라'고 주장하는 것은 지당할 것이다. 과연 묵자는 다음과 같이 말한다.

> 옛날 성왕은 사람들을 잘 살펴서 '현자를 높이고 유능한 사람을 임용함〔尙賢使能〕'으로써 정무를 수행하고, 하늘을 모범으로 본받았다〔取法於天〕. 비록 하늘 또한 가난한 자와 부유한 자, 귀한 자와 천한 자, 먼 자와 가까운 자, 친밀한 자와 소원한 자를 차별하지는 않았지만, 현자를 들어서 높이고 고약한 사람을 억눌러서 내친다.[34)]

33)『墨子』〈天志上〉: 其事上詬天 中詬鬼 下賊人 故天意曰 此之我所愛 別而惡之 我所利 交而賊之 惡人者此爲之博也 賊人者此爲之厚也 故使不得終其壽 不歿其世 至今毁之 謂之暴王

34)『墨子』〈尙賢中〉: 古聖王以審以尙賢使能爲政 而取法於天 雖天亦不辯貧富 貴賤 遠邇 親疏 賢者擧而尙之 不肖者抑而廢之

위에 보이듯이, 묵자는 성왕의 정치를 '현자를 높이고 유능한 사람을 임용함' 으로 설명하고, 이는 '하늘의 뜻' 이기도 하다고 설명했다. 묵자에 의하면, 부귀와 빈천 또는 혈연의 친소에 따라 사람을 차별하는 것은 '부당한 것' 으로 하늘의 뜻에 어긋나지만, "현자를 들어서 높이고 고약한 사람을 억눌러서 내침" 은 '정당한 것' 으로 하늘의 뜻에 부합한다. 요컨대 부귀와 빈천 등을 막론하고 '모든 사람에게 통치의 혜택이 골고루 돌아가야 한다' 는 것이요, 이처럼 '겸애의 정치' 를 실현하기 위해서는 어질고 유능한 사람에게 통치 권력을 맡겨야 한다는 것이다.

'현자를 높이고 유능한 사람을 임용함' 은 유가의 이상이기도 했다.[35] 다만 묵가가 말하는 현자와 유가가 말하는 현자는 그 모습이 조금 다를 뿐이다.[36] 『대학』의 '격물치지(格物致知)와 성의정심(誠意正心)', 『논어』의 '극기복례(克己復禮)' 와 '종심소욕불유구(從心所欲不踰矩)' 등이 상징하듯이, 유가의 현자는 무엇보다도 '세상에 대한 올바른 앎' 과 '자신의 올바른 마음가짐' 을 통해 '올바르게 살아가는 사람' 이었다. 그러나 묵자는 현자의 자격으로서 무엇보다도 '사랑의 실천' 을 강조한다. 예컨대 묵자는 다음과 같이 말한다.

군자의 도(道)는 가난할 때는 청렴을 보여주고, 부유할 때는 의로움을 보여주며, 살아 있을 때에는 사랑을 보여주고, 죽었을 때에는 애도를 보여준다. 이 네 가지 행실은 거짓으로 꾸밀 수 없는 것이니, 자신을 돌아보아야 한다. 마음에만 두는 자는 자애(慈愛)를 다할 수 없고, 몸으로만 움직이는 자는 공경(恭

35) 『孟子』〈公孫丑上〉5 : 孟子曰 尊賢使能 俊傑在位 則天下之士皆悅 而願立於其朝矣

36) '하늘을 모범으로 본받음〔取法於天〕' 도 유가와 묵가가 공유하는 내용이라 할 수 있다. 그러나 묵가의 '取法於天' 은 결국 '하늘이 원하는 것을 행한다〔爲天之所欲〕' 는 뜻인 반면, 유가의 '取法於天' 은 陰陽對待論과 陰陽循環論 등 '자연의 理法을 본받는다' 는 뜻이었다.

敬)을 다할 수 없으며, 입으로만 말하는 자는 우아함을 다할 수 없으니, 팔다리에 아울러 펴지고 살갗에 아울러 미쳐, 백발이 되고 머리카락이 다 빠지더라도 그만두지 않아야만 성인(聖人)이라 할 수 있다.[37)]

현자가 되는 방법은 무엇인가? 힘이 있는 자는 부지런히 남을 돕고, 재물이 있는 자는 열심히 남에게 나눠주며, 도(道)가 있는 자는 권면하여 남을 가르치는 것이다. 이렇게 하면 배고픈 자는 밥을 먹을 수 있고, 추운 자는 옷을 입을 수 있으며, 혼란한 자는 다스려질 수 있다.[38)]

명목상으로만 보면, '사랑의 실천' 은 유가에서도 매우 강조하는 내용이라 할 수 있다. 그러나 "힘이 있는 자는 부지런히 남을 돕고, 재물이 있는 자는 열심히 남에게 나눠준다." 는 내용은 분명히 유가와는 차원을 달리하는 내용이다.[39)] 이처럼 묵자는 분골쇄신하여 겸애를 실천할 것을 역설하고,[40)] 이러한 인물을 '현자' 라고 칭송했다.

묵자는 성공한 군주가 되는 요점은 '현자를 가까이하는 것' 이라고 보았다. "먹을 가까이하는 사람은 검게 되고, 주사(朱砂)를 가까이하는 사람은 붉게 된다." 는 속담처럼, 묵자는 사람들이 서로 좋고 나쁜 영향을 끼치는 것을 '물들임' 의 관점에서 설명했다. 군주가 현자를 가까이하면 '물들

37) 『墨子』〈修身〉: 君子之道也 貧則見廉 富則見義 生則見愛 死則見哀 四行者不可虛假 反之身者也 藏於心者 無以竭愛 動於身者 無以竭恭 出於口者 無以竭馴 暢之四支 接之肌膚 華髮隳顚 而猶弗舍者 其唯聖人乎

38) 『墨子』〈尙賢下〉: 爲賢之道將柰何 曰有力者疾以助人 有財者勉以分人 有道者勸以教人 若此則飢者得食 寒者得衣 亂者得治

39) 예컨대 儒家는 '仁' 을 말하면서도, 남에 대한 도리로서는 '자기를 헌신하여 남을 돕는다' 는 '忠' 보다 '자기와 남을 같은 원칙으로 대한다' 는 '恕' 를 강조했다(『論語』〈衛靈公〉 23 : 子貢問曰 有一言而可以終身行之者乎 子曰 其恕乎 己所不欲 勿施於人).

40) 『孟子』〈盡心上〉 26 : 墨子兼愛 摩頂放踵 利天下 爲之

은 바가 정당하여' 천하의 왕이 되고 공명(功名)이 천지를 덮게 되나, 군주가 간사한 사람을 가까이하면 '물들은 바가 부당하여' 국가를 망치고 자신도 치욕을 당하게 된다.[41] 이러한 맥락에서 묵자는 '통치의 요점'을 다음과 같이 설명한다.

> 무릇 군주가 편안할 수 있는 까닭은 무엇인가? 도리(道理)를 행하기 때문이다. 도리를 행하는 것은 물들임이 마땅한 데서 나온다. 그러므로 훌륭한 군주는 인물을 논하는 데 힘쓰고, 관리를 다스리는 데 힘쓰지 않는다. 훌륭하지 못한 군주는 (…) 자기 나라를 소중히 여기고 자기 몸을 아꼈으나, 요점을 알지 못했다. 요점을 몰랐던 것은 물든 바가 마땅치 않았기 때문이다.[42]

일반적으로 군주는 자신이 현자를 발탁했다고 생각하면 그를 신임하게 되나, 자신이 등용한 신하에 대한 확신이 없으면 그를 감시하게 된다. 그런데 묵자는 현자를 발탁하는 것이 근본이요, 관리를 다스리는(감시하는) 것은 말단이라고 보고, 말단에 매달리는 군주는 결국 실패하게 된다고 설파했다. 이러한 맥락에서 묵자는 현자를 등용하는 것을 '통치의 요점'으로 규정하고, 현자를 우대하라고 역설한 것이다.

> 어진 선비는 덕행(德行)이 두텁고, 언론(言論)에 분별이 있으며, 도술(道術)에 해박한 사람이다. 이들은 국가의 보배요, 사직(社稷)의 보좌이니, 반드시 부귀와 공경과 명예를 누리게 해야 한다. 그런 다음에 국가는 훌륭한 선비들을

41)『墨子』〈所染〉: 此四王者 所染當 故王天下 立爲天子 功名蔽天地 (…) 此四王者 所染不當 故國殘身死 爲天下僇

42)『墨子』〈所染〉: 凡君之所以安者 何也 以其行理也 行理性於染當 故善爲君者 勞於論人而佚於治官 不能爲君者 (…) 非不重其國 愛其身也 以不知要故也 不知要者 所染不當也

많이 확보할 수 있다.[43]

'현자를 우대하라' 는 주장 자체는 여러 학파의 일반적 주장이라고 볼 수 있다. 그러나 묵자가 말하는 현자는 분골쇄신하여 겸애를 실천하는 인물이라는 점, 그리고 현자가 '부귀와 공경과 명예를 누리게 하라' 는 점은 묵가의 중요한 특징이었다. 예컨대 법가는 부귀(富貴)와 공명(功名)을 '전공(戰功)을 세운 사람의 몫' 으로 규정했고, 유가는 현자를 존중할 것을 강조하면서도 '부귀와 공명으로 현자를 우대하라' 고는 강조하지 않았다. 그런데 묵가는 현자를 부귀와 공명으로 우대해야만 한다고 역설했다. 그 까닭에 대해서는 뒤에서 다시 고찰하기로 하자.

2. 묵가의 정치사상

1) 정치체의 본질과 성격

대부분의 정치사상가와 마찬가지로, 묵자 역시 정치의 본질을 '자연상태의 혼란' 을 극복하여 '평화롭고 번영하는 공동체' 를 건설하는 것으로 규정했다. 이제 묵자의 자연상태에 대한 인식과 처방을 살펴보기로 하자.

묵자 역시 자연상태를 혼란의 상태로 인식했다. 그렇다면 자연상태는 왜 혼란에 빠지게 되는가? 묵자는 그 까닭을 '모두가 인정하는 의(義)가 없기 때문' 이라고도 설명하고, '정치의 수장(首長)이 없기 때문' 이라고도 설명했다.[44] 묵자는 모두가 인정하는 의(義)가 없기 때문에 생기는 혼란

43) 『墨子』〈尙賢上〉: 況又有賢良之士 厚乎德行 辯乎言談 博乎道術者乎 此固國家之珍 而社稷之佐也 亦必且富之 貴之 敬之 譽之 然后國之良士 亦將可得而衆也

에 대해 다음과 같이 설명한다.

> 옛날에 백성이 처음으로 생겨나 아직 형벌과 정령(政令)이 없던 때에는 대개 '사람마다 그 의(義)가 달랐다' 고 말한다. 그러므로 한 사람이면 하나의 의가 있었고, 두 사람이면 두 의가 있었으며, 열 사람이면 열 가지 의가 있었으니, 사람의 수가 많아질수록 의 역시 더 많아졌다. 그리하여 사람들은 각자 자기의 의를 옳다 여기고 남의 의를 그르다고 여겼으니, 그러므로 서로 그르다고 여긴 것이다. 그리하여 안으로는 부자(父子)와 형제(兄弟)가 서로 원망하고 미워하여 뿔뿔이 흩어져 서로 화합할 수 없었으며, 천하의 백성들도 모두 물과 불과 독약으로 서로를 해쳤다. 심지어는 남는 힘이 있더라도 서로 일을 거들어주지 않았고, 재물이 남아서 썩을지라도 서로 나누어주지 않았으며, 좋은 방도를 숨기더라도 서로 가르쳐주지 않았으니, 천하의 혼란이 마치 금수(禽獸)와 같았다.[45]

"백성이 처음으로 생겨나 아직 형벌과 정령이 없던 때"란 이른바 '자연상태' 를 뜻한다. 묵자에 의하면, 자연상태에서는 사람들이 각자 '자신의 의' 를 내세울 뿐 '통일된 의' 를 확립할 수 없는바, 그로 인해 사람들은 각자 자기의 의를 옳다 여기고 남의 의를 그르다고 여기게 되었고, 그 결과 사람들이 서로 원망하고 해치는 등 각종 혼란이 발생했다는 것이다.[46]

---

44) 그런데 묵자는 '모두가 인정하는 義를 확립하는 것' 이 '정치적 首長의 핵심 임무' 라고 보았으므로, 양자는 사실 궤를 같이하는 것이다.

45) 『墨子』〈尙同上〉: 古者民始生 未有刑政之時 蓋其語人異義 是以 一人則一義 二人則二義 十人則十義 其人茲衆 其所謂義者亦茲衆 是以 人是其義 以非人之義 故交相非也 是以 內者父子兄弟作怨惡 離散不能相和合 天下之百姓 皆以水火毒藥相虧害 至有餘力不能以相勞 腐臭餘財不以相分 隱匿良道不以相教 天下之亂 若禽獸然

46) 묵자는 자기 가족만 사랑하는 別愛를 '여러 가지 해로움의 근원' 이라고 비판하고, 남들도 두루 사랑하는 兼愛를 '여러 가지 이로움의 근원' 이라고 옹호했다(『墨子』〈兼

묵자는 다음과 같이 말하기도 한다.

> 무릇 천하가 혼란한 까닭은 정치의 수장(首長)이 없는 데서 생겨나는 것임이 분명하다. 그리하여 천하의 어질고 유능한 사람을 가려내어 천자(天子)로 삼았다. 천자가 세워졌더라도 그의 힘만으로는 부족하다고 여겨서, 또 천하의 어질고 유능한 사람을 가려내어 삼공(三公)으로 삼았다. 천자와 삼공이 이미 세워졌더라도, 천하는 넓고 커서 멀리 떨어진 나라와 이질적인 풍토에서 살아가는 백성들의 시비(是非)와 이해(利害)의 분별을 일일이 알 수 없었기 때문에, 구획지어 만국(萬國)으로 나누고 제후(諸侯)와 국군(國君)을 세웠다. 제후와 국군이 이미 세워졌더라도 그들의 힘만으로는 부족하다고 여겨서, 또 그 나라의 어질고 유능한 사람을 가려 뽑아 정장(正長)으로 삼았다.[47]

묵자에 의하면, 천자(天子)와 삼공(三公), 제후(諸侯)와 국군(國君), 이장(里長)과 향장(鄕長) 등 각급 통치자들은 모두 '천하, 국가, 고을' 등 각급 단위에서 '어질고 유능한 사람'을 선택한 것이다.[48] 이들의 임무는 물론 '통일된 의(義)의 기준'을 제시하고 관철함으로써 혼란을 종식시키는 것

愛下〉). 이것을 주목하면 묵자도 혼란의 근원을 '이기심'으로 파악했다고 볼 수 있다. 그러나 묵자가 '사람들이 각자 자기의 義를 옳다 여긴 결과, 서로 화합하지 못하고 해치게 되었다'고 설명한 것으로 보면, 묵자는 '이기심' 조차도 '모두가 인정하는 義가 없기 때문'에 생긴 결과라고 파악했던 것이다.

47) 『墨子』〈尙同上〉: 夫明虖天下之所以亂者 生於無政長 是故 選天下之賢可者 立以爲天子 天子立 以其力爲未足 又選擇天下之賢可者 置立之以爲三公 天子三公旣以立 以天下爲博大 遠國異土之民 是非利害之辯 不可一二而明知 故畫分萬國 立諸侯國君 諸侯國君旣已立 以其力爲未足 又選擇其國之賢可者 置立之以爲正長

48) 묵자는 그 '선택의 주체'를 명확히 설명하지는 않았다. 다만 『墨子』의 전반적 논조로 보면, 어진 사람을 天子로 뽑는 주체는 '하늘〔天〕'이며, 國君(諸侯)과 三公을 뽑는 주체는 天子(聖王)요, 里長과 鄕長을 뽑는 주체는 國君인 것 같다(蕭公權, 『中國政治思想史』, 247-248쪽 참조).

이다. 묵자는 이에 대해 다음과 같이 설명한다.

정장(正長)이 이미 갖추어지자, 천자(天子)는 천하의 백성에게 정령(政令)을 발표하여 말하기를 "선(善)과 불선(不善)을 들으면 모두 그것을 윗사람에게 고하라. 윗사람이 옳다고 여기는 바를 반드시 모두 옳다 하고, (윗사람이) 그르다 여기는 바를 반드시 모두 그르다고 하라.[49] 윗사람에게 허물이 있으면 규간(規諫)하고, 아랫사람에게 선(善)이 있으면 널리 천거하라. 상동(上同)하면서 하비(下比)하지 않는다면,[50] 이는 윗사람이 상(賞)을 내리고 아랫사람이 기리는 바이다. 그런데 만일 선과 불선을 듣고서 그것을 윗사람에게 고하지도 않으면서, 윗사람이 옳다 여기는 바를 옳다 하지 못하고 윗사람이 그르다 여기는 바를 그르다 하지 못하며, 윗사람에게 허물이 있으면 규간하여 바로잡아 주지 않고 아랫사람에게 선이 있더라도 찾아 천거하지 않으며, 하비(下比)하면서

49) 이 구절의 원문은 "上之所是 必皆是之 所非 必皆非之"인데, 두 가지 해석이 대립하고 있다. 대부분의 학자들은 이 구절을 "윗사람이 옳다고 여기는 바를 반드시 모두 옳다 하고, (윗사람이) 그르다고 여기는 바를 반드시 모두 그르다 하라"라고 해석하는데, 그러면 묵자는 專制主義者가 된다. 기세춘은 이 구절을 "윗사람이 옳은 길로 가면 모두 옳다고 말하고, 윗사람이 그른 길로 가면 모두 그르다고 말하라"라고 해석하면서, 묵자를 '진보적 민주주의자'라고 규정한다(기세춘, 『묵자(墨子)』, 바이북스, 2009, 457쪽). 이 구절 바로 다음에 "윗사람에게 허물이 있으면 規諫하라"는 내용이 있는 것으로 보면, 기세춘의 해석도 가능할 것 같다. 그러나 그다음 구절에서는 또 "上同하고, 下比하지 말라"고 요구하는 것으로 보면, 그리고 이러한 취지의 주장이 『墨子』에 매우 여러 번 보이는 것으로 보면, "윗사람이 옳다고 여기는 바를 반드시 모두 옳다 하고, (윗사람이) 그르다고 여기는 바를 반드시 모두 그르다 하라"라고 해석하는 것이 타당할 것이다. 오늘날 중국 학자들의 표준적 해석이라 할 수 있는 "中國哲學書電子化計劃(https://ctext.org/zh)"에서도 이 구절을 現代 中國語로 "上面認爲是對的, 大家都必須認爲對；上面認爲是錯的, 大家都必須認爲錯."으로 풀이하고 있는데, 한국어로 번역하면 "위에서 옳다고 생각하면 모두가 옳다고 생각해야 하고, 위에서 틀렸다고 생각하면 모두가 틀렸다고 생각해야 한다."는 뜻이 된다.

50) 上同은 '윗사람이 제시하는 義에 동조하는 것'이며, 下比는 '아랫사람들과 패거리를 지어 서로 허물을 감싸주는 것'이다.

> 상동(上同)하지 않는다면, 이는 윗사람이 벌(罰)을 내리고 백성들이 헐뜯는 바이다."라고 하였다. 윗사람이 이것으로 상벌(賞罰)을 시행하면, 지극히 밝게 살펴서 틀림이 없을 것이다.[51)]

위 인용문의 취지는 둘로 요약할 수 있다. 첫째, "윗사람이 옳다고 여기는 바를 반드시 모두 옳다 하고, 윗사람이 그르다고 여기는 바를 반드시 모두 그르다 하라."는 것이다. 이렇게 윗사람에게 동조하는 것을 묵자는 '상동(上同)' 이라 했는데, 모든 백성이 상동(上同)한다면 과연 '통일된 의(義)의 기준' 을 확립할 수 있을 것이다. 둘째, 상동(上同)하는 사람에게는 포상과 명예가 따르고, 하비(下比)하는 사람에게는 처벌과 비난이 따르게 하라는 것이다. 묵자는 "천하의 모든 사람은 윗사람의 상(賞)과 명예를 얻고자 하고, 윗사람의 벌(罰)과 비난을 두려워한다. 그러므로 이장(里長)은 천자의 정령에 따라 한 마을의 의(義)를 통일시킬 수 있다."[52)]고 했다. 통치자는 상과 벌로 백성을 얼마든지 통제할 수 있다는 것은 법가의 지론이었는데, 묵자도 그에 못지않게 상벌의 효과를 신뢰한 것이다.

그렇다면 백성은 왜 통치자가 옳다고 여기는 바를 반드시 옳다고 해야 하고, 통치자가 그르다고 여기는 바를 반드시 그르다고 해야 하는가? 다시 말해, 백성은 왜 항상 상동(上同)해야 하는가? 이는 통치자는 '어질고 유능한 사람' 이라고 전제되었기 때문이다. 묵자는 다음과 같이 말한다.

---

51) 『墨子』〈尙同上〉: 正長旣已具 天子發政於天下之百姓 言曰聞善而不善 皆以告其上 上之所是 必皆是之 所非必皆非之 上有過則規諫之 下有善則傍薦之 上同而不下比者 此上之所賞 而下之所譽也 意若聞善而不善 不以告其上 上之所是 弗能是 上之所非 弗能非 上有過弗規諫 下有善弗傍薦 下比不能上同者 此上之所罰 而百姓所毁也 上以此爲賞罰 甚明察以審信

52) 『墨子』〈尙同中〉: 擧天下之人 皆欲得上之賞譽 而畏上之毁罰 是故里長順天子政 而一同其里之義

마을의 모든 백성은 향장(鄕長)과 같아지려고 노력하고 감히 하비(下比)하지 않으며, 향장이 옳다고 하는 것을 반드시 또한 옳다고 여기고, 향장이 그르다고 하는 것을 반드시 또한 그르다고 여기며, 자신의 착하지 못한 말을 버리고 향장의 착한 말을 배우며, 자신의 착하지 못한 행실을 버리고 향장의 착한 행실을 배워야 한다. 향장(鄕長)은 진실로 고을의 현자(賢者)이니, 온 고을 사람들이 향장을 본받는다면, 고을이 어찌 다스려지지 않겠는가? (…) 국군(國君)은 진실로 나라의 현자(賢者)이니, 온 나라 사람들이 국군을 본받는다면, 나라가 어찌 다스려지지 않겠는가? (…) 천자(天子)는 진실로 천하의 인인(仁人)이니, 온 천하 만민이 천자를 본받는다면, 천하가 어찌 다스려지지 않겠는가? 천자가 천하를 다스리는 방도를 살펴보면, 무엇인가? 오직 천하의 의(義)를 동일하게 만드는 것이니, 그러므로 천하가 다스려진다.[53)]

위에 분명히 보이듯이, 묵자는 '향장 · 국군 · 천자'를 '고을 · 국가 · 천하의 현자(賢者)'로 규정하고, 따라서 '향민 · 국민 · 만민은 자신들의 잘못된 언행을 버리고 향장 · 국군 · 천자의 가르침에 따라야 한다'고 주장했다. 이러한 방식으로 천자가 천하의 의(義)를 통일시키면 천하가 다스려진다는 것이다. 그런데 유의할 것은, 묵자의 사상에서 '천자'는 결코 궁극적 권위체가 아니라는 점이다. 묵자의 사상에서 궁극적 권위체는 '하늘〔天〕'이었다. 따라서 만민은 천자의 가르침에 따라야 하지만, 천자는 또 하늘의 뜻에 따라야 한다. 묵자는 다음과 같이 말한다.

---

53) 『墨子』〈尙同中〉: 凡里之萬民 皆尙同乎鄕長 而不敢下比 鄕長之所是 必亦是之 鄕長之所非 必亦非之 去而不善言 學鄕長之善言 去而不善行 學鄕長之善行 鄕長固鄕之賢者也 擧鄕人以法鄕長 夫鄕何說而不治哉 (…) 國君固國之賢者也 擧國人以法國君 夫國何說而不治哉 (…) 天子者 固天下之仁人也 擧天下之萬民以法天子 夫天下何說而不治哉 察天子之所以治天下者 何故之以也 曰唯以其能一同天下之義 是以天下治

(萬民이) 이미 천자(天子)와 같아졌어도 아직 하늘과 같아지지 않았다면, 하늘의 재앙은 오히려 그치지 않는다. 그러므로 추위와 더위가 고르지 않고, 비와 눈이 때에 맞지 않으며, 오곡이 익지 않고 여러 가축이 자라지 않으며, 전염병이 돌고 사나운 비바람이 계속되는 것은 하늘이 벌(罰)을 내리는 것으로써, 장차 아랫사람이 하늘에 상동하지 않는 것을 처벌하려는 것이다. 그러므로 옛날의 성왕은 하늘과 귀신이 원하는 바를 밝히고 하늘과 귀신이 미워하는 바를 피해서, 천하의 이익을 추구하고 천하의 손해를 제거한 것이다.[54)]

묵자는 "만민이 이미 천자(天子)와 같아졌어도 아직 하늘과 같아지지 않았다면, 하늘의 재앙은 오히려 그치지 않는다."고 단언했다. 묵자의 주장은 '백성은 통치자에게 동조해야 한다〔上同〕' 는 것이요, 이는 결국 '만민은 하늘의 뜻에 따라야 한다' 는 것이었다. 이를 긍정적으로 해석하자면, '우리 모두 자신의 사사로운 생각을 버리고, 하늘의 뜻에 따라 겸애를 실천하자' 는 것이었다.[55)]

이상에서 살핀 것처럼, 묵자에게 있어서 정치체는 '모든 구성원이 수긍할 수 있는 의(義)의 기준을 확립하고 관철시키는 체계' 였다. 묵자는 모든 사람이 동일한 옳음의 기준을 수용하는 것을 '상동(尙同)' 이라 했다. 그런데 묵자의 상동(尙同)은 또한 '아랫사람은 윗사람이 제시하는 기준을 수용해야 한다' 는 맥락에서 '상동(上同)' 을 뜻하기도 한다. 요컨대 모든

54) 『墨子』〈尙同中〉: 夫旣尙同乎天子 而未上同乎天者 則天菑將猶未止也 故當若天降寒熱不節 雪霜雨露不時 五穀不孰 六畜不遂 疾菑戾疫 飄風苦雨 荐臻而至者 此天之降罰也 將以罰下人之不尙同乎天者也 故古者聖王 明天鬼之所欲 而避天鬼之所憎 以求興天下之利 除天下之害

55) 하지만 이를 부정적으로 해석하자면, 尙同과 上同이라는 명목 아래 백성에게 '획일주의' 를 강요하고 탄압할 수 있는 것이다. 儒家는 백성들에게 上同을 강요하지 않았으며, 오히려 통치자들에게 '民意를 존중하라' 고 강조했다.

백성이 통치자가 제시하는 기준을 수용하여, 옳음의 기준이 통일될 때 국가가 다스려지고 천하가 편안해진다는 것이다. 물론 그 옳음의 구체적 내용은 '하늘의 뜻' 에 따르는 것으로, '겸애' 가 그 핵심이다. 그렇다면 모든 구성원이 '겸애' 를 옳음의 기준으로 삼고 실천하게 하려면 어떻게 해야 하는가? 묵자는 '상현사능(尙賢使能)' 을 그 방법으로 제시했다.

2) 사회의 운영 : 상동(尙同)과 겸애

묵가는 사회적 결속의 핵심 방법을 '모든 사람은 옳음의 기준을 공유해야 한다' 는 '상동(尙同)' 과 '모든 사람을 평등하게 사랑하라' 는 '겸애(兼愛)' 에서 찾았다. 묵자는 이 세상이 혼란에 빠지는 근본 원인을 두 가지로 진단했다. 첫째는 사람마다 각자 자기의 주장이 옳다고 우김으로 인해 혼란에 빠지는 것이므로, 우리는 옳음의 기준을 통일시켜야 한다는 것이다. 둘째는 자기와 남을 차별하는 '별애(別愛)' 로 인해 혼란에 빠지는 것이므로, 우리는 별애를 버리고 겸애를 추구해야 한다는 것이다. 요컨대 모든 사람이 옳음의 기준을 공유하면서 서로를 자기처럼 사랑하면 세상이 평화로워지고 안정된다는 것이 묵가의 지론이었다. 이제 상동과 겸애에 대해 보다 구체적으로 살펴보자.

상동(尙同)은 '모든 사람이 옳음〔義〕의 기준을 공유해야 한다' 는 것이었다. 먼저 묵자의 '義' 에 대한 관념을 살펴보자. 묵자는 '義' 를 담을 쌓는 일에 비유하여 다음과 같이 설명한다.

> 담을 쌓는 일에 비유하면, 흙을 다지는 일에 능한 사람은 흙을 다지고, 흙을 채워넣는 일에 능한 사람은 흙을 채워 넣고, 인부를 감독하는 일에 능한 사람은 인부를 감독한다면, 담이 제대로 완성될 것이다. 義를 행하는 것도 이와 같

으니, 변론에 능한 사람은 변론을 맡고, 책을 잘 해설하는 사람은 해설을 맡고, 일에 잘 종사하는 사람은 일에 종사한다면, 義가 이루어질 것이다.[56)]

요컨대 사람들이 각자 자기의 소질에 따라 특정한 임무를 맡아서 각자의 임무를 완수하는 것이 義라는 것이다. 이는 묵자의 정의관(正義觀)이라 할 수 있거니와, 묵자는 이러한 정의관에 입각하여 국가를 다스리면 “인구가 반드시 늘어나고, 형정(刑政)이 반드시 다스려지고, 사직(社稷)이 반드시 안정된다.” 고 설명하고, 따라서 義야말로 인간을 이롭게 하는 ‘천하의 훌륭한 보배’ 라고 역설했다.[57)] 요컨대 자신의 정의관이야말로 가장 타당한 정의관이라는 것이다. 그러나 당시 사람들이 이러한 묵자의 정의관에 동의했던 것은 아니다. 당시 사람들은 각자 자신의 정의관을 내세우면서, 서로 자기가 옳다고 주장했던 것이다〔十人十義〕.

이러한 현실을 목도하면서, 묵자는 모든 사람이 수용할 수 있는 義의 기준이 확립되지 않아, 사람마다 제각각 자기의 義를 옳다 여기고 남의 義를 그르다고 여김으로써 천하가 혼란에 빠진다고 진단하고, 따라서 통치자의 임무는 무엇보다도 ‘통일된 義의 기준’ 을 확립하는 것이라고 생각하게 된 것이다.[58)] 묵자는 이를 위해 최고 통치자인 천자(天子)는 백성에게 다음과 같은 정령(政令)을 내려야 한다고 주장한다.

선(善)과 불선(不善)을 들으면 모두 그것을 윗사람에게 고하라. 윗사람이 옳

56) 『墨子』〈耕柱〉: 爲義孰爲大務 子墨子曰 譬若築牆然 能築者築 能實壤者實壤 能欣者欣 然後牆成也 爲義猶是也 能談辯者談辯 能說書者說書 能從事者從事 然後義事成也

57) 『墨子』〈耕柱〉: 今用義爲政於國家 人民必衆 刑政必治 社稷必安 所爲貴良寶者 可以利民也 而義可以利人 故曰 義天下之良寶也

58) 『墨子』〈尙同中〉: 明乎民之無正長 以一同天下之義 而天下亂也 是故 選擇天下賢良聖知辯慧之人 立以爲天子 使從事乎一同天下之義

다고 여기는 바를 반드시 모두 옳다 하고, (윗사람이) 그르다고 여기는 바를 반드시 모두 그르다고 하라. 윗사람에게 허물이 있으면 규간(規諫)하고, 아랫사람에게 선(善)이 있으면 널리 천거하라. 윗사람과 같아지고 아랫사람과 한통속이 되지 않는다면, 이는 윗사람이 상(賞)을 내리고 아랫사람이 기리는 바이다.[59)]

위에 보이듯이, 묵자의 '상동(尙同)' 은 두 맥락의 뜻을 지닌다. 첫째는 '모든 사람은 옳음의 기준을 공유해야 한다' 는 의미로서, 이를 위해 묵자는 "윗사람이 옳다고 여기는 바를 반드시 모두 옳다 하고, (윗사람이) 그르다고 여기는 바를 반드시 모두 그르다고 하라" 고 요구했다. 둘째는 '통치자와 백성이 한 몸처럼 되어야 한다' 는 의미로서, 이를 위해 묵자는 "아랫사람이 보고 들은 것을 모두 윗사람에게 보고하라" 고 요구했다. 묵자는 이를 통해 얻을 수 있는 효과를 다음과 같이 설명한다.

옛날의 성왕은 오직 상동(尙同)의 의의를 살펴 정장(正長)이 되었다. 그러므로 상 · 하의 정(情)이 통하여, 윗사람에게 숨겨진 일이나 버려진 이익이 있으면 아랫사람이 그것을 이롭게 활용할 수 있었고, 아랫사람에게 원한과 폐해가 쌓이면 윗사람이 그것을 제거할 수 있었다. 그러므로 수천만 리 밖에 착한 일을 한 사람이 있으면 그 집안 사람도 잘 모르고 그 마을 사람도 잘 몰라도 천자(天子)가 알아서 상(賞)을 주며, 수천만 리 밖에 나쁜 일을 한 사람이 있으면 그 집안 사람도 잘 모르고 그 마을 사람도 잘 몰라도 천자가 알아서 벌(罰)을 주는 것이다. 그러므로 온 천하 사람들이 모두 두려워 떨면서 감히 나쁜 짓을 못 하

59) 『墨子』〈尙同上〉: 天子發政於天下之百姓 言曰聞善而不善 皆以告其上 上之所是 必皆是之 所非必皆非之 上有過則規諫之 下有善則傍薦之 上同而不下比者 此上之所賞 而下之所譽也

고, “천자(天子)의 보고 들음은 신령하다.”고 말하는 것이다. 그러나 선왕(先王)은 “신령한 것이 아니다. 오직 사람들의 눈과 귀가 자기의 보고 들음을 돕도록 한 것이요, 사람들의 입이 자기의 말을 돕도록 한 것이며, 사람들의 마음이 자기의 생각을 돕도록 한 것이요, 사람들의 팔다리가 자기의 동작을 돕도록 한 것이다.”라고 말했다. 보고 듣는 것을 돕는 사람이 많으면 멀리까지 보고 들으며, 말하는 것을 돕는 사람이 많으면 덕음(德音)의 어루만짐이 넓어지며, 생각을 돕는 사람이 많으면 그 꾀하는 것이 빨리 이루어지고, 동작을 돕는 사람이 많으면 그 하는 일이 빨리 이루어진다. 그러므로 옛날 성왕이 어려운 일을 성공적으로 해결하여 후세에 이름을 남긴 까닭은 다름이 아니라 오직 ‘상동(尙同)’으로 정무를 수행했기 때문이다.[60]

위에 보이듯이, 묵자는 상동의 효과를 한마디로 ‘상・하의 정(情)이 통함’으로 규정하고, 이를 통해 “윗사람에게 숨겨진 일이나 버려진 이익이 있으면 아랫사람이 그것을 이롭게 활용할 수 있었고, 아랫사람에게 원한과 폐해가 쌓이면 윗사람이 그것을 제거할 수 있었다.”고 설명했다. 과연 그렇다면 ‘상동(尙同)’은 사회적 결속의 훌륭한 방법론이라 하겠다.[61]

이제 ‘모든 사람을 평등하게 사랑하라’는 ‘겸애(兼愛)’에 대해 살펴보

60) 『墨子』〈尙同中〉: 故古者聖王 唯而審以尙同 以爲正長 是故上下情請爲通 上有隱事遺利 下得而利之 下有蓄怨積害 上得而除之 是以數千萬里之外 有爲善者 其室人未遍知 鄕里未遍聞 天子得而賞之 數千萬里之外 有爲不善者 其室人未遍知 鄕里未遍聞 天子得而罰之 是以擧天下之人 皆恐懼振動惕慄 不敢爲淫暴 曰天子之視聽也神 先王之言 曰非神也 夫唯能使人之耳目助己視聽 使人之吻助己言談 使人之心助己思慮 使人之股肱助己動作 助之視聽者衆 則其所聞見者遠矣 助之言談者衆 則其德音之所撫循者博矣 助之思慮者衆 則其談謀度速得矣 助之動作者衆 卽其擧事速成矣 故古者聖人之所以濟事成功 垂名於後世者 無他故異物焉 曰唯能以尙同爲政者也

61) 그러나 묵자의 ‘上同’은 다분히 ‘전체주의적 요소’를 포함하고 있는바, 이는 오늘날 비판의 대상으로 지목되지 않을 수 없다. 이에 대해서는 뒤에서 다시 논의하기로 하자.

자. ‘겸애’ 는 묵가를 대변하는 용어이다. 묵자는 춘추전국의 혼란상을 몸소 체험했던 인물로서, 당시 중국이 혼란에 빠진 또 하나의 중요한 원인은 ‘별애(別愛)’ 에 있다고 진단하고, 혼란을 극복하는 방법으로 ‘겸애’ 를 제창한 것이다. 묵자는 다음과 같이 말한다.

> 자식은 자기만 사랑하고 부모를 사랑하지 않기 때문에 부모를 해쳐 자기를 이롭게 하고, 아우는 자기만 사랑하고 형을 사랑하지 않기 때문에 형을 해쳐 자기를 이롭게 하며, 신하는 자기만 사랑하고 군주를 사랑하지 않기 때문에 군주를 해쳐 자기를 이롭게 하니, 이것이 ‘혼란’ 이다. 부모가 자식을 사랑하지 않고, 형이 아우를 사랑하지 않으며, 군주가 신하를 사랑하지 않는 것도 역시 ‘혼란’ 이다. (…) 이것은 무엇 때문인가? 모두 서로 사랑하지 않는 데서 일어난다.
>
> 천하의 도적(盜賊)도 그렇다. 도둑〔盜〕은 자기 가족만 사랑하고 다른 가족은 사랑하지 않아 다른 가족의 것을 훔쳐서 자기 가족을 이롭게 하고, 남을 해치는 자〔賊〕는 자기 몸만 사랑하고 남의 몸을 사랑하지 않아 남의 몸을 해쳐서 자기 몸을 이롭게 하니, 이것은 무엇 때문인가? 모두 서로 사랑하지 않는 데서 일어난다.
>
> 대부(大夫)가 서로 남의 가문(家門)을 어지럽히고 제후(諸侯)가 서로 남의 나라를 침공하는 경우도 그렇다. 대부는 각자 자기 가문만 사랑하고 다른 가문을 사랑하지 않아 다른 가문을 어지럽혀서 자기 가문을 이롭게 하고, 제후는 각자 자기 나라만 사랑하고 다른 나라를 사랑하지 않아 다른 나라를 침공하여 자기 나라를 이롭게 하니, 천하의 어지러운 일들이 모두 여기에 갖추어져 있다. 이런 일들이 어디에서 일어나는지 살펴보면 모두 서로 사랑하지 않는 데서 일어난다.[62]

62) 『墨子』〈兼愛上〉: 子自愛不愛父 故虧父而自利 弟自愛不愛兄 故虧兄而自利 臣自愛不愛君 故虧君而自利 此所謂亂也 雖父之不慈子 兄之不慈弟 君之不慈臣 此亦天下之所謂亂也

위에 보이듯이, 묵자는 부모와 자식, 형과 아우, 군주와 신하 사이의 분란뿐만 아니라, 가문들 사이의 갈등과 국가들 사이의 갈등 등 온갖 사회적 혼란의 한 근원을 '서로 사랑하지 않음'에서 찾았다. 그런데 '서로 사랑하지 않음'이란 곧 '자기만 사랑하고 남은 사랑하지 않는 것'이었다. 이는 자기와 남을 '가르고 차별하는 것〔別〕'인바, 묵자는 이를 비판하고, 자기와 남을 '아울러 사랑하라〔兼愛〕'고 주장하는 것이다. 묵자는 다음과 같이 말한다.

> 만약 천하 사람들로 하여금 아울러 서로 사랑하여, 남을 자신처럼 사랑하게 한다면 그래도 불효(不孝)한 자가 있겠는가? 부형(父兄)과 군주를 마치 자신처럼 여긴다면 어찌 불효하겠는가? (…) 남의 집안을 자기 집안처럼 여긴다면 누가 도둑질을 하겠는가? 남의 몸을 마치 자기 몸처럼 여긴다면 누가 남을 해치겠는가? (…) 남의 가문을 자기 가문처럼 여긴다면 누가 난리를 일으키겠는가? 남의 나라를 자기 나라처럼 여긴다면 누가 침공(侵攻)하겠는가? (…)
>
> 만약 천하 사람들로 하여금 아울러 서로 사랑하게 한다면, 나라들끼리 서로 침공하지 않고, 가문들끼리 서로 어지럽히지 않으며, 도적이 없게 되고, 군·신(君臣)과 부·자(父子)가 모두 능히 효성스럽고 자애(慈愛)로울 것이다. 이와 같다면 천하는 다스려질 것이다. 그러므로 성인(聖人)은 천하를 다스리는 일을 맡은 사람이니, 어찌 미워함을 금하고 사랑을 권하지 않을 수 있겠는가? 그러므로 천하가 아울러 서로 사랑한다면 다스려지고, 서로 미워한다면 어지러워질 것이다.[63]

(…) 是何也 皆起不相愛 雖至天下之爲盜賊者亦然 盜愛其室不愛其異室 故竊異室以利其室 賊愛其身不愛人 故賊人以利其身 此何也 皆起不相愛 雖至大夫之相亂家 諸侯之相攻國者亦然 大夫各愛其家 不愛異家 故亂異家以利其家 諸侯各愛其國 不愛異國 故攻異國以利其國 天下之亂物具此而已矣 察此何自起 皆起不相愛

위에 보이듯이, 겸애란 ‘남을 자기와 똑같이 사랑하는 것’ 이요, ‘남의 가문을 자기 가문과 똑같이 사랑하는 것’ 이며, ‘남의 나라를 자기 나라와 똑같이 사랑하는 것’ 인바, 이는 결국 ‘천하의 모든 사람을 평등하게 사랑하는 것’ 이다.[64] 이처럼 모든 사람이 겸애를 실천한다면 분명 세상이 평화로워질 것이다. 그럼에도 불구하고 묵자의 겸애론에 대해서는 당시부터 두 가지 주요한 비판이 제기되었다.

첫째, 겸애는 ‘훌륭한 것’ 이나, 사람들의 일반적 감정에 어긋나 ‘실천하기 어렵다’ 는 비판이다. 이에 대해 묵자는 다음과 같은 상황을 상정하여 반론한다. 여기에 겸애를 고집하는 겸사(兼士)와 별애를 고집하는 별사(別士)가 있다고 하자. 겸사는 남의 가족을 자기 가족처럼 정성스럽게 돌보는 사람이나, 별사는 자기 가족만 돌보고 남의 가족은 외면하는 사람이다. 그런데 내가 만약 가족을 맡기고 먼 길을 떠나야 할 때, 나는 별사에게 맡길 것인가, 겸사에게 맡길 것인가? 이에 대해 묵자는 다음과 같이 말한다.

> 내가 생각하기에, 이런 상황에서는 천하에 아무리 어리석은 사람이라도, 비록 ‘겸애’ 를 그르다고 하는 사람일지라도, 반드시 ‘겸사’ 에게 맡기는 것이 옳다고 할 것이다. 이는 말로는 ‘겸애’ 를 그르다 하더라도 택할 때엔 ‘겸애’ 를 취하는 것이니, 이는 곧 ‘말과 행동이 어긋나는 것’ 이다. 천하의 선비들이 모

63) 『墨子』〈兼愛上〉: 若使天下兼相愛 愛人若愛其身 猶有不孝者乎 視父兄與君若其身 惡施不孝 (…) 視人之室若其室 誰竊 視人身若其身 誰賊 (…) 視人家若其家 誰亂 視人國若其國 誰攻 (…) 若使天下兼相愛 國與國不相攻 家與家不相亂 盜賊無有 君臣父子皆能孝慈 若此則天下治 故聖人以治天下爲事者 惡得不禁惡而勸愛 故天下兼相愛則治 交相惡則亂

64) 兼愛論의 저변에는 ‘만인 평등, 만국 평등’ 의 관념이 자리 잡고 있었다. 묵자는 “지금 천하는 大國이든 小國이든 모두 하늘의 고을이며, 사람은 어른과 어린이, 귀족과 천민이 모두 하늘의 신하이다.”라고 설파한 바 있다(『墨子』〈法儀〉).

두 '겸애' 를 듣고서 그르다고 비판하는 이유가 무엇인지 모르겠다.[65]

묵자의 주장은 요컨대 아무리 '겸애를 비판하는 사람' 일지라도, 실제로 자기 가족을 맡겨야 할 상황에서는 '별사' 가 아니라 '겸사' 에게 맡기게 된다는 것이다. 묵자는 이를 '말과 행동의 불일치' 라고 규정하고, 언행일치를 위해서는 말로도 겸애를 옹호해야 할 것이라고 설파했다.

둘째, 겸애는 '자기 부모에 대한 효도를 소홀히 하는 것' 이라는 비판이다. 겸애란 남의 부모와 자기 부모를 평등하게 사랑하는 것인 반면, 별애는 남의 부모보다 자기 부모를 더욱 사랑하는 것이다. 그렇다면 겸사의 효도는 별사의 효도보다 미약할 것인바, 따라서 '불효' 라는 비판이 제기되는 것이다. 이에 대해 묵자는 다음과 같이 설명한다.

> 효자가 부모를 위하여 헤아리는 것에 대해 한번 살펴보자. 나는 잘 모르겠지만, 효자가 부모를 위하여 헤아리는 경우, 그 역시 남이 자기 부모를 사랑하고 이롭게 해주기를 바라겠는가, 아니면 남이 자기 부모를 미워하고 해치기를 바라겠는가? 말로 보면 곧 남이 자기 부모를 사랑하고 이롭게 해주기를 바랄 것이다. 그렇다면 곧 내가 무엇을 먼저 해야 이것을 얻을 수 있겠는가? 내가 먼저 남의 부모를 사랑하고 이롭게 해주는 일을 하면 그런 뒤에 남이 나에 대한 보답으로 내 부모를 사랑하고 이롭게 해주겠는가, 아니면 내가 먼저 남의 부모를 미워하고 해치는 일을 하면 그런 뒤에 남이 나에 대한 보답으로 내 부모를 사랑하고 이롭게 해주겠는가? 반드시 내가 먼저 남의 부모를 사랑하고 이롭게 해주는 일을 한 뒤에 남이 나에 대한 보답으로 내 부모를 사랑하고 이롭게 해줄 것이다. 그렇다면 이렇게 서로 효자 노릇 해주는 것을 과연 그만둘 수 없을

65) 『墨子』〈兼愛下〉: 我以爲當其於此也 天下無愚夫愚婦 雖非兼之人 必寄託之於兼之有是也 此言而非兼 擇卽取兼 卽此言行費也 不識天下之士 所以皆聞兼而非之者 其故何也

것이다.[66]

묵자에 의하면, 내가 남의 부모에게 사랑을 베풀면 남도 그만큼 나의 부모에게 사랑을 베풀어 보답하게 되므로, 내가 남의 부모를 내 부모처럼 사랑하는 것은 결코 내 부모에 대한 효도를 소홀하게 함이 아니라는 것이다. 묵자는 '선왕(先王)의 글' 이라 하는 『시경(詩經)』〈대아(大雅)〉의 "말하되 대답하지 않음이 없고, 덕을 베풀되 보답하지 않음이 없네. 나에게 복숭아를 던져주면, 나는 자두로 보답하네."라는 내용을 인용하여 자신의 주장을 뒷받침하고, 이는 바로 "남을 사랑하는 사람은 반드시 사랑받고, 남을 미워하는 사람은 반드시 미움받는다."는 뜻이라고 설파했다.[67] 요컨대 사람은 누구나 은혜에 보답하게 마련이므로 '겸애는 효를 실천하는 훌륭한 방법' 이라는 것이요, 따라서 내가 먼저 겸애를 더 열심히 실천해야 한다는 것이다.

이상에서 겸애론에 대한 당시의 두 가지 비판과 그에 대한 묵자의 반론을 살펴보았거니와, 묵자의 주장은 일견 수긍할 수 있는 내용이라 하겠다. 묵자는 "남을 사랑하는 사람은 반드시 사랑받고, 남을 미워하는 사람은 반드시 미움받는다."는 전제 아래, 내가 사랑받기 위해서는 내가 먼저 남을 사랑해야 한다고 설파했거니와, 이는 과연 사회적 결속의 훌륭한 방법론이라 하겠다.

---

66)『墨子』〈兼愛下〉: 姑嘗本原之孝子之爲親度者 吾不識孝子之爲親度者 亦欲人愛利其親與 意欲人之惡賊其親與 以說觀之 卽欲人之愛利其親也 然卽吾惡先從事卽得此 若我先從事乎愛利人之親 然後人報我愛利吾親乎 意我先從事乎惡人之親 然後人報我以愛利吾親乎 卽必吾先從事乎愛利人之親 然後人報我以愛利吾親也 然卽之交孝子者 果不得已乎

67)『墨子』〈兼愛下〉: 姑嘗本原之先王之所書 大雅之所道曰 無言而不讎 無德而不報 投我以桃 報之以李 卽此言愛人者必見愛也 而惡人者必見惡也

3) 통치의 방법 : 상현(尙賢)과 선상포벌(善賞暴罰)

묵자는 통치의 방법을 근본적으로 '위계질서' 라는 관점에서 파악했다. 국가의 통치란 통치자가 의(義)의 기준을 제시하고 관철시키는 것인데, 이는 위계적 통제를 통해서만 실현될 수 있다는 것이다. 예컨대 묵자는 다음과 같이 말한다.

> 무릇 의(義)란 바로잡는 것이다. 아래로부터 위를 바로잡는 일은 없으며, 반드시 위로부터 아래를 바로잡는다. 그러므로 서인(庶人)은 있는 힘을 다하여 일하더라도 자기 마음대로 바로잡는 일을 할 수 없고, 사(士)가 이를 바로잡는다. 사(士)는 있는 힘을 다하여 일하더라도 자기 마음대로 바로잡는 일을 할 수 없고, 경대부(卿大夫)기 이를 바로잡는다. 경대부는 있는 힘을 다하여 일하더라도 자기 마음대로 바로잡는 일을 할 수 없고, 삼공(三公)과 제후(諸侯)가 이를 바로잡는다. 삼공과 제후는 있는 힘을 다하여 정사를 돌보더라도 자기 마음대로 바로잡는 일을 할 수 없고, 천자(天子)가 이를 바로잡는다. 천자는 자기 마음대로 바로잡는 일을 할 수 없고, 하늘이 이를 바로잡는다.[68]

위에서 말하는 '바로잡음' 이란 '규율함' 을 의미한다. 일반적으로 통치의 영역에서는 윗사람이 아랫사람에게 일정한 임무와 규칙을 제시하고, 그 임무를 규칙에 따라 제대로 수행하는지 관리 · 감독하는데, 이를 묵자는 '윗사람이 아랫사람을 바로잡음' 이라 한 것이다. 위에 보이듯이 묵자

68) 『墨子』〈天志上〉: 且夫義者政也 無從下之政上 必從上之政下 是故 庶人竭力從事 未得次己而爲政 有士政之 士竭力從事 未得次己而爲政 有將軍大夫政之 將軍大夫竭力從事 未得次己而爲政 有三公諸侯政之 三公諸侯竭力聽治 未得次己而爲政 有天子政之 天子未得次己而爲政 有天政之

는 통치를 연쇄적인 규율의 체계로 파악했는데, 그 연쇄란 바로 위계적 연쇄였다.

통치를 이처럼 위계적 규율의 체계로 이해하면, 아랫사람의 역할보다 윗사람의 역할이 훨씬 중요하다. 또 중요한 역할은 훌륭한 사람만이 제대로 수행할 수 있다는 것이 일반적 견해일 것이다. 그러므로 묵자는 그 중요한 역할을 현자(賢者)에게 맡겨야 한다는 맥락에서 상현론(尙賢論)을 주장한 것이다. 묵자는 다음과 같이 말한다.

> 옛날의 성왕은 현자(賢者)를 매우 높이고 유능한 사람을 임용했으니, 부모·형제라도 사사로움이 없었고, 부귀하다고 치우치지 않았으며, 아첨하는 자를 편애하지 않았다. 오직 현자를 등용하여 부귀를 누리게 하여 관장(官長)으로 삼고, 고약한 사람을 억눌러 빈천하게 하여 역졸(役卒)로 삼았다. 그러므로 백성이 모두 그 상(賞)을 받고자 노력하고 처벌을 두려워하여, 서로 이끌어 어진 사람이 되었다. 이로써 현자가 많아지고 고약한 사람이 적어졌으니, 이를 '진현(進賢)'이라 한다. 그런 다음에 성왕이 그의 말을 들어보고 그의 행실을 살펴보아 그의 장점을 관찰한 다음 신중하게 관직을 주니, 이것을 '사능(事能, 使能)'이라 한다. 그러므로 국가를 다스릴 만한 사람은 국가를 다스리게 하고, 장관을 맡을 만한 사람은 장관을 맡게 하고, 고을을 다스릴 만한 사람은 고을을 다스리게 하니, 국가·관부(官府)·고을을 다스리는 사람들이 모두 국가의 현자들이었다.[69]

---

69) 『墨子』〈尙賢中〉: 古者聖王 甚尊尙賢而任使能 不黨父兄 不偏貴富 不嬖顔色 賢者擧而上之 富而貴之 以爲官長 不肖者抑而廢之 貧而賤之 以爲徒役 是以民皆勸其賞 畏其罰 相率而爲賢者 以賢者衆而不肖者寡 此謂進賢 然後聖人聽其言 跡其行 察其所能 而愼予官 此謂事能 故可使治國者使治國 可使長官者使長官 可使治邑者使治邑 凡所使治國家官府邑里 此皆國之賢者也

묵자에 의하면, 성왕은 '어질고 유능함'을 관리를 선발하는 유일한 기준으로 삼고, "부모 · 형제라도 사사로움이 없었고, 부귀하다고 치우치지 않았으며, 아첨하는 자를 편애하지 않았다." 성왕은 다만 여러 현자를 관찰하여, 각자의 덕량(德量)에 따라 그에 맞는 관직을 맡겼으며,[70] 그리하여 국가 · 관부 · 고을을 다스리는 사람들이 모두 국가의 현자들이었다는 것이다. 묵자는 각급 관직에 현자를 등용한 효과를 다음과 같이 설명한다.

현자가 국가를 다스리면, 아침 일찍 조정에 나가고 저녁 늦게 퇴근하며 옥사(獄事)를 판결하고 정무를 다스리니, 그러므로 국가가 다스려지고 형법이 바르게 된다. 현자가 장관을 맡으면, 밤늦게 자고 아침 일찍 일어나 관문과 시장, 산림(山林)과 택량(澤梁)의 이익을 거두어들여 관부(官府)를 채우니, 그러므로 관부가 충실해지고 재물이 흩어지지 않는다. 현자가 고을을 다스리면, 아침 일찍 출근하고 저녁 늦게 들어오며 밭을 갈고 나무를 가꾸고 곡식을 수확하니, 그러므로 곡식이 많아지고 백성은 양식이 풍족하게 된다. 그러므로 국가가 다스려지면 형법이 바르게 되고, 관부가 충실하게 되면 모든 백성이 부유하게 되는 것이다.

군주는 위로는 여러 제물(祭物)과 제주(祭酒)를 정결하게 마련하여 하늘과 귀신에게 제사를 지내며, 밖으로는 갖옷과 비단으로 사방 이웃의 제후들과 교제하고, 안으로는 굶주린 자를 먹이고 피로한 자를 쉬게 하여 모든 백성을 부양하며, 밖으로는 천하의 현자들을 모두 포용한다. 이런 까닭에, 위로는 하늘과 귀신이 그를 부유하게 해주고, 밖으로는 제후들이 그와 함께하며, 안으로는 모든 백성이 그를 친하게 여기고, 현자들이 그에게 귀의한다.

이러한 방식으로 일을 꾀하면 이룰 수 있고, 일을 일으키면 성공할 수 있으

70) 요컨대 묵자의 사상에서 국가를 다스리는 사람, 官府를 다스리는 사람, 고을을 다스리는 사람 등을 뽑는 주체는 聖王이요, 백성이 아니었다.

며, 들어와 지키면 견고하고, 나아가 주벌(誅罰)하면 강력하다. 그러므로 옛날 삼대(三代)의 성왕 요·순·우·탕·문·무(堯舜禹湯文武)께서 천하의 왕이 되어 제후들을 바로잡았던 것도 '상현(尙賢)의 법도' 였을 뿐이다.[71]

위의 첫째 문단은 요컨대 현자에게 내치(內治)를 위임하라는 것으로써, 성실하고 근면한 현자에게 국가의 여러 관직을 맡기면 국가가 다스려지고, 형법이 바르게 되며, 관부(官府)가 충실해지고, 백성이 부유해진다는 것이다. 둘째 문단은 군주가 직접 수행해야 할 일들을 설명한 것으로써, 국가의 제례, 이웃 나라와의 외교, 불우한 백성에 대한 보살핌, 천하의 현자들을 포섭하는 등의 업무에 집중하라는 것이다. 셋째 문단은 군주와 현자의 업무를 분장했을 때의 효과를 설명한 것으로써, "이러한 방식으로 일을 꾀하면 이룰 수 있고, 일을 일으키면 성공할 수 있으며, 들어와 지키면 견고하고, 나아가 주벌(誅罰)하면 강력하다."는 것이다. 이러한 맥락에서 묵자는 성공적 통치의 지름길은 '현자를 우대하여, 현자에게 요직을 맡기는 것' 이라고 설파했다. 현자를 등용하는 것이 성공적 통치의 지름길이라면, 현자를 외면하고는 통치에 성공할 수 없을 것이다. 과연 묵자는 다음과 같이 말한다.

국가의 위정자인 왕공(王公)과 대인(大人)은 모두 국가가 부유해지고, 백성

71)『墨子』〈尙賢中〉: 賢者之治國者也 蚤朝晏退 聽獄治政 是以國家治而刑法正 賢者之長官也 夜寢夙興 收斂關市山林澤梁之利 以實官府 是以官府實而財不散 賢者之治邑也 蚤出莫入 耕稼樹藝聚菽粟 是以菽粟多而民足乎食 故國家治則刑法正 官府實則萬民富 上有以絜爲酒醴粢盛 以祭祀天鬼 外有以爲皮幣 與四鄰諸侯交接 內有以食飢息勞 將養其萬民 外有以懷天下之賢人 是故上者天鬼富之 外者諸侯與之 內者萬民親之 賢人歸之 以此謀事則得 擧事則成 入守則固 出誅則彊 故唯昔三代聖王堯舜禹湯文武之所以王天下正諸侯者 此亦其法已

> 이 많아지며, 형정(刑政)이 다스려질 것을 원한다. 그런데 국가가 부유해지지 않고 오히려 가난해지며, 백성이 많아지지 않고 오히려 줄어들며, 형정이 다스려지지 않고 오히려 혼란해진다면, 이는 그 본래 원하는 바를 잃고 싫어하는 바를 얻은 것이니, 그 까닭이 무엇인가? (…) 이는 국가의 위정자인 왕공과 대인이 '현자를 높이고 유능한 사람을 부리는〔尙賢使能〕' 방법으로 다스리지 못했기 때문이다. 그러므로 국가에 어진 선비가 많으면 국가가 두텁게 다스려지고, 어진 선비가 적으면 국가가 얇게 다스려진다. 그러므로 대인(大人)의 임무는 현자가 많아지게 하는 것일 뿐이다.[72]

위의 인용문에서는 성공적 통치의 관건을 한마디로 '현자를 높이고 유능한 사람을 부리는 것' 이라고 설명했다. 왕공과 대인이 아무리 국가를 잘 다스리고자 해도, 현자를 등용하지 않으면 결코 통치에 성공할 수 없다. 그리하여 묵자는 현자를 '국가의 보배' 요, '사직의 보좌' 라고 규정하고, 통치의 성공을 위해서는 현자들을 우대하여 천하의 현자들이 모여들게 해야 한다고 역설한 것이다. 묵자는 현자를 우대하는 구체적 방법을 다음과 같이 설명한다.

> 옛날 성왕(聖王)이 정무를 수행할 때, 덕 있는 사람을 임용하고 현자를 숭상했으며, 비록 농 · 공 · 상(農工商)에 종사하는 사람이라도 능력이 있으면 등용하여, 작위(爵位)를 주어 높이고, 녹봉(祿俸)을 주어 존중하고, 사업을 맡길 때엔 정령(政令)을 주어 결단하게 하고는 "작위가 높지 않으면 백성이 공경하지

72) 『墨子』〈尙賢上〉: 今者王公大人爲政於國家者 皆欲國家之富 人民之衆 刑政之治 然而不得富而得貧 不得衆而得寡 不得治而得亂 則是本失其所欲 得其所惡 是其故何也 (…) 是在王公大人爲政於國家者 不能以尙賢事能爲政也 是故國有賢良之士衆 則國家之治厚 賢良之士寡 則國家之治薄 故大人之務 將在於衆賢而已

않고, 녹봉이 두텁지 않으면 백성이 믿지 않고, 정령이 단호하지 않으면 백성이 두려워하지 않는다."고 말씀했다. 이 셋을 현자에게 준 것은 현자를 위해 준 것이 아니요, 다만 정무를 성공시키려는 것이었다. 그러므로 당시에는 덕으로써 자리에 앉히고, 관직으로 정무를 수행하며, 공로에 따라 상(賞)을 주고 업적을 헤아려 녹봉을 주었다. 그러므로 관리도 항상 부귀한 것이 아니었고, 백성도 영원히 빈천한 것이 아니었다. 유능하면 등용하고, 무능하면 파면한 것이다.[73)]

묵자는 '현자를 높이고 유능한 사람을 부리는 방법'으로 세 가지를 제공하라고 주장했다. 현자에게 높은 작위와 두터운 녹봉을 주고, 결정의 권한을 위임해야 한다는 것이다. 묵자는 "이 셋을 현자에게 준 것은 현자를 위해 준 것이 아니요, 다만 정무를 성공시키려는 것"이라 했다. 이는 현자가 임무를 제대로 수행하려면 '지위가 높고 녹봉을 많이 받으며 실권을 쥐고 있어야 한다'는 뜻인바, 이는 또 '백성은 지위가 높고 녹봉을 많이 받으며 실권을 쥐고 있는 사람에게 복종한다'는 뜻이기도 하다.[74)] 묵자는 특히 두터운 녹봉의 중요성을 다음과 같이 설명한다.

지금의 왕공(王公)과 대인(大人)도 옛 성왕을 본받아 상현사능(尙賢使能)으로 정무를 수행하고자 한다. 그리하여 (어진 사람에게) 높은 작위를 주는데, 두터운 녹봉을 주지는 않는다. 작위는 높은데 봉록이 없으면, 백성은 믿지 않으면서 "이는 진실로 나를 사랑하는 것이 아니요, 거짓으로 나를 이용하려는 것"

73)『墨子』〈尙賢上〉: 古者聖王之爲政 列德而尙賢 雖在農與工肆之人 有能則擧之 高予之爵 重予之祿 任之以事 斷予之令 曰爵位不高則民弗敬 蓄祿不厚則民不信 政令不斷則民不畏 擧三者授之賢者 非爲賢賜也 欲其事之成 故當是時 以德就列 以官服事 以勞殿賞 量功而分祿 故官無常貴 而民無終賤 有能則擧之 無能則下之

74) 이는 法家가 통치에서 '勢'의 중요성을 설파한 것과 같은 맥락이라 하겠다.

이라고 말한다. 무릇 '거짓으로 이용하려는 백성'이 장차 어찌 그 윗사람을 친하게 여겨 충성하겠는가?[75]

묵자에 의하면, 왕공이 현자에게 주는 '두터운 녹봉'은 그에 대한 '신임의 증표'로서, 이러한 신임을 통해서만 현자의 충성을 확보할 수 있다는 것이다.

이상에서 살핀 것처럼, 묵자는 통치를 철저히 위계적 통제라는 관점에서 파악하고, 현자에게 중요한 직책을 맡겨야 한다고 보았다. 오직 현자만이 자신에게 주어진 권력을 올바로 행사할 수 있다는 것이다. 이는 현자의 도덕성에 의지하는 통치라는 점에서 일종의 '덕치(德治)'라 하겠다. 그런데 묵자는 통치의 또 하나의 방법으로 상(賞)과 벌(罰)을 언급한다. 문제는 상벌론과 겸애론의 조응 여부이다. 포상은 겸애와 잘 조응할 수 있다고 치더라도, 처벌과 겸애는 양립하기 어려울 것 같다. 그런데 묵자는 처벌의 정당성을 다음과 같이 설파한다.

천하의 백성이 모두 천자(天子)에게 상동(上同)하나 하늘에 상동하지 않으면 재앙이 아직 없어지지 않는다. 지금 만약 사나운 바람이 불고, 큰비가 계속 내린다면, 이는 하늘이 하늘에 상동하지 않는 백성들을 처벌하려는 것이다. 옛날에 성왕(聖王)이 다섯 가지 형벌을 만든 것은 백성을 다스리려는 것이었다. 이는 비유컨대 실을 감는 데는 실패〔紀〕가 있고, 그물에는 벼리〔綱〕가 있는 것과 같으니, 이는 천하의 백성이 그 윗사람에게 동조하지 않는 것을 이끌어 수렴하려는 것이었다.[76]

---

75) 『墨子』〈尙賢中〉: 今王公大人 亦欲效人 以尙賢使能爲政 高予之爵 而祿不從也 夫高爵而無祿 民不信也 曰此非中實愛我也 假藉而用我也 夫假藉之民 將豈能親其上哉

76) 『墨子』〈尙同上〉: 天下之百姓 皆上同於天子 而不上同於天 則菑猶未去也 今若天飄風苦

요컨대 하늘이 하늘에 상동하지 않는 백성들을 거센 바람과 계속되는 비로 처벌하듯이, 통치자는 자신에게 상동하지 않는 백성들을 형벌로 다스려야 한다는 것이다. 위에서 주목할 것은 묵자가 형벌을 '기강(紀綱)'에 비유했다는 점이다. 흔히 국가의 통치를 위해서는 '기강을 확립해야 한다' 고 말하거니와, 묵자는 상동하지 않는 사람들에게 형벌을 가하는 것이 기강을 확립하는 방법이라고 보았다.

묵자의 통치는 상동(尙同, 上同)을 추구하는 것인바, 어진 통치자가 백성을 사랑하는 정치를 베풀면 대부분의 백성은 그 통치자에게 동조하게 될 것이다. 그런데 만약 이것만으로 동조하지 않는 백성이 있다면, 포상으로 그들을 유인하고 처벌로 그들을 통제하라는 것이다. 묵자는 다음과 같이 말한다.

> 반드시 백성을 사랑하기에 힘쓰면서 백성을 부리고, 백성들이 믿도록 힘쓰면서 백성을 지키며, 부귀(富貴)로써 그들의 앞에서 인도하고, 분명한 벌(罰)로써 그들의 뒤에서 통솔하라. 이와 같이 다스리면, 비록 백성이 나에게 동조하지 않기를 바라더라도 장차 그렇게 될 수가 없을 것이다.[77)]

위에서 '부귀(富貴)로써 그들의 앞에서 인도하라' 는 말은 두터운 포상으로 백성들이 상동하도록 유인하라는 뜻이요, '분명한 벌(罰)로써 그들의 뒤에서 통솔하라' 는 말은 엄격한 형벌로 하비하는 백성들을 통제하라는 뜻이다. 이렇게 하면 "비록 백성이 나에게 동조하지 않기를 바라더라

雨 溱溱而至者 此天之所以罰百姓之不上同於天者也 古者聖王爲五刑 請以治其民 譬若絲縷之有紀 罔罟之有綱 所連收天下之百姓不尙同其上者也

77)『墨子』〈尙同下〉: 必疾愛而使之 致信而持之 富貴以道其前 明罰以率其後 爲政若此 唯欲毋與我同 將不可得也

도 장차 그렇게 될 수가 없다."는 것이다. 이러한 맥락에서, 묵자는 군주에게 다음과 같은 헌령(憲令)을 발표하라고 제안했다.

> 만일 나라를 사랑하고 이롭게 하는 사람을 보면 반드시 고하고, 나라를 미워하고 해치는 사람을 보면 역시 반드시 고하도록 하라. 나라를 사랑하고 이롭게 하는 사람을 보고 이를 고하면, 이 또한 나라를 사랑하고 이롭게 하는 것이니, 윗사람은 이를 알면 상을 내리고, 민중들은 이를 들으면 칭찬하라. 나라를 미워하고 해치는 사람을 보고도 이를 고하지 않으면, 이 또한 나라를 미워하고 해치는 것이니, 윗사람은 이를 알면 처벌하고, 민중들은 이를 들으면 비난하라.[78)]

묵자가 말한 헌령의 요점은 "나라를 사랑하고 이롭게 하는 사람을 보면 반드시 고하고, 나라를 미워하고 해치는 사람을 보면 역시 반드시 고하도록 하라."는 것이요, '나라를 사랑하고 이롭게 한 사람'에 대해서는 '포상하고 칭찬할 것〔善賞〕'이며, '나라를 미워하고 해친 사람'에 대해서는 '처벌하고 비난하라〔暴罰〕'는 것이다. 묵자는 위와 같은 헌령이 내려졌을 때의 효과를 다음과 같이 설명한다.

> 이런 식으로 나라의 모든 사람에게 알리면, 모두가 윗사람의 포상과 명예를 얻고, 비훼(非毁)와 처벌을 피하려고 할 것이다. 그리하여 백성들은 착한 사람을 보면 보고하고, 착하지 않은 사람을 보면 보고할 것이다. 군주는 착한 사람이 있으면 상을 내리고, 포악한 자가 있으면 벌을 내린다. 착한 사람이 상을 받

---

78)『墨子』〈尙同下〉: 國君亦爲發憲布令於國之衆 曰 若見愛利國者 必以告 若見惡賊國者 亦必以告 若見愛利國以告者 亦猶愛利國者也 上得且賞之 衆聞則譽之 若見惡賊國不以告者 亦猶惡賊國者也 上得且罰之 衆聞則非之

고 포악한 자가 벌을 받으면〔善賞暴罰〕, 그 나라는 반드시 잘 다스려진다. 나라가 잘 다스려지는 까닭은 무엇인가? 오직 능히 상동(尙同)을 통해 義를 통일하여 국정을 베풀었기 때문이다.[79]

묵자에 의하면 "모두가 윗사람의 포상과 명예를 얻고, 비훼(非毁)와 처벌을 피하려고 할 것"이므로, "착한 사람이 상을 받고 포악한 자가 벌을 받으면〔善賞暴罰〕, 그 나라는 반드시 잘 다스려진다."고 단언했다. 요컨대 묵자도 법가처럼 인간을 '이익을 추구하고 손해를 회피하는 이기적 존재'로 규정하고, 선상포벌(善賞暴罰)에 의해 상동(上同)을 실현할 수 있다고 장담한 것이다.

3. 묵가 정치사상의 인성론적 조명

1) 묵가의 특징 : '본성-본능'의 질서

묵가의 정치사상을 요약하면, '하늘의 뜻'을 받들어 상동(尙同)과 겸애(兼愛)를 실천하자는 것이요, 그 구체적인 방법으로 상현(尙賢)과 상벌(賞罰)을 제시한 것이었다. 이를 인성론적인 관점에서 조명하면, '겸애'를 추구한 것은 본성적인 것에 속하고, '상동'을 추구한 것은 본능적인 것에 속한다. 또한 '상현'을 주장한 것은 본성적인 것에 속하고, '상벌'을 활용한 것은 본능적인 것에 속한다. 이제 그 이유를 간단히 살펴보기로 하자.

79) 『墨子』〈尙同下〉: 是以遍若國之人 皆欲得其長上之賞譽 避其毁罰 是以民見善者言之 見不善者言之 國君得善人而賞之 得暴人而罰之 善人賞而暴人罰 則國必治矣 然計若國之所以治者 何也 唯能以尙同一義爲政故也

'겸애' 는 모든 사람을 아울러 평등하게 사랑하자는 것이다. 사랑은 인간의 가장 숭고한 도덕적 이상이라는 점에서, 도덕적 본성의 산물이라 할 수 있다. 더군다나 모든 인간을 차별하지 말고 '아울러 평등하게' 사랑하자는 것은 고도의 도덕적 성찰을 통해서만 도달할 수 있는 경지이다. 그러므로 겸애는 가장 순수하게 '본성적인 것' 에 속하는 것이다.

'상동(尙同)' 은 글자 그대로 풀이하면 '같음을 숭상하는 것' 인데, 구체적으로는 '윗사람에게 동조하라' 는 '상동(上同)' 을 뜻했다. 묵자는 통치를 철두철미 위계적 관점에서 파악하고, 아랫사람은 윗사람에게 동조해야 한다고 보았는데, 이처럼 위계질서를 강조하는 것은 '본능적인 것' 에 속하는 것이다.

'상현(尙賢)' 은 글자 그대로 풀이하면 '현자를 숭상하는 것' 인데, 구체적으로는 '현자에게 윗자리를 맡기라' 는 뜻이었다. 즉 묵자는 통치를 기본적으로 위계의 관점에서 파악하면서도, 그 위계의 윗자리를 현자에게 맡기라고 주장한 것이다. 현자가 윗자리를 맡으면 현자의 도덕성에 의해 통치의 여러 문제가 순조롭게 해결된다는 것인바, 이처럼 현자의 도덕성에 의존하는 것은 '본성적인 것' 에 속한다. 한편, 상과 벌은 인간의 이기적 본능에 호소하는 것이므로, 재론의 여지 없이 '본능적인 것' 에 속한다.

이렇게 본다면, 묵가가 추구한 정치질서는 본성적 요소와 본능적 요소가 혼합된 '본성-본능' 의 질서였다. 한편, 유가가 추구한 정치질서도 '본성-본능' 의 질서였거니와, 이러한 점에서 묵가의 통치론은 유가의 통치론과 많은 점들을 공유하는 것이다. 이제 이를 확인해 보자.

유가의 통치론에서는 무엇보다도 '통치자의 솔선수범' 과 '존현사능(尊賢使能)' 을 강조하는데, 이는 묵가도 마찬가지였다. 묵자는 통치자의 솔선수범을 강조하면서, 다음과 같이 여러 군주의 사례를 제시한다. 초(楚)나라 영왕(靈王)은 '허리가 가는 것' 을 좋아했는데, 그러자 초나라 선비들은 하루에 한 끼만 먹으면서 허리를 가늘게 만들었다. 월왕(越王) 구천(句踐)은 '용감한 것' 을 좋아했는데, 그러자 월나라 군사들은 용맹을 보여주기 위해 불타는 배에 뛰어들었다. 진(晉)나라 문공(文公)은 '거친 옷' 을 좋아했는데, 그러자 진나라 선비들은 거친 베로 만든 옷을 입고 조회에 참석했다. 묵자는 이러한 사례들을 소개하고, 다음과 같이 말한다.

> 식사를 줄이고, 불타는 배에 뛰어들고, 검소한 옷차림을 하는 것은 천하에 지극히 어려운 일이지만, 백성들은 그렇게 하고 임금은 그것을 좋아했다. 세대가 바뀌지 않았는데도 백성이 바뀔 수 있었던 것은 무슨 까닭인가? 바로 그 윗사람이 좋아하는 쪽으로 향하려 했기 때문이다.
>
> 지금 '아울러 서로 사랑하고〔兼相愛〕, 번갈아 서로 이롭게 함〔交相利〕' 은 헤아릴 수 없을 정도로 이롭고 쉬운 일이다. (그런데도 백성들이 그렇게 하지 않는 것은) 내 생각에, 이를 좋아하는 윗사람이 없었을 따름이다. 만약 이를 좋아하는 윗사람이 있어, 포상과 칭찬으로 이를 권하고 형벌로 위협하면, 내 생각에 사람들이 '아울러 서로 사랑하고 번갈아 서로 이롭게 함' 으로 나아가는 것이 비유컨대 불이 위로 번지고 물이 아래로 쏟아지는 것과 같아서, 천하에서 그만두게 막을 수 없다.[80]

위에서 "세대가 바뀌지 않았는데도 백성이 바뀔 수 있었다."는 것은 '오랜 세월이 걸리지 않고 백성의 풍속이 바뀔 수 있었다' 는 말로서, 통치자의 솔선수범이 백성의 호응을 얻는 데는 많은 시간이 필요하지 않다

80) 『墨子』〈兼愛下〉: 約食 焚舟 苴服 此天下之至難爲也 然後爲而上說之 未踰於世而民可移也 何故也 卽求以鄕其上也 今若夫兼相愛 交相利 此其有利且易爲也 不可勝計也 我以爲則無有上說之者而已矣 苟有上說之者 勸之以賞譽 威之以刑罰 我以爲人之於就兼相愛交相利也 譬之猶火之就上 水之就下也 不可防止於天下

는 뜻이다. 묵자는 그 까닭을 '백성은 그 윗사람이 좋아하는 쪽으로 향하려 하기 때문' 이라고 설명했다. '윗사람이 좋아하는 쪽으로 향하는 것' 은 이른바 '상동(上同)' 으로서, 이는 윗사람의 덕에 물든 결과이기도 하고, 윗사람의 포상에 유인된 결과이기도 하다. 묵자에 의하면 '겸애를 실천하는 것' 은 '식사를 줄이고, 불타는 배에 뛰어들고, 검소한 옷차림을 하는 것' 보다 훨씬 쉬운 일이다. 그런데도 백성들이 겸애를 실천하지 않는 것은 겸애를 좋아하는 윗사람이 없었기 때문이다. 만약 겸애를 좋아하는 통치자가 등장하여 솔선수범하고 상벌로 유인한다면, 백성은 금방 겸애를 실천하게 된다는 것이다.

위의 인용문은 요컨대 '통치자가 솔선수범하면, 백성도 그에 따른다' 는 것이다. 묵자는 이러한 입장을 뒷받침하고자 '현자가 통치의 실무를 맡아야 한다' 는 상현(尙賢)과 '백성은 윗사람에게 동조해야 한다' 는 상동(上同)을 역설한 것이다. 윗사람이 솔선수범하면 백성이 따르게 된다는 것은 유가의 지론이기도 하다.[81] 다만 '백성이 그에 따름' 을 유가는 '감화(感化)' 로 설명한 반면, 묵가는 '물듦' 과 '상벌' 로 설명한 것이다.

묵자는 인간 행위의 '상호성' 이라는 맥락에서 겸애의 보편화 가능성을 설명하기도 했다. 요컨대 '내가 먼저 겸애를 실천하면, 남도 그에 보답한다' 는 것이다.

> 남을 사랑하는 사람은 남도 따라서 그를 사랑하고, 남을 이롭게 하는 사람은 남도 따라서 그를 이롭게 한다. 남을 미워하는 사람은 남도 따라서 그를 미워하며, 남을 해롭게 하는 사람은 남도 따라서 그를 해롭게 한다.[82]

---

81) 『論語』〈顔淵〉19 : 季康子問政於孔子曰 如殺無道 以就有道 何如 孔子對曰 子爲政 焉用殺 子欲善 而民善矣 君子之德風 小人之德草 草上之風 必偃

82) 『墨子』〈兼愛中〉: 夫愛人者 人亦從而愛之 利人者 人亦從而利之 惡人者 人亦從而惡之

위의 인용문은 요컨대 인간의 행위는 상호적인 것이어서, 남을 사랑하는 사람은 반드시 사랑받고, 남을 미워하는 사람은 반드시 미움받는다는 것이다. 묵자는 『시경(詩經)』〈대아(大雅)〉의 "말하되 대답하지 않음이 없고, 덕을 베풀되 보답하지 않음이 없네. 나에게 복숭아를 던져주면, 나는 자두로 보답하네."라는 내용을 인용하여 자신의 주장을 뒷받침했다.[83] 인간 행위의 상호성을 인식한다면, 그리고 자신이 사랑받기를 원한다면, 자신이 먼저 사랑을 베풀고자 노력해야 한다는 것이다.

이상에서 살핀 것처럼, 묵자는 '통치자가 솔선수범하면, 백성도 그에 따른다' 는 맥락, 그리고 '내가 먼저 겸애를 실천하면, 남도 그에 보답한다' 는 맥락에서 겸애의 보편화 가능성과 당위성을 설명했다. 이는 결국 인간의 도덕적 본성에 호소하는 논법으로서, 유가적 논법과 일정 부분 맥락을 같이하는 것이다.[84]

그러나 묵가 사상의 저변을 관류하는 '공리주의(功利主義)' 는 '본능 중심적 인간관' 에 입각한 것으로서, 유가와는 궤를 달리하는 것이다. 묵가 사상은 표면적으로 보면 천지론(天志論)과 절용론(節用論)을 두 축으로 삼는 것 같다. 그러나 묵가 사상은 본질적으로 공리주의에 입각한 것으로서, 절용론은 공리주의적 입장에서 제기된 것이며, '하늘과 귀신' 은 다분히 공리주의적 입장에서 상정(想定)된 것이다.[85] 예컨대 묵자는 다음과 같이 말한다.

害人者 人亦從而害之

83)『墨子』〈兼愛下〉: 大雅之所道曰 無言而不讎 無德而不報 投我以桃 報之以李 卽此言愛人者必見愛也 而惡人者必見惡也

84) 유가의 통치론을 德治와 禮治로 대별할 때, 德治의 측면은 묵가와 공통되는 점이 많은 반면, 禮治의 측면은 묵가와 대립되는 점이 많다. 유가는 '尊 · 卑를 구별하는 차등적 禮法' 으로 '명분론적 위계질서' 를 뒷받침하고자 했는데, 묵가는 이를 적극 비판했다.

85) 송영배 編著,『諸子百家의 思想』, 현음사, 1994, 101-110쪽 참조.

천하의 혼란은 그 까닭이 무엇인가? 이는 모든 사람이 귀신(鬼神)이 있는지 없는지에 대한 분별에 의혹이 생겨, "귀신이 어진 사람에게는 상을 주고, 포악한 사람에게는 벌을 준다."는 것을 모르기 때문이다. 지금 만약 천하 사람들이 모두 "귀신이 어진 사람에게는 상을 주고, 포악한 사람에게는 벌을 준다."는 것을 믿게 한다면, 천하가 어찌 혼란에 빠지겠는가?[86)]

지금 우리가 제사를 지내는 것은 재물(財物, 祭物)을 곧바로 더러운 시궁창에 버리는 것이 아니다. 위로는 귀신과 교제하여 복(福)을 받고, 아래로는 사람을 모아 즐겁게 화합하며, 마을 사람들과 친해지는 것이다. 만약 귀신이 정말로 존재한다면, 이것으로 나의 부모·형제와 만나고 함께 먹는 것이니, 어찌 '천하의 이로운 일(天下利事)'이 아니겠는가? 지금 천하의 왕공(王公), 대인(大人), 사군자(士君子)로서 진실로 장차 천하의 이익을 추구하고 천하의 손해를 제거하고자 한다면, 마땅히 귀신이 존재하는 듯이 해야 하며, 귀신을 높이고 밝혀야 한다. 이것이 성왕의 도(道)이다.[87)]

위의 첫째 인용문에서는 천하가 혼란에 빠지는 것을 막기 위해서 천하 사람들이 모두 "귀신이 어진 사람에게는 상을 주고, 포악한 사람에게는 벌을 준다."는 것을 "믿게 해야 한다"고 했으며, 둘째 인용문에서는 "천하의 이익을 도모하고 천하의 손해를 제거하고자 한다면, 마땅히 귀신이 존재하는 듯이 해야 하며, 귀신을 높이고 밝혀야 한다."고 했다. 이렇게 본다면 묵자는 공리적 목적에서 하늘과 귀신의 존재를 상정한 것이라 하겠다.

---

86) 『墨子』〈明鬼下〉: 天下亂 此其故何以然也 則皆以疑惑鬼神之有與無之別 不明乎鬼神之能賞賢而罰暴也 今若使天下之人 偕若信鬼神之能賞賢而罰暴也 則夫天下豈亂哉

87) 『墨子』〈明鬼下〉: 今吾爲祭祀也 非直注之汙壑而棄之也 上以交鬼之福 下以合驩聚衆 取親乎鄕里 若神有 則是得吾父母弟兄而食之也 則此豈非天下利事也哉 今天下之王公大人士君子 中實將欲求興天下之利 除天下之害 當若鬼神之有也 將不可不尊明也 聖王之道也

묵자는 공리주의에 입각해 겸애를 정당화하고 절용을 정당화했다. 이는 결국 인간의 본능적 이기심에 호소하는 것으로서, 한편으로는 강력한 설득력을 발휘하지만, 한편으로는 매우 취약한 허점을 지니기도 한다.

2) 묵가적 질서의 의의와 한계

『장자』〈천하〉에는 묵자에 대해 "그는 살아서는 (兼愛를 실천하느라) 부지런히 일하고, 죽어서는 (節葬을 실천하느라) 각박하게 묻혔다. 묵자의 道는 너무 가혹하여, 사람들을 근심하게 하고, 슬프게 한다."[88]라고 평한 내용이 보인다. 이제 마지막으로 묵가적 질서의 의의와 한계를 정리해 보기로 하자. 묵가적 질서의 의의로는 다음의 네 가지를 거론할 수 있겠다.

첫째, 묵자는 '통일된 정의 관념의 중요성'을 분명하게 설파했다. 묵자는 자연상태에서의 혼란의 근원을 '사람마다 옳음의 기준이 다름〔十人十義〕'으로 파악하고, 통치자의 첫째 임무는 '통일된 옳음의 기준을 확립하는 것'이라고 주장했다. 묵자는 '상동(尙同)'을 주장하면서 다음과 같이 말한 바 있다.

> 백성에게 천하의 의(義)를 통일시킬 수 있는 정장(正長)이 없기 때문에 천하가 혼란에 빠지는 것이 분명하다. 그러므로 천하의 어질고 거룩하고 지혜롭고 변별력 있는 사람을 골라 천자(天子)로 세워 천하의 의(義)를 통일시키는 일에 종사하도록 했다.[89]

---

88) 『莊子』〈天下〉: 其生也勤 其死也薄 其道大觳 使人憂 使人悲

89) 『墨子』〈尙同中〉: 明乎民之無正長以一同天下之義 而天下亂也 是故 選擇天下賢良聖知辯慧之人 立以爲天子 使從事乎一同天下之義

위의 인용문으로 볼 때, 묵자가 말하는 '상동(尙同)' 은 무엇보다도 '통일된 정의관을 확립하자' 는 뜻이었다. 롤즈(John Rawls)는 "정의에 관한 공공적(公共的) 감각(public sense of justice)은 굳건한 사회적 결합의 토대"라고 설파한 바 있거니와,[90] '통일된 옳음의 기준을 확립해야 한다' 는 묵자의 주장도 이와 궤를 같이한다.[91] 이처럼 정치체에서 통일된 정의 관념의 중요성을 명백히 인식한 것은 제가백가 가운데 묵자가 처음일 것이다.

둘째, 묵자는 만인의 평등과 만국의 평등을 분명하게 설파했다. 묵자는 "지금 천하는 대국(大國)이든 소국(小國)이든 모두 하늘의 고을이며, 사람은 어른과 어린이, 귀족과 천민이 모두 하늘의 신하이다."[92]라고 말했다. 모든 국가는 영토의 크기와 관계없이 '위상이 평등하다' 는 것이요, 모든 사람은 나이나 신분과 관계없이 '위상이 평등하다' 는 것이다.[93] 이처럼 묵자는 '하늘의 뜻' 에 근거하여 '만국 평등' 과 '만인 평등' 을 주장하고, 또 '하늘의 뜻' 에 근거하여 만국 사이의 '평화' 와 만인 사이의 '겸애' 를 주장했다.

묵자는 이처럼 만인의 평등을 주장하면서도, 통치의 영역에서는 위계질서를 매우 강조했다. 그런데 묵자가 강조한 통치의 위계는 '신분' 의 위계가 아니라 '직분' 의 위계일 따름이다. 묵자는 다음과 같이 말한다.

---

90) John Rawls, *A Theory of Justice*, revised edition, 4-5쪽.

91) 그런데 '통일된 정의관을 확립하는 방법' 에 대해, 롤즈는 '사회적 합의' 를 주장한 반면, 묵자는 '上同' 을 주장했다. 그러므로 롤즈는 '자유주의자' 로 평가할 수 있고, 묵자는 '전체주의자' 로 평가할 수 있다.

92) 『墨子』〈法儀〉: 今天下無大小國 皆天之邑也 人無幼長貴賤 皆天之臣也

93) 劉澤華는 묵자의 '兼' 은 '평등한 대우' 를 중시하는 것이지만, 묵자가 "정치상 또는 재산상의 평등을 주장한 적은 한 번도 없다" 고 설명했다. 그럼에도 불구하고 묵자의 '兼' 은 당시의 "등급제도를 무너뜨리는 촉진작용을 하였다" 는 것이다(劉澤華, 『中國政治思想史』 先秦篇(下), 178쪽 참조).

> 성왕의 시대에는 덕으로써 자리에 앉히고, 관직으로 정무를 수행하며, 공로에 따라 상(賞)을 주고 업적을 헤아려 녹봉을 주었다. 그러므로 관리도 항상 부귀한 것이 아니었고, 백성도 영원히 빈천한 것이 아니었다. 유능하면 등용하고, 무능하면 파면한 것이다.[94)]

이처럼 묵자는 상현사능(尙賢使能)의 원칙에 따라 통치의 위계가 형성되는 것을 당연하게 생각하고, 이는 하늘의 뜻에도 부합하는 것이라고 보았다. "하늘은 가난한 자와 부유한 자, 귀한 자와 천한 자, 먼 자와 가까운 자, 친밀한 자와 소원한 자를 차별하지는 않았지만, 현자를 들어서 높이고 고약한 사람을 억눌러서 내친다."[95)]는 것이다.

셋째, 묵자는 '겸애(兼愛)'라는 가장 숭고한 이념을 제시했다. 묵자는 '겸애가 추구하는 이상'을 다음과 같이 설파한 바 있다.

> 지금 내가 장차 천하의 이로움을 일으켜 그것을 얻고자 한다면 '아우름〔兼〕'으로써 다스려야 한다. 그리하여 귀 밝은 장님과 눈 밝은 귀머거리가 협동하면 장님도 볼 수 있고 귀머거리도 들을 수 있으며, 팔 없는 사람과 다리 없는 사람이 서로 협동하면 모두 동작을 온전하게 할 수 있고, 자기가 가진 도(道)를 널리 펴서 서로 가르쳐주면 모두 깨우칠 수 있다.[96)] 그러므로 처자(妻子)가 없는 늙은이도 부양받을 데가 있어 그 수명을 다할 수 있고, 부모 없는 외롭고 약한 아이들도 의지할 데가 있어 성장할 수 있다.[97)]

---

94)『墨子』〈尙賢上〉: 古者聖王之爲政 (…) 故當是時 以德就列 以官服事 以勞殿賞 量功而分祿 故官無常貴 而民無終賤 有能則擧之 無能則下之

95)『墨子』〈尙賢中〉: 古聖王以審以尙賢使能爲政 而取法於天 雖天亦不辯貧富 貴賤 遠邇 親疏 賢者擧而尙之 不肖者抑而廢之

96) 이 문장의 번역은 기세춘의 해석에 따른 것이다(기세춘, 『묵자(墨子)』, 512쪽 참조).

97)『墨子』〈兼愛下〉: 今吾將正求與天下之利而取之 以兼爲正 是以 聰耳明目 相與視聽乎 是

위와 같은 이상(理想)은 오늘날의 용어로 말하면 '복지국가' 에 해당하는 내용이다. 그런데 오늘날의 복지국가는 '**국가가** 이러저러한 복지를 제공한다' 는 것인 반면, 묵자의 겸애론은 기본적으로 '**우리가** 서로 겸애하여 모든 사람이 복지를 누리게 하자' 는 것이다. 다시 말해 묵자는 겸애를 통치자의 임무로 규정하기에 앞서 만인의 의무로 규정했다. 겸애는 이제까지의 정치사상사에 등장한 그 어떤 이념보다도 숭고한 이념으로서, 이로 인해 묵자는 정치사상사에서 불후의 이름을 남기게 된 것이다.

넷째, 묵자는 정치적 판단에서 '인민의 이익' 을 가장 중시했다. 묵자는 철두철미 인민의 이익을 증진하고자 헌신했다. 춘추전국시대의 통치자들은 대부분 침략전쟁을 통해 영토를 확장하고 자신의 명성을 드높이겠다는 야욕에 사로잡혀 백성의 목숨을 초개(草芥)처럼 여겼으며, 자신의 권세를 뽐내고자 사치와 낭비를 일삼았다. 묵자는 이러한 풍조에 맞서 겸애를 제창하고, 비공론(非攻論) · 비악론(非樂論) · 절용론(節用論)을 제창했는데, 이는 모두 '인민의 이익 증진' 이라는 관점에 입각한 것이었다.

이처럼 묵자는 통일된 정의 관념의 중요성을 설파하고, 평등 · 겸애 · 애민 사상을 제창하여 정치사상사에 뚜렷한 업적을 남겼다. 그럼에도 불구하고 묵자의 사상은 이후 제대로 계승되지 못했다. 여기에는 많은 원인이 있겠지만, 묵자 사상이 지닌 한계도 적지 않게 원인으로 작용했을 것이다. 이제 묵자 사상의 한계를 정리해 보자.

첫째, 천지론(天志論)의 한계이다. 묵자는 자신의 정치적 이념을 한편으로는 '공리주의' 에, 한편으로는 '하늘의 뜻' 에 입각하여 정당화했다. 그런데 묵자의 시대는 이미 하늘에 대한 신앙이 무너져가던 시대였다. 주대(周代) 초기까지의 하늘에 대한 신앙의 핵심은 '하늘은 착한 사람에게

以 股肱畢强 相爲動宰乎 而有道肆相敎誨 是以 老而無妻子者 有所侍養 以終其壽 幼弱孤童之無父母者 有所放依 以長其身

복(福)을 주고 악한 사람에게 재앙을 내린다' 는 것이었다. 그런데 주대 중기 이후로 사람들은 복선화음(福善禍淫)이 제대로 실현되지 않는 것을 반복적으로 경험하면서, 차츰 하늘에 대한 신앙을 버리게 되었다.[98] 이런 시대에 "사람을 사랑하고 이롭게 하는 자는 하늘이 반드시 복(福)을 내리고, 사람을 미워하고 해치는 자는 하늘이 반드시 화(禍)를 내린다."[99]고 설파하는 것은 별로 설득력이 없을 것이다.[100] 더군다나 묵자 자신도 공리주의적 관점에서 하늘에 대한 신앙을 요청했을 뿐, 진실한 신앙인은 아니었던 것으로 보인다.[101]

둘째, 상동론(尙同論)의 위험성이다. 묵자는 상동(尙同)을 주장하면서 '윗사람에게 동조하라' 는 상동(上同)을 설파했다. "윗사람이 옳다고 여기는 바를 반드시 모두 옳다 하고, 윗사람이 그르다 여기는 바를 반드시 모두 그르다고 하라"는 것이다. 묵자는 더 나아가 백성들이 '옳고 그름의 판단' 뿐만 아니라 '말과 행실' 까지도 통치자의 판단과 언행을 표준으로 삼아야 한다고 주장했고, 통치자는 포상과 처벌로 이를 독려해야 한다고 주장했다. 그러나 이는 결국 획일적인 전체주의(全體主義)를 초래할 뿐이다.[102] 물론 묵자는 현자가 통치를 맡아야 한다는 전제 아래, 백성들은 현

98) 王治心, 『中國宗教思想史大綱』, 臺灣中華書局, 民國 49年, 46쪽 참조.

99) 『墨子』〈法儀〉: 愛人利人者 天必福之 惡人賊人者 天必禍之

100) 蕭公權, 『中國政治思想史』, 254쪽 참조.

101) 묵자의 이러한 태도는 근대 프랑스의 계몽주의자 볼테르(Voltaire)를 연상시킨다. 볼테르는 "인간은 참으로 연약하고 뒤틀린 존재인지라, 차라리 온갖 종류의 맹신에 붙잡혀 있는 편이, 그 때문에 사람을 죽이는 일만 없다면, 신앙 없이 사는 것보다 인간을 위해서 더 나은 일임은 분명하다. 인간은 언제나 어떤 구속력을 필요로 해왔다. 또한 半人半獸神이나 숲의 守護神, 물의 妖精들에게 제사를 지내는 것이 아무리 우스꽝스럽게 보일지라도 이러한 신성한 架空의 존재를 숭배하는 편이 無神論에 빠지는 편보다는 더욱 온당하고 유용하다."고 주장한 바 있다(볼테르, 송기형 · 임미경 역, 『관용론』, 한길사, 2001, 195-196쪽).

102) 劉澤華도 묵자의 尙同論을 '君主 專制主義' 를 추구한 것으로 해석한 바 있다(劉澤華

자에게 동조해야 한다고 주장했다.[103] 그러나 어질지 못한 통치자들이 수두룩한 현실에서, 차라리 유가(儒家)처럼 '백성 개개인의 주체적 판단'을 독려하는 것이 옳을 것이다.

셋째, 겸애론의 정당화 문제이다. 겸애론에 대해서는 당시부터 사람들의 일반적 감정에 어긋나 '실천하기 어렵다'는 비판이 제기되었다. 이에 대해 묵자는 다음과 같은 상황을 상정하여 반론했다. 여기에 겸애를 고집하는 겸사(兼士)와 별애를 고집하는 별사(別士)가 있다고 하자. 그런데 내가 만약 가족을 맡기고 먼 길을 떠나야 할 때, 나는 별사에게 맡길 것인가, 겸사에게 맡길 것인가? 이에 대해 묵자는 아무리 '겸애를 비판하는 사람'일지라도, 실제로 자기 가족을 맡겨야 할 상황에서는 '별사'가 아니라 '겸사'에게 맡기게 될 것이라고 주장했다. 묵자는 평소에는 별애를 옹호하면서 문제 상황에서는 겸사에게 가족을 맡기는 것을 '말과 행동의 불일치'라고 규정하고, 언행일치를 위해서는 말로도 겸애를 옹호해야 할 것

主編, 『中國政治思想史』 先秦篇(下), 183-190쪽 참조). 논자의 생각에, 경제적 공동부유와 정치적 중앙통제를 두 축으로 삼는 오늘날의 '중국특색사회주의'는 '묵가사상의 現代版'이다. 경제적 '공동부유'는 묵가의 兼愛와 상응하고, 정치적 '중앙통제'는 묵가의 尙同(上同)과 상응하는 것으로 볼 수 있기 때문이다. 오늘날 중국은 공동부유를 위해서는 '국영기업의 역할을 증진하고 민영기업의 역할을 축소시킨다'는 '國進民退' 정책을 추구하고, 중앙통제를 위해서는 각종 첨단 디지털 기술을 활용하고(Digital China) 수많은 비밀경찰을 배치한다(Sentinel China). ('디지털 차이나'와 '센티널 차이나'에 대해서는 조경란, 「AI 시대, '레드차이나'와 '디지털 레닌주의' - 이중의 감시 체계 : '디지털 차이나'와 '센티널 차이나'」 참조).

103) 묵자는 '尙同의 효과'로 '得下之情'을 거론한 바 있다. "윗사람의 정치가 아랫사람의 情을 얻으면, 이는 백성의 善·惡에 밝은 것이다. 만약 백성의 善·惡에 밝으면, 착한 사람에게는 포상하고 포악한 사람에게는 처벌한다. 착한 사람이 상을 받고 포악한 사람이 벌을 받으면, 국가는 반드시 다스려진다."는 것이다(『墨子』 〈尙同下〉). 이렇게 볼 때 묵자가 말하는 '得下之情'은 윗사람이 아랫사람의 '實情을 파악함'이요, 윗사람과 아랫사람의 '감정적 교감'을 뜻하는 것이 아니다. 묵자는 尙同을 위해 "아랫사람은 善과 不善을 들으면 모두 그것을 윗사람에게 보고하라"고 했거니와, 그 결과 윗사람은 아랫사람의 실정을 파악할 수 있는 것이다.

이라고 설파했다.[104]

그러나 묵자의 이러한 주장에 대해서는 두 가지로 반론할 수 있다. 첫째, 어떤 사람이 평소에는 별애를 옹호하면서 실제 상황에서는 겸사에게 가족을 맡기는 것은 나름대로 일관성이 있는 행위라는 것이다. 그가 평소에 별애를 주장한 것은 '자기 가족을 조금이라도 더 소중하게 여겨야 한다' 는 것이었으며, 문제 상황에서 겸사에게 가족을 맡긴 것도 '자기 가족을 조금이라도 더 이롭게 하기 위한 선택' 이었다. 즉 그의 말과 행동은 '자기 가족에게 조금이라도 더 이롭게 한다' 는 점에서 일관성이 있는 것이다. 둘째, 설령 평소에는 별애를 옹호하면서 문제 상황에서는 겸사에게 가족을 맡기는 것을 '말과 행동의 불일치' 라고 규정하더라도, 이 세상에는 이런 사람들이 대다수라는 점이다. 잠시 루소의 다음과 같은 말을 살펴보자.

> 지구상에 악한 자가 아무리 많이 있다 해도, 자신의 이해(利害)가 걸린 것 이외의 정의롭고 선한 일에 무감각해진 그런 시체 같은 정신은 거의 없네. 부정은 그것이 우리에게 이익이 되는 한에서만 우리가 마음에 들어 하는 것이라네. 그 외의 상황에서 우리는 결백한 사람이 보호되기를 원하지.[105]

위의 인용문은 우리의 일상에서 이기심과 양심이 공존하는 양상을 해명한 것이다. 루소는 "부정은 그것이 우리에게 이익이 되는 한에서만 우리가 마음에 들어 하는 것" 이라고 했다. 이는 자신의 이익과 무관한 사안에 대해서는 양심이 우세하고, 자신의 이익과 결부된 경우에는 이기심이

104) 『墨子』〈兼愛下〉: 我以爲當其於此也 天下無愚夫愚婦 雖非兼之人 必寄託之於兼之有是也 此言而非兼 擇卽取兼 卽此言行費也 不識天下之士 所以皆聞兼而非之者 其故何也

105) 루소, 김중현 역, 『에밀』, 한길사, 2011, 516쪽.

우세해진다는 말이다. 요컨대 사람들은 자신의 이익과 무관한 상황에서는 일반적으로 선과 정의를 옹호하지만, 자신의 이익이 결부된 경우에는 선과 정의보다 자신의 이익을 우선 시킨다는 것이다. 이런 사람들에 대해 '말과 행동의 불일치' 라고 비판하는 것으로 그친다면, 그것은 무의미한 일이다. 진실로 중요한 문제는 이런 사람들로 하여금 언제나 기꺼이 겸애를 실천하도록 만드는 것인바, 묵자는 그에 대해 뾰족한 방책을 제시하지 못한 것 같다.

넷째, 겸애론과 본말론(本末論)의 조응 문제이다. 주지하듯이 본말론이란 '모든 일에는 근본과 말단이 있는바, 먼저 근본에 힘쓰고 그다음에 말단에 힘써야 한다' 는 논법이다. 이러한 맥락에서 묵자는 다음과 같이 말한 바 있다.

> 군자(君子)는 전쟁할 때에 비록 진(陣)을 치지만 용기가 근본이 되며, 상사(喪事)에는 비록 예(禮)가 있지만 슬픔이 근본이 되며, 선비에게 비록 학문이 있지만 행실이 근본이 된다. 그러므로 근본을 세움이 불안할 경우 말단을 풍성하게 하려고 힘쓰지 않으며, 가까운 사람과 친하지 못할 경우 먼 사람들이 찾아오게 하려고 힘쓰지 않으며, 친척들이 의부(依附)하지 않을 경우 외부의 사람들과 사귀려고 애쓰지 않으며, (하나의) 일에 시작과 끝이 없을 경우 많은 일에 힘쓰지 않으며, 사물을 헤아리는 데 어두울 경우 널리 듣는 것에 힘쓰지 않는다. 그러므로 선왕(先王)이 천하를 다스릴 때 반드시 가까운 곳을 잘 살폈으므로 멀리서 찾아온 것이요, 군자(君子)는 가까운 곳을 살피고 가까운 데서 닦는 사람이다.[106]

106)『墨子』〈修身〉: 君子 戰雖有陳 而勇爲本焉 喪雖有禮 而哀爲本焉 士雖有學 而行爲本焉 是故置本不安者 無務豐末 近者不親 無務來遠 親戚不附 無務外交 事無終始 無務多業 擧物而闇 無務博聞 是故 先王之治天下也 必察邇來遠 君子察邇而邇脩者也

위에 보이듯이, 묵자는 어떤 사안에 대해 근본이 되는 것과 말단이 되는 것을 구분하고, 먼저 근본을 확고히 한 다음 말단에 힘써야 한다고 설명했다. 묵자는 이러한 논법을 인간관계에도 적용하여, '가까운 사람과의 관계' 가 근본이 되고 '먼 사람과의 관계' 는 말단이 된다고 보았다. 그리하여 묵자는 "가까운 사람과 친하지 못할 경우 먼 사람들이 찾아오게 하려고 힘쓰지 않으며, 친척들이 의부(依附)하지 않을 경우 외부의 사람들과 사귀려고 애쓰지 않는다." 고 주장하고, 또한 "선왕(先王)이 천하를 다스릴 때 반드시 가까운 곳을 잘 살폈으므로 멀리서 찾아온 것이요, 군자(君子)는 가까운 곳을 살피고 가까운 데서 닦는 사람이다." 라고 설명한 것이다. 그런데 '먼저 가까운 사람을 친애하고, 먼저 가까운 사람을 보살피라' 는 주장은 '모든 사람을 평등하게 사랑하라' 는 겸애론과 조응하기 어렵다. 먼저 가까운 사람을 보살피고 친애하다 보면, 먼 사람에게는 사실 은택이 미치기 어려우며, 따라서 실질적으로는 '사랑의 차별' 이 발생하지 않을 수 없기 때문이다.

맹자는 "자기의 부모를 공경하고 그 마음을 미루어 남의 부모를 공경하며, 자기의 자식을 사랑하고 그 마음을 미루어 남의 자식을 사랑하라." [107]고 했고, "친한 사람을 친하게 대하고 백성을 어질게 대하며, 백성을 어질게 대하고 만물을 애호(愛護)하라." [108]고 했거니와, 이것이 이른바 유가의 '별애론(別愛論)' 이다. 그런데 묵자의 '먼저 가까운 사람을 친애하고, 먼저 가까운 사람을 보살피라' 는 주장은 맹자의 별애론과 큰 차이가 없게 되는 것이다.

마지막으로, 공리주의의 문제이다. 묵자는 "지금 내가 '아우름〔兼〕' 이 낳는 결과를 살펴보건대 천하의 큰 이로움이고, 내가 '가름〔別〕' 이 낳는

107) 『孟子』〈梁惠王上〉7 : 老吾老以及人之老 幼吾幼以及人之幼

108) 『孟子』〈盡心上〉45 : 親親而仁民 仁民而愛物

결과를 살펴보건대 천하의 큰 해로움이다. 그러므로 (…) '가름' 은 그른 것이요, '아우름' 은 옳은 것이다."[109]라고 했는바, 이처럼 묵자는 '이익과 손해' 를 '옳고 그름' 과 등치시키고, 모든 것을 '이익과 손해' 의 관점에서 평가했다. 이러한 공리주의에 대해서는 일반적으로 '목적이 수단을 정당화시킬 수 있다' 는 비판이 제기되는데, 묵자도 이러한 비판에서 벗어날 수 없을 것이다.[110] 또한 우리의 삶에는 문학과 예술 등 물질적 이해(利害)와 무관한 영역도 많이 존재하는데, 묵자는 모든 것을 공리의 관점에서 재단함으로써 그에 대한 의미 부여를 외면한 셈이다.

---

109) 『墨子』〈兼愛下〉: 今吾本原兼之所生 天下之大利者也 吾本原別之所生 天下之大害者也 是故 (…) 別非而兼是

110) 오늘날 공산주의 국가에서 '인민의 행복을 위한다' 는 명목으로 자행하는 각종 '인권 탄압' 을 상기해 보라. 묵자의 上同論은 이러한 사태를 정당화하는 데 효과적으로 악용될 수 있다.

제5장

도가 : 무위자연과 겸양부쟁

주지하듯이, 노자(老子)와 장자(莊子, 기원전 369~기원전 289?) 등 도가를 대표하는 개념은 '무위자연(無爲自然)'이다. 사마천은 『사기열전』〈태사공자서〉에서 도가의 '무위이무불위(無爲而無不爲)'에 대해 '사실 실행하기는 쉬우나, 그 말을 이해하기는 어렵다'고 평한 바 있다.[1] 사마천은 또 "도가는 사람들로 하여금 정신을 전일(專一)하게 하고, 행동을 형체가 없는 도(道)와 부합하게 하여, 만물을 넉넉하게 한다. 그 학술은 음양가(陰陽家)의 순응(順應)하는 자세를 바탕으로, 유가와 묵가의 장점을 채택하고, 법가와 묵가의 요점을 파악하여, 시절과 더불어 옮겨가고 사물에 따라 변화하니, 풍속을 세우고 일을 베풂에 마땅하지 않은 바가 없다. 그 가르침은 간략하고 실천하기 쉬우니, 노력하는 일은 적은데 그 효과는 크다."고 논평했다.[2] 요컨대 도가는 다른 여러 학파의 장점을 골고루 겸

1) 『史記列傳』〈太史公自序〉: 道家無爲 又曰無不爲 其實易行 其辭難知

2) 『史記列傳』〈太史公自序〉: 道家 使人精神專一 動合無形 贍足萬物 其爲術也 因陰陽之大順 采儒墨之善 撮名法之要 與時遷移 應物變化 立俗施事 無所不宜 指約而易操 事少而功多

하고 있어서, 훌륭하기만 할 뿐 단점은 없다는 것이다. 한편, 반고는 『한서』「예문지」에서 도가의 핵심을 다음과 같이 서술한 바 있다.

> 도가는 대개 사관(史官)들에게서 나왔다. 그들은 성패(成敗)·존망(存亡)·화복(禍福)·고금(古今)의 道를 두루 기록한 다음 그 요점과 근본을 파악하여, 청허(淸虛)로써 자신을 지키고 비약(卑弱)으로 자신을 유지했으니, 이는 '군주의 통치술' 이었다. 도가의 주장은 요(堯)의 '극양(克讓)'[3]이나 『주역』의 '겸손하고도 겸손하여, 한 번 겸손함에 네 번 이롭다'[4]는 것과 부합하니, 이것이 그들의 장점이었다. 그런데 속세(俗世)를 떠나 사는 사람들에 이르러서는 예(禮)와 학(學)을 끊고 인(仁)과 의(義)를 버리고자 하면서 "홀로 청허(淸虛)에 힘쓰면 세상을 다스릴 수 있다."고 주장하였다.[5]

위의 인용문에서는 도가의 본질을 '군주의 통치술' 로 규정하고 그 핵심을 '청허' 와 '겸양' 으로 설명했다. 그렇다면 도가의 '무위자연' 은 어떻게 '청허' 와 '겸양' 으로 연결되는 것인가? 위의 인용문에서는 또 도가와 유가의 동·이(同異)를 간명하게 설명했다. 도가는 유가와 마찬가지로 '겸양' 을 추구했으면서도, '예·학' 과 '인·의' 에 대해서는 유가와 입장을 달리했다는 것이다. 그렇다면 도가는 왜 유가가 강조한 '예·학' 과

---

3) 『書經』「虞書」의 〈堯典〉에서는 堯가 "진실로 공손하고 능히 사양하셨다(允恭克讓)." 고 하였다.

4) 『周易』 謙卦의 〈彖傳〉에서는 "天道는 가득한 것을 무너뜨리고 겸손한 것을 이롭게 하며, 地道는 가득한 것을 변화시켜 겸손한 쪽으로 흐르게 하며, 鬼神은 가득한 것을 해치고 겸손한 것에 福을 주며, 人道는 가득한 것을 미워하고 겸손한 것을 좋아한다(天道虧盈而益謙 地道變盈而流謙 鬼神害盈而福謙 人道惡盈而好謙)." 고 했다.

5) 『漢書』「藝文志」: 道家者流 蓋出於史官 歷記成敗存亡禍福古今之道 然後知秉要執本 淸虛以自守 卑弱以自持 此君人南面之術也 合於堯之克讓 易之謙謙 一謙而四益 此其所長也 及放者爲之 則欲絶去禮學 兼棄仁義 曰獨任淸虛可以爲治

'인 · 의' 를 배격한 것인가? 이제 이런 문제들을 염두에 두고 도가의 정치 사상을 살펴보기로 하자.[6]

1. 발상의 전환과 통념의 부정

우리는 보통 '이것과 저것' 을 구분하고, '옳음과 그름' 및 '선과 악' 을 구분하며, '유(有)와 무(無)' 를 구분한다. 더 나아가 우리는 저것보다 이것을 좋아하고, 그름보다 옳음을 좋아하며, 무보다 유를 좋아하고, 심지어 '내가 옳으며, 너는 그르다' 고 주장한다. 이는 이 세상의 사물들을 양쪽으로 구분하고, 그 가운데 어느 한쪽에 집착하는 것이다. 도가는 바로 이러한 태도가 세상을 혼란스럽게 만들고, 사람들이 서로 싸우게 만드는 요인이라고 파악하고, 평화와 안정을 위해서는 이러한 양자택일(兩者擇一)의 관점 자체를 극복해야 한다고 인식했다. 그리하여 도가는 체계적인 세계관과 인간관을 제시하는 것으로부터 시작하지 않고, '발상(發想)의 전환' 을 통해 기존의 통념을 뒤엎는 것으로부터 출발한다. 요컨대 도가는 당시의 현실에서 '인위(人爲, 有爲)' 가 야기하는 각종 폐단을 목도하면서, '발상의 전환' 을 통해 '무위자연' 을 설파한 것이다. 도가의 이러한 태도는 노자의 '현덕(玄德)' 과 장자의 '제물론(齊物論)' 을 통해서 단적으로 엿볼 수 있다.[7] '현덕' 과 '제물론' 에 통달하면 자연스럽게 '무위이무불위

---

6) 老子와 莊子, 그리고 『老子』와 『莊子』에 대해서는 많은 의문들이 제기된 바 있거니와, 이 책에서는 『老子』의 저자를 老子로, 『莊子』의 저자를 莊子로 간주하고 논의를 진행할 것이다. 그리고 『老子(道德經)』의 번역본으로는 盧台俊의 『老子(道德經)』(弘新文化社, 1976)와 오강남의 『도덕경』(현암사, 2020)을 주로 참고하고, 『莊子』의 번역본으로는 안병주 · 전호근의 『莊子』(전통문화연구회, 2019)와 이강수 · 이권의 『장자』(길, 2019)를 주로 참고했음을 밝혀 둔다.

(無爲而無不爲)' 에 도달하게 된다는 것이 그들의 지론이었다.

1) 노자의 현덕(玄德)과 현동(玄同)

노자는 "올바른 말은 마치 반대로 하는 말과 같다."[8]고 설파했거니와, 노자의 사상은 흔히 '부정(否定)의 철학' 또는 '역설(逆說)의 언어' 라는 말로 설명된다.[9] 노자는 우리가 일반적으로 지니는 생각을 부정하고 비판함으로써 우리의 사고방식과 가치관을 근본적으로 뒤엎은 다음, 자신이 생각하는 올바른 사고방식과 가치관을 제시하는 방법을 취했다. 이는 『노자(도덕경)』의 첫머리부터 잘 드러난다. 『노자』 제1장에서는 다음과 같이 말한다.

> 道라고 할 수 있는 道는 영원한 道가 아니며, 이름 지을 수 있는 이름은 영원한 이름이 아니다. 이름 없는 것〔無名〕은 천지(天地)의 시초이며, 이름 있는 것

---

7) 조광수는 老子와 莊子의 차이점에 대해 "言語道斷 상황 즉 말의 길이 끊어진 대목에서, 노자는 正言若反의 방식을 선택했고, 장자는 寓言의 방식을 활용했다. 正言若反은 역방향 사유 즉 거꾸로 뒤집어서 생각하고 말하기다. 寓言이란 짧은 이야기로 풍자하고 은유하는 것이다."라고 설명한 바 있다(조광수, 『나는 자유 : 나림 이병주 문학과 아나키즘』, 함향, 2023, 161쪽).

8) 『老子』 78 : 正言若反

9) 송영배는 『老子』에 대해 "여러 상이한 제자백가 사상들의 서로 대립적인, 즉 각각의 독단적인 이념들에 대하여 총괄적인 解體를 선언하고 나온 일종의 否定의 哲學"이라고 설명한 바 있다(송영배 編著, 『諸子百家의 思想』, 235쪽). 한편 김형효는 『老莊 사상의 해체적 독법』(청계, 1999)에서 노자의 '否定과 逆說' 을 현대 프랑스의 해체주의 철학자 데리다(Jacques Derrida)가 말하는 '解體' 의 관점에서 해석하였다. 데리다의 해체주의는 '差延(differance)' 이라는 개념을 통해 기존 서양철학사의 眞理觀과 形而上學을 해체시키고 세상을 새롭게 보려는 것인데, 老子야말로 差延의 관점에서 기존의 양자택일적 사고방식을 해체시키고 다양한 존재들이 뒤섞여 공존하는〔混而爲一〕 세계상을 추구했다는 것이다.

〔有名〕은 만물(萬物)의 어머니이다. 그러므로 항상 무욕(無欲)을 통해 그 오묘함〔妙〕을 살피고, 항상 유욕(有欲)을 통해 그 드러남〔徼〕을 살핀다. 이 둘은 같은 근원에서 나왔는데, 이름을 달리한다. 그 같은 근원을 '심오함〔玄〕' 이라고 부르니, 심오하고 또 심오한 것이 온갖 오묘함의 관문이다.[10)]

위의 인용문에 대해서는 실로 많은 주석가들이 다양한 해석을 제시한 바 있다. 그러나 아무리 다양하게 해석해도 한 가지 분명한 것은, 위의 인용문은 기존의 통념을 부정하는 내용으로 시작된다는 점이다. 노자는 특히 우리가 기존에 道라고 생각해 왔던 것은 영원한 道가 아니며, 기존에 이름이라고 생각해 왔던 것은 영원한 이름이 아니라고 주장했다. 이는 『노자』에 보이는 여러 '부정(否定)' 중에서도 가장 대표적인 부정이요, 가장 강력한 부정으로서, 다른 모든 부정의 토대 또는 출발점이 된다.

또 하나 주목할 것은, 위의 인용문에서 무명과 유명, 무욕과 유욕 등을 대비시키고, "이 둘은 같은 근원에서 나왔는데, 이름을 달리한다."고 설명한 점이다. 다시 말해, 노자는 무명과 유명, 무욕과 유욕 등을 '서로 배척하는 관계' 로 인식하지 않고 '하나로 뒤섞여 공존하는〔混而爲一〕 관계' 로 인식한다. 이에 대해서는 잠시 뒤에 다시 논하기로 하자. 그리고 위의 인용문에서 천지와 만물의 궁극적 근원을 '심오함〔玄〕' 이라고 규정한 것도 기억해 두자. 노자의 '현덕(玄德)' 도 이와 맥락을 같이하기 때문이다. 『노자』 제2장에서는 다음과 같이 말한다.

천하가 모두 아름다움〔美〕이 아름다움임을 아는데, 이는 악(惡)일 뿐이다. 또한 모두 선(善)이 선임을 아는데, 이는 불선(不善)일 뿐이다. 그러므로 있음

10) 『老子』 1 : 道可道 非常道 名可名 非常名 無名天地之始 有名萬物之母 故常無欲 以觀其妙 常有欲 以觀其徼 此兩者 同出而異名 同謂之玄 玄之又玄 衆妙之門

〔有〕과 없음〔無〕이 서로를 낳고, 쉬운 것과 어려운 것이 서로를 이루며, 긴 것과 짧은 것이 서로 비교하고, 높은 것과 낮은 것이 서로 기울며, 음(音)과 성(聲)이 서로 조화를 이루고, 앞과 뒤가 서로 따른다. 그러므로 성인(聖人)은 무위(無爲)의 일에 처하고 말 없는 가르침을 행한다.[11)]

우리는 보통 시·비(是非), 선·악(善惡), 미·추(美醜)를 구별하여 절대화하며, 한쪽을 좋아하고 한쪽을 미워한다. 그런데 노자는 우리의 이러한 태도를 '잘못된 것'이라고 비판하고, '유(有)와 무(無)' 등 이 세상의 온갖 대립적인 것들은 '서로 의존한다'고 설명했다.[12)] '있음과 없음', '쉬운 것과 어려운 것', '긴 것과 짧은 것', '높은 것과 낮은 것', '음(音)과 성(聲)', '앞과 뒤' 등 세상의 온갖 대립적인 것들은 서로 의존하고 있으므로, 양쪽을 모두 포용해야 한다는 것이다. 우리는 대개 대립적 사물들에 대해 '한쪽은 좋은 것, 한쪽은 나쁜 것'이라고 규정하고, 그리하여 한쪽은 취하고자 하고 한쪽은 버리고자 하는데, 노자는 이를 '유위(有爲)' 또는 '인위(人爲)'라고 규정하여 비판하고, '무위(無爲)' 또는 '자연(自然)'

11) 『老子』 2 : 天下皆知美之爲美 斯惡已 皆知善之爲善 斯不善已 故有無相生 難易相成 長短相較 高下相傾 音聲相和 前後相隨 是以聖人 處無爲之事 行不言之教

12) 김형효는 『老子』 제2장이야말로 데리다가 말하는 '差延(差異+延期)'의 전형적 예문이라고 보았다. 요컨대 "道는 서로 상반된 것들끼리 대립·반대하지 않고 차이와 연기의 관계를 형성한다"는 것이다. 김형효도 데리다와 마찬가지로 이를 설명하기 위해 '파르마콘(parmacon)'을 거론하였다. "파르마콘 안에서 치료 약이 동시에 독약이고 또 독약이 동시에 치료 약이 되듯이, 道의 세계 안에서 고정된 절대선과 절대악은 성립하지 않는다. 선은 악에 대한 선이고, 악은 선에 대한 악이기에, 선·악은 언제나 緣起의 법처럼 한쪽이 있기에 다른 쪽도 있게 된다. 또한 선도 경우에 따라 악으로 미끄러질 수도 있고, 악도 경우에 따라 선으로 탈바꿈할 수도 있다. 어떤 것이 절대로 양보할 수 없는 至高善이라고 여긴다면, 그 至高善의 신념은 언제나 성스러운 도덕·윤리의 이름 아래 인간 생활에서 僞善과 毒의 가해 작용을 일으킨다. 노자도 대의명분 아래 꿈틀거리는 僞善의 毒을 보았다. (…) 노자의 도덕학은 외곬의 집착을 경계함에 있다."는 것이다(김형효, 『老莊 사상의 해체적 독법』, 107-108쪽).

을 추구하라고 권하는 것이다.[13] 노자는 바로 이러한 맥락에서 "성인은 무위(無爲)의 일에 처하고 말 없는 가르침을 행한다."고 말했다. 그렇다면 '무위' 또는 '자연'이란 구체적으로 무엇을 말하는가? 그 내용은 『노자』 제3장에 잘 나타나 있다.

> 현자(賢者)를 숭상하지 않으면 백성이 경쟁하지 않게 되고, 얻기 어려운 재물을 귀하게 여기지 않으면 백성이 도둑질하지 않게 되며, 욕심낼 만한 것을 보여주지 않으면 백성의 마음이 혼란하지 않게 된다. 그러므로 성인(聖人)의 다스림은 백성의 마음을 비우고 배를 채워주며, 백성의 의지를 약하게 하고 골격을 강하게 하여, 백성들로 하여금 지식과 욕심이 없게 하며, 지식인들로 하여금 감히 무슨 일을 못 하게 하는 것이다. 무위를 실천하면 다스려지지 않음이 없다.[14]

위의 인용문에 의하면, '현자를 숭상하지 않음',[15] '얻기 어려운 재물을 귀하게 여기지 않음', '욕심낼 만한 것을 보여주지 않음' 등이 바로 '무위(無爲)'에 해당하고, '백성이 경쟁하지 않게 됨', '백성이 도둑질하지 않게 됨', '백성의 마음이 혼란하지 않게 됨'이 바로 '다스려지지 않음이 없음〔無不治〕' 즉 '무불위(無不爲)'에 해당한다. 노자는 부정의 정신을 통해 우리에게 무위의 길을 제시하고, "무위를 실천하면 되지 않는 일이

---

13) 요컨대 『老子』 제2장은 『莊子』 〈齊物論〉의 원류라고 볼 수 있으며, 또한 道家의 齊物論이 無爲論으로 연결되는 맥락을 보여주는 것이다.

14) 『老子』 3 : 不尙賢 使民不爭 不貴難得之貨 使民不爲盜 不見可欲 使心不亂 是以 聖人之治 虛其心 實其腹 弱其志 强其骨 常使民無知無欲 使夫知者不敢爲也 爲無爲 則無不治

15) 여기서 말하는 '賢者'는 '有爲에 탁월한 사람'을 뜻할 것이다. 유가 · 법가 · 묵가는 모두 '賢者를 숭상하라'고 주장했는데, 노자는 그들이 숭상하는 賢者는 '有爲를 추구하는 사람'이라고 비판하고 無爲를 내세우는 것이다.

없다."[16]고 설파했다. 요컨대 노자의 '부정'은 우리에게 '잘못된 길'을 배척하고 올바른 길을 제시하기 위한 방편이었다. 노자는 다음과 같이 말한다.

> 발돋움하는 자는 오래 설 수 없고, 큰 걸음으로 걷는 자는 멀리 갈 수 없으며, 스스로 보는 자는 밝을 수 없고, 스스로 옳다고 하는 자는 드러날 수 없으며, 스스로 자랑하는 자는 공(功)이 없고, 스스로 자만하는 자는 오래 갈 수 없다. 이런 것들은 道에 있어서 '먹다 남은 밥'이요, '쓸데없는 행동'으로서, 사람들이 항상 미워하는 것이다. 그러므로 道가 있는 사람은 그렇게 하지 않는다.[17]

> 가장 훌륭한 것은 물과 같다. 물은 만물을 잘 이롭게 하면서도 (높은 자리를) 다투지 않고, 뭇사람들이 싫어하는 (낮은) 곳에 처한다. 그러므로 道에 가깝다.[18]

위의 첫째 인용문에서는 자시심(自是心)과 자긍심(自矜心) 등 지금까지 사람들이 '좋은 것'이라고 추구했던 것들이 사실은 모두 '어리석은 것'이라고 설파하고, 그러므로 道가 있는 사람은 그렇게 하지 않는다고 주장했다. 둘째 인용문에서는 이타심과 겸양 등 오히려 사람들이 '싫어했던 것'이야말로 '道에 가까운 것'이라고 주장함으로써, 그것이야말로 우리가 추구해야 할 것이라고 역설했다. 노자는 이처럼 '道에 가까운 것'을 추구하는 것을 '현덕(玄德)'이라 했다. 노자는 다음과 같이 말한다.

---

16) 『老子』 48 : 爲學日益 爲道日損 損之又損 以至於無爲 無爲而無不爲

17) 『老子』 24 : 企者不立 跨者不行 自見者不明 自是者不彰 自伐者無功 自矜者不長 其在道也 曰餘食贅行 物或惡之 故有道者不處

18) 『老子』 8 : 上善若水 水善利萬物而不爭 處衆人之所惡 故幾於道

道는 만물을 낳고, 德은 만물을 기른다. (⋯) 낳았으면서도 차지하지 않고, 이루어주면서도 기대지 않으며, 우두머리이면서도 지배하지 않으니, 이를 '현덕' 이라 한다.[19]

옛날에 道를 잘 실천했던 사람은 백성을 총명하게 하지 않고 장차 어리석게 했다. 백성을 다스리기 어려운 까닭은 백성의 지혜가 많기 때문이다. 그러므로 지혜로 나라를 다스림은 나라를 해치는 것이요, 지혜로 나라를 다스리지 않는 것이 나라의 복(福)이다. 이 둘을 아는 것이 또한 법식(法式)이다. 항상 이 법식을 아는 것, 이를 '현덕' 이라 한다. 현덕은 깊고도 멀어서 세속의 사물과는 반대되니, 그런 다음에야 대순(大順)에 이른다.[20]

우리는 보통 자신이 낳은 것을 차지하려 하고, 자신이 이룬 것에 기대려 하며, 우두머리가 되면 당연히 지배하려 한다. 위의 첫째 인용문에서는 이러한 태도를 버리는 것이야말로 道와 德에 부합하는 '현덕' 이라고 설명했다. 둘째 인용문에서도 역시 우리의 통념을 부정하면서 '현덕' 을 논했다. 우리는 보통 지혜를 추구하고 어리석음을 혐오한다. 그런데 노자는 세상이 어지러운 까닭은 총명과 지혜 때문이라고 비판하고, 도리어 어리석음을 예찬한다.[21] 한편, "현덕은 깊고도 멀어서 세속의 사물과는 반대된다." 는 것은 현덕은 매우 심오하여 우리의 통념과는 반대된다는 뜻이다.[22] 노자는 "그런 다음에야 대순(大順)에 이른다." 고 했거니와, '세상의

---

19) 『老子』 51 : 道生之 德畜之 (⋯) 生而不有 爲而不恃 長而不宰 是謂玄德

20) 『老子』 65 : 古之善爲道者 非以明民 將以愚之 民之難治 以其智多 故以智治國 國之賊 不以智治國 國之福 知此兩者亦式 常知式 是謂玄德 玄德深矣 遠矣 與物反矣 然後乃至大順

21) 여기서 말하는 '총명과 지혜' 는 '교활하고 약삭빠름' 을 뜻할 것이요, '어리석음' 은 '순박함' 을 뜻할 것이다.

22) 오강남 역, 『도덕경』, 301쪽 참조.

통념과 반대된 다음에야 道와 德에 크게 부합한다' 는 것이다.

노자의 '현덕' 은 다시 '현동(玄同)' 으로 연결된다. 현동은 현덕을 터득한 사람이 '화광동진(和光同塵)' 을 통해 이 세상을 살아가는 방식이다. 노자는 다음과 같이 말한다.

> 아는 사람은 말하지 않고, 말하는 사람은 알지 못한다. 그 입을 다물고, 그 문을 닫고, 그 날카로움을 꺾고, 그 얽힘을 풀고, 그 밝은 빛을 부드럽게 하고, 그 더러운 티끌과 함께하는 것, 이를 '현동(玄同)' 이라 한다. 그러므로 (현동을 실천하는 사람은) 가까워질 수도 없고, 멀어질 수도 없고, 이롭게 할 수도 없고, 해롭게 할 수 없고, 귀하게 할 수도 없고, 천하게 할 수도 없으니, 그러므로 천하에 귀한 것이 된다.[23)]

노자에 의하면, 현덕을 터득한 사람은 시비선악은 '상대적인 것' 이며 '서로 얽혀 있다' 는 점을 잘 알기 때문에 道에 대해 함부로 말하지 않는다는 것이요, 道에 대해 쉽게 말하는 사람은 사실 道를 잘 모르는 사람이라는 것이다. 같은 맥락에서 현덕을 터득한 사람은 자신의 독선적 주장을 삼가고, 자신의 독보적 영기(英氣)도 억제하고, 가급적 다른 사람들과 동조하며 사는데, 이를 '현동(玄同)' 이라 한다는 것이다.[24)] 노자는 '현동' 을 실천하면 '천하에 귀한 사람이 된다' 고 했다.[25)] 여기서 노자의 사상 전반

---

23) 『老子』 56 : 知者不言 言者不知 塞其兌 閉其門 挫其銳 解其紛 和其光 同其塵 是謂玄同 故不可得而親 不可得而疎 不可得而利 不可得而害 不可得而貴 不可得而賤 故爲天下貴

24) 『莊子』 〈胠篋〉에도 '玄同' 이라는 용어가 보인다. 그런데 노자가 '그 밝은 빛을 부드럽게 하고, 그 더러운 티끌과 함께하는 것' 을 玄同이라 한 것과는 달리, 장자는 "曾參과 史鰌의 행실을 삭제하고, 楊朱와 墨翟의 입을 막고, 仁과 義를 배척해야, 비로소 천하의 德이 玄同하게 된다(削曾史之行 鉗楊墨之口 攘棄仁義 天下之德 始玄同矣)" 고 했다. 요컨대 노자는 이질적 요소들을 포용하는 것을 玄同이라 했는데, 장자는 이질적 요소들을 배척해야 玄同이 실현된다고 본 것이다.

에 '부정의 정신' 이 관통하고 있음을 다시 확인할 수 있다.

이상의 내용을 정리해 보자. 노자의 '현덕' 은 우리의 통념을 부정하는 것이다. 우리는 보통 '내가 옳고, 상대방은 그르다' 고 생각하고, '나는 잘났고, 상대방은 못났다' 고 생각하며, 무엇을 이루기 위해서는 '유위(有爲, 人爲)가 필요하다' 고 생각한다. 그런데 노자는 자시심(自是心)과 자긍심(自矜心) 그리고 유위(有爲)는 '각종 부작용을 야기할 뿐' 이라고 비판하면서, '무위(無爲, 自然)' 의 관념을 제시했다. 노자는 무위에 충실한 것을 '현덕' 이라 하고, 현덕이야말로 道와 德에 부합하는 것이라고 역설했다. 이처럼 노자가 '통념의 부정' 을 통해 '무위' 라는 결론에 도달했다면, 장자는 '만물은 그 자체로 평등하다〔萬物齊同〕' 는 관념을 통해 '무위' 라는 결론에 도달했다.[26] 이제 장자의 '제물론' 을 살펴보자.

---

25) 주석가들은 '玄同' 을 보통 '玄妙한 道와 하나가 됨' 으로 풀이한다. 그런데 율곡은 '和光同塵' 에 대해 '안으로 아름다운 덕을 함축하고 있으면서도 그것을 부각시켜 남들과 다르게 보이려고 하지 않는 것' 이라고 풀이하고, '玄同' 에 대해 '이미 잘못된 習俗을 따르지 않으면서도 또한 世俗을 떠나지도 않는 것' 이라고 풀이한 바 있다(『醇言』 22 : 和光同塵者 含蓄德美於中 而不自耀立異於衆也 玄妙也 旣不隨俗習非 而又非離世絶俗 故曰玄同).

26) 『莊子』의 제1편은 〈逍遙遊〉인바, 그리하여 或者는 莊子의 핵심 개념을 '逍遙遊' 로 파악하기도 한다. 그러나 현대 일본의 학자 후쿠나가 미츠지(福永光司)는 "萬物齊同의 사상은 장자 철학을 다른 것과 구분하게 만드는 시금석" 이라 하여, 장자의 핵심 개념을 '齊物論' 으로 파악한 바 있다(福永光司, 이동철 · 임헌규 역, 『莊子 : 고대 중국의 실존주의』, 청계, 1999, 11쪽). 論者 역시 莊子의 핵심 개념은 '齊物論' 이라고 생각한다. 莊子의 사상에서 齊物論을 자신에게 적용시키면 '逍遙遊' 가 되고, 남에게 적용시키면 '在宥' 가 된다. 逍遙遊는 '자신의 가치관에 따라 유유자적하게 사는 것' 으로서, **'나를 남의 기준에 맞추려 하지 말라'** 는 것이다. 나를 남의 기준에 맞추는 것은 '세속적 성공' 을 추구하는 것인데, 그러면 '결국 자신을 해치게 된다' 는 것이다. 在宥는 '모든 것을 있는 그대로 놓아두라' 는 것으로서, **'남을 나의 기준에 맞추려 하지 말라'** 는 것이다. 남들도 각자 자신의 취향대로 자유롭게 살도록 관용하라는 것이요, 그러면 '천하는 저절로 평화롭게 된다' 는 것이다.

2) 장자의 제물론(齊物論)

노자는 "그 정치가 두루뭉술하면 그 백성이 순박해지고, 그 정치가 예리하게 따지면 그 백성이 흠집이 많게 된다."[27]고 설파한 바 있거니와, 같은 맥락에서 장자는 "시·비(是非)가 드러나는 것은 道가 무너지는 까닭이요, 道가 무너짐은 애착이 생성되는 까닭"[28]이라고 설파했다. 사람들이 시·비를 밝게 구별하고자 함으로써 道가 무너지게 되고, 道가 무너짐으로써 사사로운 애착이 생기게 된다는 것이다. 여기서 알 수 있듯이, 장자는 당시 중국 사회가 혼란에 빠지게 된 근원을 '옳고 그름을 다툼'에서 찾았다. 예컨대 장자는 다음과 같이 말한다.

> 道는 어디에 숨었기에 진·위(眞僞)가 있으며, 말은 어디에 숨었기에 시·비(是非)가 있는가? 道는 어디에 간들 없겠으며, 말은 어디에 있은들 옳지 않겠는가? 道가 작은 성취에 숨어있고, 말이 화려한 꾸밈에 숨어있기 때문에, 그러므로 유가(儒家)와 묵가(墨家)의 시·비가 있게 된 것이다. 그리하여 저들이 그르다고 여기는 것을 자기는 옳다고 주장하고, 저들이 옳다고 여기는 것을 자기는 그르다고 주장한다. 저들이 그르다고 여기는 것을 자기는 옳다고 주장하고, 저들이 옳다고 여기는 것을 자기는 그르다고 주장하려 한다면, '명석한 인식〔明〕'으로 하는 것만 못하다.[29]

장자에 의하면, 道는 세상 어디에나 존재하며 모든 사람의 말은 다 진

27) 『老子』 58 : 其政悶悶 其民淳淳 其政察察 其民缺缺

28) 『莊子』 〈齊物論〉 : 是非之彰也 道之所以虧也 道之所以虧 愛之所以成

29) 『莊子』 〈齊物論〉 : 道惡乎隱而有眞僞 言惡乎隱而有是非 道惡乎往而不存 言惡乎存而不可 道隱於小成 言隱於榮華 故有儒墨之是非 以是其所非 而非其所是 欲是其所非而非其所是 則莫若以明

리를 담고 있는데, 사람들은 자기에게만 道가 존재하고 자기 말만 '옳다' 고 주장하면서 상대방을 '그르다' 고 비판한다. 그리하여 당시 여러 학파 사이에 시 · 비가 어지럽게 횡행하게 된 것에 대해, 장자는 '道가 작은 성취에 숨고, 말이 화려한 꾸밈에 숨어있는' 상황으로 묘사했다. 그리고 상대방과 부질없이 시 · 비를 다투는 것보다는 '명석한 인식' 을 추구하는 것이 최선이라고 보았다. '명석한 인식' 이란 물론 '만물제동(萬物齊同)' 을 투철하게 깨닫는 것이다.

그러면 장자는 사람들 간의 '시 · 비 다툼' 을 왜 그렇게 부정적으로 보는 것일까? 장자에 의하면, 사람들 간의 시 · 비 다툼은 '근원적으로 해결책이 없는 다툼' 이다. 그런데 사람들은 끝내 자기가 옳다고 고집하기 때문에 세상은 더욱 혼란에 빠져든다. 장자는 다음과 같이 말한다.

> 가령 내가 그대와 논쟁했는데, 그대가 나를 이기고 내가 그대를 이기지 못했다면, 그대는 과연 옳고 나는 과연 그른 것인가? 내가 그대를 이기고 그대가 나를 이기지 못했다면, 나는 과연 옳고 그대는 과연 그른 것인가? 어느 한쪽은 옳고 어느 한쪽은 그른 것인가? 아니면 양쪽이 모두 옳거나 양쪽이 모두 그른 것인가?
>
> 나와 그대가 서로 (是 · 非를) 알 수 없다면, 다른 사람들도 참으로 어둠 속에 빠지고 말 것이니, 내가 누구로 하여금 바로잡게 할 수 있겠는가? 만일 그대와 의견이 같은 사람에게 바로잡게 한다면, 이미 그는 그대와 같은 사람이니, 어찌 바로잡을 수 있겠는가? 만일 나와 의견이 같은 사람에게 바로잡게 한다면, 이미 그는 나와 같은 사람이니, 어찌 바로잡을 수 있겠는가? 만일 나와 그대 모두와 의견이 다른 사람에게 바로잡게 한다면, 이미 그는 나와 그대 모두와 다르니, 어찌 바로잡을 수 있겠는가? 만일 나와 그대 모두와 의견이 같은 사람에게 바로 잡게 한다면, 이미 그는 나와 그대 모두와 같으니, 어찌 바로잡을 수

있겠는가? 그렇다면 나와 그대, 그리고 다른 사람까지도 모두 (是 · 非를) 알 수 없을 것이니, 또 다른 사람을 기다려야 할 것인가?[30)]

장자에 의하면, 사람들 사이의 시 · 비 다툼을 제대로 판단하는 것은 불가능한 일이다. 장자는 인간 사회의 '시 · 비 다툼' 은 근원적으로 이처럼 해결책이 없음을 지적한 다음, '자연의 道로써 조화시킬 것〔和之以天倪〕' 을 주장했다. 이는 남들이 옳지 않다고 하는 것을 옳다고 여기고, 남들이 그렇지 않다고 하는 것을 그렇다고 여기는 것으로서, 이처럼 시 · 비도 잊고 생 · 사도 잊으면 '무의 세계〔無竟, 無何有之鄕〕' 에서 자유롭게 노닐면서 천수를 누릴 수 있다.[31)] 이러한 맥락에서 장자는 시 · 비, 선 · 악, 호 · 오를 초탈하기 위한 토대로 '만물제동' 을 설파한 것이다.

장자의 제물론은 상아(喪我), 도추(道樞), 천균(天鈞), 양행(兩行), 물화(物化) 등의 개념을 중심으로 전개된다. 상아(喪我)란 '말라버린 나무〔枯木〕 같은 몸' 과 '식은 재〔死灰〕 같은 마음' 으로 대지(大知)와 대언(大言)의 세계에 노닐면서,[32)] 일상의 희로애락과 우려 · 탄식 · 변심 · 집착 등으

---

30) 『莊子』〈齊物論〉: 旣使我與若辯矣 若勝我 我不若勝 若果是也 我果非也邪 我勝若 若不吾勝 我果是也 而果非也邪 其或是也 其或非也邪 其俱是也 其俱非也邪 我與若不能相知也 則人固受其黮闇 吾誰使正之 使同乎若者正之 旣與若同矣 惡能正之 使同乎我者正之 旣同乎我矣 惡能正之 使異乎我與若者正之 旣異乎我與若矣 惡能正之 使同乎我與若者正之 旣同乎我與若矣 惡能正之 然則我與若與人俱不能相知也 而待彼也邪

31) 『莊子』〈齊物論〉: 何謂和之以天倪 曰 是不是 然不然 (…) 和之以天倪 因之以曼衍 所以窮年也 忘年忘義 振於無竟 故寓諸無竟

32) 『莊子』〈齊物論〉에서는 "大知는 한가하고 너그럽지만, 小知는 사소한 일이나 또박또박 따진다. 大言은 담담하여 是非에 구애받지 않지만, 小言은 是非를 따지느라 수다스럽다(大知閑閑 小知閒閒 大言炎炎 小言詹詹)"고 했다. 大知와 大言은 '대국적 관점에서 是 · 非와 善 · 惡을 포괄하려는 이중긍정의 태도' 를 말하며, 小知와 小言은 '좁은 소견으로 是 · 非와 善 · 惡을 엄격하게 구별하려는 양자택일의 태도' 를 말한다(김형효, 『老莊 사상의 해체적 독법』, 316-319쪽 참조).

로부터 벗어나는 것이다. 상아는 '자기의 짝을 잃어버림〔喪其耦〕' 으로부터 시작된다. 요컨대 사물과의 대립의식을 탈피해야만 상아를 기약할 수 있다는 것이다.

도추(道樞)란 '이것과 저것의 구별' 또는 '옳음과 그름의 구별' 을 초탈하는 것이다.[33] 장자는 '도추' 를 말하면서 다음과 같이 '조삼모사(朝三暮四)' 의 고사를 소개한다.

> 정신을 수고롭게 하여 '하나' 로 만들고, 그것이 본래 '같음' 을 알지 못하는 것을 '조삼(朝三)' 이라 한다. 무엇을 '조삼' 이라 하는가? 저공(狙公)이 원숭이들에게 도토리를 나누어 주면서 "아침에 세 개, 저녁에 네 개" 라고 하자, 원숭이들이 모두 화를 냈다. 저공이 "그렇다면 아침에 네 개, 저녁에 세 개" 라고 하자, 원숭이들이 모두 기뻐했다. 명(名)과 실(實)은 바뀐 것이 없는데 희·로(喜怒)가 작용하는 것은 또한 자신이 옳다고 여기는 것을 따르기 때문이다. 그러므로 성인(聖人)은 시·비(是非)를 조화시켜 '천균(天鈞)' 에서 편안히 쉰다. 이것을 '양행(兩行)' 이라 한다.[34]

'아침에 세 개, 저녁에 네 개' 나 '아침에 네 개, 저녁에 세 개' 나 그게 그것이다. 그런데 원숭이들은 각각에 대해서 희·로를 달리했다. 이처럼 일상에서의 시·비도 알고 보면 '조삼모사' 에 불과한데, 사람들은 일희일비를 거듭한다. 이에 대해 장자는 '사람들이 각자 자신이 옳다고 여기는 것을 따르기 때문' 이라고 설명하고, 자시심(自是心)을 버림으로써

---

33) 『莊子』〈齊物論〉: 物無非彼 物無非是 (…) 因是因非 因非因是 是以聖人不由 而照之于天 (…) 彼是莫得其偶 謂之道樞

34) 『莊子』〈齊物論〉: 勞神明爲一 而不知其同也 謂之朝三 何謂朝三 曰 狙公賦芧曰 朝三而暮四 衆狙皆怒 曰然則朝四而暮三 衆狙皆悅 名實未虧 而喜怒爲用 亦因是也 是以 聖人和之以是非 而休乎天鈞 是之謂兩行

"시 · 비를 조화시켜 천균(天鈞)에서 편안히 쉴 것" 을 설파했다.

장자는 '이것과 저것' 의 차별, '옳음과 그름' 의 차별을 비판할 뿐만 아니라, 음식과 거처, 삶과 죽음 등 일상의 거의 모든 것에 대한 차별을 비판한다. 다시 말해, 장자의 제물론은 '자기중심적 편견' 에 대한 비판에 그치지 않고, '인간중심적 편견' 에 대한 비판으로 확대 · 심화된다. 장자는 다음과 같이 말한다.

> 사람은 습한 곳에서 자면 허리가 아프고 반신불수가 되는데, 미꾸라지도 그런가? 사람은 나무 꼭대기에 머물면 벌벌 떨며 두려워하게 되는데, 원숭이도 그런가? 셋 중에 누가 올바른 거처(居處)를 아는 것인가? 사람은 소 · 양이나 개 · 돼지를 먹고, 사슴은 풀을 뜯어 먹고, 지네는 뱀을 달게 먹고, 솔개와 까마귀는 쥐를 즐겨 먹는데, 넷 중에 누가 올바른 맛을 아는 것인가? 암컷 원숭이는 수컷 원숭이를 짝으로 여기고, 사슴은 사슴 종류와 교미를 하고, 미꾸라지는 물고기와 함께 헤엄치며 노닌다. 모장(毛嬙)과 여희(麗姬)를 사람들은 아름답다고 여기지만, 물고기는 그들을 보면 물속으로 깊이 숨고, 새는 그들을 보면 높이 날아오르며, 사슴은 재빠르게 도망친다. 넷 중에 누가 천하의 올바른 아름다움을 아는 것인가?[35)]

장자에 의하면 사람과 미꾸라지와 원숭이는 '올바른 거처' 에 대해 서로 다른 입장을 지니는바, 이 가운데 어느 하나를 절대화할 수 없다. '올바른 맛' 에 대해서도, '올바른 아름다움' 에 대해서도 마찬가지이다. 장자는 이처럼 '관점의 상대화' 를 통해 인간중심적 가치관을 무너뜨리고, 객

---

35) 『莊子』 〈齊物論〉 : 民濕寢則腰疾偏死 鰌然乎哉 木處則 惴慄恂懼 猨猴然乎哉 三者孰知正處 民食芻豢 麋鹿食薦 蝍蛆甘帶 鴟鴉耆鼠 四者孰知正味 猨猵狙以爲雌 麋與鹿交 鰌與魚游 毛嬙 麗姬 人之所美也 魚見之深入 鳥見之高飛 麋鹿見之決驟 四者孰知天下之正色哉

관적이고 초월적인 '하늘에 비추어봄〔照之于天〕' 으로써 만물을 있는 그대로 긍정하라고 설파한다.

객관적이고 초월적인 관점에서 본다면, 삶과 죽음에 대한 인식도 회통(會通)시킬 수 있다. 사람들은 보통 삶과 죽음을 '대립하는 것' 으로 여기는데, 장자는 삶과 죽음은 '같은 무리에 속하는 것' 이라고 주장한다. 장자는 다음과 같이 말한다.

> 삶은 죽음의 무리요, 죽음은 삶의 시작이니, 누가 그 궁극(窮極)을 아는가? 사람의 삶은 氣가 모인 것이니, 모이면 태어나고 흩어지면 죽는다. 만약 삶과 죽음이 같은 무리임을 안다면 내 또 무엇을 근심하겠는가? 그러므로 '만물은 동일한 것' 인데, (어리석은 사람들은) 자기가 아름다워하는 것을 '신기하다' 고 여기고, 자기가 싫어하는 것은 '냄새나고 썩었다' 고 여긴다. 하지만 냄새나고 썩은 것이 다시 신기한 것으로 변하고, 신기한 것이 다시 냄새나고 썩은 것으로 변한다. 그러므로 '천하를 관통하는 것은 일기(一氣)일 뿐' 이라고 말하는 것이니, 성인(聖人)은 그러므로 그 '하나' 를 귀하게 여긴다.[36)]

장자에 의하면, 하나의 氣가 모이고 흩어지는 과정에서 만물의 삶과 죽음을 연출되는 것이다. 그러므로 삶과 죽음은 같은 무리에 속하는 것인데, 어리석은 사람들은 이를 모르고 삶과 죽음을 심하게 차별한다는 것이다. 장자는 삶과 죽음은 '일기(一氣)의 순환과정' 이라는 관점에서 사람들이 '삶을 좋아하고 죽음을 싫어함' 에 대해 다음과 같이 비판한다.

---

36)『莊子』〈知北遊〉: 生也 死之徒 死也 生之始 孰知其紀 人之生 氣之聚也 聚則爲生 散則爲死 若死生爲徒 吾又何患 故 萬物一也 是其所美者 爲神奇 其所惡者 爲臭腐 臭腐復化爲神奇 神奇 復化爲臭腐 故曰通天下一氣耳 聖人故貴一

내 어찌 '삶을 좋아함' 이 미혹된 것이 아님을 알 수 있으며, 내 어찌 '죽음을 싫어함' 이 마치 젊어서 고향을 잃고 돌아갈 줄을 모르는 것이 아님을 알 수 있겠는가? 여희(麗姬)는 애(艾) 땅 관문지기의 딸이었다. 진(晉) 나라가 처음 그 여자를 잡아 왔을 때엔 눈물로 옷섶을 적시다가, 마침내 왕의 처소로 가서, 왕과 침대를 함께 쓰고 고기를 먹게 되자, 처음에 (멋모르고) 울었던 것을 후회했다. 내 어찌 '죽은 사람이 처음에 (멋모르고) 살기를 바란 것을 후회하지 않을 것임' 을 알 수 있겠는가?[37)]

미천한 신분으로 태어나 보잘것없는 생활을 하던 여희는 어느 날 진(晉) 나라 병사들의 눈에 띄어 잡혀가게 되었다. 여희는 처음 진나라로 잡혀갔을 때엔 눈물로 옷섶을 적셨는데, 왕의 처소에서 총애를 받으며 호화로운 생활을 하게 되자, 처음 잡혀 왔을 때 울었던 것을 후회했다. 같은 맥락에서 장자는 죽음도 삶보다 나을 수 있다고 설명하면서, 삶과 죽음을 차별하지 말라고 설파했다. 요컨대 제물론의 관점에서는 삶과 죽음도 평등한 것이다. 더 나아가 장자는 '꿈과 현실의 구분' 에 대해서도 의문을 제기하면서, '사물과 완전히 동화될 것〔物化〕' 을 주문했다. 이른바 '호접몽(胡蝶夢)' 이 그것이다.

옛날에 장주(莊周)가 꿈에 나비가 되었다. 펄럭펄럭 경쾌하게 날아다니는 나비였는데, 스스로 유쾌하고 만족스러웠기에 자신이 장주인 것을 알지 못했다. 얼마 후 깨어보니, 놀랍게도 장주였다. 장주가 꿈에 나비가 된 것인지, 나비가 꿈에 장주가 된 것인지, 알지 못하겠다. 장주와 나비는 반드시 구분될 것인데,

37)『莊子』〈齊物論〉: 予惡乎知說生之非惑邪 予惡乎知惡死之非弱喪而不知歸者邪 麗之姬艾封人之子也 晉國之始得之也 涕泣沾襟 及其至於王所 與王同筐床 食芻豢 而後悔其泣也 予惡乎知夫死者不悔其始之蘄生乎

이처럼 (장주가 나비가 되고 나비가 장주가 되는 것을) '물화(物化)' 라 한다.[38]

위에 보이듯이, 제물론의 관점에서는 궁극적으로 자신과 다른 사물과의 구분도 무의미해진다. 그리하여 다른 사물과 동화되어 일체가 되는 '물화(物化)' 의 경지를 추구하게 되는 것이다. 장자는 만물제동에 대한 명석한 인식을 통해 물화의 경지에 이른 사람을 '지인(至人)' 또는 '진인(眞人)' 이라 했다.

옛날의 진인(眞人)은 삶을 즐거워할 줄도 모르고, 죽음을 싫어할 줄도 몰랐다. 이 세상에 태어남을 기뻐하지도 않았고, 저세상으로 들어감을 항거하지도 않았으며, 홀가분하게 왔다가 홀가분하게 갈 뿐이었다. 자신의 삶이 시작된 곳을 잊지 않지만, 그 끝도 탐구하지 않아, 받은 대로 기뻐하고 잊고서 되돌아가니, 이것을 '마음으로 道를 해치지 않고, 인위(人爲)로 자연(自然)을 돕지 않는다' 고 한다.[39]

진인은 자연의 존재 원리〔道〕에 따라 삶과 죽음을 담담하게 받아들일 뿐, 사사로운 마음으로 인위적 조장(助長)을 꾀하지 않는다. 요컨대 장자의 제물론 역시 '무위자연' 을 궁극적 이상으로 추구하는 것이다. 장자가 추구하는 무위자연은 자연에서 나와 남이 서로를 잊고 지내는 것이며, 옳고 그름의 관념을 버리고 道와 일체가 되는 것이다. 이를 장자는 "샘이 마르면 물고기들이 땅 위에 남아서 서로 습기를 뿜어내며 서로 거품으로 적

38) 『莊子』〈齊物論〉: 昔者 莊周夢爲胡蝶 栩栩然胡蝶也 自喩適志與 不知周也 俄然覺則蘧蘧然周也 不知周之夢爲胡蝶與 胡蝶之夢爲周與 周與胡蝶 則必有分矣 此之謂物化

39) 『莊子』〈大宗師〉: 古之眞人 不知說生 不知惡死 其出不訢 其入不距 , 然而往 , 然而來而已矣 不忘其所始 不求其所終 受而喜之 忘而復之 是之謂不以心捐道 不以人助天

서주지만, 강호(江湖)에서 서로 잊고 사는 것만 못하다. 요(堯)를 찬양하고 걸(桀)을 비난하는 것은 둘 다 잊고 道와 일체가 되는 것만 못하다."[40]는 말로 표현했다.

이상의 내용을 정리해 보자. 노자의 '현덕(玄德)'과 마찬가지로, 장자의 '제물론' 역시 우리의 통념을 부정하는 것이다. 우리는 보통 '나와 남'의 구별, '옳음과 그름'의 구별, '삶과 죽음'의 구별 등을 중요하게 생각한다. 그런데 장자는 이러한 구별이 자기중심적 편견, 인간중심적 편견을 야기하여 이 세상을 더욱 혼란스럽게 만들 뿐이라고 보았다. 그리하여 장자는 이러한 편견을 타파하기 위한 출발점으로 '제물론'을 역설하고, '만물제동'의 입장에서 피·차, 시·비, 선·악, 호·오를 떠나 자유롭고 자연스럽게 사는 '진인(眞人)의 삶'을 제시했던 것이다.

3) 무위이무불위(無爲而無不爲)

노자는 '무위자연(無爲自然)'을 설파하고, '유위(有爲)' 또는 '인위(人爲)'를 비판했다. 무위를 실천하면 이루어지지 않는 일이 없으나, 인위적으로 욕심을 부리면 부작용만 생길 뿐 제대로 되는 일이 없다는 것이다. 노자는 국가의 통치도 무위의 영역으로 규정했다. 통치자가 '무위'의 자세를 지키면 '만물이 장차 스스로 이루어지고, 천하가 장차 스스로 안정된다'는 것이다.[41] 노자의 이러한 주장을 계승하여, 장자도 '무위가 유익한 것'이라고 보았다. 무위야말로 가장 유익한 것이라면, 유위는 가장 무

40) 『莊子』〈大宗師〉: 泉涸 魚相與處於陸 相呴以濕 相濡以沫 不如相忘於江湖 與其譽堯而非桀也 不如兩忘而化其道

41) 『老子』 37 : 道常無爲而無不爲 侯王若能守之 萬物將自化 化而欲作 吾將鎭之以無名之樸 無名之樸 夫亦將無欲 不欲以靜 天下將自定

익할 것이다. 먼저 노자의 입장을 살펴보자.

> 상덕(上德)은 (자신의 덕을) 덕으로 여기지 않으니, 그러므로 참된 덕이 있는 사람이다. 하덕(下德)은 덕을 잃지 않으려고 노력하니, 그러므로 참된 덕이 없는 사람이다. 상덕은 억지로 일을 꾸미지 않으며〔無爲〕, 그렇게 할 까닭도 없다. 하덕은 억지로 일을 꾸미며, 그렇게 하는 까닭도 있다. 상인(上仁)은 억지로 일을 꾸미나, 그렇게 할 까닭은 없다. 상의(上義)는 억지로 일을 꾸미며, 그렇게 할 까닭도 있다. 상례(上禮)는 억지로 일을 꾸미며, 호응하는 사람이 없으면 소매를 걷어붙이고 남에게 강요한다.
>
> 그러므로 道를 잃은 다음에 德이 등장하고, 德을 잃은 다음에 仁이 등장하고, 仁을 잃은 다음에 義가 등장하고, 義를 잃은 다음에 禮가 등장한다. 무릇 禮란 忠과 信이 얇아진 것으로서 혼란의 시작이며, 앞을 내다봄은 道의 (열매 맺지 못한) 꽃으로서 어리석음의 시작이다. 그러므로 대장부(大丈夫)는 두터운 데 거처하고 얇은 데 거처하지 않으며, 열매에 거처하고 꽃에 거처하지 않는다.[42]

노자는 '무위를 실천하는 사람'을 상덕이라 하고, '유위에 매달리는 사람'을 하덕이라 했다. 하덕을 추구하는 사람은 결국엔 남들이 자신에게 호응하도록 소매를 걷어붙이고 강요하게 되는데, 이것이 바로 '유위'이다. 여기서 주목할 것은, 유가가 강조하는 '인·의·예·지(仁義禮智)'를 노자는 자신이 강조하는 '도·덕(道德)'이 쇠퇴한 결과로 규정하고, '어리석음의 시작'이라고 비판했다는 점이다.[43] 그러면 노자가 말하는 '무

42) 『老子』 38 : 上德不德 是以有德 下德不失德 是以無德 上德無爲而無以爲 下德爲之而有以爲 上仁爲之而無以爲 上義爲之而有以爲 上禮爲之而莫之應 則攘臂而扔之 故失道而後德 失德而後仁 失仁而後義 失義而後禮 夫禮者 忠信之薄 而亂之首 前識者 道之華 而愚之始 是以 大丈夫處其厚 不居其薄 處其實 不居其華

위' 의 구체적 내용 즉 '하지 말아야 할 것' 의 목록을 살펴보자.

첫째, 각종 세속적 가치판단을 배격하여, 백성에게 '호오(好惡)의 마음' 이 생기지 않도록 하라는 것이다. 노자는 다음과 같이 말한다.

> 현자(賢者)를 숭상하지 않으면 백성이 경쟁하지 않게 되고, 얻기 어려운 재물을 귀하게 여기지 않으면 백성이 도둑질하지 않게 되며, 욕심낼 만한 것을 보여주지 않으면 백성의 마음이 혼란하지 않게 된다. 그러므로 성인(聖人)의 다스림은 백성의 마음을 비우고 배를 채워주며, 백성의 의지를 약하게 하고 뼈와 근육을 강하게 하며, 백성들로 하여금 지식과 욕심이 없게 하며, 지식인들로 하여금 감히 무슨 일을 못 하게 하는 것이다. 무위를 실천하면 다스려지지 않음이 없다.[44]

노자에 의하면, 현・우(賢愚)와 귀・천(貴賤) 등 세속적 가치판단은 '호오의 마음' 을 일게 하고, 결국 서로 빼앗고 훔치는 혼란을 야기한다. 노자는 "백성의 마음을 비우고 그 배를 채워주며, 백성의 의지를 약하게 하고 뼈와 근육을 강하게 해주라" 고 했는데, 이는 '인위적 욕망은 잠재우고, 자연적 욕구는 충족시켜 주라' 는 말이다.

---

43) 노자의 이러한 주장에 대해, 朱子는 '道・德과 仁・義가 본래 하나라는 점을 모르고, 그릇되게 분리시킨 것' 이라고 비판했다. 주자는 "道는 예나 지금이나 함께 말미암는 이치로서, 예컨대 부모는 자애하고 자식은 효도하며 임금은 어질고 신하는 충성하는 등 '하나의 公共한 도리' 이다. 德은 자신이 이 道를 체득한 것으로써, 예컨대 임금이 되어서는 반드시 仁을 베풀고 신하가 되어서는 반드시 충성을 다하는 것이니, 이는 모두 '몸소 체득한 것' 이다." 라고 설명하고, "堯는 이 道를 닦아서 堯의 德을 이루고, 舜은 이 道를 닦아서 舜의 德을 이룬 것" 이라고 주장했다. 따라서 "仁義를 떠나서는 道理도 없고, 道도 없다" 는 것이다(『朱子語類』 卷13(中華書局本, 231-232쪽) 참조).

44) 『老子』 3 : 不尙賢 使民不爭 不貴難得之貨 使民不爲盜 不見可欲 使民心不亂 是以 聖人之治 虛其心 實其腹 弱其志 强其骨 常使民無知無欲 使夫知者不敢爲也 爲無爲 則無不治

둘째, 편리한 기물(器物), 인위적 기교(技巧), 법제와 금령 등 각종 인위적 문물을 배격하고, 소박한 삶을 추구하라는 것이다. "천하에 꺼리는 것이 많아지면 백성은 더욱 가난해지고, 백성에게 편리한 기물이 많아지면 국가는 더욱 혼란해지며, 사람들에게 기교가 많아지면 기괴한 물건이 더욱 생기고, 법령이 더욱 정비되면 도적은 더욱 많아진다."[45] 노자는 이러한 맥락에서 '원시적이고 규모가 작은 자급자족 공동체'를 찬양하였다.

> 나라를 작게 하고 백성을 적게 하여, 수많은 기물(器物)이 있어도 사용하지 않게 하고, 백성으로 하여금 죽음을 무겁게 여겨 멀리 이사하지 않게 한다. 비록 배와 수레가 있더라도 타고 갈 곳이 없고, 비록 갑옷과 무기가 있더라도 진열할 일이 없다. 사람들로 하여금 다시 결승문자(結繩文字)를 사용하게 하고, 그 음식을 달게 먹고, 그 거처를 편안히 여기며, 그 풍속을 즐겁게 여기게 한다. 이웃 나라가 서로 바라볼 수 있을 정도로 가까워, 닭 울고 개 짖는 소리가 서로 들려도, 백성은 늙어 죽을 때까지 서로 왕래하지 않는다.[46]

위에 보이듯이, 노자는 문명사회의 각종 편리한 기물들을 모두 배격하고, 원시적인 삶을 칭송했다. 노자는 특히 백성들의 여행과 교류를 나쁘게 보았다. 백성들이 여행과 교류를 통해 견문이 넓어지면, 결국 불필요한 욕망을 자극하여 혼란을 부채질한다고 우려한 것이다.

셋째, 교활한 지혜를 배격하고 어리석음을 숭상하라는 것이다. 노자는 다음과 같이 말한다.

---

45) 『老子』 57 : 天下多忌諱而民彌貧 民多利器 國家滋昏 人多伎巧 奇物滋起 法令滋彰 盜賊多有

46) 『老子』 80 : 小國寡民 使有什伯之器而不用 使民重死而不遠徙 雖有舟輿 無所乘之 雖有甲兵 無所陳之 使人復結繩而用之 甘其食 安其居 樂其俗 隣國相望 鷄犬之聲相聞 民至老死不相往來

옛날에 道를 잘 실천했던 사람은 백성을 총명하게 하지 않고 장차 어리석게 했다. 백성을 다스리기 어려운 까닭은 백성의 지혜가 많기 때문이다. 그러므로 지혜로 나라를 다스림은 나라를 해치는 것이요, 지혜로 나라를 다스리지 않는 것이 나라의 복(福)이다. 이 둘을 아는 것이 또한 법식(法式)이다. 항상 이 법식을 아는 것, 이를 '현덕(玄德)' 이라 한다. 현덕은 깊고도 멀어서 세속의 사물과는 반대되니, 그런 다음에야 대순(大順)에 이른다.[47]

학문(學問)을 하면 (쓸데없는 군더더기가) 날마다 늘어나고, 道를 하면 (쓸데없는 군더더기가) 날마다 줄어든다. (군더더기를) 덜어내고 또 덜어내서 무위(無爲)에 이른다. 무위를 실천하면 이루어지지 않는 것이 없다. 항상 하는 일이 없으면 천하를 차지할 수 있으나, 하는 일이 있게 되면 천하를 차지할 수 없다.[48]

위의 첫째 인용문에서는 지혜를 배격하고 어리석음을 숭상하는 것을 '현덕(玄德)' 이라 하고, '현덕은 세속의 사물과는 반대된다' 고 했다. 요컨대 '현덕' 은 세속적 가치판단을 무용하게 만드는 덕, 즉 '좋은 것' 에 대한 경쟁심을 잠재우는 덕이다. 세속 사람들은 무엇이든 '좋은 것' 이라 하면 서로 차지하려고 경쟁하고, 경쟁에서 이기려고 교활한 지혜를 동원하여 혼란을 부채질한다. 그리하여 노자는 '현덕' 을 숭상하고, '현덕만이 대순(大順)의 길' 이라고 보았다. 둘째 인용문에서는 '학문' 과 '도(道)' 를 대립시켰는데, 이는 첫째 인용문의 '지혜' 와 '어리석음' 에 상응한다. 즉

---

47) 『老子』 65 : 古之善爲道者 非以明民 將以愚之 民之難治 以其智多 故以智治國 國之賊 不以智治國 國之福 知此兩者亦式 常知式 是謂玄德 玄德深矣 遠矣 與物反矣 然後乃至大順

48) 『老子』 48 : 爲學日益 爲道日損 損之又損 以至於無爲 無爲而無不爲 取天下常以無事 及其有事 不足以取天下

여기서 말하는 '학문' 이란 무엇보다도 '유가의 학문' 으로서, '인의예지(仁義禮智)' 의 학문이요, 각종 '편리한 기물' 을 만드는 학문이며, '경세치용(經世致用)' 의 학문이다. 노자는 이러한 학문을 '유위(有爲)' 로 규정하고, '유위로는 천하를 다스릴 수 없다' 고 비판했다.

넷째, 시비선악을 예리하게 판가름하려 하지 말고 두루뭉술하게 넘어가라는 것이다. 노자는 다음과 같이 말한다.

> 그 정치가 두루뭉술하면 그 백성이 순박해지고, 그 정치가 예리하게 따지면 그 백성이 흠집이 많게 된다. 화(禍)는 복(福)에 의지하여 나오고, 복은 화에 숨어서 나오니, 누가 그 끝을 알겠는가? 그러므로 언제나 정상(正常)인 것은 없으니, 정상인 것이 다시 기괴한 것이 되고, 좋은 것이 다시 재앙이 된다. 사람들이 이러한 이치를 망각한 것이 아주 오래되었다. 그러므로 성인(聖人)은 방정(方正)하면서도 남을 재단하지 않고, 염결(廉潔)하면서도 남을 비난하지 않고, 곧으면서도 제멋대로 굴지 않고, 빛나면서도 눈부시게 하지 않는다.[49]

노자는 "그 정치가 두루뭉술하면 그 백성이 순박해지고, 그 정치가 예리하게 따지면 그 백성이 흠집이 많게 된다." 고 하여 '예리하게 시비선악을 따지는 정치' 를 폄하한 다음, 그 논거로 '화와 복은 서로 의지하고 있음' 과 '시비선악은 결코 영원한 것이 아님' 을 들었다. 이 세상에 '영원히 정상적인 것' 이나 '영원히 좋은 것' 은 없으니, 오늘 정상인 것으로 간주되었던 것은 머지않아 다시 기괴한 것이 되고, 오늘 좋은 것으로 간주되었던 것은 머지않아 다시 재앙이 된다는 것이다. 어리석은 사람들은 이러

49) 『老子』 58 : 其政悶悶 其民淳淳 其政察察 其民缺缺 禍兮福之所倚 福兮禍之所伏 孰知其極 其無正 正復爲奇 善復爲妖 人之迷 其日固久 是以聖人 方而不割 廉而不劌 直而不肆 光而不燿

한 이치를 모르기 때문에 예리하게 따지면서 세상을 더욱 각박하게 만들지만, 성인은 이러한 이치를 꿰뚫고 있기 때문에 두루뭉술한 정치를 통해 세상을 순박하게 만든다는 것이다.

노자의 지론은 "무위를 실천하면 다스려지지 않음이 없다."는 것이다. 요컨대 "통치자가 무위를 실천하면 백성이 스스로 감화되고, 통치자가 고요함을 좋아하면 백성이 스스로 바르게 되며, 통치자가 하는 일이 없으면 백성이 스스로 부유하게 되고, 통치자가 욕망이 없으면 백성이 스스로 소박하게 된다."[50]는 것이었다.[51]

장자도 노자와 같은 맥락에서 '무위이치(無爲而治)'를 주장하면서 "천하는 있는 그대로 놓아두어야 하는 것〔在宥〕이요, 인위적으로 다스려야 하는 것이 아니다."[52]라고 설파했다. 장자는 이처럼 '재유(在宥)'를 역설하면서, 특히 유가적 통치를 신랄하게 비판했다. 유가적 통치는 인위적인 것으로서, 세상을 더욱 혼란스럽게 만들 뿐이라는 것이다.

> 삼황오제(三皇五帝)가 천하를 다스린 것은 이름은 '통치'라 했으나, 이보다 혼란스러웠던 것은 없었다. 삼황의 지식은 위로는 해와 달의 밝음을 어기고, 아래로는 산천(山川)의 정기를 어그러지게 하며, 가운데로는 사시(四時)의 은택을 손상하였다. 그들의 지식은 전갈의 꼬리보다 지독하여, 조그마한 짐승이나 벌레조차도 그 성명(性命)의 실정에 편안할 수 없게 하였다. 그런데도 오히려 '성인(聖人)'이라고 자처했으니, 부끄럽지 않은가? 아마도 부끄러운 마음조차 없었을 것이다.[53]

---

50) 『老子』 57 : 聖人云 我無爲而民自化 我好靜而民自正 我無事而民自富 我無欲而民自樸

51) 이렇게 본다면, '率先垂範'이라는 논리 자체는 儒家와 道家에 공통되는 것이다. 儒家와 道家는 다만 '모범'의 구체적 내용을 달리 규정하는 것이다.

52) 『莊子』 〈在宥〉 : 聞在宥天下 不聞治天下也

위에 보이듯이, 장자는 유가적 통치를 '자연의 이법(理法)' 에 어긋나는 것이요 '만물의 본성' 을 배반하는 것이라고 비판했다. '자연의 이법' 에 따르고 '만물의 본성' 을 실현함은 유가도 더할 나위 없이 강조하는 내용인데,[54] 장자는 바로 유가적 통치가 '자연의 이법' 에 어긋나고 '만물의 본성' 을 배반하는 것이라고 규정했다. 장자가 이렇게 주장하는 논거는 두 가지였다.

첫째, 말〔馬〕을 조련하는 것은 말을 본성대로 살 수 없도록 학대하는 것이듯이, 유가적 통치 역시 인간이 본성대로 살 수 없도록 억압한다는 것이다. 백락(伯樂)은 훌륭한 조련사로 이름난 사람이었거니와, 그의 조련에 대해 장자는 다음과 같이 비판한다.

> 말은 굽으로 서리나 눈을 밟을 수 있고, 털로 바람과 추위를 막을 수 있다. 풀을 뜯고 물을 마시며 발을 들고 뛰어다닌다. 이것이 말의 참된 본성이니, 비록 높은 누대(樓臺)나 호화로운 저택(邸宅)이 있다고 하더라도 쓸 곳이 없다. 그런데 백락(伯樂)에 이르러 "나는 말을 잘 다스린다." 고 주장하면서, 쇠를 벌겋게 달구어 말의 털을 태우고 깎으며, 그 발굽을 깎고 낙인을 찍으며, 재갈과 밧줄로 머리와 앞발을 묶고, 말구유와 마판 사이에 줄줄이 묶어 놓음에, 죽게 되는 말이 열에 두세 마리나 된다. 굶주리게도 하고 목마르게도 하며, 달리게도 하고 몰기도 하며, 정돈하기도 하고 가지런하게도 하여, 앞으로는 재갈이나

53) 『莊子』〈天運〉: 三皇五帝之治天下 名曰治之 而亂莫甚焉 三皇之知 上悖日月之明 下睽山川之精 中墮四時之施 其知憯於蠣蠆之尾 鮮規之獸 莫得安其性命之情者 而猶自以爲聖人不可恥乎 其無恥也

54) 예컨대 『周易』에서는 "一陰一陽을 道라 하니, 이를 계승하는 것이 善이며, 이를 이루는 것이 性이다."라고 했고(『周易』〈繫辭上傳〉 5), 『中庸』에서는 "천하의 至誠은 자기의 본성을 완전히 발휘할 수 있으니, 이를 통해 남들도 모두 본성을 완전히 발휘할 수 있게 하고, 만물이 모두 본성을 완전히 발휘할 수 있게 하며, 그리하여 天地의 化育을 돕고, 마침내 天地에 참여하게 된다." 고 했다(『中庸章句』 22).

가슴받이 장식으로 속박하는 괴로움이 있고, 뒤로는 채찍의 위엄이 있음에, 죽는 말이 이미 절반을 넘게 된다.[55]

장자에 의하면, 말은 본래 자연 속에서 자신의 본성에 따라 자유롭게 살고 있었다. 그런데 백락이 말을 조련하기 시작하면서 말은 여러모로 가혹하게 속박을 당하고, 결국 태반이 제명대로 살 수 없게 되었다는 것이다. 장자는 유가적 통치도 백락의 조련과 다를 바 없다고 보았다. 즉 인간은 본래 자연 속에서 본성대로 자유와 평화를 누리며 소박하게 살았는데, 유가적 성인(聖人)이 등장하여 인의(仁義)와 예악(禮樂)을 내세우면서부터 본성대로 살지 못하고 혼란에 빠지게 되었다는 것이다.

저 백성들은 '떳떳한 본성〔常性〕' 이 있어서, 옷감을 짜서 입고, 농사를 지어 먹으니, 이를 '동덕(同德)' 이라 한다. (…) 지덕(至德)의 시대에는 이처럼 사람이 금수와 더불어 살았고, 사람은 만물과 더불어 종류의 차별이 없었다. 어찌 군자(君子)와 소인(小人)의 구별을 알 수 있었겠는가? 함께 지식이 없었으니 그 덕이 지리(支離)하지 않았고, 함께 욕심이 없었으니 이를 소박(素樸)이라 한다. 소박하면 백성들이 본성대로 살 수 있다.

성인(聖人)이 출현하여 인의(仁義)를 추구하느라 애를 씀에 천하가 비로소 의심하기 시작했고, 제멋대로 음악을 즐기고 번쇄하게 예의를 차림에 천하가 비로소 갈라지게 되었다. (…) 무릇 소박함을 해쳐서 여러 기물(器物)을 만든 것은 공장(工匠)의 죄이며, 도덕(道德)을 훼손하여 인의(仁義)를 만든 것은 성

---

55) 『莊子』〈馬蹄〉: 馬 蹄可以踐霜雪 毛可以禦風寒 齕草飮水 翹足而陸 此馬之眞性也 雖有義臺路寢 無所用之 及至伯樂 曰我善治馬 燒之剔之 刻之雒之 連之以羈馽 編之以皁棧 馬之死者 十二三矣 飢之渴之 馳之驟之 整之齊之 前有橛飾之患 而後有鞭筴之威 而馬之死者 已過半矣

인(聖人)의 과오이다.[56]

위의 첫째 문단에서는 '인위적 통치' 가 등장하기 이전의 시대를 '지덕(至德)의 시대' 로 규정하고, 이 시대에는 백성들이 본성대로 살 수 있었다고 설명했다. 둘째 문단에서는 성인이 등장하여 인의와 예악을 내세우면서 지극한 도덕이 훼손되기 시작했다고 주장했다. 요컨대 인간은 본래 자연적 욕구를 충족하는 것에 만족하면서 자유롭고 소박하게 살았는데, 성인이 인의와 예악을 강요함으로써 '사람들이 지식을 좋아하고, 이익을 다투게 되었다' 는 것이다. 장자는 이처럼 성인이 백성을 타락시켰다고 주장하면서, 성인을 비판의 대상으로 지목했다.

둘째, 인위적 통치는 변무(駢拇)나 지지(枝指)처럼 '쓸데없는 군더더기' 에 불과하며,[57] 심지어 인간의 본성을 왜곡시킨다는 것이다. 증삼(曾參)과 사추(史鰌)는 어질다고 이름난 사람이었거니와, 이들에 대해 장자는 다음과 같이 비판한다.

> 쓸데없이 인의(仁義)를 내세우는 자는 사람이 타고난 덕(德)을 뽑아버리고 본성을 막아서 명성을 차지하고자, 천하 사람들로 하여금 시끄럽게 떠들어대면서 미칠 수 없는 법도를 받들게 하니, 그렇지 않은가? 증삼(曾參)과 사추(史鰌)가 바로 그런 사람이다.[58]

---

56) 『莊子』〈馬蹄〉: 彼民有常性 織而衣 耕而食 是謂同德 (…) 夫至德之世 同與禽獸居 族與萬物並 惡乎知君子小人哉 同乎無知 其德不離 同乎無欲 是謂素樸 素樸而民性得矣 及至聖人 蹩躠爲仁 踶跂爲義 而天下始疑矣 澶漫爲樂 摘僻爲禮 而天下始分矣 (…) 夫殘樸以爲器 工匠之罪也 毁道德以爲仁義 聖人之過也

57) 駢拇란 엄지발가락과 둘째 발가락 사이에 쓸데없는 살이 돋아 두 발가락이 합쳐진 것이며, 枝指란 다섯 손가락 외에 또 하나의 손가락이 쓸데없이 생겨난 것(육손이)이다.

58) 『莊子』〈駢拇〉: 枝於仁者 擢德塞性 以收名聲 使天下 簧鼓 以奉不及之法 非乎 曾史是已

장자에 의하면, 증삼과 사추는 명예를 얻고자 인의를 내세우고 실천하기 어려운 법도를 떠벌렸는데, 이는 결국 '사람들이 타고난 덕을 뽑아버리고 본성을 막은 것' 이었다. 이런 일이 계속되면 결국 인간의 본성을 왜곡하고 손상시킨다.

> 무릇 작은 미혹은 삶의 방향을 바꾸고, 큰 미혹은 타고난 본성을 바꾼다. 어떻게 그런 줄을 아는가? 순(舜)이 인의(仁義)를 내세워 천하를 어지럽힌 이래, 천하가 모두 인의를 위해 바쁘게 뛰어다녔으니, 이는 인의로 인해 그 본성을 바꾼 것 아닌가? 그러므로 시험 삼아 논하겠다. 하 · 은 · 주(夏殷周) 이후로는 천하가 모두 사물로 인해 그 본성을 바꾸었으니, 소인(小人)은 이익을 위해 자신을 희생하고, 사(士)는 명예를 위해 자신을 희생하며, 대부(大夫)는 가문을 위해 자신을 희생하고, 성인(聖人)은 천하를 위해 자신을 희생했다. 이 여러 사람들은 사업도 다르고 명성의 칭호도 달랐지만, 본성을 해치고 자신을 희생시킨 점은 동일하다.[59]

장자에 의하면, 세상에서 가장 중요한 일은 '각자 본성대로 살면서 천수(天壽)를 누리는 것' 인데, 유교적 통치는 인의를 앞세우면서 결국 인간의 본성을 해치거나 왜곡시키고, 이익과 명예 등 부질없는 것에 생명을 희생하도록 만든다. 장자는 이러한 맥락에서 '무위(無爲)' 만이 개인의 행복과 사회의 평화를 담보할 수 있다고 역설했다.

이상의 내용을 정리해 보자. 도가는 개인의 삶 또는 국가의 통치를 '무

59) 『莊子』〈騈拇〉: 夫小惑易方 大惑易性 何以知其然邪 自虞氏招仁義以撓天下也 天下莫不奔命於仁義 是非以仁義易其性與 故嘗試論之 自三代以下者 天下莫不以物易其性矣 小人則以身殉利 士則以身殉名 大夫則以身殉家 聖人則以身殉天下 故此數子者 事業不同 名聲異號 其於傷性以身爲殉 一也

위(無爲, 自然)' 와 '유위(有爲, 人爲)' 로 구분한 다음, 무위를 추구하고 유위를 배격했다. 타고난 본성 그대로 하는 것이 무위이며, 본성을 해치거나 억압하면서 다른 그 무엇을 추구하는 것이 유위이다. 무위를 추구하면 모든 일이 순조롭게 이루어지나, 유위를 추구하면 혼란에 빠질 뿐 제대로 이루어지는 일이 없다. 이러한 맥락에서 도가는 '무위자연(無爲自然)' 또는 '무위이치(無爲而治)' 를 역설했던 것이다.

2. 무위자연(無爲自然)의 두 차원

노자의 '현덕' 과 장자의 '제물론' 은 '차별과 인위' 에 매달리던 당시의 통념을 비판하고, 그 대안으로 '무위자연' 을 설파하기 위한 토대였다. 그런데 도가의 무위자연은 두 차원으로 나누어 살필 수 있다. 개인적 차원에서는 '지족(知足)' 과 '소요유(逍遙遊)' 를 추구하는 것이며, 사회적 차원에서는 '겸양(謙讓)' 과 '재유(在宥)' 를 추구하는 것이다.

1) 개인적 차원 : 지족(知足)과 소요유(逍遙遊)

'지족(知足)' 은 노자의 핵심 개념으로서, '자신의 처지에 만족할 줄을 알라' 는 뜻이요, '과도한 욕심을 자제하라' 는 뜻이다. 노자는 다음과 같이 말한다.

> 명예와 몸〔自身〕 가운데 어느 것이 더 친한 것인가? 몸과 재물 가운데 어느 것이 더 많은 것인가? 얻음과 잃음 가운데 어느 것이 더 병폐인 것인가? 그러므로 (무엇이든) 심하게 아끼면 반드시 크게 허비하고, 많이 쌓아두면 반드시 두

텁게 잃는다. 만족할 줄 알면〔知足〕 모욕을 당하지 않고, 그칠 줄 알면〔知止〕 위태롭지 않아, 장구(長久)할 수 있다.[60]

위에 보이듯이, 노자가 말하는 '지족'은 '자신이 지닌 명예와 재물에 대해 만족할 줄 알라'는 것이다. 사람들은 보통 명예와 재물을 더 많이 갖고자 부단히 노력하는데, 이에 대해 노자는 두 가지로 충고했다. 첫째는 명예와 재물보다는 자기 자신이 더 소중하다는 것이다. 따라서 명예와 재물을 끊임없이 추구하다가 자신이 모욕을 당하고 위태롭게 되는 어리석음을 범하지 말라는 것이다. 둘째는 명예와 재물에 대해 큰 욕심을 부리면 결국 크게 허비하고 두텁게 잃는다는 것이다. 큰 욕심은 결국 이처럼 허망한 결과를 초래한다는 것을 분명히 안다면, 큰 욕심을 부릴 까닭이 없는 것이다.

명예와 재물에 대해 만족할 줄 모르고 계속 추구하면 후환만 커지며, 진짜 소중한 것〔自身〕을 잃게 된다. 따라서 지족이 긴요한바, 만족할 줄 알면 모욕을 당하지 않는다. 노자는 "만족할 줄 모르는 것보다 더 큰 재앙은 없고, 얻으려는 욕심보다 더 큰 허물은 없다."고도 했고, "만족할 줄 아는 데서 생기는 만족이야말로 영원한 만족"[61]이라고도 했다.

위의 인용문에 보이듯이 '지족'은 '그칠 줄 앎〔知止〕'과 병행하는 개념이다. 그칠 줄을 안다는 것은 '반전(反轉)을 알고 대비하는 것'이다. 노자는 다음과 같이 말한다.

하늘의 道는 활대를 펴는 것과 같으니, 높은 것을 억제하고 낮은 것을 들어

60) 『老子』 44 : 名與身孰親 身與貨孰多 得與亡孰病 是故 甚愛必大費 多藏必厚亡 知足不辱 知止不殆 可以長久

61) 『老子』 46 : 禍莫大於不知足 咎莫大於欲得 故知足之足 常足矣

올리며, 남음이 있는 것을 덜어내고 모자라는 것에 보태준다. 하늘의 道는 남는 것을 덜어내고 모자라는 것을 보태준다. 사람의 道는 그렇지 않아서 모자라는 것을 덜어서 남음이 있는 것을 받든다. 누가 능히 남음이 있는 것으로써 천하를 받들 수 있는가? 오직 道가 있는 사람일 것이다. 그러므로 성인(聖人)은 훌륭한 일을 하고도 자랑하지 않고, 공(功)이 이루어져도 차지하지 않으니, 그것은 자신의 현명함을 드러내지 않으려는 것이다.[62]

'물극필반(物極必反)' 즉 무엇이든 지나치면 반대의 것으로 전화된다는 것은 일상에서 쉽게 경험할 수 있는 일이다. 이러한 맥락에서, 하늘의 道는 '남는 것을 덜어내고 모자라는 것을 보태주는 것' 인데, 보통 사람들은 이를 무시하고 '모자라는 것을 덜어서 남음이 있는 것을 받듦' 으로써 재앙을 자초한다. 오직 道를 아는 사람은 자신에게 남는 것으로써 천하를 받들면서도 자랑하지 않으니, 이것이 바로 '만족할 줄 아는 것' 이며 '그칠 줄 아는 것' 이다. 노자는 또 다음과 같이 말한다.

道는 언제나 이름이 없다. 통나무처럼 소박(素朴)한 사람은 비록 보잘것없지만, 천하의 누구도 신하로 삼을 수 없다. 제후와 왕이 만약 소박함을 지킬 수 있다면, 만물이 스스로 귀복(歸服)할 것이다. 천지가 서로 합하여 감로(甘露)를 내릴 것이며, 백성은 명령하지 않아도 저절로 균평해진다. 처음 (통나무를) 마름질하여 기물을 만들면 이름이 생기는데, 이름이 생기면 멈출 곳을 알아야 한다. 멈출 곳을 알면(그칠 줄 알면) 위태롭지 않다. 비유컨대 道가 천하에 행해지는 것은 시내와 계곡의 물이 강과 바다로 흘러드는 것과 같다.[63]

62) 『老子』 77 : 天之道 其猶張弓與 高者抑之 下者擧之 有餘者損之 不足者補之 天之道 損有餘而補不足 人之道則不然 損不足以奉有餘 孰能有餘以奉天下 唯有道者 是以聖人 爲而不恃 功成而不處 其不欲見賢

위의 인용문에서는 무명(無名), 소박(素朴), 지지(知止), 겸양(謙讓) 등 도가의 여러 덕목이 함께 거론되고 있거니와, 이러한 개념들은 모두 궤를 같이한다. 예컨대 소박한 사람은 자기 이름을 내세우지 않고, 적절한 선에서 그칠 줄 알며, 흔쾌히 남에게 겸양하는바, 이러한 맥락에서 노자는 "멈출 곳을 알면(그칠 줄 알면) 위태롭지 않다." 고 설파한 것이다.

위의 인용문에서 주목할 것은 "제후와 왕이 만약 소박함을 지킬 수 있다면, 만물이 스스로 귀복(歸服)할 것이다. 천지가 서로 합하여 감로(甘露)를 내릴 것이며, 백성은 명령하지 않아도 저절로 균평해진다." 는 내용이다. 통치자가 소박하면 백성들이 대개 감동하고 복종하며, 백성들과 서로 화합하여 좋은 결과를 얻으며, 백성들도 소박해져서 저절로 균평하게 된다는 것이다. 소박함은 만족할 줄 알고 그칠 줄 아는 것과 궤를 같이하는데, 이러한 삶은 '자신을 평안하게 하는 효과' 뿐만 아니라 '사회 전체를 화평하게 하는 효과' 를 지닌다.

이처럼 노자는 지족의 의의를 '개인적 차원' 에 한정하지 않고, '사회적 차원' 으로 확장하여 논했다. 노자는 다음과 같이 말한다.

> 천하에 道가 있으면 전쟁터를 달리던 말〔馬〕의 거름으로 논밭을 비옥하게 하나, 천하에 道가 없으면 전쟁터를 달리는 말이 교야(郊野)에서 새끼를 낳게 된다. 재앙〔禍〕은 만족할 줄 모르는 것보다 더 큰 것이 없고, 허물〔咎〕은 얻으려는 욕심보다 더 큰 것이 없다. 그러므로 만족할 줄 아는 데서 오는 만족만이 영원한 만족이다.[64]

63)『老子』32 : 道常無名 樸雖小 天下莫能臣也 侯王若能守之 萬物將自賓 天地相合 以降甘露 民莫之令而自均 始制有名 名亦既有 夫亦將知止 知止所以不殆 譬道之在天下 猶川谷之與江海

64)『老子』46 : 天下有道 卻走馬以糞 天下無道 戎馬生於郊 禍莫大於不知足 咎莫大於欲得 故知足之足 常足矣

'전쟁터를 달리던 말의 거름으로 논밭을 비옥하게 한다'는 것은 전쟁이 사라져 군마(軍馬)를 농사에 활용한다는 뜻이며, '전쟁터를 달리는 말이 교야에서 새끼를 낳게 된다'는 것은 전쟁이 치열하여 새끼를 밴 말조차 제대로 휴식을 얻지 못하고 들판에서 시달린다는 뜻이다. 위의 인용문에서는 '천하에 道가 있는 상황'과 '천하에 道가 없는 상황'을 대비하고 있거니와, 만족할 줄 아는 사람들의 세상이 '道가 있는 상황'이며, 만족할 줄 모르는 사람들의 세상이 '道가 없는 상황'일 것이다. 만족할 줄 모르는 사람들의 세상에서는 남의 것을 빼앗기 위한 전쟁이 그치지 않으며, 전쟁은 또한 각종 재앙을 초래한다. 이러한 맥락에서, 지족은 곧 세상을 평화롭게 만드는 첩경이기도 하다.

'소요유(逍遙遊)'는 장자의 핵심 개념으로서, 세속의 가치관에 매달리지 말고 자신의 가치관에 따라 '유유자적(悠悠自適)하며 살라'는 것이다. 장자는 신선처럼 유유자적하며 사는 인간을 '지인(至人), 신인(神人), 성인(聖人)'이라 하고, "지인은 자기가 없고〔無己〕, 신인은 공적이 없으며〔無功〕, 성인은 명예가 없다〔無名〕."고 설파했다.[65] 이들은 자기를 내세우지도 않고, 공적을 자랑하지도 않으며, 명예를 추구하지도 않는다는 것이다.

『장자』〈소요유〉의 첫머리는 곤(鯤)과 붕(鵬)의 이야기로 시작한다. 크기가 수천 리나 되는 물고기 '곤'이 변해서 하늘을 나는 '붕'이 되는데, 붕이 날개를 활짝 펴면 마치 하늘 가득히 구름이 낀 것과 같다. 붕은 북쪽 바다에서 회오리바람을 타고 9만 리 상공으로 날아올라, 여섯 달 동안 쉬지 않고 비행하여 남쪽 바다에 이른다. 그런데 겨우 작은 나무들 사이를 날아다니는 매미나 비둘기의 관점에서는 붕의 이러한 행태를 이해하지

65)『莊子』〈逍遙遊〉: 至人無己 神人無功 聖人無名

못하고 비웃는다는 것이다. 장자는 이러한 이야기를 소개한 다음, "작은 지혜는 큰 지혜에 미치지 못하고, 짧은 수명은 긴 수명에 미치지 못한다. 무엇으로 그러함을 아는가? 아침에 생겨났다가 햇빛을 보면 말라버리는 버섯은 초하루와 그믐을 알지 못하며, 여름 한 철을 사는 쓰르라미는 봄과 가을을 알지 못한다."[66]고 평했다. '소요유'를 위해서는 평범하고 편협한 세속적 안목을 초탈해야 하거니와, 장자는 그러한 예로서 다음과 같이 말한다.

> 혜시가 장자에게 말했다. "내게 큰 나무가 있는데 사람들은 이를 가죽나무라 부르네. 그것의 큰 둥치는 울퉁불퉁해서 먹줄을 칠 수가 없고, 작은 가지는 뒤틀리고 굽어서 자를 댈 수가 없어서, 길가에 있어도 목수는 돌아보지 않네. 지금 자네의 말은 크지만 쓸모가 없어서, 사람들이 아무도 듣지 않는 것이네." 장자가 말했다. "자네는 살쾡이를 보지 못했나. 몸을 낮추고 엎드려, 뛰노는 놈을 기다리네. 동쪽으로 서쪽으로 뛰어다니며 높고 낮은 것을 피하지 않다가, 덫에 치이고 그물에 걸려 죽게 되네. 들소는 그 크기가 하늘에 드리운 구름과 같으나 몸이 크다 뿐이지 쥐도 잡지 못하네. 이제 자네가 큰 나무를 가지고 그 쓸모없음을 걱정하고 있는데, 어째서 무하유지향(無何有之鄕)의 넓은 들판에 심어두고, 이리저리 그 근처에서 소요(逍遙)하다가, 그 밑에 누워 쉴 생각을 못하는가? 일찍이 도끼에 넘어가지 않고, 해를 끼칠만한 물건이 없네. '쓸모없다〔無用〕'는 것이 어찌 괴로운 것이겠나?"[67]

---

66) 『莊子』〈逍遙遊〉: 小知不及大知 小年不及大年 奚以知其然也 朝菌不知晦朔 蟪蛄不知春秋

67) 『莊子』〈逍遙遊〉: 惠子謂莊子曰 吾有大樹 人謂之樗 其大本擁腫而不中繩墨 其小枝卷曲而不中規矩 立之塗 匠者不顧 今子之言 大而無用 衆所同去也 莊子曰 子獨不見狸狌乎 卑身而伏 以候敖者 東西跳梁 不避高下 中於機辟 死於罔罟 今夫斄牛 其大若垂天之雲 此能爲大矣 而不能執鼠 今子有大樹 患其無用 何不樹之於無何有之鄕 廣莫之野 彷徨乎無爲其側 逍遙乎寢臥其下 不夭斤斧 物無害者 無所可用 安所困苦哉

혜시가 장자에게 '자네의 말은 가죽나무처럼 크지만, 쓸모가 없다' 고 핀잔하자, 장자는 '쓸모없음이야말로 인생을 소요할 수 있는 좋은 계기가 된다' 고 반론한 것이다. 이처럼 장자는 세상 사람들로부터 '쓸모없다고 버림받는 것' 이야말로 인생을 유유자적하며 소요할 수 있는 최선의 길이라고 보았다.

위의 인용문에서 엿볼 수 있듯이, '소요유' 를 뒷받침하는 덕목은 지족(知足)과 무용지용(無用之用)이다. 먼저 '지족' 에 대해 살펴보자. 『장자』의 〈소요유〉에는 요(堯)와 허유(許由)의 이야기가 보인다. 당시 통치자였던 요가 허유에게 자기 대신 천하를 맡아 다스려달라고 부탁하자, 허유는 다음과 같이 말하면서 사양했다는 것이다.

> 뱁새가 깊은 숲속에 둥지를 짓고 살 때 (필요한 것은 숲 전체가 아니라) 나뭇가지 하나에 불과하며, 두더지가 강물을 마실 때 (필요한 것은 강물 전체가 아니라) 자기 배를 채울 만큼에 불과합니다. 임금께서는 돌아가 쉬십시오. 나는 천하를 가지고 할 일이 전혀 없습니다.[68]

요컨대 천하의 통치자가 되는 것은 자신의 편안한 삶에 전혀 보탬이 되지 않는다는 것이다. 허유는 자신에게 필요한 것은 비유컨대 '둥지를 지을 만한 나뭇가지 하나' 와 '갈증을 해소할 물 한 그릇' 뿐이라고 설파했다. 이러한 맥락에서 허유는 천하의 통치자가 되는 영광을 기꺼이 버리고, 초야에서 유유자적하게 사는 은자(隱者)의 길을 택했다. 이처럼 소요유를 위해서는 자신의 처지에 만족할 줄 아는 자세가 필요한 것이다.

이제 '쓸모없음의 쓸모〔無用之用〕' 에 대해 살펴보자. 세상 사람들은 보

68) 『莊子』〈逍遙遊〉: 堯讓天下於許由 (…) 鷦鷯巢於深林 不過一枝 偃鼠飮河 不過滿腹 歸休乎君 予無所用天下爲

통 명예와 재물을 추구하는 데 힘쓴다. 이에 대해 장자는, 노자와 같은 맥락에서, 명예와 재물의 추구가 자신의 온전한 삶을 파괴하는 주범이라고 비판한다.

> 옛날에 걸(桀)은 관용봉(關龍逢)을 죽였고, 주(紂)는 왕자 비간(比干)을 죽였다. 관용봉과 비간은 모두 자신을 수양(修養)하여, 아랫사람으로서 남의 백성을 어루만졌으니, 아랫사람으로서 그 윗사람을 거역한 것이다. 그러므로 그 군주가 이들이 수양한 것을 빌미로 삼아 물리쳤으니, 이들은 명예를 좋아했던 자들이다. 옛날에 요(堯)는 총지(叢枝)와 서오(胥敖)를 공격하고, 우(禹)는 유호(有扈)를 공격하여, 이들 나라는 폐허가 되고 군주는 죽임을 당했으니, 그들은 전쟁을 그치지 않고 끊임없이 실리를 추구했던 것이다. (…) 명예와 실리는 성인(聖人)도 감당할 수 없는 것이다.[69)]

장자에 의하면, 관용봉과 비간은 명예를 추구하다가 죽임을 당하고, 총지 · 서오 · 유호의 군주는 이익을 추구하다가 죽임을 당했다. 명예와 실리는 세상 사람들이 '쓸모 있는 것' 으로 여겨 서로 차지하려고 다투는 것인바, 그러므로 명예와 실리를 추구하는 사람은 결국 제명대로 살 수 없게 된다는 것이다. 장자는 각각의 사례를 제시하고, 명예와 실리는 성인(聖人)도 감당할 수 없는 것이라고 설파했다. 한편, 장자는 '쓸모없음' 으로 인해 온갖 난관을 피하면서 천수를 누릴 수 있었던 인물을 소개한다. '지리소' 가 바로 그러한 인물이다.

---

69) 『莊子』〈人間世〉: 昔者桀殺關龍逢 紂殺王子比干 是皆脩其身 以下傴拊人之民 以下拂其上者也 故其君因其脩以擠之 是好名者也 昔者堯攻叢枝胥敖 禹攻有扈 國爲虛厲 身爲刑戮 其用兵不止 其求實无已 (…) 名實者 聖人之所不能勝也

지리소(支離疏)는 턱이 배꼽 아래에 숨어 있고, 어깨가 이마보다도 높고, 상투는 하늘을 가리키고, 오장(五臟)이 위에 있으며, 두 넓적다리는 옆구리에 닿아 있다. 바느질과 세탁으로 충분히 입에 풀칠할 수 있으며, 키를 까부르고 쌀을 골라서 생기는 곡식으로 족히 열 사람을 먹여 살린다. 나라에서 군인을 징집하면 지리소는 팔뚝을 걷어붙이고 그사이를 휘젓고 돌아다니고, 나라에 큰 부역이 있으면 지리소는 항상 병(病)이 있으므로 면제되며, 나라에서 병자(病者)에게 곡식을 나눠줄 때엔 세 종류의 곡식과 열 다발의 땔나무를 받는다. 그 몸을 지리하게 한 사람도 충분히 자기 몸을 잘 기르고 천수(天壽)를 누리는데, 하물며 그 德을 지리하게 한 사람이겠는가?[70)]

지리소는 세상 사람들이 모두 싫어하는 신체적 특징을 지닌 인물이다. 그는 전쟁이나 부역에 적합하지 못한 '쓸모없는' 몸을 지녔는데, 이로 인해 그는 각종 징용에서 면제되었다. 또한 그는 얼마든지 자신의 노력으로 생계를 꾸릴 수 있었음에도 불구하고, 병자로 취급되어 국가가 제공하는 각종 복지 혜택을 누리기도 했다. 장자는 이처럼 몸을 지리하게 한 사례를 소개하고, 덕을 지리하게 하면 더욱 온전한 삶을 살 수 있을 것이라고 설파했다.

지리소의 몸은 남들이 보기에는 '쓸모없는 것' 이었지만, 온전하게 자신의 삶을 누리는 데에는 그런 몸이 매우 '쓸모 있는 것' 이었다. 이러한 맥락에서 장자는 '세상의 모든 사물은 관점에 따라 쓸모가 달라지는 것' 이라고 설명하고, 세상 사람들에게 쓸모 있는 것은 자신에게 해로운 것이

70)『莊子』〈人間世〉: 支離疏者 頤隱於臍 肩高於頂 會撮指天 五管在上 兩髀爲脅 挫鍼治繲 足以餬口 鼓筴播精 足以食十人 上徵武士 則支離攘臂而遊於其間 上有大役 則支離以有常疾不受功 上與病者粟 則受三鍾與十束薪 夫支離其形者 猶足以養其身 終其天年 又況支離其德者乎

며, 세상 사람에게 쓸모없는 것이야말로 자신에게 이로운 것이라고 주장했다. 장자는 그와 같은 사례의 하나로 사직단의 상수리나무를 거론한다. 제(齊) 나라의 사직단에는 그 크기가 수천 마리의 소에게 그늘을 제공할 만하고, 그 둘레가 백 아름이나 되고, 그 높이는 팔십 척을 넘는 상수리나무가 있었는데, 목수 석(石)은 이를 보고 '재목이 못 되는 나무'라고 여겨 거들떠보지도 않았다. 그날 밤 목수의 꿈에 그 상수리나무가 나타나 다음과 같이 말했다.

> 아가위나무, 배나무, 귤나무, 유자나무는 과실과 열매가 익으면 사람들에게 잡아 뜯기고 능욕을 당하여, 큰 가지는 꺾이고 작은 가지는 찢기니, 이는 그 잘난 재능으로 인해 자신의 삶을 괴롭히는 것이다. 그러므로 천수(天壽)를 마치지 못하고 도중에 요절하여, 스스로 세속 사람들에게 타격을 받는 것이다. 사물은 모두 이와 같지 않음이 없다. 또한 나는 '쓸모없음'을 추구한 지 오래되었다. 그리하여 거의 죽을 뻔했다가 이제야 그렇게 되었으니, 나의 '큰 쓸모'이다. 만약 내가 쓸모 있었다면 이처럼 커질 수 있었겠는가?[71]

상수리나무는 '세상 사람들이 높이 평가하는 재능을 지니면, 그로 인해 세상 사람들에게 괴롭힘을 당한다'고 주장하고, 그리하여 자신은 오랜 세월 동안 쓸모없음을 추구한 것이라고 설명했다. 장자는 이러한 부류의 우화를 숱하게 제시한 다음, 결론적으로 다음과 같이 말한다.

> 산의 나무는 스스로 자신을 해치며, 기름 등불은 스스로 자신을 태우는 것이

71) 『莊子』〈人間世〉: 夫柤梨橘柚 果蓏之屬 實熟則剝 剝則辱 大枝折 小枝泄 此以其能苦其生者也 故不終其天年而中道夭 自掊擊於世俗者也 物莫不若是 且予求無所可用 久矣 幾死乃今得之 爲予大用 使予也而有用 且得有此大也邪

다. 계피(桂皮)는 먹을 수 있기 때문에 사람들이 베어가며, 옻나무는 쓸모가 있기 때문에 사람들이 잘라간다. 사람들은 모두 '쓸모 있음의 쓸모〔有用之用〕' 만을 알고, '쓸모없음의 쓸모〔無用之用〕' 는 전혀 모른다.[72]

이처럼 장자는 세상 사람들이 '쓸모 있음의 쓸모' 만을 알기 때문에 온전하게 삶을 누리지 못하는 것이라고 비판하고, 우리에게 '쓸모없음의 쓸모' 를 깨달으라고 촉구했다. 요컨대 세상 사람들에게 쓸모없는 존재가 되어야만 유유자적하는 소요유의 삶을 즐길 수 있다는 말이다. 세상 사람들에게 쓸모없는 존재가 되는 것, 즉 '쓸모없음의 쓸모' 를 추구하는 것은 세속적 가치관을 탈피하고 자신의 고유한 가치관을 정립하는 것이다. 이러한 맥락에서 '소요유' 는 '제물론' 과 마찬가지로 기존의 통념을 부정하고 극복하는 과정을 필요로 한다. 그리하여 가치관의 전환을 통해 '쓸모없음의 쓸모' 를 추구하고, 대자유(大自由)를 누리는 것이 바로 장자가 설파하는 '소요유' 이다.

이상의 내용을 정리해 보자. 소요유는 자신의 가치관에 따라 유유자적하며 사는 것이다. 소요유를 누릴 수 있는 출발점은 만족할 줄 아는 것이며, 쓸모없음의 쓸모를 깨닫는 것이다. 이는 결국 명예와 재물에 대한 욕망을 스스로 제한하는 것이다. 남들처럼 명예와 재물을 누리려 하면, 남들의 시기와 질투를 사고, 남들과의 경쟁에 시달리게 되는바, 이는 결코 자신의 삶을 온전히 누리는 방법이 못 된다.

소요유의 의의는 개인적 차원의 유유자적한 삶에 그치는 것이 아니다. 모든 사람이 유유자적한 삶을 위해 자기를 내세우지도 않고, 공적을 자랑하지도 않으며, 명예를 추구하지도 않는 가운데 이 세상은 저절로 자유와

---

72) 『莊子』〈人間世〉: 山木自寇也 膏火自煎也 桂可食 故伐之 漆可用 故割之 人皆知有用之用 而莫知無用之用也

평화의 낙원이 될 것인바, 이러한 맥락에서 소요유는 또한 '사회적 의의'를 지니는 것이다.

2) 사회적 차원 : 겸양(謙讓)과 재유(在宥)

도가는 국가의 통치 역시 '무위〔自然〕'의 영역으로 인식한다. 도가는 현실의 혼란은 대부분 통치자의 '유위〔人爲〕'로부터 비롯된다고 본다. 따라서 통치자가 무위의 자세를 견지해야만 세상이 안정되고 평화로워진다는 것이다. 이러한 맥락에서 노자는 다음과 같이 무위의 통치를 예찬한다.

> 가장 훌륭한 통치자는 백성이 그가 존재한다는 것만 안다. 그다음 등급의 통치자는 백성들이 친하게 여기고 칭송한다. 그다음 등급의 통치자는 백성이 두려워한다. 그다음 등급의 통치자는 백성이 업신여긴다. (통치자에게) 신의(信義)가 모자라면, (백성은) 그를 믿지 않는다. (훌륭한 통치자는) 유유자적 말을 아끼니, 모든 일이 잘 이루어지면 백성은 모두 "우리가 스스로 이룬 것"이라고 말한다.[73)]

가장 훌륭한 통치자는 무위의 자세를 견지하므로, 백성은 단지 '그가 존재한다는 것'만 알 뿐,[74)] '그가 어떤 사람인지, 무엇을 하는지'는 알지 못한다. 또한 훌륭한 통치자는 말을 아끼고, 일이 이루어져도 자신의 공(功)으로 내세우지 않으므로, 백성은 그 일이 '저절로 이루어진 것' 또는

73) 『老子』 17 : 太上 下知有之 其次 親而譽之 其次 畏之 其次 侮之 信不足焉 有不信焉 悠兮其貴言 功成事遂 百姓皆謂我自然

74) 『老子』 제17장의 첫째 구절 "太上 下知有之"는 "太上 不知有之"로 된 판본도 있다. "太上 不知有之"로 읽으면, "가장 훌륭한 통치자는 백성이 그가 존재한다는 것도 모른다"는 뜻이 되는바, 이는 無爲에 더욱 철저한 것이라 하겠다.

'자신들이 스스로 이룬 것' 으로 알게 된다. 이처럼 백성이 통치자의 존재를 의식하지 못하게 하는 통치자야말로 최상의 통치자라는 것이다.

무위자연은 사회적 차원에서는 '겸양(謙讓)' 과 '재유(在宥)' 를 추구하는 것이다. 먼저 노자의 '겸양' 에 대해 살펴보자. 겸양은 지족의 연장선상에서 성립하는바, 만족할 줄 아는 사람은 남에게 기꺼이 양보하여 다투지 않는다. 이는 노자의 다음과 같은 말에서 확인할 수 있다.

> 간직하여 가득 채우는 것은 그만두는 것만 못하다. 쇠를 단련하여 예리하게 만들면 오래 보존할 수 없다. 금(金)과 옥(玉)이 집안에 가득하면 능히 지킬 수 없고, 부귀(富貴)하면서 교만하면 스스로 허물을 남긴다. 공(功)이 이루어지면 자신은 물러나는 것이 하늘의 道이다.[75]

위에서 말한 것처럼 "금과 옥이 집안에 가득하면 능히 지킬 수 없고, 부귀하면서 교만하면 스스로 허물을 남긴다."는 것을 알면 "간직하여 가득 채우는 것은 그만두는 것만 못하다."는 것을 깨닫게 되고, 이를 깨달은 사람은 "공이 이루어지면 자신은 기꺼이 물러나는 것" 이다. 이러한 맥락에서 지족은 곧 겸양으로 연결되는데, 겸양은 도가가 추구하는 인간관계의 핵심이다. 위의 인용문에서는 또한 "공이 이루어지면 자신은 물러나는 것이 하늘의 道" 라고 했거니와, 노자는 道의 본질을 '겸양' 으로 파악했다.

> 大道는 충만하여, 좌 · 우 어디에나 존재한다. 만물이 大道에 의지하여 살아가는데도 이를 마다하지 않고, 공(功)이 이루어져도 이름을 드러내지 않는다. 大道는 만물을 입혀주고 길러주면서도 주인 노릇을 하지 않는다. 항상 욕심이

75) 『老子』 9 : 持而盈之 不如其已 -而銳之 不可長保 金玉滿堂 莫之能守 富貴而驕 自遺其咎 功遂身退 天之道

> 없으니 '작다' 고 이름 지을 수 있고, 만물이 귀의(歸依)해도 주인 노릇을 하지 않으니 '크다' 고 이름 지을 수 있다. 끝내 스스로 크다고 자처하지 않으니, 그러므로 능히 위대함을 이룰 수 있다.[76]

노자에 의하면, 道는 만물을 낳아주고 길러주면서도, 자기 이름을 드러내지도 않고, 만물 위에 군림하지도 않는다. 이야말로 '겸양' 이라 할 수 있는데, 道는 이처럼 겸양하기 때문에 '위대한 존재' 라는 것이다. 이러한 맥락에서 노자는 항상 남을 이롭게 하면서도 자신의 공(功)으로 내세우지 않고 기꺼이 낮은 곳에 처하는 사람이 '가장 훌륭한 사람' 이라고 설명했다. 노자는 겸양을 대표하는 상징으로 '물' 을 내세우면서, 다음과 같이 말한다.

> 상선(上善)은 물과 같다. 물은 만물을 이롭게 하면서도 다투지 않으며, 뭇사람들이 싫어하는 낮은 곳에 자리 잡으니, 그러므로 道에 가깝다. 거처할 때엔 장소를 잘 고르고, 마음 쓸 때엔 연못처럼 깊고, 남들과 함께할 때엔 어질고, 말할 때엔 믿음직스럽고, 바로잡을 때엔 잘 다스리고, 일할 때엔 능력을 잘 발휘하고, 움직일 때엔 때를 잘 맞춘다. 오직 다투지 않으니, 그러므로 허물이 없다.[77]

노자는 '세상에서 가장 훌륭한 사람〔上善〕' 을 '물' 에 비유했다. 그는 물처럼 만물을 두루 이롭게 하면서도, 남들이 선호하지 않는 낮은 곳에

---

76) 『老子』 34 : 大道氾兮 其可左右 萬物恃之而生而不辭 功成不名有 衣養萬物而不爲主 常無欲 可名於小 萬物歸焉而不爲主 可名爲大 以其終不自爲大 故能成其大

77) 『老子』 8 : 上善若水 水善利萬物而不爭 處衆人之所惡 故幾於道 居善地 心善淵 與善仁 言善信 正善治 事善能 動善時 夫唯不爭 故無尤

처함으로써 남들과 경쟁하지 않으니, 그러므로 전혀 허물이 없게 된다는 것이다. 노자는 더 나아가, 이렇게 겸양하는 사람은 결국 자신의 소망을 이룰 수 있다고 설파했다.

> 하늘과 땅은 영원하다. 하늘과 땅이 영원한 까닭은 자기를 위해 살지 않기 때문이니, 그러므로 영원히 살 수 있다. 그러므로 성인(聖人)은 자신을 뒤로 양보하지만 자신이 앞서게 되고, 자신을 도외시하지만 자신이 보전되니, 사사로움이 없기 때문 아니겠는가? 그러므로 자신의 사사로움을 이룰 수 있다.[78)]

노자에 의하면, 남에게 양보하면 결국 자신이 앞자리를 얻게 되고, 남을 위해 헌신하면 결국 자신이 보전된다. '양보함으로써 얻게 된다'는 것은 분명 역설적인 일인데,[79)] 노자는 이를 "사사로움이 없기 때문에 사사로움을 이룰 수 있다."는 역설의 논리로 설명했다. '자신을 내세우고자 하는 사람'은 대개 자신의 여러 능력을 과시하면서 남의 윗자리에 군림(君臨)하고자 하는데, 그는 결국 남들의 반발과 저항을 사기 쉽다. 그리하여 노자는 '겸양하면 오히려 얻을 수 있다'는 역설을 설파하면서 겸양을 적극 권장한 것이다.

노자는 이처럼 개인적 차원에서도 겸양을 칭송했지만, 사회적 차원에서 더욱 겸양을 역설했다. 겸양은 세상을 평화롭고 안정되게 만들 수 있는 진정한 방법이라는 것이다. 노자는 그 까닭을 다음과 같이 설명한다.

첫째, 세상 사람들은 겸양하는 인물을 좋아하여, 기꺼이 그를 지도자

---

78) 『老子』 7 : 天長地久 天地所以能長且久者 以其不自生 故能長生 是以聖人 後其身而身先 外其身而身存 非以其無私耶 故能成其私 ('以其不自生'을 '자기를 위해 살지 않기 때문'이라고 번역한 것은 오강남의 해석에 따른 것이다. 오강남, 『도덕경』, 47쪽 참조)

79) 『論語』에서도 "孔子는 양보함으로써 얻으셨다〔讓以得之〕"고 칭술한 내용이 보인다(『論語』 〈學而〉 10 : 子貢曰 夫子溫良恭儉讓以得之 夫子之求之也 其諸異乎人之求之與).

(통치자)로 추대하게 된다. 노자는 다음과 같이 말한다.

> 강과 바다가 수많은 계곡 가운데 왕(王)이 되는 까닭은 아래에 처하기를 잘하기 때문이다. 그러므로 성인(聖人)은 백성의 위에 서고 싶으면 반드시 말로써 백성에게 겸손하게 낮추고, 백성의 앞에 서고 싶으면 반드시 몸으로써 백성의 뒤를 따른다. 그러므로 성인은 윗자리에 있어도 백성이 무겁게 여기지 않고, 앞자리에 있어도 백성이 해롭게 여기지 않는다. 그러므로 천하가 기꺼이 추대하여 싫어하지 않는다. 남과 (윗자리를) 다투지 않기 때문에 천하가 그와 더불어 다툴 수 없다.[80)]

'권위적인 사람' 이 윗자리에 있으면, 사람들은 그를 무겁게 여기고, 무섭게 여겨서, 기피하거나 저항하게 된다. 그러나 '겸양하는 사람' 은 윗자리에 있어도 무겁지 않고 무섭지 않기 때문에, 사람들이 그를 추종하고 추대하게 된다. 이러한 맥락에서 노자는 "백성의 위에 서고 싶으면 반드시 말로써 백성에게 겸손하게 낮추고, 백성의 앞에 서고 싶으면 반드시 몸으로써 백성의 뒤를 따르라." 고 권한 것이다.

둘째, 통치자가 겸양하면 모든 사람이 자발적으로 복종하게 된다. 노자는 이를 "굽히면 온전해진다." 는 역설의 논리로 설명한다.

> 굽히면 온전해지고, 구부리면 곧게 펴지고, 움푹 파이면 채워지고, 오래되면 새로워지고, 적어지면 얻고, 많아지면 미혹된다. 그러므로 성인(聖人)은 하나를 품어 천하의 모범이 되니, 스스로를 드러내지 않기 때문에 밝게 빛나고,

---

80) 『老子』 66 : 江海所以能爲百谷王者 以其善下之 故能爲百谷王 是以聖人 欲上民 必以言下之 欲先民 必以身後之 是以聖人 處上而民不重 處前而民不害 是以天下 樂推而不厭 以其不爭 故天下莫能與之爭

> 스스로 옳다 하지 않기 때문에 돋보이고, 스스로 자랑하지 않기 때문에 공(功)이 있게 되고, 스스로 자만하지 않기 때문에 오래간다. 무릇 오직 다투지 않기 때문에 천하가 그와 다툴 수 없다. 옛날에 이른바 "굽히면 온전해진다."는 말이 어찌 헛된 말이겠는가? 진실로 온전해지면 (모든 사람이) 그에게로 돌아가게 된다.[81)]

"굽히면 온전해지고, 구부리면 곧게 펴진다."거나 "적어지면 얻고, 많아지면 미혹된다."는 것은 일상에서 종종 경험할 수 있는 역설이다. 노자에 의하면, 성인은 이러한 역설을 체득하여 모범적으로 실천하는 사람이다. 성인은 진실로 스스로를 드러내지 않기 때문에 밝게 빛나고, 스스로 옳다 하지 않기 때문에 돋보이는 사람인데, 세상 사람들은 이처럼 겸양하는 통치자에게는 자발적으로 귀복(歸服)한다는 것이다.

셋째, 겸양은 곧 '무위(無爲)'인바, 통치자가 겸양하여 무위하면 백성이 저절로 감화되고, 천하가 저절로 안정된다. 노자는 다음과 같이 말한다.

> 천하에 꺼리는 것이 많아질수록 백성은 더욱 가난해지고, 백성에게 편리한 기구들이 많아질수록 국가는 더욱 혼란해지며, 사람들에게 기교가 많아질수록 기이한 물건들이 더 많아지고, 법령이 늘어날수록 도적도 더 늘어난다. 그러므로 성인(聖人)은 "내가 무위하면 백성이 저절로 감화되고, 내가 고요함을 좋아하면 백성이 스스로 바르게 되며, 내가 하는 일이 없으면 백성이 저절로 부유하게 되고, 내가 욕망이 없으면 백성이 스스로 소박하게 된다."고 말한다.[82)]

---

81)『老子』22 : 曲則全 枉則直 窪則盈 弊則新 少則得 多則惑 是以聖人 抱一爲天下式 不自見故明 不自是故彰 不自伐故有功 不自矜故長 夫唯不爭 故天下莫能與之爭 古之所謂曲則全者 豈虛言哉 誠全而歸之

82)『老子』57 : 天下多忌諱 而民彌貧 民多利器 國家滋昏 人多伎巧 奇物滋起 法令滋彰 盜賊多有 故聖人云 我無爲而民自化 我好靜而民自正 我無事而民自富 我無欲而民自樸

통치자가 특정한 목적을 위해 법령을 계속 늘려 많은 금지 사항을 설정하면 그 법령을 악용하는 도둑도 늘어나고 백성들은 더욱 가난해진다. 또 백성들이 편리한 기구를 좋아하고 교묘한 재주를 뽐낼수록 국가는 혼란해진다. 노자는 이러한 폐단들을 해결할 수 있는 방편으로 '무위(無爲), 호정(好靜), 무사(無事), 무욕(無欲)'의 통치를 내세웠다. "무위를 실천하면 다스려지지 않음이 없다."는 것이 노자의 지론이었거니와, 이러한 통치는 백성이 저절로 감화되고, 백성이 스스로 바르게 되며, 백성이 저절로 부유하게 되고, 백성이 스스로 소박하게 되는 결과를 낳는다는 것이다.

노자는 '겸양하면 남들이 자발적으로 복종한다'는 역설은 국제관계에서도 통용되는 진리라고 보았다.

> 대국(大國)은 강(江)의 하류로서, 천하가 모여드는 곳이며, 천하의 여인이다. 여성은 언제나 고요함으로 남성을 이기며, 고요함으로 아래에 처한다. 그러므로 대국은 소국의 아래에 처함으로써 소국을 얻고, 소국은 대국의 아래에 처함으로써 대국을 얻는다. 그러므로 혹은 자신을 낮춤으로써 얻고, 혹은 아래에 있음으로써 얻는다. 대국이 바라는 것은 소국을 모아 보양(保養)하는 것이며, 소국이 바라는 것은 대국에 들어가서 섬기는 것이다. 대국과 소국이 각각 원하는 바를 얻으려면 대국이 마땅히 스스로를 낮추어야 한다.[83)]

노자는 대국과 소국 사이의 바람직한 관계를 '대국은 소국을 보호하고, 소국은 대국을 섬기는 것'으로 설정하고, 이는 상호 겸양을 통해서 이루어질 수 있다고 보았다. 그러면서도 노자는 "대국과 소국이 각각 원하

83) 『老子』 61 : 大國者下流 天下之交 天下之牝 牝常以靜勝牡 以靜爲下 故大國以下小國 則取小國 小國以下大國 則取大國 故或下以取 或下而取 大國不過欲兼畜人 小國不過欲入事人 夫兩者各得其所欲 大者宜爲下

는 바를 얻으려면 대국이 마땅히 스스로를 낮추어야 한다."고 하여, 대국에게 더욱 겸양을 요구하였다.[84]

이상에서 노자의 '무위이치(無爲而治)'를 대표하는 개념으로 '겸양'에 대해 살펴보았거니와, 장자는 '천하를 있는 그대로 놓아두어야 한다'는 '재유(在宥)'를 중심으로 '무위이치'를 설명했다. 장자는 다음과 같이 말한다.

> 천하를 '있는 그대로 놓아둔다〔在宥〕'는 말은 들었어도, 천하를 다스린다는 말을 듣지는 못했다. '있는 대로 둠〔在之〕'은 천하 사람들이 그 본성을 어지럽힐까 두렵기 때문이며, '놓아둠〔宥之〕'은 천하 사람들이 그 덕을 옮길까 두렵기 때문이다.[85]

장자는 천하를 있는 그대로 놓아두는 '무위의 통치'만이 인간의 본성에 순응하는 통치라고 보았다. 장자는 천하를 있는 그대로 놓아두지 않는 '인위적 통치'에 대해서는 인간의 본성을 어지럽히며, 인간의 도덕을 타락시키는 것이라고 비판했다. 이러한 비판은 유가와 묵가의 통치론을 표적으로 삼은 것이다. 장자는 다음과 같이 말한다.

84) 국제관계에 대한 道家의 이러한 입장은 사실 儒家의 입장과 궤를 같이하는 것이다. 孟子는 "오직 仁者만이 대국으로서 소국을 섬길 수 있으니, 그러므로 湯이 葛을 섬기고, 文王이 昆夷를 섬긴 것이다. 오직 智者만이 소국으로서 대국을 섬길 수 있으니, 그러므로 太王이 獯鬻을 섬기고, 句踐이 吳를 섬긴 것이다. 대국으로서 소국을 섬기는 것은 하늘의 질서를 즐거워하는 것이며, 소국으로서 대국을 섬기는 것은 하늘의 질서를 두려워하는 것이다. 하늘의 질서를 즐거워하는 자는 天下를 보전하고, 하늘의 질서를 두려워하는 자는 자기 나라를 보전한다."고 설파한 바 있다(『孟子』〈梁惠王下〉 3).

85) 『莊子』〈在宥〉: 聞在宥天下 不聞治天下也 在之也者 恐天下之淫其性也 宥之也者 恐天下之遷其德也

옛날 황제(黃帝)가 처음 인의(仁義)로 사람들의 마음을 동요시키자, 이에 요 · 순(堯舜)이 정강이의 털이 닳아 없어지도록 부지런히 일해서 천하 사람들의 몸을 기르고, 온몸을 수고롭게 하여 인의를 실천하고, 그 혈기(血氣)를 괴롭혀서 법도(法度)를 세웠다. 그런데도 오히려 감당하지 못하자, 요(堯)는 환두(讙兜)를 숭산(崇山)에 유배하고, 삼묘(三苗)를 삼위(三峗)에 추방하며, 공공(共工)을 유도(幽都)에 유배했으니, 이는 천하를 감당하지 못한 것이다. 삼왕(三王)에 이르러서는 천하가 크게 놀라게 되었으니, 아래로는 걸(桀)과 도척(盜跖) 같은 (사납고 훔치는) 사람이 등장하고, 위로는 증삼(曾參)과 사추(史鰌) 같은 (쓸데없이 仁義를 내세우는) 사람이 등장했으며, 유가(儒家)와 묵가(墨家)도 함께 일어났다. (…) 오늘날 목이 잘려 죽은 시체들이 서로 베개를 삼고, 차꼬와 족쇄를 찬 사람들이 서로 밀치며, 형벌을 받은 사람들이 서로 바라보고 있거늘, 유가와 묵가는 차꼬와 수갑을 찬 죄인들 사이에서 팔뚝을 걷어붙이고 뛰어다니며 뽐내고 있다. 아, 심하도다! 그들이 수치를 모르는 것이 심하도다! 나는 성인(聖人)의 지혜가 차꼬와 수갑을 고정하는 쐐기 구실을 하지 않는지 모르겠으며, 인의(仁義)가 족쇄를 채우는 자물쇠 구실을 하지 않는지 모르겠다. 증삼과 사추는 걸(桀)과 도척(盜跖)이 출현한다는 신호가 아니라는 것을 어찌 알겠는가? 그러므로 "성인의 가르침을 끊고 지혜를 버리면〔絶聖棄知〕 천하가 크게 다스려진다."고 말하는 것이다.[86)]

위의 인용문에서는 성인(聖人)의 통치술로 간주되어 왔던 '인의(仁義),

---

86) 『莊子』〈在宥〉: 昔者黃帝始以仁義攖人之心 堯舜於是乎股無胈 脛無毛 以養天下之形 愁其五藏以爲仁義 矜其血氣以規法度 然猶有不勝也 堯於是放讙兜於崇山 投三苗於三峗 流共工於幽都 此不勝天下也夫 施及三王而天下大駭矣 下有桀跖 上有曾史 而儒墨畢起 (…) 今世殊死者相枕也 桁楊者相推也 刑戮者相望也 而儒墨乃始離跂攘臂乎桎梏之間 意 甚矣哉 其無愧而不知恥也甚矣 吾未知聖知之不爲桁楊椄槢也 仁義之不爲桎梏鑿枘也 焉知曾史之不爲桀跖嚆矢也 故曰 絶聖棄知而天下大治

법도(法度), 형벌' 등을 모두 인간의 본성에 어긋나고 천하를 혼란에 빠뜨리는 것으로 규정하고, 유가와 묵가를 그 장본인으로 지목하여 비판했다. 요컨대 유위(有爲)의 통치는 인간의 본성에 어긋나서 천하를 혼란에 빠뜨릴 뿐이라는 것이다.

장자에 의하면, 하·은·주(夏殷周) 시대 이후로는 모두 왁자지껄하게 상(賞)과 벌(罰)로써 다스렸거니와, 이는 인간의 본성에 어긋나는 것이었으므로 백성들이 그에 편안할 수 없었다. 장자는 유교에서 중요한 덕목으로 권장하는 총명(聰明), 인의(仁義), 예악(禮樂), 성지(聖智) 등에 대해서도 덕을 어지럽히고, 섭리를 어기고, 기교를 조장하고, 음란을 초래하는 등 각종 폐단을 야기한다고 비판했다. 그러므로 천하를 다스리는 데는 '무위(無爲)'가 최선인바, "무위로 다스린 다음에야 백성들이 성명(性命)의 실정(實情)에 편안할 수 있다"[87]는 것이다. 장자는 이를 말〔馬〕의 조련에 비유하여 설명한다.

> 무릇 말은 평평한 땅에 살면서 풀을 뜯어 먹고 물을 마시며, 기쁘면 목을 서로 비벼 대고, 성나면 등을 지고 서로 걷어찬다. 말이 아는 것(말의 지혜 분별)은 고작 이 정도이다. 그런데 말을 길들이려고 가로나무와 멍에를 가하고, 가지런히 달 모양의 장식을 붙이자, 말이 끌채 끝을 부러뜨리고 멍에를 망가뜨리고 멈추고 더디게 걷고 재갈을 토해 내고 고삐를 물어뜯을 줄 알게 되었다. 그러므로 말의 (모자라는) 지혜로 도둑처럼 (영악하게) 된 것은 백락(伯樂)의 죄이다.

87) 『莊子』〈在宥〉: 自三代以下者 匈匈焉終以賞罰爲事 彼何暇安其性命之情哉 而且說明邪 是淫於色也 說聰邪 是淫於聲也 說仁邪 是亂於德也 說義邪 是悖於理也 說禮邪 是相於技也 說樂邪 是相於淫也 說聖邪 是相於藝也 說知邪 是相於疵也 (…) 故君子不得已而臨莅天下 莫若無爲 無爲也而後 安其性命之情

혁서씨(赫胥氏)가 다스리던 시대에는 백성들이 집에 머물 때는 무엇을 해야 할지 몰랐고, 길을 떠날 때도 어디로 가야 할지 모르고, 먹을거리를 입에 물고 즐거워하며 배를 두드리며 놀았으니, 사람들이 할 줄 아는 것이 이 정도에 그쳤다. 그런데 성인(聖人)이 예악(禮樂)에 따라 몸을 구부리고 꺾게 해서 천하 사람들의 몸가짐을 바로잡으려 하며, 인의(仁義)를 내걸고 천하 사람들의 마음을 달램에 이르러서는, 백성들이 비로소 심혈을 기울여 지혜를 추구하고, 서로 이익을 다투어 멈출 수 없게 되었으니, 이 또한 성인의 과실(過失)이다.[88]

백락(伯樂)은 훌륭한 조련사로 이름난 사람이었거니와, 장자는 오히려 백락이 말을 타락시킨 주범이라고 비판했다. 장자에 의하면, 말은 본래 풀을 뜯어 먹고 물을 마시며, 기쁘면 목을 서로 비벼 대고, 성나면 등을 지고 서로 걷어차는 등 순박한 짐승이었다. 그런데 말을 길들이려고 이런저런 제약을 가하자, 말이 끌채 끝을 부러뜨리고 멍에를 망가뜨리고 재갈을 토해 내고 고삐를 물어뜯는 등 사납게 저항하게 되었다는 것이다. 이를 두고 장자는 "말의 (모자라는) 지혜로 도둑처럼 (영악하게) 된 것은 백락(伯樂)의 죄이다."라고 비판했다. 요컨대 말을 자연 그대로 놓아두었더라면 말은 자신의 본성대로 순박하게 살았을 것인데, 인간이 말을 길들이려고 함으로써 도리어 말을 사납게 만들었다는 것이다.

장자는 국가의 통치에 대해서도 이러한 맥락에서 관찰하였다. 먼 옛날 혁서씨(赫胥氏) 시대에는 백성을 그대로 놓아둠으로써 백성이 즐겁고 순박하게 살 수 있었는데, 성인(聖人)이 등장하여 예악과 인의로 통치하면

88) 『莊子』〈馬蹄〉: 夫馬 陸居則食草飮水 喜則交頸相靡 怒則分背相踶 馬知已此矣 夫加之以衡扼 齊之以月題 而馬知介倪 闉扼鷙曼 詭銜竊轡 故馬之知而態至盜者 伯樂之罪也 夫赫胥氏之時 民居不知所爲 行不知所之 含哺而熙 鼓腹而遊 民能以此矣 及至聖人 屈折禮樂以匡天下之形 縣跂仁義 以慰天下之心 而民乃始踶跂好知 爭歸於利 不可止也 此亦聖人之過也

서부터 백성이 교활한 꾀를 내고 이익을 다투게 되었다. 요컨대 인의와 예악을 내세운 통치는 '인위적인 것' 으로서, 백성을 여러모로 타락시킬 뿐, 성공의 가능성은 전혀 없다는 것이다.[89] 장자는 그 까닭을 다음과 같이 설명한다.

> 성인(聖人)이 이미 죽으면 큰 도둑(나라를 훔치는 도둑)이 일어나지 않아, 천하는 태평하여 일이 없게 될 것이다. 성인이 죽지 않으면 큰 도둑이 그치지 않는다. 비록 성인을 거듭 기용하여 천하를 다스려도 이는 곧 도척(盜跖)을 거듭 이롭게 할 뿐이다. 말〔斗斛〕을 만들어 헤아리면 말을 가지고 훔치고, 저울을 만들어 재면 저울을 가지고 훔친다. 부절(符節)과 옥새(玉璽)를 만들어 그것으로 믿게 하면 부절과 옥새를 가지고 훔치며, 인의(仁義)로써 바로잡으려 하면 인의를 가지고 도둑질할 것이다. (…) 그러므로 성인의 가르침을 끊고 지식을 버리면 큰 도둑이 없어지며, 옥(玉)을 내던지고 구슬을 부수면 작은 도둑이 일어나지 않는다. 부절을 불태우고 옥새를 부수면 백성이 소박하고 검소해진다. 말을 깨고 저울을 꺾으면 백성이 다투지 않는다. 성인이 만든 법제를 모조리 없애버리면 백성이 비로소 함께 논의하게 된다.[90]

성인은 사람들이 서로 사랑하고 존중할 수 있도록 인의와 예악을 제정

---

89) 장자는 儒敎的 聖人이 추구하는 仁義와 禮樂의 통치에 대해, "이것은 거짓 덕〔欺德〕이다. 그런 것으로 천하를 다스린다는 것은 마치 바다를 맨발로 걸어서 건너고, 땅을 맨손으로 파서 물길〔運河〕을 내며, 모기의 등에 산을 짊어지게 하는 것과 같다." 고 비판했다(『莊子』〈應帝王〉: 是欺德也 其於治天下也 猶涉海鑿河 而使蚉負山也).

90) 『莊子』〈胠篋〉: 聖人已死 則大盜不起 天下平而無故矣 聖人不死 大盜不止 雖重聖人而治天下 則是重利盜跖也 爲之斗斛以量之 則並與斗斛而竊之 爲之權衡以稱之 則並與權衡而竊之 爲之符璽以信之 則並與符璽而竊之 爲之仁義以矯之 則並與仁義而竊之 (…) 故絶聖棄知 大盜乃止 擿玉毁珠 小盜不起 焚符破璽 而民朴鄙 掊斗折衡 而民不爭 殫殘天下之聖法 而民始可與論議

하고, 사람들이 서로 교역할 수 있도록 말과 저울 등을 만들고, 사람들이 서로 믿을 수 있도록 부절과 옥새를 만들었다. 그러나 이러한 것들은 본래 취지와는 달리 모두 백성의 불필요한 욕망을 자극하고, 서로 싸우고 속이게 만드는 도구가 되었다. 그러므로 "성인이 만든 법제를 모조리 없애버려야 한다."는 것이다.

장자는 이러한 맥락에서 천하를 다스리지 않고 그대로 놓아두는 것이야말로 올바른 통치이며, 인위적 제도로 제약과 구속을 가하는 통치는 도리어 인간의 본성을 파괴하는 비극을 야기한다고 보았다. 따라서 인위적 통치를 포기하고, "마음을 담담한 곳에 노닐고 기(氣)를 적막한 곳에 부합시켜서, 사물의 자연을 따르고 사사로운 욕심을 용납하지 아니하면, 천하가 다스려진다."[91]는 것이다. 장자는 '무위이치' 가 행해지는 세상을 '지덕(至德)이 행해지는 세상' 이라고 규정하고, 그 핵심을 무지(無知)와 무욕(無欲)으로 설명했다. 즉 지덕의 세상에서는 "모든 사람이 함께 지식이 없으므로 그 덕이 지리(支離)하지 않았으며, 모든 사람이 함께 욕망이 없었으므로 모두가 소박하게 살았다"[92]는 것이다. 장자는 또 다음과 같이 말한다.

> 지덕(至德)의 세상에서는 (…) 백성들이 (文字 대신) 노끈을 묶어 사용하고, 자기가 먹는 음식을 달게 여기고, 자기가 입은 옷을 아름답게 여기고, 자기들의 풍속을 즐겁게 여기고, 자기들의 거처를 편안하게 여겼다. 이웃 나라가 서로 바라보이고, 닭이 울고 개 짖는 소리가 서로 들려도, 백성들은 늙어 죽을 때까지 서로 왕래하지 않았다. 이러한 시대가 지극한 다스림의 시대이다.[93]

---

91) 『莊子』〈應帝王〉: 汝遊心於淡 合氣於漠 順物自然 而無容私焉 而天下治矣

92) 『莊子』〈胠篋〉: 夫至德之世 (…) 同乎無知 其德不離 同乎無欲 是謂素樸

93) 『莊子』〈胠篋〉: 至德之世 (…) 民結繩而用之 甘其食 美其服 樂其俗 安其居 鄰國相望 雞

위의 인용문에서 주목할 것은 '백성들이 늙어 죽을 때까지 서로 왕래하지 않았다'는 말이다. 백성들이 서로 왕래하면 많은 것을 알게 되고, 많은 것을 욕심 내게 되거니와, 그것은 무지와 무욕의 삶을 방해하는 것이다. 그러므로 음식과 의복 등 모든 부면에서 자기가 현재 누리는 것에 만족하며 살고, 이곳저곳을 여행하지 말아야 한다는 것이다. 장자는 '무위이치'의 궁극적 경지를 다음과 같이 설파한다.

> 명예의 주인공이 되지 말며, 꾀주머니가 되지 말며, 일의 책임자가 되지 말며, 지혜의 주인이 되지 말라. 무궁(無窮)한 道를 완전히 체득하여 충막무짐(冲漠無朕)한 세계에 노닐도록 하라. 하늘에서 받은 것을 극진히 하되 이득(利得)을 추구하지 않음은 또한 허(虛)일 따름이다. 지인(至人)의 마음 씀씀이는 거울과 같아서, 사물을 보내지도 않고 맞이하지도 않으며, 사물을 비추어주기만 하고 그 모습을 간직하지는 않는다. 그러므로 능히 만물을 이기면서도 다치지 않는다.[94]

> 명왕(明王)의 통치는 공(功)이 천하를 뒤덮어도 자기가 한 일로 여기지 않고, 교화(敎化)가 만물에 베풀어져도 백성들이 느끼지 못하며, 베풂이 있는데도 아무도 그 이름을 일컫지 않으며, 만물로 하여금 스스로 기뻐하게 하여, 헤아릴 수 없는 초월적인 경지에 서서 아무것도 없는 근원의 세계에 노니는 것이다.[95]

위의 첫째 인용문에서 말하는 '지인(至人)'과 둘째 인용문에서 말하는

狗之音相聞 民至老死而不相往來 若此之時 則至治已

94) 『莊子』〈應帝王〉: 無爲名尸 無爲謀府 無爲事任 無爲知主 體盡無窮而遊無朕 盡其所受於天而無見得 亦虛而已 至人之用心若鏡 不將不迎 應而不藏 故能勝物而不傷

95) 『莊子』〈應帝王〉: 明王之治 功蓋天下而似不自己 化貸萬物而民弗恃 有莫擧名 使物自喜 立乎不測 而遊於無有者也

'명왕(明王)' 은 장자의 사상에서 서로 표리를 이루는 인격이다. 허정무위(虛靜無爲)를 추구하는 지인이 거울처럼 사물을 보내지도 않고 맞이하지도 않으며 사물을 있는 그대로 비추어주기만 하듯이, 명왕의 통치는 천하를 있는 그대로 놓아두고 사사로운 지혜(꾀)를 쓰지 않음으로써 만물이 스스로 기뻐하도록 한다. 그리하여 '만물이 장차 스스로 감화되고, 천하가 장차 스스로 안정되는 것'[96]이 도가에서 추구하는 '무위이치(無爲而治)' 의 궁극적 경지였다.

3. 도가 정치사상의 인성론적 조명

1) 도가의 특징 : '본성-본성' 의 질서

장자가 "마음을 담백하게 하고 기(氣)를 고요하게 하여, 사물의 자연스러운 본성에 따르고 사심(私心)을 용납하지 않으면, 천하가 다스려진다."[97]고 했듯이, 도가 정치사상의 특징은 철저하게 '본성적 질서' 로 일관하고 있다는 점이다. 도가의 이러한 특징은 '무위자연(無爲自然)' 과 '성명의 실정에 맡긴다〔任其性命之情〕' 는 개념에 잘 나타나 있다. 도가는 각자의 본성에 충실한 행위를 '무위자연' 이라 했고, 본성에 어긋나는 행위를 '유위(有爲, 人爲)' 라고 비판했다. 예컨대 다음 두 인용문을 보자.

저 백성들은 '떳떳한 본성〔常性〕' 이 있어서, 옷감을 짜서 입고, 농사를 지어 먹으니, 이를 '동덕(同德)' 이라 한다. (…) 지덕(至德)의 시대에는 이처럼 사람

---

96) 『老子』 37 : 道常無爲 而無不爲 侯王若能守之 萬物將自化 (…) 天下將自定

97) 『莊子』 〈應帝王〉 : 汝遊心於淡 合氣於漠 順物自然 而無容私焉 而天下治矣

이 금수와 더불어 살았고, 사람은 만물과 더불어 종류의 차별이 없었다. 어찌 군자와 소인의 구별을 알 수 있었겠는가? 함께 지식이 없었으니 그 덕이 지리(支離)하지 않았고, 함께 욕심이 없었으니 이를 소박(素樸)이라 한다. 소박하면 백성들이 본성대로 살 수 있다.[98)]

하 · 은 · 주(夏殷周) 이후로는 천하가 모두 사물로 인해 그 본성을 바꾸었으니, 소인(小人)은 이익을 위해 자신을 희생하고, 사(士)는 명예를 위해 자신을 희생하며, 대부(大夫)는 가문을 위해 자신을 희생하고, 성인(聖人)은 천하를 위해 자신을 희생했다. 이 여러 사람들은 사업도 다르고 명성의 칭호도 달랐지만, 본성을 해치고 자신을 희생시킨 점은 동일하다.[99)]

위의 첫째 인용문에서는 백성들이 떳떳한 본성대로 소박하게 살던 시대를 '지덕(至德)의 시대' 라고 규정하여 칭송했다. 지덕의 시대는 사람과 금수가 함께 어울렸고, 군자와 소인의 구별도 없었다는 것이다. 반면에 둘째 인용문에서는 하 · 은 · 주(夏殷周) 이후의 시대를 '사물로 인해 그 본성을 바꾸게 된 시대' 로 규정하고, 그리하여 사람들이 모두 '본성을 해치고 자신을 희생시켰다' 고 비판했다. 요컨대 도가의 '무위' 는 '타고난 본성 그대로' 를 추구한 것이라는 점에서 '본성적 질서' 에 해당하는 반면에, '유위' 는 결국 '이기심의 소산' 이라는 점에서 '본능적 질서' 에 해당하는 것이다. 이렇게 본다면, 도가가 유위를 비판하고 무위를 추구한 것은 본능적 질서를 비판하고 본성적 질서를 추구한 것이라 하겠다.

---

98) 『莊子』〈馬蹄〉: 彼民有常性 織而衣 耕而食 是謂同德 (…) 夫至德之世 同與禽獸居 族與萬物並 惡乎知君子小人哉 同乎無知 其德不離 同乎無欲 是謂素樸 素樸而民性得矣

99) 『莊子』〈騈拇〉: 自三代以下者 天下莫不以物易其性矣 小人則以身殉利 士則以身殉名 大夫則以身殉家 聖人則以身殉天下 故此數子者 事業不同 名聲異號 其於傷性以身爲殉 一也

도가적 정치질서의 두 축은 '현동(玄同)과 만물제동(萬物齊同)의 평등사상' 및 '겸양(謙讓)과 재유(在宥)의 호혜사상'이라 할 수 있는데, 이러한 개념들 역시 '본성적 질서'와 부합하는 것이다. 이를 간단히 확인해 보자.

노자의 현동은 시비선악은 '상대적인 것'이며 '서로 얽혀 있다'는 깨달음을 바탕으로 성립하는 것이다. 노자는 자신의 독선적 주장을 삼가고, 자신의 독보적 영기(英氣)도 억제하고, 가급적 다른 사람들과 동조하며 사는 '화광동진(和光同塵)'의 삶을 권했는데, 이는 고도의 도덕적 성찰을 통해서만 가능한 것이다. 장자의 제물론은 '자기중심적 편견'을 타파하여 남에 대한 차별을 극복하고, '인간중심적 편견'을 타파하여 만물을 있는 그대로 긍정하라는 것이다. 다시 말하면, 제물론은 자신의 사사로운 감정이나 편견을 탈피하는 '상아(喪我)'에서 출발하여, 초월적인 하늘의 관점에서 바라보는 '조지우천(照之于天)'을 통해 만물제동을 깨닫고 실천함으로써, 궁극적으로 사물과 완전히 동화되는 '물화(物化)'의 경지에 이르자는 것이다. 이는 분명 시종일관 고도의 도덕적 성찰을 요하는 과정이다. 이러한 맥락에서 '만물제동의 평등사상'[100]은 그 자체가 '본성적 질서'라 할 수 있다.

---

100) 劉澤華는 "중국정치사상사에서 『莊子』는 처음으로 자연 앞에 만인평등의 사상을 제기했다."고 서술하고, 그 논거로 『莊子』〈人間世〉의 "하늘과 동료가 된 사람은 (존귀한) 천자나 (비천한) 나나 모두 하늘의 자식임을 안다(與天爲徒者 知天子之與己 皆天之所子)"는 내용을 제시한 바 있다(劉澤華 主編, 장현근 역, 『中國政治思想史』 先秦篇(下), 122쪽). 한편 馮友蘭은 "莊子의 社會政治哲學은 절대적 자유를 주장하는 것"이라고 서술하고, "절대적 자유를 주장하는 사람은 반드시 절대적 평등을 주장한다. 만약 사람과 사람, 동물과 동물 사이에 '이것보다 저것이 낫다'거나 '저것보다 이것이 낫다'는 점을 인정할 경우, 나은 사람은 못한 사람을 改造하여 나은 데로 귀결시켜야 하므로, '만물은 모두 절대적 자유를 지니고 있다'고 주장할 수 없게 된다."고 설명한 바 있다(馮友蘭, 『中國哲學史』 上, 288쪽).

한편, 현덕과 만물제동을 깨달은 사람은 개인적으로는 지족(知足)과 소요유(逍遙遊)의 삶을 누릴 수 있고, 사회적으로는 남들에게 양보하는 '겸양(謙讓)' 과 남들도 자신의 본성대로 자유롭게 살도록 하는 '재유(在宥)' 를 실천할 수 있다. 그런데 지족과 소요유, 겸양과 재유는 모두 우리의 도덕적 본성과 부합된다는 점에서,[101] 그리고 우리의 본능적 욕망과는 거리가 멀다는 점에서, '본성적 질서' 에 속하는 것이다. 실제로 장자는 유가나 묵가가 추구한 '인위적 통치' 는 '인간의 본성에 어긋난다' 는 이유로 적극 비판하고, 자신이 추구하는 '재유(在宥)' 는 '인간의 본성에 부합한다' 는 이유로 적극 옹호하였다. 다음의 두 인용문을 보자.

> 삼황오제(三皇五帝)가 천하를 다스린 것은 이름은 '통치' 라 했으나, 이보다 혼란스러웠던 것은 없었다. 삼황의 지식은 위로는 해와 달의 밝음을 어기고, 아래로는 산천(山川)의 정기를 어그러지게 하며, 가운데로는 사시(四時)의 은택을 손상하였다. 그들의 지식은 전갈의 꼬리보다 지독하여, 조그마한 짐승이나 벌레조차도 그 성명(性命)의 실정에 편안할 수 없게 하였다. 그런데도 오히려 '성인(聖人)' 이라고 자처했으니, 부끄럽지 않은가? 아마도 부끄러운 마음조차 없었을 것이다.[102]

> 천하를 '있는 그대로 놓아둔다〔在宥〕' 는 말은 들었어도, 천하를 다스린다는 말을 듣지는 못했다. '있는 대로 둠〔在之〕' 은 천하 사람들이 그 본성을 어지럽

101) 예컨대 장자는 "(백성들이 모두) 無知하게 되면 그 德이 떠나지 않고, 無欲하게 되면 소박하게 되는데, 소박하면 백성의 본성을 얻을 수 있다."고 했다(『莊子』〈馬蹄〉: 民有常性 (…) 同乎無知 其德不離 同乎無欲 是謂素樸 素樸而民性得矣).

102) 『莊子』〈天運〉: 三皇五帝之治天下 名曰治之 而亂莫甚焉 三皇之知 上悖日月之明 下睽山川之精 中墮四時之施 其知憯於蠣蠆之尾 鮮規之獸 莫得安其性命之情者 而猶自以爲聖人 不可恥乎 其無恥也

힐까 두렵기 때문이며, '놓아둠〔宥之〕' 은 천하 사람들이 그 덕을 옮길까 두렵기 때문이다.[103)]

위의 첫째 인용문은 유교적 통치를 비판한 것으로써, 그러한 통치는 매우 혼란스럽고 해로워 백성은 물론 조그마한 짐승이나 벌레조차도 '그들의 본성에 편안할 수 없게 하였다' 는 것이다. 둘째 인용문은 재유의 의의를 설명한 것으로써, 재유란 '천하 사람들이 본성대로 살 수 있도록' 그대로 놓아두는 것이라 했다. 요컨대 재유야말로 인간의 본성에 부합하는 것이므로, 재유를 실천해야 한다는 것이다. 장자는 재유를 외면하고 인위(人爲)를 가했을 때의 불행한 결과를 다음과 같이 설명한다.

삼왕(三王)에 이르러서는 천하가 크게 놀라게 되었으니, 아래로는 걸(桀)과 도척(盜跖) 같은 (사납고 훔치는) 사람이 등장하고, 위로는 증삼(曾參)과 사추(史鰌) 같은 (쓸데없이 仁義를 내세우는) 사람이 등장했으며, 유가와 묵가도 함께 일어났다. 이에 기뻐하는 사람과 화내는 사람이 서로 의심하고, 어리석은 사람과 지혜로운 사람이 서로 속이며, 착한 사람과 악한 사람이 서로 비난하고, 허황된 사람과 믿음직한 사람이 서로 원망하여, 천하가 쇠잔하게 되었다. 대덕(大德)을 함께하지 않음에 성명(性命)이 문드러지고, 천하가 지혜를 좋아함에 백성이 어지러워졌다. 이에 자귀와 톱으로 자르는 형벌을 가하고, 새끼줄과 밧줄로 묶어 죽이고, 쇠뭉치와 끌로 결딴내서, 천하가 크게 어지러워졌으니, 그 죄는 사람들의 마음을 동요시킨 데 있다. 그러므로 현자(賢者)는 큰 산의 깊은 바위 밑에 은거하게 되고, 만승(萬乘)의 군주는 조정에서 근심하며 떨게 되었다.[104)]

---

103) 『莊子』〈在宥〉: 聞在宥天下 不聞治天下也 在之也者 恐天下之淫其性也 宥之也者 恐天下之遷其德也

위의 인용문은 요컨대 유가와 묵가 등의 인위적 통치로 인해 '사람들의 본성이 문드러지고, 천하가 혼란에 빠지게 되었다' 는 것이다. 이렇게 본다면, 장자는 철저히 '인간 본성의 실현' 이라는 관점에서 정치적 질서를 구상하고, 비평했던 것이다.

다만 한 가지 유의할 것은, 유가도 도가 못지않게 '인간 본성의 실현' 을 추구했다는 점이다. 그런데 유가와 도가는 '본성' 개념을 달리 설정하고 있었기 때문에, 상대방의 주장에 대해 '인간의 본성에 어긋난다' 고 비판했던 것인바,[105] 이를 간단히 확인해 보기로 하자.

인간의 본성이란 물론 '인간이 본래 타고난 성향' 을 말한다. 그런데 문제는 인간이 타고난 성향에는 여러 차원이 있다는 점이다. 유가는 인간이 타고난 성향 가운데 금수(禽獸)와 구별되는 '인간만의 고유한 본성' 을 인간의 본성으로 규정하고, 그 고유한 본성을 계발함으로써 '인간다운 삶' 을 살아야 한다고 보았다. 요컨대 유가는 인간이 타고난 성향〔天性〕을 '도덕적 본성' 과 '육체적 본능' 으로 구분한 다음, 육체적 본능은 금수와 인간이 공유하는 것이므로, '도덕적 본성' 만을 인간의 본성으로 규정한 것이다. 그러나 도가는 도덕적 본성과 육체적 본능의 구별 없이 양자를 모두 '인간의 본성' 안에 포함시키고, 이러한 본성을 그대로 구현하는 삶(즉 도덕적 본성과 육체적 본능을 구별하지 않고 그대로 구현하는 삶)을 추구했다. 그리하여 도가는 한편으로는 '금수와 함께 어울려서 사는 삶'

---

104) 『莊子』〈在宥〉: 施及三王而天下大駭矣 下有桀跖 上有曾史 而儒墨畢起 於是乎喜怒相疑 愚知相欺 善否相非 誕信相譏 而天下衰矣 大德不同 而性命爛漫矣 天下好知 而百姓求竭矣 於是乎釿鋸制焉 繩墨殺焉 椎鑿決焉 天下脊脊大亂 罪在攖人心 故賢者伏處大山嵁巖之下 而萬乘之君憂慄乎廟堂之上

105) 도가는 '유가의 仁義' 를 '명예심의 소산' 이라고 비판했는데, 유가는 '도가의 隱遁' 을 '이기심의 소산' 이라고 비판했다. 요컨대 유가와 도가는 서로 자신의 주장을 '본성적인 것' 이라고 옹호하고, 상대방의 주장을 '본능적인 것' 이라고 비판한 것이다.

을 '자연적인 삶'으로 규정하여 옹호하고, 한편으로는 육체적 본능의 영역과 도덕적 본성의 영역을 구분하려는 유가의 노력을 '인위적인 것으로서, 본성에 어긋난다'고 비판했다. 예컨대 장자는 다음과 같이 말한다.

> 백성에게는 일정한 본성이 있으니, 옷감을 짜서 옷을 지어 입고, 밭을 갈아서 밥을 지어 먹는 것으로서, 이것을 '동덕(同德)'이라 한다. (…) 지덕(至德)의 시대에는 이처럼 사람이 금수(禽獸)와 더불어 살았고, 사람은 만물과 더불어 종류의 차별이 없었다. 어찌 군자와 소인의 구별을 알 수 있었겠는가? (…) 혁서씨(赫胥氏)가 지배하던 태곳적에는 사람들은 살면서 할 일을 몰랐고, 길을 떠나려 해도 갈 곳을 몰랐다. 입이 미어지게 음식을 먹고 즐기며, 배를 두드리며 놀았다. 백성들은 이렇게밖에 할 줄 몰랐다. 성인(聖人)이 출현함에, 예악(禮樂)으로 천하 사람들의 형체를 바로잡으려 했고, 인의(仁義)로 천하 사람들의 마음을 위로하려 하였다. 백성들이 이때부터 애써 지식을 좋아하게 되었고, 이익을 좇아 다투며, 그칠 줄을 모르게 되었다. 이 또한 성인의 과오이다.[106)]

위에 보이듯이, 장자가 추구하는 본성적 삶은 "옷감을 짜서 옷을 지어 입고, 밭을 갈아서 밥을 지어 먹는" 삶이기도 하고, "입이 미어지게 음식을 먹고 즐기며, 배를 두드리며 노는" 삶이기도 하다. 이러한 삶을 추구할 때엔 사람이 금수와 더불어 살 수 있고, 사람과 금수의 차별이 필요 없으며, 군자와 소인의 구별도 필요 없을 것이다. 그러나 유교에서처럼 본성적인 것과 본능적인 것을 구별하면, '인간다움과 짐승 같음', '군자와 소

106) 『莊子』 〈馬蹄〉: 民有常性 織而衣 耕而食 是謂同德 (…) 夫至德之世 同與禽獸居 族與萬物並 惡乎知君子小人哉 (…) 夫赫胥氏之時 民居不知所爲 行不知所之 含哺而熙 鼓腹而遊 民能以此矣 及至聖人 屈折禮樂以匡天下之形 縣跂仁義以慰天下之心 而民乃始踶跂好知 爭歸於利 不可止也 此亦聖人之過也

인’ 을 구별하지 않을 수 없다. 이것이 바로 유가와 도가 사이의 간극이요 쟁점이었다.

이러한 간극은 장자가 노담(老聃)과 공자(孔子)의 (가상적) 대화를 소개한 대목에서 단적으로 확인할 수 있다. 장자에 의하면, 공자가 주(周) 왕실 도서관에 자신이 편수한 12경(經)을 수장하게 하려고, 그 일을 담당했던 노담을 찾아가 부탁하면서 12경에 대해 자세히 설명했는데, 노담이 설명을 듣다가 중간에 말을 끊고 다음과 같이 요청했다.

노담 : 그대의 설명이 너무 장황하니, 그 요점을 듣고 싶습니다.

공자 : 그 요점은 인의(仁義)에 있습니다.

노담 : 인의는 인간의 본성인가요?

공자 : 그렇습니다. 군자는 인(仁)이 아니면 일을 이룰 수 없고, 의(義)가 아니면 살아갈 수 없습니다. 인의는 참으로 인간의 본성이니, 이것 말고 또 무엇을 하겠습니까?

노담 : 무엇을 인의라 합니까?

공자 : 마음속이 화락하여, 모든 사람을 똑같이 사랑하고〔兼愛〕 사심이 없는 것〔無私〕이 바로 인의의 참모습입니다.

노담 : 아! 뒤떨어진 말 같습니다. 겸애(兼愛)는 또한 우원하지 않습니까? 또 무사(無私)를 추구하는 것이 바로 사사로운 마음입니다. 그대는 천하가 잘 길러지기를 바라지 않습니까? 천지(天地)는 진실로 일정한 질서가 있고, 일월(日月)은 진실로 밝음이 있고, 성신(星辰)은 진실로 일정하게 배열되어 있고, 금수(禽獸)는 진실로 무리 지어 살고 있으며, 수목(樹木)은 진실로 서 있는 곳이 있습니다. 그대도 덕(德)에 따라 행동하고 도(道)에 따라 나아가면 그것으로 충분할 것입니다. 그런데 또 무엇 때문에 애써 인의(仁義)를 내걸고, 마치 북을 치면서 도망간 자식을 찾듯이 합니까?

아! 그대는 인간의 본성을 어지럽히는 것입니다.[107)]

공자는 자신이 추구하는 요점을 '인의'라 하고, 겸애와 무사가 인의의 참모습이라고 설명했다. 공자의 말에서 주목할 것은 "군자는 인(仁)이 아니면 일을 이룰 수 없고, 의(義)가 아니면 살아갈 수 없다."는 내용이다. 요컨대 공자는 인의를 인간의 본성으로 규정한 다음, 인의를 실천하는 사람은 군자라고 칭찬하고, 인의를 어기는 사람은 소인이라고 폄하한 것이다. 그런데 노자는 이처럼 인의를 추구하면서 군자와 소인을 구분하는 것 자체가 '사사로운 마음'으로서 '인간의 본성을 어지럽히는 것'이라고 보았다. 그리하여 노자는 '인의'를 추구하는 삶을 비판하고 '도덕'에 따르는 삶을 권했거니와, 그것은 천지일월과 금수초목처럼 타고난 그대로 살아가는 것이다. 이제 장자의 다음과 같은 말을 보자.

본성을 인의(仁義)에 귀속시키는 것은 비록 증삼(曾參)과 사추(史鰌)처럼 정통했을지라도 내가 '훌륭하다'고 말하는 것이 아니다. (…) 내가 말하는 '훌륭함'은 인의(仁義)를 말하는 것이 아니요, '덕(德)에 훌륭함'을 말할 뿐이다. 내가 말하는 '훌륭함'은 인의(仁義)를 말하는 것이 아니요, '성명(性命)의 실정에 맡김'을 말할 뿐이다.[108)]

---

107) 『莊子』〈天道〉: 孔子西藏書於周室 子路謀曰 由聞 周之徵藏史有老聃者 免而歸居 夫子欲藏書 則試往因焉 孔子曰善 往見老聃 而老聃不許 於是繙十二經以說 老聃中其說曰 大謾 願聞其要 孔子曰 要在仁義 老聃曰 請問 仁義 人之性邪 孔子曰然 君子不仁則不成 不義則不生 仁義 眞人之性也 又將奚爲矣 老聃曰 請問何謂仁義 孔子曰 中心物愷 兼愛無私 此仁義之情也 老聃曰 意 幾乎後言 夫兼愛 不亦迂乎 無私焉 乃私也 夫子若欲使天下無失其牧乎 則天地固有常矣 日月固有明矣 星辰固有列矣 禽獸固有群矣 樹木固有立矣 夫子亦放德而行 循道而趨 已至矣 又何偈偈乎揭仁義 若擊鼓而求亡子焉 意 夫子亂人之性也

108) 『莊子』〈駢拇〉: 且夫屬其性乎仁義者 雖通如曾史 非吾所謂臧也 (…) 吾所謂臧者 非仁義之謂也 臧於其德而已矣 吾所謂臧者 非所謂仁義之謂也 任其性命之情而已矣

유가는 '인의'가 곧 '인간의 본성'에 부합하는 것이라고 보기 때문에 '인의를 추구하는 삶'을 '훌륭한 삶'으로 규정했다. 그러나 도가는 '인의는 본성에 어긋나는 것'이라고 규정하고, '성명의 실정에 맡기는 삶'을 추구했거니와, 천지일월과 금수초목처럼 타고난 그대로 살아가는 것이 바로 성명의 실정에 맡기는 삶이다. 이러한 맥락에서 도가가 추구한 '본성적 삶'은 '시비선악을 초탈한 자연 그대로의 삶'을 의미했다.[109)]

이상의 내용을 정리해 보자. 도가의 '무위자연(無爲自然)'은 철저하게 '본성적 질서'를 추구한 것이다. 도가적 정치질서의 두 축은 '만물제동(萬物齊同)의 평등사상' 및 '겸양(謙讓)과 재유(在宥)의 호혜사상'인바, 이러한 개념들 역시 '본성적 질서'와 부합하는 것이다. 다만 여기서 유의할 것은 '본성'의 의미이다. 유가에서 말하는 본성과 달리, 도가가 말하는 본성은 도덕적 본성과 이기적(동물적) 본능을 모두 포함하는 개념으로서, 요컨대 '자연적 천성(天性)'이라고 부를 수 있다.[110)] 도가는 자연적 천성

---

109) 소설가 那林 李炳注는 그의 작품 『소설 · 알렉산드리아』에서 "사상이란 무엇이냐? 正과 不正을 가려내는 가치관이 아닌가. 善과 惡을 판별하는 판단력이 아닌가. 그러나 자연의 작용에 正 · 不正이 있고 善과 惡이 있는가. 사람은 자연의 일부가 아닌가. 자연의 일부인 사람은 자연 그대로 살면 될 것이 아닌가. 사상이란 자연 속에서 벗어져 나오려는 노력이 아닌가. 그렇다면 사상이란 인간을 부자연하게, 그러니까 불행하게 만드는 작용 이상도 이하도 아닌 것이 아닌가."라고 설파한 바 있다(이병주, 『소설 · 알렉산드리아』, 語文閣 新韓國文學文庫 29, 1993, 15-16쪽). 여기서 '사상'을 '유가사상'으로 상정하면, 이 주장은 곧 장자가 유가를 비판하는 핵심 내용이다. 참고로, 이병주는 『장자에게 길을 묻다』라는 작품을 남겼을 정도로 장자에 심취했던 작가이다.

110) 후쿠나가 미츠지(福永光司)는 "로고스(이성, logos)가 동시에 파토스(정열, pathos)를 내포하고, 파토스가 동시에 로고스를 내포하는 측면에서 장차 철학의 특성을 볼 수 있다"고 설명한 바 있다(福永光司, 이동철 · 임헌규 역, 『莊子 : 고대 중국의 실존주의』, 39쪽). 한편, 김형효는 '자연성의 상태에서는 이기적 본능과 도덕적 본성 사이에 괴리가 발생하지 않으나, 사회생활 속에서 남들과 경쟁하게 되면서 이기적 본능과 도덕적 본성 사이에 틈이 벌어진다'고 설명한 바 있다(김형효, 『철학적 사유와

을 그대로 실현하는 삶을 추구했기 때문에, 인간과 금수조차 차별하지 않는 '만물제동의 평등' 과 인의(仁義)조차 거부하는 '무위이치의 재유(在宥)' 를 주장할 수 있었다.

2) 도가적 질서의 의의와 한계

도가가 추구하는 '지족과 소요유, 겸양과 재유' 는 아마도 인간이 상상할 수 있는 가장 이상적인 질서일 것이다. 특히 오늘날 복잡한 규제에 시달리고 각종 갈등과 경쟁에 지친 사람들은 자연 속의 삶을 꿈꾸면서 도가적 질서를 염원할 수 있겠다. 또한 "그 정치가 두루뭉술하면 그 백성이 순박해지고, 그 정치가 예리하게 따지면 그 백성이 흠집이 많게 된다."[111]고 하여, 정치 현실에서 시비선악을 예리하게 판가름하려 하지 말고 두루뭉술하게 넘어가라고 권한 것도 깊이 음미해야 할 내용이다. 예나 지금이나 각자 독선적인 정의감에 사로잡혀 현실을 재단하려고 함으로써 더 큰 갈등을 야기하는 경우가 매우 많기 때문이다. 또한 통치자가 '무위(無爲)' 를 실천하면 백성이 저절로 감화되고 천하도 저절로 안정될 것이라는 도가의 주장도 오늘날 우리에게 시사하는 바가 매우 크다. 오늘날의 정치인들은 입으로만 정의를 외치고 실제로는 '내로남불' [112]에 빠져 있으며, 그로 인해 이반하는 민심을 선전선동과 정치공작 등 '유위(有爲)' 로 회유하

진리에 대하여』, 32쪽). 이렇게 본다면, 道家가 추구한 '자연적 天性에 따르는 삶' 즉 '본성과 본능이 합치된 삶' 은 사람들이 자연 속에 뿔뿔이 흩어져 각자 홀로 살 때에만 가능한 것이다. 그리하여 실제로 道家는 '자연 속에 뿔뿔이 흩어져 홀로 사는 삶' 을 이상화한 것이다.

111) 『老子』 58 : 其政悶悶 其民淳淳 其政察察 其民缺缺

112) 2020년경의 이른바 '曺國 사태' 를 계기로, '내로남불(Naeronambul)' 은 이제 세계적 용어가 되었다.

려는 경우가 많기 때문이다. 도가적 정치질서가 이처럼 여러 긍정적 의미를 지님에도 불구하고, 도가적 정치질서는 인간 사회에서 실제로는 구현되기 어렵다는 근원적 한계를 지닌다. 개인들은 세속의 인위적 문명에 이미 깊이 물들어 있고, 하루라도 공권력이 작동하지 않는〔無爲〕 사회는 상상하기 힘들기 때문이다.[113] 그러나 이 밖에도 도가적 정치질서에 대해서 보다 근원적인 문제를 제기해볼 필요가 있다.

도가적 '본성-본성' 의 질서는 '인간에 대한 근원적이고 전면적인 신뢰' 에 기초한다. 그런데 과연 '자연상태의 인간' 은 장자가 말하는 것처럼 그렇게 순선한 존재인가? 이에 대해 오늘날의 심리학자 피터슨(Jordan B. Peterson)의 견해를 잠시 살펴보기로 하자. 피터슨은 '인간은 본래 근원적으로 순선하다' 는 관념은 허상이라고 비판한다. 피터슨은 "어린아이의 영혼은 본질적으로 순수하지만 문화와 사회 때문에 더럽혀졌다."는 루소(Rousseau)의 믿음은 잘못된 것이라고 규정하고, 어린아이도 어른만큼 어두운 면을 지니며, 수렵채집 시대의 원시인은 오늘날 산업사회의 현대인들보다 살인을 훨씬 더 많이 저질렀다고 지적했다.[114] 피터슨은 선(善)과 평화는 오히려 '개인적 성장의 산물' 이요, '사회적 문명화의 산물' 이라고 주장한다.

어린아이는 상대를 때린다. 그 이유는 첫째, 공격성을 가지고 태어나기 때문

---

113) 조광수, 『中國의 아나키즘』, 新知書院, 1998, 31쪽 ; 에임즈(Roger T. Ames), 정병석 · 김대수 역, 『중국 고대 정치철학』, 영남대학교출판부, 2017, 91-92쪽 참조.

114) 피터슨, 『12가지 인생의 법칙』, 181-183쪽. 주지하듯이 루소는 자신의 여러 저작에서 '자연상태의 야만인' 을 더없이 행복하고 비폭력적이며, 이타적이고 경쟁하지 않으며, 서로에게 친절한 존재로 묘사했다. 그런데 피터슨은 루소의 '고결한 야만인(noble savage)' 을 허상으로 규정하고, '고결함' 을 '문명의 산물' 로 설명하는 것이다.

> 이다. 사람마다 정도의 차이가 있을 뿐이다. 둘째는 공격이 욕망의 충족에 도움이 되기 때문이다. 공격성이 후천적으로 생기는 것이라는 생각은 틀렸다. 뱀에게는 공격하라고 가르칠 필요가 없다. 공격은 야수의 본능이다. 통계를 보면 세 살짜리 아이가 인간 종족 중에서는 가장 폭력적이다. 세 살배기 아이는 발로 차고 주먹을 휘두르고 이로 깨문다. 다른 사람의 물건을 훔치기도 한다. 그것은 새로운 영역을 탐험하고, 분노와 좌절을 표현하며, 충동적인 욕망을 해소하는 행동이다. 그런데 그보다 더 중요한 이유는 허용되는 행동의 한계를 알아내려는 것이다. (…) 잘못된 행동을 지속적으로 교정해 주면 어린아이는 허용되는 공격의 한계를 알게 된다. 교정 조치가 없으면 호기심이 커져서 공격적인 모습을 자주 드러낸다. (…) 교정은 빠를수록 좋다. 교정은 다른 사람을 때리는 행위가 그다지 효과적인 사회적 전략이 아니라는 걸 깨우치는 데도 도움이 된다. 아이들은 스스로 충동을 억제하고 조절하는 법을 배우지 못한다. 잘못된 행동을 교정해 줘야 충동을 억제하는 법을 배운다. 그래야 여러 충동이 서로 부딪치는 일 없이 아이 마음속에 자리 잡는다. 사회에 나가서도 다른 사람들과 충돌을 피하고 공존하는 법을 깨닫게 된다.[115]

피터슨에 의하면, 인간은 누구나 이기적 본능을 지니고 태어나며, 어릴 때부터 공격적 행동을 표출한다. 문제는 "아이들은 스스로 충동을 억제하고 조절하는 법을 배우지 못한다."는 것이다. 그리하여 피터슨은 어린아이의 잘못된 행위를 교정해 줄 필요가 있다고 역설했다. 잘못된 행동을 지속적으로 교정해 주면 어린아이는 허용되는 공격의 한계를 알게 되고, 충동을 억제하는 법을 배우며, 사회에 나가서도 다른 사람들과 충돌을 피하고 공존하는 법을 깨닫게 된다. 그러므로 "아이를 제대로 키우고 싶다

115) 피터슨, 『12가지 인생의 법칙』, 189-190쪽.

면 처벌을 망설이거나 피하지 말라."는 것이다. 이와 같은 맥락에서 피터슨은 다음과 같이 말한다.

> 인간이라면 누구나 굶주림과 외로움, 갈증과 성욕, 공격성, 두려움과 고통을 느낀다. 이런 욕망과 욕구는 인간이 살아가는 데 꼭 필요한 기본 요소다. 아주 오랜 시간 인간을 지배해 온 원초적인 요소이고, 누구도 부인할 수 없는 보편적인 요소다. 이런 원초적인 욕구들을 잘 분류하고 정리해야 한다. 이 세상은 너무 복잡하고 현실적인 제약이 많은 공간이기 때문이다. 가지고 싶은 것을 다 가질 수 없는 이유가 무엇이겠는가? 사소한 것 하나도 마음대로 할 수 없는 이유가 무엇이겠는가? 하나의 욕망은 다른 욕망과 충돌하고, 다른 사람의 욕망과 경쟁하며, 더 나아가 세계 전체의 욕망과 갈등을 일으킬 수 있기 때문이다. 우리가 무엇을 욕망하는지 알아내서 정리한 다음, 우선순위를 정하고 서열을 매겨야 한다. 이 과정에서 욕망이 세련되게 다듬어져 서로 충돌하지 않고 작동하게 된다. 다른 사람의 욕망이나 세계와도 조화를 이룬다. 이런 과정을 거치면 욕망은 질적인 상승을 거듭하고, 더 높은 가치를 향해 움직이며, 궁극적으로는 도덕성을 갖춘다. 이런 이유로 가치관과 도덕성은 우리가 얼마나 문명화되었는가를 보여주는 지표다.[116)]

피터슨은 굶주림과 외로움, 갈증과 성욕, 공격성, 두려움과 고통 등 인간의 원초적 욕구와 감정들을 올바르게 다스려야만 하는 까닭을 "이 세상은 너무 복잡하고 현실적인 제약이 많은 공간이기 때문"이라고 설명했다. 현실 세계에서 나의 욕망은 종종 다른 사람의 욕망과 충돌하며, 심지어는 나의 또 다른 욕망과 충돌하기도 한다. 따라서 우리의 욕망은 적절하게

---

116) 피터슨, 『12가지 인생의 법칙』, 157-158쪽.

다스려져야 하는바, 이를 통해 욕망이 세련되게 다듬어져 서로 충돌하지 않게 되고, 다른 사람의 욕망이나 세계와도 조화를 이루게 된다. 이러한 맥락에서 피터슨은 '개인의 도덕성' 과 '사회의 평화' 를 '문명화의 산물' 로 규정했다. 피터슨의 이러한 견해는 바로 유가의 견해이기도 했다. 예컨대 율곡(栗谷)은 정치체(政治體)의 성립 과정을 다음과 같이 설명한 바 있다.

> 태초에 백성을 낳음에 풍기(風氣)가 비로소 열렸으나, 둥지에서 살고 생으로 먹어서 생리(生理)가 갖추어지지 않았고, 머리를 풀어 헤치고 벌거벗어 인문(人文)이 갖추어지지 않았으며, 떼를 지어 살면서 군주(君主)가 없어서 이로 깨물고 손톱으로 움켜쥠에, 크게 순박했던 것이 무너지고 장차 큰 혼란이 빚어지려 하였다. 이에 성인(聖人)이 만물 가운데 우두머리로 나서서, 총명하고 지혜로워 자기의 본성을 능히 완전하게 발휘할 수 있었음에, 수많은 사람들이 저절로 그에게 모여들어, 다툼이 있으면 해결을 구하고, 의심나는 것이 있으면 가르침을 구하여, 받들어 군주(君主)로 삼았다.[117]

위에 보이듯이, 율곡은 '자연상태' 의 여러 문제점으로 인해 정치체가 등장하게 된 것으로 보았다. 자연상태의 문제점은 세 가지로 요약된다. 합리적이고 편리한 생활양식이 미비된 것, 인간다움을 보장하는 문화가 결여된 것, 통치 권력이 없어서 혼란이 빚어진 것이 그것이다. 이러한 난국 속에서 성인(聖人)이 등장하여, 자연상태의 여러 문제점을 해결하고 문명을 건설하게 되었다는 것이다.

---

117) 『栗谷全書』 卷26 頁35-36, 〈聖賢道統〉: 厥初生民 風氣肇開 巢居血食 生理未具 被髮裸身 人文未備 羣居無主 齒齧爪攫 大朴旣散 將生大亂 於是 有聖人者 首出庶物 聰明睿智 克全厥性 億兆之衆 自然歸向 有爭則求決 有疑則求敎 奉以爲主

도가의 무위자연론은 바로 이 '유교적 성인의 통치' 를 비판하는 것이다. 비판의 초점은 두 가지로서, '성인의 예교(禮敎)' 와 '시비선악의 구별' 은 인간의 본성을 해치고 인간의 생명을 해친다는 것이다. 먼저 예교에 대한 비판을 살펴보자.

> 곱자와 먹줄과 그림쇠 등을 가지고 바르게 하려는 것은 (나무의) 본성을 깎아내는 것이요, 노끈으로 묶고 아교를 칠하여 견고하게 붙이려는 것은 (나무의) 덕을 해치는 것이며, 몸을 구부려 예악(禮樂)을 행하며 인의(仁義)로 천하의 마음을 위로하려는 것은 떳떳한 본성을 잃는 것이다. 천하에는 떳떳한 본성대로 이루어진 것이 있으니, (…) 그러므로 천하의 모든 사물이 자연스럽게 생성되면서도 그 까닭을 알지 못하며, 함께 얻으면서도 그 까닭을 알지 못한다. 그러므로 고금(古今)이 다르지 않으니, 이지러질 수 없다. 그런데 인의(仁義)를 추구하는 사람들은 또 어찌하여 아교를 칠하고 노끈으로 묶듯이 사람들을 통제하여 도덕의 세계에 노닐려고 하는가? 이는 천하를 미혹에 빠뜨리는 것이다.[118]

장자는 성인의 예교를 목재를 가공하는 것에 비유했다. 목수가 여러 기구를 사용하여 목재를 원하는 형상으로 가공하는 것은 나무의 본성을 해치는 것인데, 성인의 예교도 마찬가지로 인간의 본성을 해친다는 것이다.[119] 한편, 장자의 제물론에 입각하면 '시비선악은 본래 평등한 것' 이

---

118) 『莊子』〈騈拇〉: 且夫待鉤繩規矩而正者 是削其性 待繩約膠漆而固者 是侵其德也 屈折禮樂 呴兪仁義 以慰天下之心者 此失其常然也 天下有常然 (…) 故天下誘然皆生 而不知其所以生 同焉皆得 而不知其所以得 故古今不二 不可虧也 則仁義又奚連連如膠漆纆索而遊乎道德之間爲哉 使天下惑也

119) 맹자는 禮를 인간 본성의 한 요소로 보았거니와, 이러한 맥락에서는 禮敎를 '인간 본성의 발현' 으로 볼 수 있다. 그런데 공자의 '克己復禮' 라는 관점에서 본다면, 禮

므로, 그것을 구별하거나 차별하지 말라는 것이었다. 장자는 '시비선악의 구별'에 대해서는 다음과 같이 비판한다.

> 장(臧)과 곡(穀) 두 사람이 함께 양(羊)을 치다가 모두 그 양을 잃었다. 장(臧)에게 어찌 된 일이냐고 물으니 '채찍을 옆구리에 끼고 책을 읽었다'고 대답하고, 곡(穀)에게 어찌 된 일이냐고 물으니 '주사위 놀이를 하였다'고 대답했다. 두 사람은 한 일이 달랐으나, 양을 잃은 것은 마찬가지이다. 백이(伯夷)는 명예를 위해 수양산(首陽山) 밑에서 죽고, 도척(盜跖)은 이익을 위해 동릉(東陵) 위에서 죽었다. 두 사람이 죽은 까닭은 다르지만, 목숨을 해치고 본성을 손상시킨 것은 마찬가지이니, 하필 '백이는 옳고 도척은 그르다'고 말하겠는가? 천하 사람들이 모두 그 무엇을 추구하느라 자신을 희생시키는데, 인의(仁義)를 위해 희생시키면 세상에서는 군자라 하고, 재물을 위해 희생시키면 세상에서는 소인이라 한다. 자신을 희생시킨 것은 동일한데, 군자도 있고 소인도 있다. 목숨을 해치고 본성을 손상시킨 것은 도척과 백이가 마찬가지인데, 또 어찌 그 사이에서 군자와 소인을 구분하겠는가? [120]

장자는 시비선악의 구별을 무의미하다고 보고, 따라서 군자와 소인의

는 '자기의 본성을 해치는 것'이라 할 수 있겠는데, 여기서의 '자기의 본성'이란 '자유롭고자 하는 본능'인 것이다. 즉 莊子가 '禮敎는 인간의 본성을 해친다'고 할 때의 '본성'은 '자유롭고자 하는 본능'을 뜻한다. 요컨대 유가는 인간의 본능을 적절하게 통제해야 한다고 보았는데, 도가는 인간의 본능을 통제하면 안 된다고 본 것이다.

120) 『莊子』〈駢拇〉: 臧與穀 二人相與牧羊 而俱亡其羊 問臧奚事 則挾筴讀書 問穀奚事 則博塞以遊 二人者 事業不同 其於亡羊 均也 伯夷死名於首陽之下 盜跖死利於東陵之上 二人者 所死不同 其於殘生傷性 均也 奚必伯夷之是而盜跖之非乎 天下盡殉也 彼其所殉仁義也 則俗謂之君子 其所殉貨財也 則俗謂之小人 其殉一也 則有君子焉 有小人焉 若其殘生損性 則盜跖亦伯夷已 又惡取君子小人於其間哉

구별도 무의미하다고 보았다. 심지어는 절의(節義)를 위해 목숨을 바친 백이와 도둑질을 하다가 목숨을 잃은 도척을 구별할 이유도 없으며, 자신의 생명을 탈 없이 보전하는 것만이 가장 중요하다는 것이다. 이러한 맥락에서 장자는 마침내 "선(善)을 행하되 명예에 가까이 가지 말며, 악(惡)을 행하되 형벌에 가까이 가지 말라. 중(中)을 따르는 것을 법도로 삼으면, 자기 몸을 보전할 수 있고, 생명을 보전할 수 있으며, 어버이를 봉양할 수 있고, 천수(天壽)를 누릴 수 있다."[121]고 설파했다.

장자의 '제물론' 자체에 대해서도 의문을 제기할 수 있다. 과연 만물은 본래 제동(齊同)한 것인가? 장자는 '만물은 본래 제동한 것인데, 사람들이 이를 망각하고 차별함으로써 천하의 혼란이 빚어진다' 고 보았다. 그리하여 장자는 부단히 만물제동을 일깨우면서, 우리에게 '차별적 태도를 벗어나라' 고 촉구한 것이다. 그렇다면 '인간과 만물은 진정으로 평등하다' 고 보아야 하는가?[122] '인간의 존엄성' 에 대한 인식 없이 과연 인권을 옹호하고 인륜을 구현할 수 있는가? 보다 근본적으로, 우리는 과연 '인간의 존엄성, 인권, 인륜' 등의 개념을 '편협한 인간중심주의의 산물' 로 규정하여 폐기해야 하는가?

이상에서 살핀 것처럼, 도가는 '현동(玄同)' 또는 '제물론' 에 입각하여, 한편으로는 '도덕적 훈육' 을 부정하고, 한편으로는 '도덕적 가치판단' 을 부정했다. 도가가 '거룩함' 의 영역은 외면한 채 양생(養生)에 매달린다는

121) 『莊子』〈養生主〉: 爲善無近名 爲惡無近刑 緣督以爲經 可以保身 可以全生 可以養親 可以盡年

122) 장자와 반대로, 맹자는 '만물은 본래 차별적인 것인데, 사람들이 이를 무시하고 동일시함으로써 천하의 혼란이 빚어진다' 고 보았다(『孟子』〈滕文公上〉 4 : 夫物之不齊 物之情也 或相倍蓰 或相什伯 或相千萬 子比而同之 是亂天下也). 그리하여 유가는 '다른 것을 다르게 대우함〔非齊〕' 이야말로 '진실로 均齊한 것〔惟齊〕' 이라고 주장하는 것이다.

점은 개인적 영역의 일이므로, 차치하기로 하자. 과연 제물론과 같은 상대주의에 입각하여 인간 사회의 건실한 도덕을 정립할 수 있을까? 또한 도덕적 훈육 없이 과연 모든 사람은 저절로 바르게 될 수 있을까?[123] 과연 도덕적 가치판단을 부정하고도 사회의 질서를 유지할 수 있을까?[124] 몇몇 자연주의자나 무정부주의자들은 이에 동의할 수 있겠지만, 대부분의 사람은 동의할 수 없을 것이다. 이러한 이유로 도가적 질서는 세파(世波)에 지친 사람들에게 '동경(憧憬)의 대상'으로만 존재했을 뿐, 역사 현실에서 실제로 구현되지는 못했던 것이다.

123) 도가의 용어로 말하자면, 과연 도덕적 훈육 없이 모든 사람이 저절로 知足과 謙讓의 경지에 이를 수 있을까? 한편, '萬物齊同'의 관점에서 '是非善惡을 구별하지 말라'고 주장하는 莊子가 儒家와 墨家 등에 대해서 지속적으로 비판한 것도 납득하기 어려운 일이다.

124) 장자는 '是非善惡의 구별'이 '政爭의 도구'로 악용되는 현실을 누차 목도했기 때문에 '시비선악을 구별하지 말자'고 설파했을 것이다. 그러나 그렇다고 하여 시비선악의 구별을 완전히 무시한다면 더 큰 혼란을 초래할 수 있다. 이것은 사실 '인간 사회의 근원적 딜레마'일 것이다.

제6장

종합적 논의

지금까지 중국 고대의 유가, 법가, 묵가, 도가 사상에 대해 정치사상적 관점에서 그 대강을 살펴보고, '본성적 질서와 본능적 질서' 라는 관점에서 그 성격을 조명해 보았다. 이제 지금까지 논의한 내용들을 종합적으로 정리하면서, 네 학파의 입장을 비교해 보기로 하자.

1. 혼란의 원인과 극복 방법 문제

대부분의 정치사상가는 정치의 본질을 '자연상태의 혼란' 을 극복하여 '평화롭고 번영하는 공동체' 를 건설하는 것으로 규정했다. 그렇다면 자연상태는 왜 혼란에 빠지게 되며, 그 혼란은 어떻게 극복할 수 있는가? 먼저 이에 대한 각 학파의 답변을 정리해 보기로 하자.

유가에 의하면, 인간은 본래 이기적 욕망에 지배당하기 때문에 '자연상태' 는 혼란에 빠질 수밖에 없는바, 이러한 혼란을 극복하기 위해 하늘이 총명한 사람을 군주와 스승으로 임명했다는 것이다. 자연상태에서는 백성의 삶이 혼란에 빠지므로 군주의 통치가 필요하다면, 백성의 편안한 삶은 군주의 통치에 의존하는 것이다. 그런데 유교에서는 군주 역시 백성을 필요로 하는 존재라고 본다. 군주는 통치권을 부여받아 일정한 강역(疆域)을 통치하는데, 그 강역을 수비하고 통치권을 안전하게 유지하기 위해서는 백성의 도움이 필요하다는 것이다. 이러한 맥락에서 유가는 군주와 백성을 '존비의 위계 관계'인 동시에 '서로를 기다리는 상수(相須) 관계'라고 설명했다.

유가의 정명론(正名論) 또는 명분론(名分論)은 사회 구성원들의 존비 관계와 상수 관계를 동시에 설명하는 논리였다. 요컨대 명분론은 군·신·민(君臣民) 등 '사회 각계각층의 위계질서를 훼손해서는 안 된다'는 맥락에서는 '각자의 분수(分數)를 지키라'는 논리로 작동하며, 사회 구성원들이 '각자의 책임을 다하여 호혜적으로 협력하라'는 맥락에서는 '각자의 본분(本分)을 다하라'는 논리로 작동하는 것이다. 유교에서는 이러한 정명의 사회를 만들기 위해 한편으로는 예제(禮制)를 확립하여 각자의 분수를 밝히고, 한편으로는 교육(敎育)을 통해 각자의 도리를 다할 수 있도록 인간을 변화시키고자 했다〔克己復禮〕. 그런데 이 과정에서 무엇보다 중요한 것은 통치자의 솔선수범〔德治〕이라는 것이다.

법가도 유가와 마찬가지로 인간의 사회에 정치체가 등장하게 되는 계기를 '자연상태의 혼란'으로 설명한다. 이기적 존재들이 모인 자연상태는 결국 혼란에 빠지게 되므로 이 혼란을 해결해 줄 사람이 필요한바, 그리하여 '통치자'가 등장하게 되었다는 것이다. 그런데 법가는 혼란을 극복하는 방법을 전혀 다르게 제시했다. 유가가 '인간의 이기심을 극복해야 한다'고 보았던 것과 달리, 법가는 오히려 '인간의 이기심을 통치에 적극 활용할 것'을 주장했다. 법가는 인간을 이기적 존재인 동시에 타산적 존재라고 설명하고, 따라서 신상필벌을 통해 이기적인 백성들을 통치자의 의도대로 통제할 수 있다고 주장했다. 이러한 맥락에서 법가는 시대 상황에 따라 통치의 방식을 바꾸어야 한다는 변법(變法)을 강조했을 뿐, 인간의 이기심을 변화시키는 교육을 강조하지는 않았다.

묵가 역시 자연상태를 혼란의 상태로 인식했다. 묵자는 사람들이 제각각 의(義)를 주장할 뿐 '모두가 인정하는 의(義)' 가 없는 것이 혼란의 원인이라고 보았다. 묵자에 의하면, 자연상태에서는 사람들이 각자 '자신의 의' 를 내세울 뿐 '통일된 의' 를 확립할 수 없는바, 바로 이 문제를 해결하기 위해 '통치자' 가 등장하게 된 것이다. 통치자의 임무는 물론 '통일된 의(義)의 기준' 을 제시하고 관철함으로써〔尙同〕혼란을 종식시키는 것이다. 묵자는 상동(尙同)의 방법을 둘로 제시했다. 첫째는 '상동(上同)' 으로서, "윗사람이 옳다고 여기는 바를 반드시 모두 옳다 하고, 윗사람이 그르다고 여기는 바를 반드시 모두 그르다 하라" 는 것이다. 둘째는 포상과 처벌로서, 상동(上同)하는 사람에게는 포상과 명예가 따르고, 하비(下比)하는 사람에게는 처벌과 비난이 따르게 하라는 것이다. 통치자는 포상과 처벌로 백성을 얼마든지 통제할 수 있다는 것은 법가의 지론이었는데, 묵자도 그에 못지않게 상벌의 효과를 신뢰한 것이다.

도가는 당시 사회가 혼란에 빠지게 된 근원을 '옳고 그름을 다툼' 에서 찾았다. 당시 여러 학파가 옳고 그름을 다투는 것에 대해, 노자는 현덕(玄德)과 현동(玄同)을 설파하면서 시·비와 선·악은 본래 서로 의존하는 것이라고 주장했다. 장자에 의하면 사람들의 '시비 다툼' 은 근원적으로 해결책이 없는 것인데, 사람들은 끝내 자기가 옳다고 고집하기 때문에 세상은 더욱 혼란에 빠져드는 것이다. 장자는 '시비 다툼' 은 각자 자신의 편견을 절대적 진리로 착각함에서 비롯된다고 비판하고, 상대방과 시비를 다투는 것보다는 '명석한 인식' 을 추구하는 것이 최선이라고 보았다.

장자가 말하는 '명석한 인식' 이란 물론 '만물제동(萬物齊同)' 을 투철하게 깨닫는 것이다. 이는 기존의 자기중심적 관점에서 벗어나 제3의 초월적 관점을 확립함으로써 '시 · 비, 선 · 악, 호 · 오를 초탈하라' 는 것으로서, 이를 통해 소요유(逍遙遊)와 재유(在宥)의 세상을 만들 수 있다는 것이다.[1)]

이상의 내용을 종합해 보자. 혼란의 원인에 대해, 유가와 법가는 공통으로 '인간의 이기심' 이 혼란의 근원이라고 보았다. 그런데 그에 대한 처방에 있어서는 서로 노선을 달리했다. 유가는 '인간의 이기심을 극복하는 것〔克己復禮〕' 이 평화와 안정의 길이라고 보고, 그 방법론으로 덕치와 예치를 강조했다. 유가는 윗사람이 솔선수범(率先垂範)한다면 아랫사람을 감화시킬 수 있다는 맥락에서 교육의 가능성을 신뢰한 것이다. 그러나 법가는 인간의 이기심을 극복하는 것은 거의 불가능한 일이라고 보고,[2)] 대신 '신상필벌(信賞必罰)' 을 통해 인간의 이기심을 통치에 활용할 것을 강조했다.

묵가와 도가는 모두 세상 사람들이 '옳고 그름을 다투는 것' 이 혼란의 원인이라고 보았다. 그런데 역시 그에 대한 처방에 있어서는 서로 노선을 달리했다. 묵가는 자연상태에서는 '통일된 올바름의 기준' 이 없기 때문에 이러한 다툼이 생긴다고 보았다. 그리하여 묵가는 통일된 올바름의 기준을 확립해야 한다〔尙同〕고 주장하고, 포상과 처벌로 상동(尙同)의 사회를 만들 수 있다고 보았다. 도가는 사람들이 각자 '자기중심적 편견' 에 사로잡혀 있기 때문에 이러한 다툼이 생긴다고 보았다. 도가는 또한 사람

---

1) 노자가 말하는 '上善若水' 와 '謙德' 도 '자기중심적 편견에서 벗어나라' 는 충고를 담고 있는 것이다.

2) 법가는 '인간의 본성은 쉽게 변하지 않는다' 고 보아 교육을 통한 변화를 시도하지 않은 것이요, '포상과 처벌로 인간을 원하는 대로 통제할 수 있다' 고 보아 교육의 필요성을 부인한 것이다.

들 사이 의견의 차이를 억지로 통일시키려고 노력하는 것〔人爲〕은 더 큰 혼란을 초래한다고 보았다. 그리하여 도가는 근원적 관점 또는 초월적 관점에서 '현동' 또는 '만물제동'을 깨닫고, '만물을 있는 그대로 긍정하라〔在宥〕'고 강조했다. 그러면 세상의 온갖 혼란이 저절로 사라지게 된다는 것이다〔無爲而治〕.

2. 인간의 본성과 변화가능성 문제

유가, 법가, 도가는 모두 특정한 인성론을 제시하고, 그에 입각하여 각자의 통치론을 전개했다. 그러나 묵가는 인간의 본성에 대해 특별한 설명을 남기지 않았다.

유가의 인성론을 흔히 '성선설(性善說)'이라고 하지만, 성선설을 제창한 맹자를 비롯하여 모든 유학자는 '인간은 선한 도덕적 본성과 악으로 흐르기 쉬운 이기적 본능을 함께 지닌다'고 보았다. 유가의 인심도심론(人心道心論)은 이러한 인간의 양면성을 설명하는 이론이었다. 유가는 인심과 도심을 함께 거론하면서, '인심은 오직 위태롭고, 도심은 오직 미약하다'고 설명했다. 인간의 이기적 본능은 강력하지만 위태롭고, 도덕적 본성은 순선하지만 미약하다는 뜻이다.

유가는 인간 사회의 혼란은 인간의 이기적(본능적) 욕구로부터 비롯된다고 보았다. 그러므로 인간의 도덕적 본성을 완전히 발휘할 수 있는 성인(聖人)이 통치자가 되어, 백성을 올바른 길로 이끌어야 한다는 것이다. 유가는 통치자의 주요 임무를 '백성의 교육'과 '백성의 생업 보장'으로 설명했다. 통치자는 백성의 생업을 보장하여 의식주(衣食住)의 본능적 욕구를 해결해 준 다음, 인의예지(仁義禮智)의 본성을 깨우치고 인륜을 교육하여 사람다운 사람이 되도록 해야 한다는 것이다. 이것이 바로 유가가 주장하는 덕치(德治)와 인정(仁政)의 핵심 내용이었다. 이렇게 본다면, 유가는 인간의 '도덕적 본성'과 '이기적 본능'을 두루 고려하면서 통치론을 전개한 것이다.

법가는 인간을 '이기적 욕구에 지배당하는 존재'요 '계산을 통해 더 큰 이익을 추구할 수 있는 존재'라고 보았다.[3] 법가는 인간의 타산적 이기심을 그대로 통치에 이용하려고 했을 뿐, '교육을 통해 타산적 이기심을 변화시켜야 한다'는 주장을 펴지는 않았다. 법가는 오히려 교육 또는 통치를 통해 사람됨을 변화시킨다는 것은 성공하기 어려운 일이라고 보면서, 유가의 덕치론을 조롱했다. 법가는 "백성들은 살아서는 이익을 계산하고, 죽어서는 명예를 생각한다. 이익이 농업에서 나오면 백성들은 온 힘을 다해 농사를 짓고, 명예가 전쟁에서 나오면 백성들은 죽음을 각오하고 싸운다."고 보고, 따라서 포상과 처벌을 통해 백성을 얼마든지 통제할 수 있다고 보았다. 법가의 지론은 '상벌을 통해 인간을 통제하자'는 것이요, '교육을 통해 인간을 변화시키자'는 것이 아니었다.

인간을 이기적이며 타산적인 존재로 규정한다는 것은 인간관계에서 영원한 신뢰란 불가능하다는 뜻이기도 하다. 사람들 사이의 이해관계는 상황에 따라 수시로 변하거니와, 그에 따라 인간관계도 수시로 변한다는 것이 법가의 지론이다. 그리하여 법가는 남에 대한 신뢰를 '어리석은 일'로 규정한다. 특히 군주는 신하도 믿지 말고, 처자도 믿지 말라고 했다.[4]

---

3) 商鞅은 "태어나면서부터 배고프면 음식을 찾고, 힘들면 편안함을 찾으며, 괴로우면 즐거움을 찾고, 치욕을 당하면 영광을 찾는 것"이 인간의 '性'이요 '情'이라 했는데, 이처럼 法家가 말하는 性과 情은 요즈음 말로 '인간의 본능적 욕구'를 뜻하는 것이다. 즉 법가는 '인간의 본능적 욕구'를 '인간의 본성'이라고 규정한 것이다. 그러나 이러한 본능적 욕구는 인간과 짐승이 공유하는 것이므로, '진정한 의미에서' 인간의 본성이라고 부를 수 없는 것이다.

법가는 믿을 수 없는 사람들을 효과적으로 다룰 수 있는 방법으로 여러 가지 '술(術)'을 제시했다. 요컨대 법가는 인간관계에서 '상호 불신(不信)'을 당연한 것으로 설정한 다음, 사람들을 권모술수로 대하라고 설파한 것이다. 이렇게 본다면, 법가는 오로지 인간의 '이기적 본능'만을 주목하면서 세·법·술(勢法術)의 통치론을 전개한 것이요, 인간의 '도덕적 본성'에 대해서는 전혀 주목하지 않은 것이다.

대부분의 학파는 특정한 인간관을 정립하고, 그에 입각하여 통치론을 전개한다. 그런데 묵가는 특정한 인간관을 제시하지 않고, 대신 '인간은 하늘의 뜻에 따라야 한다'는 천지론(天志論)에 입각하여 통치론을 전개했다. 겸애(兼愛)는 하늘의 뜻이므로 우리는 겸애를 실천해야 하고, 별애(別愛)는 하늘의 뜻에 어긋나므로 별애를 추구해서는 안 된다는 것이다.

묵가는 자연상태에서 인간 사회는 혼란에 빠지게 된다고 보고, 통치자의 임무는 혼란을 수습하여 안정된 사회를 만드는 것이라 했다. 이렇게 본다면 묵가는 유가와 마찬가지로 '인간은 선(善)의 가능성과 악(惡)의 가능성을 모두 지니고 태어난다'고 보았던 것이다.[5] 또한 묵가는 유가와 마

---

4) 한비자는 이처럼 '군주는 아무도 믿지 않아야 한다'고 역설했으면서도, 또 한편으로는 당시의 군주가 '자신과 같은 法術之士를 믿어주지 않는다'고 울분을 토했다(『韓非子』〈孤憤〉). 이는 분명 모순된 태도라 하겠다. 한비자는 '矛盾'이라는 용어를 처음 만들고, '유가 사상에는 矛盾이 많다'고 비판한 장본인이다. 그런데 論者가 보기에, 한비자의 사상에는 훨씬 더 중대한 矛盾이 훨씬 더 많이 내재한다. 이에 대한 자세한 논의는 拙稿, 「『韓非子』의 矛盾論과 『韓非子』의 矛盾」, 『東洋文化硏究』 제29집, 77-110쪽 참조.

5) 墨子가 인간의 자연상태를 '혼란'으로 규정한 것에 입각하여, 蕭公權과 劉澤華는 '묵자는 性惡論者였을 것'이라고 주장했다(蕭公權, 『中國政治思想史』, 240쪽 ; 劉澤華 主編, 『中國政治思想史』 先秦篇(下), 174쪽). 그러나 이러한 주장은 부당한 것 같다. 첫째, 묵자는 인간이 '선하게 될 가능성'도 인정했기 때문이다. 둘째, '인간이 타고난 악의 가능성'은 엄밀히 말하면 인간의 '본성'에 해당하는 것이 아니라 '본능'에 해당하는 것이기 때문이다. (性善說을 주장하는 儒家도 자연상태를 '혼란'으로 규정했는데, 이

찬가지로 인간의 변화 가능성을 믿었다. 묵자는 사람됨이 변화하는 것을 '물들임' 으로 설명했다. 인간은 그가 가까이하는 사람의 영향을 받아 변하게 된다는 것이다. 묵자는 이러한 맥락에서 통치자에게 '현자(賢者)를 가까이할 것' 과 '백성에게 솔선수범할 것' 을 주문했다. 이는 '선(善)을 지향하는 것' 이라는 점에서 분명 성선설과 궤를 같이하는 것이다.

묵자는 한편으로는 법가와 마찬가지로 '포상과 처벌로 인간의 행위를 통제할 수 있다' 고 보았는데, 이는 '모든 인간은 근본적으로 이익을 추구하고 손해를 회피한다' 는 관점에서 성립하는 논리이다. 요컨대 묵자도 인간의 본능적 이기심을 통치에 활용할 수 있다고 보았다. 이렇게 본다면, 묵가는 인간의 '도덕적 본성' 과 '이기적 본능' 을 두루 고려하면서 통치론을 전개한 것이다.

도가도 인간의 본성에 대한 논의를 다각도로 제시했다. 도가의 특징은 인간의 도덕적 본성과 이기적 본능을 구별하지 않고 통합적으로 논의한다는 점이다. 그리하여 도가는 한편으로는 '지족(知足)과 겸양(謙讓)' 을 본성적인 것으로 옹호하고, 한편으로는 '입이 미어지게 음식을 먹고 즐기며, 배를 두드리며 노는 것' 을 본성적인 것으로 옹호했다. 여하간 도가는 인간의 본성을 전적으로 신뢰하여, 무위자연(無爲自然)을 적극 설파했다. 도가가 인간의 자연상태를 '평화의 낙원' 으로 묘사한 것은 이와 맥락을 같이한다.

도가는 인간에 대한 훈육(訓育, 敎育)이나 통치를 매우 비판했다. 유가는 인간이 타고난 본능적 욕구의 위험성을 경계하면서, 교육과 통치를 통해 이를 순치(馴致)하려고 했다. 그러나 도가는 이러한 시도가 '인간의 본성을 해치고, 천하를 혼란에 빠뜨리는 일' 이라고 극력 비판했다. 도가는

는 이기적 본능이 도덕적 본성을 압도하기 때문이라는 것이었다.) 상식적으로 생각해 보아도, '性惡論者가 兼愛를 주장한다' 는 것은 납득하기 곤란할 것이다.

시비선악의 구별도 비판했고, 군자와 소인의 구별도 비판했으며, 인간과 금수의 구별도 비판했다. 오로지 자유롭게 소요하면서 천수를 누리는 것이 최선의 삶이라는 것이다. 장자는 마침내 "선(善)을 행하되 명예에 가까이 가지 말며, 악(惡)을 행하되 형벌에 가까이 가지 말라. 중(中)을 따르는 것을 법도로 삼으면, 자기 몸을 보전할 수 있고, 생명을 보전할 수 있으며, 어버이를 봉양할 수 있고, 천수를 누릴 수 있다."[6]고 설파했다. 요컨대 도가는 인간의 도덕적 본성과 이기적 본능을 구분하지 않고 '인간이 타고난 그대로를 자연스럽게 발휘할 수 있도록 놓아둘 것〔在宥〕' 을 주장했고, 이렇게 하면 모든 일이 저절로 잘 해결된다는 '무위자연(無爲自然)' 의 통치론을 전개한 것이다.

암스트롱(Karen Armstrong)은 '축의 시대(Axial Age)' 의 사상적 특징을 '자기 버리기(kenosis)' 로 요약한 바 있거니와,[7] 이제 마지막으로 '자기 버리기' 의 관점에서 제자백가를 정리해 보자. 유가의 '극기복례(克己復禮)' 는 글자 그대로 '자기 버리기' 의 모범적 사례라 할 수 있다. 묵가의 '겸애(兼愛)' 도 자기의 혈연(血緣)에 애착하는 태도를 버리자는 것이니, 물론 '자기 버리기' 에 해당한다. 노자의 겸양(謙讓)과 장자의 상아(喪我)도 자기중심주의와 아집(我執)을 버리자는 것이니, 역시 '자기 버리기' 에 해당할 것이다. 그런데 법가의 경우에는 '자기 버리기' 에 해당하는 개념이 없다. 법가의 주장은 오히려 자기중심주의와 아집을 강화하고 관철하자는 것이었다. 이러한 맥락에서 법가는 평화의 사상이 아니요, 전쟁의 사상이었다.

---

6) 『莊子』〈養生主〉: 爲善無近名 爲惡無近刑 緣督以爲經 可以保身 可以全生 可以養親 可以盡年

7) 암스트롱, 『축의 시대』, 155쪽.

3. 위계와 평등의 문제

유가는 천지자연의 세계를 '존·비(尊卑)의 위계 구조'로 파악하고, 이를 본받아 인간 사회도 '위계적 체계'로 만들어야 한다고 보았다. 유가의 세계관은 '음양의 위계, 음양의 감응, 음양의 순환'이라는 『주역』의 음양론에 잘 나타나 있다. 『주역』의 첫머리인 건괘(乾卦)와 곤괘(坤卦)에서도 음양의 위계 관계를 설파했고, 〈계사전〉의 제1장에서도 "하늘은 높고 땅은 낮으니 건·곤(乾坤)의 자리가 정해지며, 높고 낮음이 이로써 진열되니 귀·천(貴賤)이 자리를 잡는다."[8]고 설파했다. 이처럼 존비의 위계 관념은 유가적 세계관의 출발점이었다.

존비의 위계 관념은 결국 존귀한 존재가 비천한 존재를 '통어(統御)'하고, 비천한 존재는 존귀한 존재를 '순승(順承)'해야 한다는 관념으로 이어진다. 유교에서는 이러한 맥락에서 군주는 신하의 벼리가 되고, 부모는 자식의 벼리가 되며, 남편은 아내의 벼리가 된다는 삼강(三綱)을 정립한 것이다.[9] 이처럼 유가는 사회질서 전반을 존비의 위계라는 관점에서 인식했거니와, 마찬가지로 통치에 대해서도 위계질서의 관점에서 파악했다. 예컨대 『서경』의 "하늘이 백성을 낳으셨는데, 백성들은 욕망이 있기 때문에, 군주가 없으면 곧 혼란스럽게 되었다. 하늘이 총명한 사람을 낳아 군주로 삼아 다스리게 하였다."[10]는 설명이 그것이다. 이른바 '자연상

---

8) 『周易』〈繫辭上傳〉1 : 天尊地卑 乾坤定矣 卑高以陳 貴賤位矣

9) 혹자는 五倫은 '쌍무적 윤리'인 반면 三綱은 '위계적 윤리'로서, 유교 윤리의 진면목은 五倫에 있고, 三綱은 法家의 영향을 받아 漢代에 정립된 것이므로 참된 유교 윤리로 볼 수 없다고 주장한다. 그러나 유교에서는 본래 父·子, 君·臣, 夫·婦 관계를 위계적 관계인 동시에 쌍무적 관계라고 보는 것이다. 이는 유교에서 陰·陽을 尊卑 관계인 동시에 對待 관계로 규정하는 것과 궤를 같이한다.

10) 『書經』「商書」〈仲虺之誥〉: 惟天 生民有欲 無主乃亂 惟天生聰明 時乂

태' 의 혼란을 극복하기 위해서 정치체가 등장했는데, 그 정치체는 바로 군주를 정점으로 하는 위계적 통치의 체계였다는 것이다.

법가는 유가처럼 뚜렷하게 위계적 세계관을 제시하지는 않았다. 그러나 법가도 철저하게 위계질서의 관점에서 통치를 논했다. 상앙은 "옛날에 아직 군주와 신하, 윗사람과 아랫사람의 구분이 없었을 때 백성이 혼란에 빠져 다스려지지 않았다. 그리하여 성인(聖人)이 귀・천(貴賤)을 구별하고, 작위(爵位)를 제정하고 명호(名號)를 정립하여 군주와 신하, 윗사람과 아랫사람의 의리를 구별한 것이다."[11]라고 했거니와, 이처럼 법가도 오직 위계질서를 통해서만 인간 사회의 혼란을 극복할 수 있다고 보았다.

유가는 위계적 세계관을 통하여 사회의 위계질서를 옹호한 반면, 법가는 자신들의 역사관에 입각하여 위계적 통치를 정당화했다. 예컨대 상앙은 다음과 같이 말한다.

> 하늘과 땅이 만들어지면서 백성이 태어났다. 이 시대에는 백성이 그 어미는 알아도 아비는 몰랐으니, 이 시대의 道는 친한 사람을 친하게 여기고〔親親〕 사사로운 것을 사랑하는 것〔愛私〕이었다. 친한 사람을 친하게 여기면 사람들을 차별하게 되고, 사사로운 것을 사랑하면 사회가 위험하게 된다. (…) 그러므로 현자(賢者)가 등장하여 공정하고 알맞은 표준을 세우고 사사로움이 없는 원칙을 세우니, 백성들도 인(仁)을 좋아하게 되었다. 이러한 때를 당해서 친한 사람을 친하게 여기는〔親親〕 원칙이 폐지되고, 현자를 숭상하는〔上賢〕 원칙이 세워졌다.
>
> 인자(仁者)는 남을 사랑하고 이롭게 하는 데 힘쓰고, 현자(賢者)는 서로 돕는 것을 道로 삼았다. 백성이 많은데 법제가 없고, 오랜 세월 동안 서로 돕는 것을

11) 『商君書』〈君臣〉: 古者未有君臣上下之時 民亂而不治 是以聖人別貴賤 制爵位 立名號 以別君臣上下之義

道로 삼으면, 혼란에 빠지게 된다. 그러므로 성인(聖人)이 이어받아 토지(土地)와 재화(貨財)와 남녀(男女)의 구분을 만들었다. 구분이 정해졌는데 법제가 없으면 안 되므로 금법(禁法)을 세우고, 금법이 세워졌는데 맡은 사람이 없으면 안 되므로 관리(官吏)를 세웠으며, 관직이 설치되었는데 통일시키지 않으면 안 되므로 군주(君主)를 세웠다. 이미 군주를 세운 다음에는 현자를 숭상하는〔上賢〕 원칙이 폐지되고, 귀한 사람을 귀하게 여기는〔貴貴〕 원칙이 세워졌다.[12)]

상앙은 당시까지의 역사를 세 시대로 구분하여, 상세는 친친(親親)의 원칙이 지배하던 시대요, 중세는 상현(上賢)의 원칙이 지배하던 시대이며, 하세는 귀귀(貴貴)의 원칙이 지배하는 시대라고 설명했다. 그런데 '귀귀의 시대'란 바로 '법치의 시대'로서, 상명하복(上命下服)의 체계를 통해 법질서를 확립해야 한다는 것이다. 같은 맥락에서 한비자도 "무릇 옛날과 지금은 풍속이 다르고, 새로운 시대와 지나간 시대는 대비(對備)할 것이 다르다. 만약 너그럽고 느슨한 정책으로 급박한 세상의 백성을 다스리고자 한다면, 이는 고삐나 채찍도 없이 사나운 말을 부리려는 것과 같다."[13)]고 설파했다. 이제는 세상이 변하여, 과거의 덕치(德治)와 인정(仁政)은 더 이상 통용될 수 없다는 것이요, 따라서 엄격한 법치(法治), 곧 상명하복(上命下服)의 통치를 추구해야 한다는 것이다.

유가와 법가가 기본적으로 인간 사회를 '위계'의 관점에서 인식한 것과 달리, 묵가는 인간 사회를 기본적으로 '평등'의 관점에서 인식했다.

---

12) 『商君書』〈開塞〉: 天地設 而民生之 當此之時也 民知其母而不知其父 其道親親而愛私 親親則別 愛私則險 (…) 故賢者立中正 設無私 而民說仁 當此時也 親親廢 上賢立矣 凡仁者以愛利爲務 而賢者以相出爲道 民衆而無制 久而相出爲道則有亂 故聖人承之 作爲土地貨財男女之分 分定而無制 不可 故立禁 禁立而莫之司 不可 故立官 官設而莫之一 不可 故立君 旣立君 則上賢廢 而貴貴立矣

13) 『韓非子』〈五蠹〉: 夫古今異俗 新故異備 如欲以寬緩之政 治急世之民 猶無轡策而御馯馬

묵자의 "지금 천하는 대국(大國)이든 소국(小國)이든 모두 하늘의 고을이며, 사람은 어른과 어린이, 귀족과 천민이 모두 하늘의 신하이다."[14]라는 말이 이를 대변한다. 묵자는 영토의 크기와 관계없이 모든 국가는 위상이 평등하고, 나이나 신분과 관계없이 모든 사람은 위상이 평등하다고 주장하고, 이를 '하늘의 뜻' 이라고 정당화했다.

묵자는 이처럼 기본적으로 만인의 평등을 주장하면서도, 통치의 영역에서는 위계질서가 불가피하다고 보았다. 천하의 혼란은 정치의 수장(首長)이 없는 데서 생겨나므로, 혼란을 면하기 위해서는 위계적 통치 질서를 확립하지 않을 수 없다는 것이다. 묵자는 이처럼 위계질서를 불가피한 것으로 보면서, 다만 현자(賢者)가 윗자리에 있어야 한다고 역설했다. 묵자는 "비록 하늘 또한 가난한 자와 부유한 자, 귀한 자와 천한 자, 먼 자와 가까운 자, 친밀한 자와 소원한 자를 차별하지는 않았지만, 현자를 들어서 높이고 고약한 사람을 억눌러서 내친다."[15]고 했다. 요컨대 '정치적 수혜' 의 영역에서 '만인을 평등하게 대우함' 도 하늘의 뜻이요, '통치의 주체' 영역에서 '현자를 들어서 높이고, 고약한 사람을 억눌러서 내침' 도 하늘의 뜻이라는 것이다.[16]

묵가가 '하늘의 뜻' 에 입각하여 평등을 설파했다면, 도가는 '하늘의 관점' 에서 평등을 설파했다.[17] 장자의 제물론은 자신의 사사로운 감정이

---

14) 『墨子』〈法儀〉: 今天下無大小國 皆天之邑也 人無幼長貴賤 皆天之臣也

15) 『墨子』〈尙賢中〉: 雖天亦不辯貧富 貴賤 遠邇 親疏 賢者擧而尙之 不肖者抑而廢之

16) 묵자의 입장은 요컨대 '평등 사회를 만들기 위해서는 賢能한 인물에게 권력을 맡겨야 한다' 는 것으로서, 목적은 '평등' 을 지향하지만 방법론은 '위계적' 인 것이다. 묵자의 이러한 입장은 아리스토텔레스의 "財產의 분배가 불평등할 때에는 대중은 혁명적이 되며, 官職의 분배가 평등할 때는 지식층이 혁명적이 된다"는 주장(아리스토텔레스, 『정치학』, 1266b)과 궤를 같이하는 것이다.

17) 묵자가 말하는 '하늘' 은 '의지적 존재로서의 人格天' 인 반면, 장자가 말하는 '하늘' 은 '자연적 존재로서의 蒼空天' 이다.

나 편견을 탈피하는 '상아(喪我)' 에서 출발하여, 초월적인 하늘의 관점에서 바라보는 '조지우천(照之于天)' 을 통해 만물제동을 깨닫자는 것이었다. 우리는 보통 '나와 남' 의 구별, '옳음과 그름' 의 구별 등을 중요하게 생각한다. 그런데 장자는 이러한 구별이 자기중심적 편견을 야기하여 이 세상을 더욱 혼란스럽게 만들 뿐이라고 보았다. 장자는 이러한 편견을 타파하기 위한 출발점으로 '제물론' 을 역설하고, '만물제동' 의 입장에서 피·차(彼此), 시·비(是非), 선·악(善惡), 호·오(好惡)의 구별을 벗어나라고 권했다. 이는 개인적 차원에서는 '시비선악에 구애됨 없이 자유롭게 살라〔逍遙遊〕' 는 말이요, 사회적 차원에서는 '남들의 삶에 간섭하지 말고 각자의 자유로운 삶을 보장하라〔在宥〕' 는 것이다.

묵가의 겸애론은 본래 '자·타(自他)의 차별' 을 극복하자는 것이었고, 도가의 제물론은 '시비선악에 대한 다툼' 을 극복하자는 것이었다. 따라서 양자는 오늘날 우리가 말하는 '개인들 사이의 정치적 평등' 과는 일정한 간극이 있다. 그러나 일단 평등의 이념이 확립되고 나면, 그것이 결국 정치적 평등으로 발전할 수 있는 계기를 제공하는 것이다.

이상의 내용을 정리해 보자. 유가는 이 세계를 존비의 위계 구조로 파악하고, 그에 입각하여 위계적 통치를 정당화했다. 법가는 독자적인 세계관을 제시하는 대신 '독자적 역사관' 을 제시하고, 그에 입각하여 위계적 통치를 정당화했다. 그런데 위계질서란 근본적으로 '물리적 힘의 우열' 로부터 기원하는 것인바, 따라서 유가나 법가가 주장한 '위계적 통치질서' 는 '본능적 질서' 에 해당하는 것이다.

한편, 묵가는 '하늘의 뜻' 에 입각하여 '평등' 을 설파하고, 도가는 '하늘의 관점' 에서 '평등' 을 설파했는데, 이는 '인간의 관점에서는 평등사상을 확립하기 어렵다' 는 뜻이기도 하다. 사실 묵자나 장자는 고도의 '도덕적 반성' 을 통해 평등사상을 정립하고, 그것을 정당화하기 위해 '하늘'

을 동원했을 것이다.[18] 이렇게 본다면 평등사상은 본래 인간의 도덕적 반성의 산물일 것인바, 따라서 묵가나 도가가 주장한 평등론은 '본성적 질서' 에 해당하는 것이다.

4. 호혜적 결속의 방법 문제

통치란 현실적으로는 '통치자가 권력을 통해 피치자를 통제하는 것' 이지만, 이상적으로는 하나의 이상(理想, 共同善) 아래 정치체의 구성원들을 결속시키는 것이다. 이러한 맥락에서, '통치의 방법' 문제는 곧 '호혜적 결속의 방법' 문제와 궤를 같이한다.

유가는 모든 인간관계의 기본을 정명(正名)으로 설명했다. '정명' 은 '각자의 본분을 다한다' 는 의미와 '각자의 분수를 지킨다' 는 의미를 겸하는바, 유교의 덕치론(德治論)은 전자를 강조한 것이며, 예치론(禮治論)은 후자를 강조한 것이다. 유교의 덕치론은 윗자리에 있는 통치자가 모범을 보이면 아랫자리에 있는 백성들이 본받게 된다는 '상행하효(上行下效)' 와 통치자들은 백성과 고락을 함께해야 한다는 '여민동락(與民同樂)' 으로 요약된다. 한편, 예치론은 상층계급과 하층계급 사이의 '차등적 위계를 존중하라' 는 것이요, 동시에 '서로 겸양하고 서로 배려하라' 는 것이다. 그러면 백성은 통치자에게 감복하여 일심동체(一心同體)가 된다는 것이요, 국가의 위기가 닥쳤을 때엔 목숨을 바쳐 충성하게 된다는 것이다. 유교의

---

18) 예컨대 묵자가 兼愛論을 뒷받침하기 위해 하늘〔天〕과 귀신을 상정하고, "장차 천하의 이로움을 추구하고 천하의 해로움을 제거하려면, 마땅히 귀신이 존재하는 것처럼 여겨야 한다."고 주장한 것을 상기해 보라(『墨子』〈明鬼下〉: 將欲求興天下之利 除天下之害 當若鬼神之有也).

정명론 또는 덕치론과 예치론은 이처럼 통치자(상층계급)와 피치자(하층계급) 사이의 '도덕적 감응' 또는 '호혜적 감응'을 추구하는 것이다.

이처럼 유가는 사회를 위계 구조로 파악하여 통치자와 피치자 사이의 위계를 중시하면서도, 동시에 그 위계를 '힘〔武力〕의 위계'가 아닌 '문덕(文德)의 위계'로 탈바꿈시키려고 했다. 우리의 일상에서, 아랫사람이 윗사람을 본받고 감복하는 경우는 얼마든지 있고, 윗사람과 아랫사람이 고락을 같이하며 일심동체가 되는 경우도 얼마든지 있으며, 다른 사람이 베푼 은혜에 감복하여 더 크게 갚으려고 노력하는 사람도 얼마든지 있다. 이는 사람들 사이에 도덕적 감응, 정서적 감응, 호혜적 감응이 이루어지는 실례라 할 수 있다. 그런데 이러한 감응은 인간의 양심(良心)과 양심, 또는 선의(善意)와 선의가 만나면서 이루어지는 것인바, 따라서 이는 '본성적 질서'에 해당한다.

문제는 유가의 덕치론이 과연 충분한 통치술인가 하는 점이다. 『서경』에서는 "인심은 오직 위태롭고, 도심은 오직 미약하다"고 했다. 인간의 이기적 욕심은 위태로운 것이나 강력하고, 도덕적 양심은 올바른 것이나 미약하다는 말이다. 그렇다면 유교적 위정자들도 사실은 양심이 미약할 것인바, 실제로 현실 정치에서 덕치론은 위정자들의 겉치레로 전락하는 경우가 많았다.[19] 그러므로 이 대목에서 위정자들의 선의마저 신뢰하지 않고 그들의 권력을 견제하고자 했던 공화주의자들의 관점을 깊이 음미

19) 한비자는 '위정자의 仁政에 感服하는 백성은 극소수'라는 관점에서 유가의 덕치론을 비판했는데, 論者는 '위정자가 仁政을 베풀면 백성은 대부분 感服할 것'이라고 본다. 인간을 이기적 존재로 규정한 마키아벨리도 "인민은 비록 무식하지만, 그들의 신망을 받는 사람이 무엇이 진리인지를 이야기해 줄 때 그 진리를 납득하고 거기에 쉽게 복종하는 법"이라고 설파했다(마키아벨리, 강정인·안선재 공역, 『로마사 논고』, 한길사, 2003, 88쪽). 논자의 생각에 유가 통치론의 진정한 결함은 위정자가 仁政을 베풀지 않는 경우, 즉 위정자가 권력을 남용하는 경우에 대한 효과적인 대책이 없었다는 점이다.

해야 할 것이다.

법가는 인간을 이기적이고 타산적인 존재로 규정하면서, '모든 인간은 이익이 있는 곳으로 달려가고, 손해를 입는 것을 회피하려 한다' 고 보았다. 법가는 이러한 인간관을 바탕으로, 통치의 과제를 두 가지로 설정했다. 첫째는 갈등과 혼란을 극복하는 것이다. 흔히 말하듯이, 인간의 욕망은 무한하지만, 욕망의 대상인 재화는 유한하므로 인간 사회는 갈등과 혼란에 빠지는바, 이를 해결하는 것이 통치의 과제라는 것이다. 둘째는 백성들을 열심히 농업과 전쟁에 종사하게 만드는 것이다. 법가에 의하면, 부국강병을 위해서는 백성들이 농업과 전쟁에 힘써야 한다. 그런데 농업과 전쟁은 힘든 일이므로, 백성들은 농업과 전쟁을 기피하고, 보다 힘이 덜 드는 상업과 기예(技藝)로 몰려든다. 그러나 부국강병을 위해서는 백성들이 농업과 전쟁으로 몰려들게 만들어야 하는바, 이 또한 통치의 과제라는 것이다.

법가는 이러한 두 과제를 해결하는 방법으로 상명하복(上命下服)과 신상필벌(信賞必罰)을 제시했다. 통치자는 백성에게 특정한 임무를 수행하도록 명령한 다음, 그에 따르면 포상하고, 따르지 않으면 처벌하라는 것이다. 한비자는 이를 통해 '통치자와 백성이 모두 만족할 수 있는 결과'를 얻을 수 있다고 주장했다.

> 성왕(聖王)이 법을 제정함에, 그 상(賞)은 선(善)을 권장하기에 충분하고, (형벌의) 위엄은 포악을 제압하기에 충분하며, 그 대비(對備)는 완전을 기약하기에 충분하게 한다. 다스려지는 세상의 신하는, 공(功)이 많은 자는 지위가 높아지고, 노력을 다한 자는 상을 후하게 받으며, 정성을 다한 자는 명예를 누리게 된다. 착한 사람을 살려줌이 봄바람처럼 온화하고, 악한 자를 죽임이 가을 서리처럼 준엄하니, 그러므로 백성들이 권장되어 노력을 다하고 기꺼이 정성을

다하는 것이다. 이것을 일컬어 '상·하가 서로 얻는다〔上下相得〕' 고 한다.[20]

위에서 말하는 '상하상득(上下相得)' 은 곧 '통치자와 백성이 모두 만족할 수 있는 결과를 얻는다' 는 뜻이거니와, 한비자는 그 구체적 내용을 "강자가 약자를 능멸하지 못하고, 다수가 소수를 학대하지 못하며, 노인이 천수를 누리고, 어린 고아가 제대로 성장할 수 있으며, 변경이 침략을 당하지 않고, 임금과 신하가 서로 친하며, 부모와 자식이 서로 보호하여, (命대로 살지 못하고) 죽거나 포로로 붙잡히는 근심이 없게 하는 것"[21]이라고 설명했다.

이렇게 본다면 법가는 사회를 위계 구조로 파악한 다음, 통치자와 피치자를 명령과 복종의 관계로 규정하고, 포상과 처벌로써 백성을 통제하고자 한 것이다. 사실 우리의 일상에서 포상과 처벌은 매우 많이 활용되는 방법이다. 법가의 주장대로, 포상은 사람들로 하여금 어렵고 힘든 일도 하게 만들고, 처벌은 사람들로 하여금 하고 싶은 일도 참게 만든다. 그런데 이는 통치자의 '이기적 타산' 과 피치자의 '이기적 타산' 이 합치되는 지점에서 성립하는바, 따라서 '본능적 질서' 에 해당한다.

문제는 법가가 주장하는 '신상필벌(信賞必罰)' 이 과연 바람직한 방법론이며, 과연 효과적인 방법론인가 하는 점이다. 장자는 "삼대(三代, 夏·殷·周) 이후의 사람들은 모두 왁자지껄하면서 포상과 처벌을 일삼고 있으니, 저들이 어느 겨를에 그 성명(性命)의 실정을 편안하게 하겠는가?"[22]

---

20) 『韓非子』〈守道〉: 聖王之立法也 其賞足以勸善 其威足以勝暴 其備足以必完法 治世之臣功多者位尊 力極者賞厚 情盡者名立 善之生如春 惡之死如秋 故民勸極力而樂盡情 此之謂上下相得

21) 『韓非子』〈姦劫弑臣〉: 使强不陵弱 衆不暴寡 耆老得遂 幼孤得長 邊境不侵 君臣相親 父子相保 而無死亡係虜之患

22) 『莊子』〈在宥〉: 自三代以下者 匈匈焉終以賞罰爲事 彼何暇安其性命之情哉

라고 하여, 상벌에 의한 통치는 인간의 성정(性情)을 왜곡시킨다고 비판했다. 한편, 현대의 사회학자 콜린스(Randall Collins)에 의하면, '보상과 처벌' 은 우리가 기대하는 것만큼 효과가 없다. 콜린스는 그 까닭을 "강제력에 결함이 있기 때문"이라고 설명했다. 강제당하기를 좋아하는 사람은 아무도 없으며, 따라서 아무리 채찍으로 처벌을 가해도 노예들의 생산성은 높아지지 않는다는 것이다.[23] 그는 다음과 같이 말한다.

> 이제 금전적 보상과 물리적 강제력은 모두 상대적으로 빈약한 통제 방법이라는 결론에 도달하게 된다. 무슨 일인가를 그런대로 잘 되게 하려면 사람들이 그 일을 하고 싶어 하도록 만들 방법을 찾아야 한다. 보상과 처벌이 사회에서 아무 역할을 못 한다는 뜻이 아니다. 금전적 보상이 적어도 사람들로 하여금 직업을 택하게 하는 것은 분명하다. 또 처벌 위협이 금고를 들고 튀는 것을 막아주는 효과는 있다. 그러나 이런 최저 수준을 넘어서기를 원한다면 직업과 조직에 대해서 일체감을 느끼게 하는 방법이 필요하다. 일이 자기 정체성의 일부라고 느끼게 할 방도가 필요한 것이다. 자신들이 믿고 있는 무엇인가에, 혹은 자신이 속해 있는 집단에 무엇인가 공헌하고 있다고 느끼게 할 필요가 있다. 이는 불가능한 것이 아니다.[24]

콜린스는 "금전적 보상과 물리적 강제력은 모두 상대적으로 빈약한 통제 방법"이라고 결론짓고, 그 대안으로 사람들이 "그 일을 하고 싶어 하도록 만들 방법"과 "직업과 조직에 대해서 일체감을 느끼게 하는 방법"이 필요하다고 설명했다. 주지하듯이 사람들이 그 일을 하고 싶도록 만드는 방법은 '각자의 자유의지를 존중하는 것' 인바, 상명하복에 기초하는 법

23) 콜린스, 진수미 역, 『상식을 넘어선 사회학』, 대구 : 경북대출판부, 2006, 72-74쪽.
24) 콜린스, 『상식을 넘어선 사회학』, 75쪽.

가의 신상필벌론에는 이것이 결여된 것이다. 또한 사람들이 직업과 조직에 대해서 일체감을 느끼게 하는 방법의 하나는 그들과 고락을 같이하는 것인바, 법가에서는 이러한 요소 역시 찾아보기 힘들다. 그러므로 법가의 방법론은 많은 백성들의 원성을 자아냈을 뿐,[25] 진정한 부국강병을 달성하지는 못한 것이다.

묵가가 제시한 사회적 결속의 방법론은 여로모로 유가의 방법론과 궤를 같이한다. 유가의 방법론은 '덕치와 예치, 인정(仁政)과 겸양, 상행하효와 여민동락' 으로 요약할 수 있는데, '상현(尙賢), 겸애(兼愛), 절용(節用)' 등 묵가의 방식도 대부분 여기에 해당하는 것이다. 예컨대 묵자의 '상현' 은 '현자를 윗자리에 앉히면 현자는 겸애와 절용 등을 모범적으로 실천할 것인바 백성도 이를 본받게 된다' 는 것인데, 이는 유가의 '상행하효' 와 같은 맥락이다. 또한 묵자의 '절용' 은 '불필요한 사치와 낭비를 없애 백성들의 세금을 줄여주라' 는 것인데, 이는 유가의 인정(仁政)과 같은 맥락이다.

문제는 '겸애' 이다. 유가는 '별애(別愛)' 를 주장하면서 묵가의 '겸애' 를 비판하고, 묵가는 '겸애' 를 주장하면서 '별(別)' 을 비판했기 때문에, 이 점에서는 묵가와 유가는 서로 용납할 수 없는 주장을 편다고 볼 수 있다. 그런데 현대의 정치학자 蕭公權은 다음과 같이 말한다.

> 공자와 묵자의 도(道)가 같지 않았다 함은 세상에서 흔히 인정된 바이다. 그

25) 漢高祖가 秦의 首都 咸陽을 함락시키고, 그곳 父老들과 "殺人者는 死刑에 처하고, 사람을 해치거나 재물을 훔치면 처벌한다. 그밖에 秦나라의 法은 모두 폐지한다." 고 약속하자, "秦나라 사람들이 크게 기뻐하여 앞다투어 소와 양을 끌고 와서 漢高祖의 군사들에게 술과 음식을 제공했다." 고 한다(『史記』〈高祖本紀〉, 漢元年十月條 : 沛公兵遂先諸侯至霸上 (…) 與父老約法三章耳 殺人者死 傷人及盜抵罪 餘悉除去秦法 (…) 秦人大喜 爭持牛羊酒食獻饗軍士).

러나 이것은 피상적인 이야기이다. 우리가 그 두 사람의 행적을 고찰한다면, 그들은 실제로 같은 점이 많음을 알 수 있다.[26]

공자가 '이(利)' 라고 배척한 것은 바로 묵자가 '별(別)' 이라고 내버린 것이다. 용어의 사용이 다를 뿐이며, 그들이 내세우려고 했던 원칙은 사실상 다를 것이 없다.[27]

蕭公權은 묵자가 비판하는 '별(別)' 은 공자가 배척한 '이(利)' 였다고 규정하고, 따라서 공자와 묵자는 서로 궤를 같이하는 점이 많다고 주장했다.[28] 실제로 묵자가 비판하는 '별(別)' 을 다시 살펴보자. 묵자는 다음과 같이 말한다.

여러 가지 해로움이 생겨나는 근원을 살펴보면 이는 어디에서 생기는 것인가? 이것이 남을 사랑하고 남을 이롭게 하는 데서 생기겠는가? 그러면 반드시 '그렇지 않다' 고 할 것이요, 반드시 '남을 미워하고 남을 해치는 데서 생긴다' 고 할 것이다. 천하에 남을 미워하고 남을 해치는 것에 분명히 이름을 붙이자면 '아우름〔兼〕' 이겠는가, '가름〔別〕' 이겠는가? 그러면 반드시 '가름' 이라 할 것이다.[29]

26) 蕭公權, 『中國政治思想史』, 224-225쪽. 한편, 葛兆光은 『呂氏春秋』 〈當染〉의 내용을 근거로 "묵자는 공자와 마찬가지로 문화적 분위기가 물씬 풍기는 鄒魯의 땅에서 생활하였고, 학술 연원 역시 서로 유사했다." 고 설명한 바 있다(葛兆光, 이등연 外 역, 『중국사상사』, 서울 : 일빛, 2013, 360쪽).

27) 蕭公權, 『中國政治思想史』, 238쪽.

28) 蕭公權은 "墨子는 곧 평민화된 孔子이며, 墨學은 곧 평민화된 孔學이다." 라고 설명하기도 했다(蕭公權, 『中國政治思想史』, 227쪽).

29) 『墨子』 〈兼愛下〉 : 姑嘗本原若衆害之所自生 此胡自生 此自愛人利人生與 卽必曰非然也 必曰從惡人賊人生 分名乎天下惡人而賊人者 兼與 別與 卽必曰別也

위의 인용문으로 보면, 묵자가 비판하는 '별(別)' 은 '자기 가족은 사랑하고 이롭게 하며, 남은 미워하고 해치는 것' 이다. 그렇다면 이는 유가가 주장하는 '별애(別愛)' 와는 거리가 먼 것이다. 유가는 '자기 가족을 사랑하고 이롭게 하라' 고는 주장했어도, 결코 '남을 미워하고 해치라' 고 주장하지는 않았기 때문이다.[30)]

위의 인용문으로 보면, 묵자가 주장하는 겸애는 '자기 가족과 남을 아울러 사랑하고 아울러 이롭게 하라' 는 것인바, 이는 유가가 주장하는 '인(仁)' 과 크게 다르지 않다. 그 단적인 증거는 묵가나 유가 모두 '요 · 순 · 우 · 탕 · 문 · 무의 도(道)' 를 공통의 기반으로 삼고 있다는 점이다. 묵자는 자신이 주장하는 겸애는 '선성육왕(先聖六王)께서 몸소 실천하신 것' 으로서,[31)] 자신의 겸애설은 '선성육왕의 가르침을 본받은 것' 이라고 주장했다. 예컨대 묵자는 다음과 같이 말한다.

> 〈태서(泰誓)〉에서는 "문왕(文王)은 해와 달처럼 사방을 비추시었다."고 했다. 이는 곧 "문왕께서 천하를 겸애하심이 넓고 커서, 마치 해와 달이 천하를 사사로움 없이 두루 비춤과 같았다."는 말이니, 이것이 곧 문왕의 겸애이다. 내가 말하는 겸애도 문왕께 본받은 것이다.
>
> 〈태서〉만 그런 것이 아니요, 〈우서(禹誓)〉에도 같은 내용이 보인다. 우왕(禹王)은 "그대들은 모두 내 말을 들으라. 내가 감히 난리를 일으키려는 것이 아니요, 준동하는 묘족(苗族)에게 하늘의 벌을 내리려는 것이다. 이제 나는 그대들을 이끌고 묘족을 정벌할 것이다."라고 말했다. 우왕이 묘족을 정벌한 것은

---

30) 주지하듯이, 유가가 주장하는 別愛는 '모든 사람을 사랑하되, 자기 가족을 더 먼저 더 많이 사랑하라' 는 것이요, 묵가의 兼愛는 '자기 가족과 남을 동등하게 사랑하라' 는 것인바, 이 점에서 양자는 분명 차이가 있다. 論者는 유가의 別愛와 묵가의 兼愛를 '大同小異' 라고 본다.

31) 『墨子』〈兼愛下〉: 今若夫兼相愛交相利 此自先聖六王者親行之

부귀와 복록을 더 얻으려는 것도 아니요, 귀와 눈을 더 즐겁게 하려는 것도 아니었다. 오직 천하의 이익을 일으키고 천하의 손해를 없애려는 것이었다. 이것이 곧 우왕의 겸애였으니, 내가 말하는 겸애도 우왕께 배운 것이다.[32)]

유가는 '요 · 순 · 우 · 탕 · 문 · 무의 도(道)'를 '인정(仁政)'으로 규정하고, 이를 본받아야 한다고 주장했다. 그런데 묵가는 똑같은 '요 · 순 · 우 · 탕 · 문 · 무의 도(道)'를 '겸애'로 규정하고, 이를 본받아야 한다고 주장하는 것이다.[33)] 여기서 양자가 큰 틀을 같이한다는 점을 알 수 있다.[34)]

도가의 경우, 사회적 차원의 덕목으로 노자는 '겸양(謙讓)'을 주장했고, 장자는 '재유(在宥)'를 주장했다. 노자는 세상 사람들은 겸양하는 인물을 좋아하여 기꺼이 그를 통치자로 추대하게 된다는 이유로, 또 통치자가 겸양하면 모든 사람이 자발적으로 복종하게 된다는 이유로, 또한 통치자가 겸양하여 무위하면 백성이 저절로 감화되고 천하가 저절로 안정된다는 이유로 겸양을 예찬하였다. 그렇다면 겸양은 분명 호혜적 결속의 효과적인 방법이라 하겠다.

문제는 장자의 '재유(在宥)'이다. 재유란 '천하를 있는 그대로 놓아둔

---

32) 『墨子』〈兼愛下〉: 泰誓曰 文王若日若月 乍照光於四方於西土 卽此言文王之兼愛天下之博大也 譬之日月 兼照天下之無有私也 卽此文王兼也 雖子墨子之所謂兼者 於文王取法焉 且不唯泰誓爲然 雖禹誓卽亦猶是也 禹曰 濟濟有群 咸聽朕言 非惟小子 敢行稱亂 蠢茲有苗 用天之罰 若予旣率爾群對諸群 以征有苗 禹之征有苗也 非以求以重富貴 干福祿 樂耳目也 以求興天下之利 除天下之害 卽此禹兼也 雖子墨子之所謂兼者 於禹求焉

33) 그러므로 사마천은 『史記列傳』〈太史公自序〉에서 "묵가도 역시 堯 · 舜의 道를 숭상하고 그 덕행을 설파했다."고 말한 것이다.

34) 한비자는 "공자와 묵자는 함께 堯 · 舜을 언급하는데, 취하고 버린 것이 달랐다."고 설명한 바 있다(『韓非子』〈顯學〉: 孔子墨子 俱道堯舜 而取舍不同). 묵가가 유가와 견해를 달리한 진정한 차이점은 바로 '尙同과 和而不同'에 있었거니와, 이에 대해서는 잠시 뒤에 논의하기로 하자.

다' 는 것인바, 인간 상호 간에도 '서로 해치려는 태도' 는 물론 '서로 도우려는 태도' 도 취하지 말자는 것이다. 장자는 "샘이 마르면 물고기들이 땅 위에 남아서 서로 습기를 뿜어내며 서로 거품으로 적셔주지만, 강호(江湖)에서 서로 잊고 사는 것만 못하다."[35]고 설파한 바 있다. 장자는 '상대방을 도우려는 태도' 조차도 상대방을 자기 기준에 맞추려고 함으로써 '상대방을 불편하게 만드는 것' 일 수 있다고 보았다. 그리하여 장자는 '상호 무관심' 을 최선의 태도라고 설파한 것이다. 그런데 '상호 무관심' 은 결국 '각자 자유롭게 소요(逍遙)하는 삶' 을 추구하는 것으로서, '호혜적 결속' 과는 일정한 거리가 있는 것이다.

이상의 내용을 정리해 보자. 법가는 '명령과 복종' 및 '포상과 처벌' 로 사회의 질서를 확립하고 구성원 상호 간의 호혜적 결속을 이룰 수 있다고 보았다. 이는 결국 인간의 이기적 타산에 의존하는 체계인바, 따라서 '본능적 질서' 에 속하는 것이다. 유가는 '상행하효' 와 '여민동락', '정명(正名)과 겸양' 등으로 사회의 질서를 확립하고 구성원 상호 간의 호혜적 결속을 이룰 수 있다고 보았다. 이는 결국 인간의 도덕적 본성에 의존하는 체계인바, 따라서 '본성적 질서' 에 속하는 것이다. 묵가의 상현(尙賢)과 겸애 · 절용 등은 유가의 방법론과 큰 틀을 같이하므로 역시 '본성적 질서' 에 속하는 것이다. 다만 묵가가 한편으로 '포상과 처벌' 을 중시한 것은 법가와 궤를 같이하는 것으로써,[36] '본능적 질서' 에 속하는 것이다. 노자의 겸양은 유가의 겸양과 궤를 같이하는 것으로써, 역시 '본성적 질서' 에 속하는 것이다. 한편, 장자의 재유는 '인위적인 왜곡을 반대한다'

35) 『莊子』〈大宗師〉: 泉涸 魚相與處於陸 相呴以濕 相濡以沫 不如相忘於江湖

36) 유가도 통치의 한 수단으로서 '포상과 처벌' 을 중시한다. 그러나 유가는 포상과 처벌을 통치의 '보조적 수단' 으로 보는 것이요, 그 '주도적 수단' 은 德治와 禮治라고 보는 것이다.

는 점에서는 '본성적 질서' 에 속하지만, '자유로운 소요를 추구한다' 는 점에서는 '본능적 질서' 에 속한다고 하겠다.

5. 의견의 다양성에 대한 대응방식 문제

동서고금을 막론하고 인간 사회에서는 늘 다양한 의견이 대두하거니와, 이는 곧 첨예한 논쟁과 갈등으로 연결되는 경우가 많다. 그러므로 많은 철학자가 '의견의 다양성' 을 혼란의 근본 원인으로 규정하고, 그에 대한 대안을 찾았던 것이다. 제자백가의 경우를 다시 요약하면, 묵가는 '사람마다 옳음의 기준이 다름〔十人十義〕' 에 혼란의 근본 원인이 있다고 보아 다음과 같이 말한다.

> 옛날에 백성이 처음 생기고 아직 정장(正長)이 없었던 시절, 그들이 말하기를 '천하 사람들이 각자 의(義)를 다르게 생각했다' 는 것이다. 그러므로 한 사람이면 한 가지 의가 있고, 열 사람이면 열 가지 의가 있으며, 백 사람이면 백 가지 의가 있고, 사람 수가 더 많아지면 이른바 의도 더욱 많아졌다. 그리하여 사람들이 '자기의 의는 옳고, 남의 의는 그르다' 고 여김으로써 서로 비난하게 되었으니 (…) 그러므로 천하가 혼란해진 것이다. 백성에게 천하의 의를 통일시켜 주는 정장이 없어서 천하가 혼란에 빠진 것이 분명하니, 그러므로 천하의 어질고 거룩하고 지혜로운 사람을 골라서 천자(天子)로 삼고, '천하의 의를 통일시키는 일' 에 종사하도록 한 것이다.[37)]

37)『墨子』〈尙同中〉: 古之民始生 未有正長之時 蓋其語曰 天下之人異義 是以 一人一義 十人十義 百人百義 其人數茲衆 其所謂義者亦茲衆 是以 人是其義而非人之義 故相交非也 (…) 是以天下亂焉 明乎民之無正長以一同天下之義 而天下亂也 是故 選擇天下賢良聖知

'사람마다 옳음의 기준이 다르다' 는 것은 '옳음에 대한 각자의 의견이 다양하다' 는 뜻이다. 위에 보이듯이 묵자는 옳음에 대한 의견의 다양성을 혼란의 근원으로 규정하고, 따라서 통치자의 가장 중요한 임무는 '상동(尙同)' 즉 '다양한 의견을 통일시키는 것' 이라고 보았다. 어느 정치체에서든 옳음에 대한 구성원들의 다양한 의견을 통일시키는 것은 매우 중요한 과업일 것인바, 문제는 그 방법이다. 묵자는 그 구체적 방법으로 '상동(上同)하는 사람은 포상하고, 하비(下比)하는 사람은 처벌하라' 고 주장했다.

법가 역시 의견의 다양성에 대해 매우 부정적으로 인식하고 있었다. 예컨대 상앙은 '일사불란한 농전(農戰) 국가' 를 만들어야 한다고 주장하면서, 다음과 같이 말했다.

> 군주가 백성을 권면하는 방법은 관직과 작위요, 국가가 흥성하는 방법은 농업과 전쟁이다. 그런데 지금 사람들은 '농업과 전쟁' 이 아니라 '교묘한 말과 허황된 도리' 로 관직과 작위를 구한다. (…) 나라를 잘 다스리는 사람은 백성들에게 모든 관직과 작위는 오직 한 길을 통해서만 얻을 수 있다고 가르치니, 그러므로 농업과 전쟁이 아니면 관직과 작위를 얻지 못한다. 나라에서 교묘하고 허황된 말을 없애면 백성들이 순박해지고, 백성들이 순박해지면 음란하지 않게 된다. 군주가 베푸는 이익이 오직 한 길에서 나온다는 것을 백성들이 알면 백성들은 한 가지 일에만 전념하게 되고, 한 가지 일에 전념하면 백성들이 음란한 방법으로 훔치지 않게 되고, 음란한 방법으로 훔치지 않으면 나라의 힘이 많게 되고, 나라의 힘이 많으면 나라가 강하게 된다.[38)]

辯慧之人 立以爲天子 使從事乎一同天下之義

38) 『商君書』〈農戰〉: 凡人主之所以勸民者 官爵也 國之所以興者 農戰也 今民求官爵 皆不以農戰 而以巧言虛道 (…) 善爲國者 其敎民也 皆從壹空而得官爵 是故不以農戰 則無官爵

상앙은 당시에 등장한 여러 학파의 다양한 주장들을 '교묘한 말과 허황된 도리'로 규정하고, 이들은 배척해야 할 '여섯 마리의 이〔六蝨〕'라고 극언했다. 한비자 역시 자신과 다른 주장을 펴는 다섯 부류에 대해 '다섯 가지의 좀〔五蠹〕'이라고 극언했거니와, 주지하듯이 그 종착점은 진시황의 '분서갱유(焚書坑儒)'였다.

묵가·법가가 의견의 다양성을 철저히 억압하는 입장을 취한 것과는 반대로, 도가는 의견의 다양성에 대해 매우 포용적인 입장을 취했다. 우리가 다투는 시·비와 선·악은 근본적으로 서로 의지하고 상황에 따라 뒤바뀌는 것으로서 제3의 초월적 관점에서 보면 조삼모사(朝三暮四)처럼 '그게 그것'이라는 입장에서, 도가는 '시비선악의 근원적 동일성'을 주장하였다. 이러한 맥락에서 노자는 '현동(玄同)'을 주장하면서 '남들에게 자신의 주장을 내세우지 말라〔謙讓〕'고 설파하고, 장자는 '제물론(齊物論)'을 주장하면서 '각자의 다양한 의견을 그 자체로 긍정하라〔在宥〕'고 설파했다.[39] 예컨대 장자는 "옳고 그름을 따지는 것이 道가 무너지는 까닭"[40]이라고 설파하면서, 다음과 같이 '도추(道樞)'를 말한다.

> 사물은 저것〔彼〕 아닌 것이 없으며, 이것〔是〕 아닌 것이 없다. (…) 그러므로 '저것은 이것에서 나오고, 이것은 저것에서 말미암는다'고 말하는 것이다. (…) 옳음〔是〕으로 인해 그름〔非〕이 생기고, 그름으로 인해 옳음이 생기니, 그

國去言則民樸 民樸則不淫 民見上利之從壹空出也 則作壹 作壹則民不偸 民不偸淫則多力 多力則國强

39) 주지하듯이, 『莊子』의 篇名 '齊物論'에 대한 해석에는 대략 두 가지가 있다. 첫째는 '齊物에 대한 논의'라는 해석으로서, '만물이 본래 齊同함을 논한다'는 뜻이다. 둘째는 '物論을 齊同하는 논의'라는 해석으로서, '세속의 온갖 논의〔衆論〕를 齊同시킨다'는 뜻이다(안병주·전호근 共譯, 『譯註 莊子』 1, 65쪽 참조). 둘째의 맥락에서, 장자의 '齊物論'에는 '각자의 다양한 의견을 그 자체로 긍정한다'는 뜻이 함축된 것이다.

40) 『莊子』 〈齊物論〉: 是非之彰也 道之所以虧也

러므로 성인(聖人)이 (사람들이 말하는 옳고 그름에) 말미암지 않고 '하늘에 비추어보는 것〔照之于天〕' 은 또한 이 때문이다. 이것은 또한 저것이요, 저것은 또한 이것이며, 저것도 하나의 옳고 그름이요, 이것도 하나의 옳고 그름이다. 과연 또한 이것과 저것이 있겠는가, 없겠는가? 이것과 저것이 그 짝을 얻을 수 없는 것, 이를 '도추(道樞)' 라 한다.[41]

사람들은 보통 '이것과 저것' 을 구별하고, '옳음과 그름' 을 차별한다. 그런데 장자는 '이것과 저것' 도 서로 의지하는 것이요, '옳음과 그름' 도 서로 의지하는 것이라고 설명하고, 그러므로 "성인은 사람들이 말하는 옳고 그름에 말미암지 않고, 하늘에 비추어본다." 고 설파했다. 한편, '이것과 저것이 그 짝을 얻을 수 없는 것' 이란 '이것과 저것의 대립 · 구별을 넘어선 것' 이라는 뜻이요, '도추' 란 '道의 중추, 道의 핵심' 이라는 뜻이다. 장자에 의하면 옳고 그름을 따지는 것이 道가 무너지는 까닭이요, 이것과 저것의 대립을 넘어서는 것이 道의 핵심인바, 따라서 우리는 '이것과 저것의 구별, 옳음과 그름의 차별' 을 넘어서서 모든 다양한 것들을 있는 그대로 포용해야 한다는 것이다.

묵가의 '상동(上同)' 과 법가의 '일사불란한 농전 국가' 는 폭압적 전체주의를 연상하게 하며, 도가의 '옳고 그름을 따지지 말고 모두 포용하라' 는 주장은 무책임한 자유방임주의를 연상하게 하는바, 유가는 결코 이러한 방식을 수긍하지 않았다. 『서경』의 '도유우불(都兪吁咈)' [42]이 시사하

---

41) 『莊子』〈齊物論〉: 物無非彼 物無非是 (…) 故曰 彼出於是 是亦因彼 (…) 因是因非 因非因是 是以聖人不由 而照之于天 亦因是也 是亦彼也 彼亦是也 彼亦一是非 此亦一是非 果且有彼是乎哉 果且無彼是乎哉 彼是莫得其偶 謂之道樞

42) 『書經』의 〈堯典〉, 〈舜典〉, 〈大禹謨〉, 〈皐陶謨〉, 〈益稷〉 등에는 '都, 兪, 吁, 咈' 이라는 글자가 많이 보이는데, '都와 兪' 는 찬성의 감탄사요, '吁와 咈' 은 반대의 감탄사이다. '都兪吁咈' 이란 군주와 신하가 함께 정사를 논의할 때 서로 찬성도 하고 반대도

듯이, 유가는 사람들이 각자 찬반의 의사를 자유롭게 표명하는 것을 당연하게 여겼고, 그러면서도 시비선악의 구별을 매우 중요하게 생각했다.[43] 요컨대 우리는 한편으로는 각자의 주체적인 생각을 자유롭게 펼칠 수 있으면서도, 한편으로는 시비선악에 대한 판단을 공유해야 한다는 것이다. 『주역』의 '동이이(同而異)' 나 『논어』의 '화이부동(和而不同)' 이 그 대표적인 예이다. 『주역』의 규괘(睽卦) 상사(象辭)에서는 "군자는 (규괘의 형상을) 본받아, 같으면서도 다르게 한다〔同而異〕." 고 했는데, 이에 대해 정이천은 다음과 같이 해설했다.

> 성현(聖賢)의 처세(處世)는 사람의 떳떳한 이치에 있어서는 대동(大同)을 추구하지만, 세속의 한결같음에 대해서는 때에 따라 홀로 다르게 하니, 대개 사람의 떳떳한 도리에 있어서는 남들과 같게 하지만, 세속의 잘못된 점에 있어서는 다르게 하는 것이다. 대동(大同)할 수 없는 사람은 떳떳한 이치를 어지럽히는 사람이요, 홀로 다르게 할 수 없는 사람은 세속의 잘못된 점을 그대로 따르는 사람이다. 요점은 '같게 하면서도 다르게 할 수 있는 것' 이니, 『중용』의 "남들과 조화를 이루되 휩쓸리지 않는다〔和而不流〕." 는 말이 이것이다.[44]

'사람의 떳떳한 도리' 란 사회생활의 기본 규범을 뜻하거니와, 이에 대해서는 모두 함께 따라야 한다〔大同〕. 그러나 세속의 잘못된 풍속에 대해서는 그대로 따르지 않고 자신의 판단에 따라 옳은 방식을 추구해야 한다

하며 의견을 모아가는 것을 말한다.

43) 『孟子』〈公孫丑上〉: 無是非之心 非人也 (…) 是非之心 智之端也
『禮記』〈曲禮上〉: 夫禮者 所以定親疏 決嫌疑 別同異 明是非也

44) 『周易傳義大全』, 卷14 頁5, 〈程傳〉: 夫聖賢之處世 在人理之常 莫不大同 於世俗所同者 則有時而獨異 蓋於秉彝則同矣 於世俗之失則異也 不能大同者 亂常拂理之人也 不能獨異者 隨俗習非之人也 要在同而能異耳 中庸曰和而不流是也

는 것이다. 『논어』의 '화이부동(和而不同)' 도 이와 궤를 같이한다. 예컨대 공자는 다음과 같이 말한다.

> 삼베로 면류관을 만드는 것이 예(禮)이거늘, 지금 사람들은 생사(生絲)로 만드니, 검소하다. 나는 대중들을 따르겠다. 당(堂) 아래에서 절하는 것이 예(禮)이거늘, 지금 사람들은 당 위에서 절을 하니 교만하다. 비록 대중들과 어긋나지만, 나는 당 아래에서 절하겠다.[45)]

위의 인용문은 당시의 예속(禮俗)에 관해 공자가 자신의 생각을 자유롭게 펼친 것인데, 그 내용은 또한 '화이부동' 에 부합하는 것이다. 이처럼 유가는 '상동(尙同)' 을 주장하지 않고, 오히려 '화이부동(和而不同)' 을 높이 평가했다. 더 나아가, 유가는 아랫사람들에게 '윗사람과 같아지라〔上同〕' 고 주장하기는커녕 통치자에게 '민중들과 상의하고, 민중의 의사를 잘 따르라' 고 설파했다. 『서경』의 다음과 같은 내용이 그 단적인 예이다.

> 많은 사람과 상의하여, 자기를 버리고 남을 따르라. (…) 옛일에 상고하지 않은 말은 듣지 말고, 많은 사람들과 상의하지 않은 계책은 쓰지 말라.[46)]

'국론의 통일' 은 모든 정치체에 긴요한 것인바, 이러한 맥락에서는 유가도 사실 상동(尙同)을 추구한 것이라고 볼 수 있다. 그런데 그 구체적 방법에 대해, 유가는 '공정한 정책을 추구하면 모든 사람이 자연스럽게 그에 동의하게 된다' 고 설명했다. 예컨대 『서경』〈홍범〉의 제5조에서는 '황극(皇極)' 을 설파하면서 다음과 같이 말한다.

---

45) 『論語』〈子罕〉 3 : 子曰 麻冕禮也 今也純 儉 吾從衆 拜下禮也 今拜乎上 泰也 雖違衆 吾從下
46) 『書經』「虞書」〈大禹謨〉 : 稽于衆 舍己從人 (…) 無稽之言 勿聽 弗詢之謀 勿庸

편파(偏頗)를 없애 왕의 의(義)를 따르고, (사사롭게) 좋아하는 것을 없애 왕의 도(道)를 따르며, (사사롭게) 싫어하는 것을 없애 왕의 길을 따르라. 편당(偏黨)이 없으면 왕도(王道)가 탕탕(蕩蕩)하게 되고, 편당이 없으면 왕도가 고루 다스려지며, 상도(常道)를 어기고 어긋나게 함이 없으면 왕도가 정직하게 된다.[47]

위의 인용문에서는 통치자가 따라야 할 규범 즉 '황극(皇極)' 의 핵심을 '공정(公正)' 으로 설명했다. 송대 주자학에서는 선진유학의 민심론과 황극론을 종합하여 '공론(公論)' 이라는 개념을 정립했다. 주자는 다음과 같이 말한다.

이른바 '국시(國是)' 란 어찌 '천리(天理)에 따르고 인심(人心)에 부합하여 천하 사람들이 모두 함께 옳게 여기는 것' 이 아니겠는가? 진실로 천하 사람들이 모두 함께 옳게 여기는 것이라면, 비록 작은 권력조차 없더라도, 천하 사람들이 그릇된 것이라고 여길 수 없다. 하물며 천하의 권세를 차지한 사람이야 어떻겠는가? '천하 사람들이 모두 함께 옳게 여기는 것' 에 부합되지 않는데도 억지로 천하 사람들로 하여금 옳다고 여기게 만들려고 하니, 그러므로 반드시 상(賞)을 내걸어 유혹하고 형벌을 엄히 하여 감독한 다음에야 겨우 사대부(士大夫)의 한결같지 않은 입을 겁주어 통제할 수 있는 것이다. (…) 자기의 편견을 주장하고 자기의 사심(私心)을 채우려 하면서도 억지로 '국시' 라 이름을 붙이고, 군주의 권위를 빌려 '천하 사람들이 한결같이 하는 말' 인 공론(公論)과 싸우려 하니, 아마도 고인(古人)의 '오직 덕(德)만이 (사람의 마음을) 통일시킨다' 는 말과는 다른 것 같다.[48]

47) 『書經』「周書」〈洪範〉: 無偏無陂 遵王之義 無有作好 遵王之道 無有作惡 遵王之路 無偏無黨 王道蕩蕩 無黨無偏 王道平平 無反無側 王道正直

주자는 '천리에 따르고, 인심에 부합하여, 천하 사람들이 모두 함께 옳게 여기는 것'을 '국시(國是)'라 정의하고, 이를 '천하 사람들이 한결같이 하는 말'인 '공론(公論)'과 동일한 것으로 정의했다. 여기서 '천리'는 '인의예지의 본성'과 궤를 같이하고, '인심'은 '인간의 자유의지'와 궤를 같이하는 말이다. 요컨대 주자는 인간의 '도덕적 본성'과 '본능적 자유의지'를 동시에 주목하면서, 양자가 만나는 지점에서 '공론'이 성립한다고 보았다.[49] 이를 '화이부동(和而不同)'과 연결해 보면, 구성원들 모두가 공론을 존중하므로 남들과 화합할 수 있는 것이요, 또한 공론의 테두리 안에서 각자의 개성을 존중하므로 남들과 다를 수 있는 것이다.[50]

주자는 공론은 '천하 사람들이 모두 함께 옳게 여기는 것'이라 했는데, 이는 시비선악의 구별을 외면하는 무책임한 자유방임주의와 다른 점이다. 또한 공론은 '유혹이나 협박으로 조작될 수 없는 것'이라고 했는데, 이는 폭압적 전체주의와 다른 점이다. 요컨대 우리가 각자 자신의 도덕적 본성에 입각하여 공정성을 추구할 때 우리는 자유로운 논의를 통해서도 얼마든지 '공동선을 담보하는 공론'을 도출할 수 있다는 것이 유가의 입장이었다.

---

48) 『朱子大全』 卷24 頁16-17, 〈與陳侍郎書〉 : 所謂國是者 豈不謂夫順天理合人心 而天下之所同是者耶 誠天下之所同是也 則雖無尺土一民之柄 而天下莫得以爲非 況有天下之利勢者哉 惟其不合乎天下之所同是 而彊欲天下之是之也 故必懸賞以誘之 嚴刑以督之 然後僅足以怯制士夫不齊之口 (…) 欲主其偏見 濟其私心 彊爲之名 號曰國是 假人主之威 而戰天下萬口一辭之公論 吾恐古人所謂德惟一者 似不如是

49) 주자의 公論에 대한 자세한 논의는 拙著, 『儒教傳統과 自由民主主義』 제8장 〈유교의 公論論과 政治的 正當性의 문제〉 참조.

50) 이처럼 유가의 입장은 통일성만 고집하지도 않고 다양성만을 옹호하지도 않았다. 주자학의 이일분수론(理一分殊論)이 상징하듯이, 유가는 통일성과 다양성을 균형 있게 매개시키고자 했던 것이다.

6. '천(天)' 에 대한 인식과 지도력의 원천 문제

이제 마지막으로 '천(天)' 에 대한 인식과 통치자의 지도력(leadership) 문제를 논의해 보자. 유가와 묵가는 직접적으로 '천명(天命)' 또는 '천지(天志)' 를 설파하여, 이를 중요한 사상적 기반으로 삼고 있었다.[51] 묵가에 의하면, 우·탕·문·무(禹湯文武)는 하늘의 뜻을 따라 모범적으로 겸애를 실천했기 때문에 하늘이 그들을 천자로 뽑아 천하를 다스리게 한 것이요, 걸·주·유·려(桀紂幽厲)는 하늘의 뜻을 어기고 사람들을 차별하고 미워했기 때문에 하늘이 그들을 천자의 자리에서 쫓아내고 목숨마저 빼앗은 것이다. 이렇게 본다면 묵가의 '천지론' 은 유가의 '천명론' 과 궤를 같이하는 것이다. 그런데 주대(周代) 중기 이후 유가는 차츰 천명론에서 민심론(民心論)으로 전환하여 정치를 '인간의 의지' 문제로 설명하게 되었다.[52] 그러나 묵가는 이와 반대로 천지론을 더욱 강조하는 양상을 보여주었다. 이는 아무리 겸애를 뒷받침하기 위한 방편이었다 하더라도, 이미 시대의 조류에 역행하는 것이었다.

시대의 조류가 합리적 설명과 인간의 의지를 중시하는 방향으로 나아가게 되었으므로, 이제 통치자의 지도력은 '천명' 이나 '천지' 가 아닌 '자신의 능력' 으로 입증되어야 하는 것이 되었다. 그렇다면 통치자의 지도력은 과연 어디에서 나오는 것인가? 바람직한 지도력의 원천을 유가는 '덕(德)' 으로 보았고, 법가는 '세(勢)' 로 보았다. 그런데 유가가 말하는 '덕' 은 다른 말로 '권위(authority)' 에 해당하며, 법가가 말하는 '세' 는 다른 말로 '힘(power)' 에 해당하는 것이다. 여기서 잠시 '권위' 와 '힘' 에 대

51) 道家나 法家는 '인격적 주재자로서의 天' 관념을 지니고 있지 않았다.

52) 마침내 宋代 朱子學에서는 古經의 '天命' 을 '理' 로 해석하고 民心論을 公論論으로 발전시켜 '이 세계의 인격적 주재자' 라는 관념을 완전히 탈피하게 되었다.

한 피터스(Richard S. Peters)의 설명을 살펴보자.

피터스에 의하면, '권위' 란 '쇳조각이 자석에 이끌려가는 것처럼, 사람이 순응하게 하는 것' 이다. 피터스는 권위의 본질을 설명함에 있어서 '인간은 규칙을 준수하는 동물' 이라는 점을 강조한다. 인간은 대체로 '옳다(right)' 거나 '합당하다(correct)' 고 여겨지는 것에 자발적으로 복종한다. 여기서 옳음과 합당함의 기준을 결정하는 '절차' 가 필요한데, 그 절차를 관장하는 주인공이 '권위' 를 지닌 것으로 인정된다는 것이다.[53] 그는 다음과 같이 말한다.

> 사실상 우리가 어떤 사람을 권위자라고 부르는 것은 (…) 그 사람의 판단능력 때문이다. 따라서 우리가 어떤 사람을 미술, 음악, 핵물리학의 권위자라고 부를 수 있는 것이다. 이러한 사람은 제도적 권위에 의거하거나 일련의 법령이 부여하는 권위를 지닌 것이 아니다. 그러나 특정 분야에서 경륜, 역량, 성공 때문에 그는 권위자로 인정받는 것이며, 그에 따른 판단의 권한을 지니게 된다.[54]

피터스는 권위자의 핵심 자질을 '올바른 판단능력' 이라고 보았다. 어떤 사람이 특정 분야에 오래 종사하면서 경륜을 쌓고 성공함으로써 그의 판단능력을 입증하면, 사람들이 그를 그 분야의 '권위자' 로 인정하게 되고,[55] 그의 판단에 자발적으로 복종하게 된다는 것이다.[56] 이제 율곡의

53) 피터스, 김정래 역, 『권위, 책임, 교육』, 학지사, 2021, 48-49쪽.

54) 피터스, 『권위, 책임, 교육』, 53쪽.

55) 본고에서는 '권위자' 와 '권위적인 사람' 을 구분한다. '권위자' 는 '올바른 판단능력을 갖춘 사람' 을 지칭하며, '권위적인 사람' 은 '올바른 판단능력을 갖추지 못했으면서도, 자신의 사회적 지위를 이용하여 그런 체하면서 뽐내는 사람' 을 지칭한다.

56) 박효종도 권위의 핵심을 '전문적 識見' 으로 설명한 바 있다(박효종, 『민주주의와 권

다음과 같은 말을 보자. 율곡은 정치체(政治體)의 성립 과정을 다음과 같이 설명한다.

> 태초에 백성을 낳음에 풍기(風氣)가 비로소 열렸으나, 둥지에서 살고 생으로 먹어서 생리(生理)가 갖추어지지 않았고, 머리를 풀어 헤치고 벌거벗어 인문(人文)이 갖추어지지 않았으며, 떼를 지어 살면서 군주가 없어서 이로 깨물고 손톱으로 움켜쥠에, 크게 순박했던 것이 무너지고 장차 큰 혼란이 빚어지려 하였다. 이에 성인(聖人)이 만물 가운데 우두머리로 나서서, 총명하고 지혜로워 자기의 본성을 완전하게 발휘할 수 있었음에, 수많은 사람들이 저절로 그에게 모여들어, 다툼이 있으면 해결을 구하고, 의심나는 것이 있으면 가르침을 구하여, 받들어 군주로 삼았다. 민심(民心)이 향하는 바가 바로 천명(天命)이 돌아보는 바이니, 성인이 수많은 백성이 돌아오는 바가 됨을 스스로 알고 부득불 '군사(君師)' 의 책무를 맡았다.[57)]

위의 인용문은 유가의 관점에서 성인(聖人)이 통치자로 등장하게 되는 과정을 설명한 것이다. 유가의 성인이란 '총명하고 지혜로워 자기의 본성을 완전히 발휘할 수 있는 인물' 이다. 자연상태의 혼란을 겪고 있을 때 이런 인물이 등장하면, 수많은 사람들이 저절로 그에게 모여들어, 다툼이 있으면 해결을 구하고, 의심나는 것이 있으면 가르침을 구하며, 마침내 군주로 추대하게 된다는 것이다. 이렇게 본다면 성인〔聖王〕의 지도력은 바로 피터스가 말하는 '판단능력' 에서 나오는 것이다.[58)] 성인은 정치적

위』, 서울대학교출판문화원, 2017, 4-13쪽).

57) 『栗谷全書』 卷26 頁35-36, 〈聖賢道統〉 : 厥初生民 風氣肇開 巢居血食 生理未具 被髮裸身 人文未備 羣居無主 齒齧爪攫 大朴旣散 將生大亂 於是 有聖人者 首出庶物 聰明睿智 克全厥性 億兆之衆 自然歸向 有爭則求決 有疑則求敎 奉以爲主 民心所向 卽天命所眷也 是聖人者 自知爲億兆所歸 不得不以君師之責爲己任

으로 올바른 판단능력을 지닌 권위자이며, 따라서 백성들이 저절로 그에게 모여들고 복종하는 것이다. 사실 유가는 통치자의 올바른 판단능력을 더할 나위 없이 강조했으며, 이를 위해 통치자에게 끊임없이 학문과 수양을 권한 것이다.

유가가 바람직한 지도력의 원천을 '덕' 에서 찾았다는 것, 그리고 그 덕은 '인의예지의 본성을 완전하게 발휘함' 을 뜻한다는 것은 결국 유가는 '본성적 질서' 를 추구했다는 뜻이다. 피터스가 권위의 본질을 설명함에 있어서 '인간은 규칙을 준수하는 동물' 이라는 점을 강조하고, 올바르고 합당한 것을 제대로 판단할 수 있는 능력을 중시한 것도 이와 궤를 같이 한다.

유가가 바람직한 지도력의 원천을 '덕(德)' 에서 찾은 것에 대해 법가는 매우 비판적인 입장을 취했다. '훌륭한 덕' 또는 '올바른 판단력' 을 행사하여 백성을 감복시킬 수 있는 인물은 이 세상에 별로 없다는 것이요, 설령 그런 인물이 있다고 하더라도 사람들은 그런 인물에게 잘 복종하지 않는다는 것이다. 그리하여 법가는 '덕' 대신 '세(勢)' 를 지도력의 원천으로 규정하게 되었다. 그런데 법가가 말하는 '세' 는 피터스가 말하는 '힘' 과 정확히 일치한다.

통치의 수단으로 '힘' 이 등장하게 되는 상황에 대해, 피터스는 "사회적 복종을 강요하기 위해 힘에 의지하는 경우는 사회의 권위 체제가 무너지거나, 개인이 자신의 권위를 상실하는 때에 국한된다."[59]고 설명했다. 그런데 '개인이 자신의 권위를 상실한 때' 란 '통치자가 백성을 감복시킬 수 있는 올바른 판단력을 갖추지 못한 경우' 와 같은 말이며, '사회의 권

58) 다만 '聖人의 판단능력' 은 '聰明叡智' 라는 '선천적 자질' 에서 기인하는 것이요, '오랜 경륜' 에서 나오는 것이 아니다.

59) 피터스, 『권위, 책임, 교육』, 57-58쪽.

위 체제가 무너진 때' 란 '권위자가 있더라도 사람들이 이제 그런 인물에게 잘 복종하지 않게 된 경우' 와 같은 말이다. 이렇게 보면 법가가 '(유가적 德 대신) 세를 제창하는 상황' 은 피터스가 말한 '(권위 대신) 힘이 등장하는 상황' 과 궤를 같이한다. 한편, 피터스는 '힘' 의 역할을 다음과 같이 설명한다.

> 힘을 사용함으로써 한 개인이 다른 사람들을 알력, 협박, 경제적 압력, 선동, 회유, 기타 합리적이지 못한 방법으로 자신이 원하는 바에 따라 움직이게 할 수도 있다.[60]

위의 인용문에서 말하는 '힘' 의 역할은 법가가 말하는 '세' 의 역할과 그대로 일치한다. 법가가 말하는 '세' 의 핵심은 '포상과 처벌의 권한' 이었다. 한비자는 이를 '권력의 두 자루' 라고 규정하고, 다음과 같이 말한다.

> 현명한 군주가 그 신하를 통제하는 방법은 '두 자루' 일 뿐이다. '두 자루' 는 형벌과 은덕이다. 무엇을 형벌과 은덕이라 하는가? 살육(殺戮)을 형벌이라 하며, 경상(慶賞)을 은덕이라 한다. 남의 신하가 된 사람은 주벌(誅罰)을 두려워하고 경상(慶賞)을 이로워한다. 그러므로 군주가 스스로 형벌과 은덕을 활용하면, 여러 신하는 그 위엄을 두려워하고 이로운 일을 하게 될 것이다.[61]

위에 보이듯이, '세' 란 결국 백성들을 형벌로 협박하거나 포상으로 선동할 수 있는 힘이다. 따라서 피치자가 '세' 에 의한 통지를 수용한다는

---

60) 피터스, 『권위, 책임, 교육』, 57쪽.

61) 『韓非子』〈二柄〉: 明主之所導制其臣者 二柄而已矣 二柄者 刑德也 何謂刑德 曰殺戮之謂刑 慶賞之謂德 爲人臣者畏誅罰而利慶賞 故人主自用其刑德 則群臣畏其威而歸其利矣

것은 '스스로 협박과 선동의 제물이 되겠다고 자처하는 꼴' 이 되는 것인바, 이를 기꺼이 수긍할 사람은 많지 않을 것이다.[62] 그럼에도 불구하고, 법가는 '덕을 지닌 사람도 드물며, 덕에 복종하는 사람도 드물다' 는 이유로 '세' 에 의한 통치를 옹호했다.

사실 백성을 형벌로 협박하거나 포상으로 선동한다는 것은 '추리피해(趨利避害)' 라는 인간의 본능을 이용하는 것이다. 이러한 맥락에서 법가가 지도력의 원천을 '세(勢)' 로 규정했다는 것은 결국 법가가 '본능적 질서' 를 추구했다는 것을 보여준다.

이제 묵가의 경우를 살펴보자. 묵자의 상현론(尙賢論)이 말해주듯이, 묵자는 통치자의 자격으로 무엇보다도 '도덕성〔賢〕' 을 강조했다. 그렇다면 묵자 역시 통치에서 본성적 질서를 추구한 것이라고 볼 수 있겠다. 그런데 묵자는 '상현' 을 구체적으로 실천하는 방법으로 이른바 '삼본(三本)' 을 주장하면서, 다음과 같이 말한다.

> 무엇을 '삼본(三本)' 이라 하는가? 작위(爵位)가 높지 않으면 백성이 공경하지 않고, 녹봉(祿俸)이 두텁지 않으면 백성이 믿지 않으며, 정령(政令)이 단호하지 않으면 백성이 두려워하지 않는다는 것이다. 그러므로 옛날의 성왕은 (賢者에게) 높은 작위를 주고, 무거운 녹봉을 주고, 사업을 맡길 때엔 정령을 주어 결단하게 했으니, 이것이 어찌 신하를 위해 준 것이겠는가? 다만 사업을 성공시키려는 것이었다.[63]

---

62) 피터스는 "권위라는 개념은 강압, 선동, 협박이라는 힘에 의지하지 않고 행동을 규율하는 데 필연적으로 요구되는 가장 정확한 방법을 알려준다" 고 설파했다(『권위, 책임, 교육』, 58쪽). 피터스 역시 바람직한 지도력의 원천은 '힘' 이 아니라 '권위' 라고 본 것이다.

63) 『墨子』〈尙賢中〉: 何謂三本 曰爵位不高則民不敬也 蓄祿不厚則民不信也 政令不斷則民不畏也 故古聖王高予之爵 重予之祿 任之以事 斷予之令 夫豈爲其臣賜哉 欲其事之成也

요컨대 정사(政事)를 성공시키기 위해서는 '어진 신하' 에게 높은 작위, 두터운 녹봉, 정령의 권한 등 '힘' 을 부여해야 한다는 것이다. 사실 훌륭한 덕이나 권위만으로는 통치의 현장에서 지도력을 충분히 발휘하기가 어렵다는 점에서, 이러한 주장은 매우 현실적인 통찰이라 할 수 있다. 이렇게 본다면 묵자는 지도력의 원천에 대해서, 한편으로는 유가처럼 '덕(德)' 을 강조하고, 다른 한편으로는 법가처럼 '세(勢)' 를 강조한 셈이다.

이제 마지막으로 도가의 경우를 살펴보자. 도가는 '천(天)' 을 인격적 존재로 보는 관점을 탈피하여 '자연으로서의 천(天)' 관념을 견지하면서,[64] 지도력의 원천을 겸양(謙讓)과 허정무위(虛靜無爲)로 설명했다. 도가에 의하면, 사람들은 겸양하는 인물을 통치자로 추대하며, 통치자가 겸양하면 자발적으로 복종한다. 이처럼 '겸양' 은 도가의 지론 가운데 하나이지만, 이는 사실 유가도 강조하는 내용이다. 따라서 도가의 진면목은 '허정무위' 에 있다고 하겠다. 노자와 장자는 다음과 같이 말한다.

> 성인(聖人)은 "내가 무위하면 백성이 저절로 감화되고, 내가 고요함을 좋아하면 백성이 스스로 바르게 되며, 내가 하는 일이 없으면 백성이 저절로 부유하게 되고, 내가 욕망이 없으면 백성이 스스로 소박하게 된다." 고 말한다.[65]

> 명왕(明王)의 통치는 공(功)이 천하를 뒤덮어도 자기가 한 일로 여기지 않고, 교화(敎化)가 만물에 베풀어져도 백성들이 느끼지 못하며, 베풂이 있는데도 아무도 그 이름을 일컫지 않으며, 만물로 하여금 스스로 기뻐하게 하여, 헤아릴

---

64) 胡適은 『詩經』이나 『書經』에 보이는 '의지를 지닌 인격적 主宰者로서의 天' 관념에 대해 天人同類說(anthropomorphism)에 빠진 것으로 규정하고, "老子는 고대 天人同類說의 오류를 타파하여 후대 自然哲學의 기초를 확립했다" 고 평가한 바 있다(胡適, 『中國古代哲學史』 一, 臺灣 商務印書館, 民國 57年, 50-51쪽).

65) 『老子』 57 : 聖人云 我無爲而民自化 我好靜而民自正 我無事而民自富 我無欲而民自樸

수 없는 초월적인 경지에 서서 아무것도 없는 근원의 세계에 노니는 것이다.[66]

도가는 통치자가 이처럼 허정무위의 태도를 견지하면 "만물이 장차 스스로 감화되고, 천하가 장차 스스로 안정된다."[67]고 보았다. 그런데 이는 사사로운 욕심이나 사사로운 지혜를 초월한 경지라는 점에서, 그리고 모든 사람에게 고도의 자율성을 부여하는 것이라는 점에서, '본성적 질서의 극치' 라고 볼 수 있다.

이제 이상의 내용을 다시 요약해 보자. 유가와 묵가는 통치의 영역에서 '본성적인 요소' 와 '본능적인 요소' 를 균형 있게 안배한 편이다. 이는 유가와 묵가의 통치론이 이상적 측면과 현실적 측면을 적절하게 안배했다는 의미이기도 하다. 법가는 통치의 영역에서 '본성적인 요소' 를 거의 외면하고, '본능적인 요소' 만을 강조했다. 법가와 반대로, 도가의 통치론은 '본성적 질서의 극치' 를 추구했다.[68] 법가처럼 '본능적 질서' 로 일관하

66) 『莊子』〈應帝王〉: 明王之治 功蓋天下而似不自己 化貸萬物而民弗恃 有莫擧名 使物自喜 立乎不測 而遊於無有者也

67) 『老子』 37 : 道常無爲 而無不爲 侯王若能守之 萬物將自化 (…) 天下將自定

68) 다만 도가가 말하는 '인간의 본성' 은 '동물적 본능' 을 함께 지칭하는 개념이라는 점은 유의하기로 하자. 한편, 사마천이 『史記列傳』의 〈老子韓非列傳〉에서 老子와 韓非子를 같은 계열로 분류한 이래, 道家와 法家의 공통점과 유사성을 강조하는 학자들이 많다. 이에 대해 크릴(H. G. Creel)은 "도가사상에는 서로 잘 융화할 수 없는 두 측면이 있었음"을 지적한다. 도가사상에는 '개인의 자주성' 을 옹호하는 측면도 있고, '통치자의 專制' 를 옹호하는 측면도 있다는 것이다. 前者를 주목하면 도가와 법가는 상반된 주장을 전개한 것이 되지만, 後者를 주목하면 도가와 법가는 일정한 공통점이 있다는 것이다. 그리고 크릴은 後者의 맥락에서 "도가의 聖人이 말한 '백성의 마음을 비우고 배를 불리며, 그 意志를 약하게 하고 뼈를 강하게 한다' 는 등의 사상이 법가에게 어떤 호소력을 발휘했을 것인지는 명백하다. 법가는 도가사상을 그들의 사상체계에 대한 일종의 형이상학적 배경으로 삼고, 그들의 목적에 부합하지 않는 부분은 어느 것이나 편의에 따라 억제하거나 변경시켰다." 고 설명했다(크릴, 李東俊 ·

면 부국강병에는 도움이 되겠지만, 그러한 국가는 진정한 의미에서의 '인간다움' 과는 거리가 먼 것이다.[69] 도가처럼 '본성적 질서' 로 일관하면 관념적으로는 매우 이상적인 국가상을 그려볼 수 있지만, 현실적으로는 이 세상 어디에서도 실현하기 어려운 '무하유지향(無何有之鄕)' 으로 그칠 수 있다.

李東仁 共譯, 『中國思想의 理解』, 149-150쪽). 요컨대 도가와 법가는 일정한 공통점이 있지만, 법가는 도가를 제대로 계승한 것이 아니라 자기들의 관점에서 마음대로 변형시켰다는 것이다.

69) 장현근은 商鞅에 대해 '富國强兵의 정면교사, 文化 理想의 반면교사' 라고 평한 바 있다(장현근, 『상군서』, 23쪽).

〈보론〉

제자백가의 치란(治亂)에 대한 인식

1. 서론

인간 사회에서 혼란은 왜 발생하며, 어떻게 대처하면 극복할 수 있는 것인가? 이는 동서고금 모든 정치사상가의 공통된 문제의식이다. 중국 고대의 제자백가(諸子百家) 역시 자기 시대의 혼란에 대한 진단과 처방을 두고 고심했다. 본고에서는 사회적 혼란에 대한 제자백가의 진단과 처방을 명쾌하게 해명하고, 각자의 주장을 서로 비교해 보고자 한다.

우리 학계에서 제자백가의 정치사상에 대한 비교 논의는 제법 풍부한 편이다. 가장 흔한 접근 방식은 '유가와 법가'를 '덕치(德治)와 법치(法治)'의 관점에서 비교하거나, '유가와 묵가'를 '별애(別愛)와 겸애(兼愛)'의 관점에서 비교하는 것, 그리고 '유가 · 법가 · 묵가와 도가'를 '유위(有爲)와 무위(無爲)'의 관점에서 비교하는 것 등이다.[1] 그러나 본고에서

1) 유가 · 법가 · 묵가는 자연상태는 결국 혼란을 초래한다고 보고 '통치〔有爲〕의 필요성'을 강조하는 반면, 도가는 혼란을 사회상태의 결과라고 보고 '無爲自然'을 강조하

는 기존의 논의들과는 전혀 다른 지평에서 유가·법가·묵가·도가의 정치사상을 분석해 보고자 한다.

인간 사회의 혼란은 모두 구성원들 사이의 '다툼'에서 비롯되거니와, 인간들이 다투는 대상은 둘로 대별할 수 있다. 도덕적 차원의 '옳고 그름〔是非〕'과 경제적 차원의 '이익과 손해〔利害〕'가 그것이다. 인간의 사회에서 시비(是非)와 이해(利害)는 매우 복합적인 관련을 맺고 있거니와, 양자 가운데 어느 것이 더 본질적인 분쟁의 대상인 것인가?[2] 이에 대해 유가와 법가는 사람들이 서로 '이익과 손해'를 다투는 것에 주목했고, 묵가와 도가는 사람들이 서로 '옳고 그름'을 다투는 것에 주목했다. 요컨대 유가와 법가는 혼란의 궁극적 원인은 '각자 자기를 이롭게 하려는 마음〔利己心〕'에 있다고 인식한 것이요, 묵가와 도가는 혼란의 궁극적 원인은 '각자 자기가 옳다고 여기는 마음〔自是心〕'에 있다고 인식한 것이다.

유가와 법가는 '혼란의 궁극적 원인은 이기심(利己心)에 있다'는 인식을 공유하면서도, 그에 대한 처방은 전혀 달리했다. 유가는 '인간의 이기심을 극복하는 것〔克己復禮〕'이 평화와 안정의 길이라고 보고, 그 방법론으로 덕치와 예치를 강조했다. 그러나 법가는 인간의 이기심을 극복하는 것은 거의 불가능한 일이라고 보고, 대신 인간의 이기심을 통치에 활용할 것을 강조했다. 이른바 '신상필벌(信賞必罰)'이 그것이다.

묵가와 도가는 '혼란의 궁극적 원인은 자시심(自是心)에 있다'는 인식을 공유하면서도, 역시 그에 대한 처방은 전혀 달리했다. 묵가는 '통일된

는 것이다.

2) 도덕적 판단은 경제적 이익 추구를 뒷받침해 줄 수도 있고 견제할 수도 있거니와, 이러한 맥락에서는 도덕적 판단이 경제적 판단보다 중요하다고 볼 수 있다. 그러나 도덕적 판단은 결국 경제적 이익 추구를 정당화하기 위한 수단이라고 볼 경우에는 경제적 판단이 궁극적으로 중요하다고 볼 수 있다. 따라서 양자 가운데 어느 것을 더 본질적인 것으로 보느냐 하는 것은 학파에 따라 다를 수 있다.

옳음의 기준을 확립하는 것〔尙同〕' 이 평화와 안정의 길이라고 보고, 그 방법론으로 아랫사람들이 '윗사람에게 동조하게 할 것〔上同〕' 을 강조했다. 그러나 도가는 옳음의 기준을 통일시키려고 하는 것이야말로 혼란의 근원이라고 보고, 대신 세상 만물을 있는 그대로 긍정하고 방임할 것을 강조했다. 이른바 '제물론(齊物論)' 과 '재유(在宥)' 가 그것이다.

이렇게 정리하고 보면 제자백가 정치사상의 기본 노선을 분명하게 파악할 수 있을 것이다. 본고에서는 바로 이러한 관점에서 제자백가의 정치사상을 다시 조명해 보고자 한다. 논의의 순서는 다음과 같다. 제2장과 제3장에서는 유가 · 법가 · 묵가 · 도가의 치란(治亂)에 대한 인식을 고찰할 것이다. 제4장에서는 네 학파의 입장을 종합적으로 비교해 볼 것이다. 결론부에서는 이상의 논의를 요약하고, 각 학파의 주장에 대해 간단하게 의의와 한계를 지적해 볼 것이다.

2. "혼란의 원인은 이기심이다"

1) 유가의 처방 : 극기복례(克己復禮)

유가 정치사상은 '천명(天命)사상' 으로부터 출발한다. 고대 중국에서는 하늘〔天 또는 上帝〕이 자연 세계와 인간 세계를 모두 주재한다고 믿었다. 하늘은 세상만사를 주재하는바, 따라서 정치도 하늘의 의지를 벗어날 수 없다는 것이다. 이러한 맥락에서 『서경』에서는 정치체(국가)의 성립 자체를 천명에 의한 것으로 보았다.

하늘이 백성을 낳으셨는데, 백성들은 욕망이 있기 때문에, 군주가 없으면

곧 혼란스럽게 되었다. 하늘이 총명한 사람을 낳아 군주로 삼아 다스리게 하였다.[3)]

하늘이 아래의 백성을 도와서 군주와 스승을 세우신 것은 오직 능히 상제(上帝)를 도와서 사방을 사랑하고 편안하게 하려는 것이었다.[4)]

위에 보이듯이, 하늘은 가장 총명한 사람을 백성의 군주로 삼아, 자신의 의지를 대행(代行)하도록 했다는 것이다. 그런데 하늘이 군주를 세운 까닭은 "백성들은 욕망이 있기 때문에, 군주가 없으면 곧 혼란스럽게 된다."는 이유 때문이었다. 인간은 욕망에 지배당하기 때문에 '자연상태' 에서는 혼란이 발생할 수밖에 없거니와, 그러므로 총명한 사람을 통치자로 임명했다는 것이다. 한편, 『예기』에서는 자연상태에서 혼란이 빚어지는 과정을 다음과 같이 설명한다.

사람이 태어나면서 고요한 것은 타고난 性이요, 사물에 감응하여 움직이는 것은 性의 욕망이다. 사물이 이름에 지각(知覺)이 알게 되니, 그런 다음에 호오(好惡)가 형성된다. 안으로는 호오가 절제되지 않고 밖으로는 지각이 유혹하여, 자신을 반성하지 못하면, 천리(天理)가 소멸된다. 무릇 사물이 사람을 감동시키는 것은 끝이 없는데, 사람의 호오가 절제됨이 없다면, 이것은 사물이 이름에 사람이 사물로 변화하는 것이다. 사람이 사물로 변화한다는 것은 천리를 소멸하고 인욕을 끝없이 추구하는 것이다. 이에 패역(悖逆) · 속임 · 거짓의 마음이 있게 되고, 음란하고 혼란스러운 일들이 있게 된다. 그리하여 강자는 약자를 협박하고, 다수는 소수에게 횡포를 부리며, 지식이 있는 자는 어리석은

---

3) 『書經』「商書」〈仲虺之誥〉.

4) 『書經』「周書」〈泰誓上〉.

자를 속이고, 용기 있는 자는 겁 많은 자를 괴롭힌다. 질병에 걸려도 돌보지 않고, 늙은이 · 어린이 · 고아 · 홀아비들은 마땅한 처우를 얻지 못한다. 이것은 대란(大亂)의 길이다.[5]

이처럼 유가는 인간의 본능적 이기심 때문에 자연상태에서는 혼란이 빚어질 수밖에 없다고 보았으며, 이러한 혼란을 극복하기 위해 통치자를 임명하게 된 것이라고 설명했다. 그렇다면 통치자는 이러한 혼란을 어떻게 극복해야 하는가? 이에 대해 공자는 "법제와 금령(禁令)으로 이끌고 형벌로 질서를 잡으면, 백성들은 형벌을 면하려고만 할 뿐 부끄러움이 없게 된다. 덕(德)으로 이끌고 예(禮)로 질서를 잡으면 백성들이 부끄러움을 알게 되고 또한 바르게 된다."[6]고 설파 한 바 있다. 이러한 맥락에서 유가의 이상적 통치론은 '덕치'와 '예치'로 요약된다.

먼저 '덕치'에 대해 살펴보자. 유가의 덕치론은 『논어』의 "덕으로 정치를 하는 것은 비유컨대 북극성이 제 자리에 있으면 여러 별이 그를 향하는 것과 같다."[7]는 말로 대변된다. 덕으로 백성을 다스리면, 백성을 복종시키려고 노력하지 않아도 백성이 스스로 감복한다는 것이다. 이 밖에도 『논어』에는 덕치와 백성의 자발적 복종을 설파하는 내용들이 많이 보인다.

윗사람이 禮를 좋아하면 백성이 감히 공경하지 않을 수 없고, 윗사람이 義를 좋아하면 백성이 감히 복종하지 않을 수 없으며, 윗사람이 信을 좋아하면 백성은 감히 실정을 숨길 수 없다. 이렇게 하면 사방의 백성이 그 아이를 업고서 따

5) 『禮記』〈樂記〉.
6) 『論語』〈爲政〉3.
7) 『論語』〈爲政〉1.

라올 것이다.[8)]

계강자가 공자께 정치에 대해 묻기를, "만약 무도(無道)한 사람을 죽여서 道가 있는 곳으로 나아가게 한다면 어떻겠습니까?" 공자가 대답하기를, "그대가 정치를 함에 어찌 사람을 죽이겠습니까? 그대가 착해지고자 한다면 백성도 착해집니다. 군자의 德은 바람이요, 소인의 德은 풀이니, 풀 위에 바람이 불면 반드시 눕게 됩니다."[9)]

위의 두 인용문에서는 통치자를 '솔선수범하는 존재'로, 백성을 '통치자를 본받고 따르는 존재'로 규정하고, 바람이 부는 대로 풀이 눕는 것처럼 통치자가 모범을 보이면 백성은 저절로 감화되게 마련이라고 설명했다.

덕치론의 구도 속에는 '백성을 복종시키기 위한 장치들'이 설정되어 있지 않다. 백성의 복종은 '감화(感化)'에 의해 자발적으로 이루어진다는 것이다. 그렇다면 백성이 통치자의 솔선수범과 인정(仁政)에 감화되는 까닭은 무엇인가? 덕치론은 성선설(性善說)에 기초하거니와, 사람은 누구나 선한 본성을 지니고 있으므로, 남들의 선한 행위를 보고는 자신도 선한 행위로 반응하게 된다는 것이다. 군주의 인정(仁政)에 대해서도 마찬가지이다. 맹자는 "왕이 백성에게 인정을 베풀어 형벌을 줄이고 세금을 가볍게 하면, 백성들은 열심히 농사짓고 틈나는 대로 효제(孝悌)와 충신(忠信)을 닦아서, 집에 들어가서는 부형(父兄)을 섬기고 밖으로 나와서는 윗사람과 어른을 섬기게 된다."[10)]고도 했고, "왕이 인정을 베풀면, 백성은 윗

8) 『論語』 〈子路〉 4.
9) 『論語』 〈顔淵〉 19.
10) 『孟子』 〈梁惠王上〉 5.

사람을 친하게 여겨서 목숨까지 바치게 된다."[11]고도 했다. 이러한 맥락에서, 유교에서는 '덕치'를 백성을 올바른 길로 이끄는 방법이요, 백성의 자발적 충성과 진정한 복종을 이끌어내는 방법이라고 보았다.

다음 '예치'에 대해 살펴보자. 이에 대해서는 먼저 순자의 다음과 같은 말을 살펴보는 것이 좋겠다.

> 禮는 어디서 기원하는가? 사람은 태어날 때부터 욕망이 있다. 욕망하는데 얻지 못하면 추구하지 않을 수 없고, 추구함에 도량(度量)과 한계(限界)가 없으면 다투지 않을 수 없게 된다. 선왕(先王)은 그런 혼란을 싫어하여, 예의(禮義)를 제정하여 각각의 몫〔分〕을 정한 것이다. 그렇게 함으로써 사람의 욕망을 길러주고, 사람들이 추구하는 것을 채워주어, 욕망으로 하여금 반드시 사물에 막히지 않게 하고, 사물도 반드시 욕망에 모자라지 않게 하였다. 욕망과 사물이 서로 의지하여 자라나게 하였으니, 이것이 禮의 기원이다.[12]

순자는 禮의 본질을 사람들의 욕망에 한계를 가하여 '각각의 몫〔分〕'을 설정하는 것으로 설명하고, 禮의 기능을 "욕망으로 하여금 사물에 막히지 않게 하고, 사물로 하여금 욕망에 모자라지 않게 함으로써, 욕망과 사물이 서로 의지하여 자라게 함"으로 설명했다. '욕망과 사물이 서로 의지함'은, 한편으로는 욕망에 일정한 한계를 가하고, 한편으로는 욕망의 대상이 되는 사물을 적절히 공급함으로써 이루어진다. 이는 결국 인간의 욕망에 한계를 설정하여 그 한계 안에서 자신의 몫을 누리도록 유도하는 것이다. 순자는 다음과 같이 말하기도 한다.

---

11)『孟子』〈梁惠王下〉12.

12)『荀子』〈禮論〉.

성왕(聖王)은 넉넉한 재물을 마름질하여 신분(身分)의 등차(等差)를 분별하니, 위로는 어질고 착한 사람을 꾸며서 귀 · 천(貴賤)을 밝히고, 아래로는 어른과 어린이를 꾸며서 친 · 소(親疎)를 밝힌다. 그리하여 위로는 왕공(王公)의 조정으로부터 아래로는 백성의 집에 이르기까지 천하의 모든 사람이 환하게 자기의 자리를 아니, 다른 이상한 것을 위한 것이 아니라 장차 각자의 몫〔分〕을 밝혀서 두루 다스림으로써 만세(萬世)를 보전하기 위한 것이다.[13)]

위의 인용문에서는 禮의 핵심을 '귀 · 천(貴賤)과 친 · 소(親疎)에 따라 각자의 몫〔分〕을 밝혀서 두루 다스림' 으로 설명했다. '귀 · 천' 이란 사회적 지위의 높고 낮음을 뜻하고, '친 · 소' 란 혈연의 가깝고 멂을 뜻하거니와, 禮란 귀 · 천과 친 · 소에 따라 각자의 합당한 몫을 설정하여 그에 맞게 대우하는 것이다. 요컨대 '예치' 란 사회의 모든 구성원에게 각자의 사회적 지위와 혈연의 친소에 따라 그에 합당한 몫〔分〕을 설정하여 주고, 스스로 그 분수를 지키도록 유도하는 것이다. 여기서 알 수 있듯이, 유교의 禮는 두 측면을 지닌다. 첫째는 귀 · 천과 친 · 소에 따른 차등을 분명하게 함으로써 사회적 위계질서를 공고하게 만들어 주는 것이다. 둘째는 사회 구성원 각자의 욕망을 합리적으로 제한함으로써 자의적 경쟁이나 충돌의 소지를 막고 사회를 안전(安全, 安定)하게 만들어 주는 것이다.

이상에서 덕치와 예치에 대해 살펴보았거니와, 유가는 이 둘을 뒷받침하는 것은 바로 '극기복례(克己復禮)' 의 마음가짐이라고 보았다. 『논어』에는 다음과 같은 내용이 보인다.

안연이 仁에 대해 묻자, 공자가 말씀하시길, "자기를 이기고 禮로 돌아가는

13) 『荀子』〈君道〉.

것이 仁이다. 하루 동안 자기를 이기고 禮로 돌아가면 천하가 仁으로 돌아올 것이다. 仁을 실천함은 자기로부터 말미암으니, 남으로부터 말미암겠는가?" 안연이 말하기를, "청컨대 그 조목을 묻겠습니다." 공자가 말씀하시길, "禮가 아니면 보지 말며, 禮가 아니면 듣지 말며, 禮가 아니면 말하지 말며, 禮가 아니면 움직이지 말라." 안연이 말하기를, "제가 비록 민첩하지 못하나, 청컨대 이 말씀을 일삼겠습니다."[14)]

'천하가 仁으로 돌아옴'은 '안정과 평화가 실현되는 세상'을 뜻할 것인바, 공자는 그 단초를 '극기복례'라고 설명했다. 그리고 공자는 이어서 '仁을 실천함은 자기로부터 말미암는다〔爲仁由己〕'고 부연했다. 우리들 자신이 솔선수범하여 각자 덕을 닦고 禮를 실천하면, 안정되고 평화로운 세상이 실현될 수 있다는 것이 유가의 지론이었다. 이처럼 유가는 '우리 모두 도덕적 본성을 발휘하여 이기심을 극복하자'는 노선을 택한 것이다.

2) 법가의 처방 : 신상필벌(信賞必罰)

유가와 마찬가지로, 법가도 인간의 사회에 정치체가 등장하게 되는 계기를 '자연상태의 혼란'으로 설명한다. 자연상태는 결국 혼란에 빠지게 되는바, 이 혼란을 해결해 줄 사람이 필요하게 되었고, 그리하여 '군주의 통치'가 시작되었다는 것이다. 상앙은 다음과 같이 말한다.

옛날에 백성들이 무리 지어 살면서 혼란이 발생하자, (혼란을 해결해 줄) 윗사람을 두고자 했다. 그렇다면 세상 사람들이 윗사람이 있는 것을 좋아하는 것

---

14) 『論語』〈顔淵〉 1.

은 다스림〔統治〕을 위한 것이다. 지금 군주가 있는데 법이 없으면 그 해로움은 군주가 없는 것과 동일하며, 법이 있는데 그 혼란을 이길 수 없다면 법이 없는 것과 마찬가지이다. 천하가 군주가 없는 것을 불안하게 여기면서도, 그 법을 시행하기를 좋아하면, 온 세상이 미혹된 것으로 여긴다. 무릇 천하의 백성을 이롭게 함에는 다스림보다 중대한 것이 없고, 다스림에는 군주를 세우는 것보다 편안한 것이 없다. 군주를 세우는 방법은 법을 시행하는 것보다 좋은 것이 없고, 법을 시행하는 일에는 간인(姦人)을 제거하는 일보다 급한 것이 없으며, 간인을 제거하는 근본은 형벌을 엄격히 하는 것보다 더 좋은 것이 없다. 그러므로 왕자(王者)는 상(賞)으로 (간사함을) 금지하고, 형벌로 (복종을) 권장하며, 과실(過失)을 찾고 선행(善行)을 찾지 않으며, 형벌을 통해 형벌을 없애는 것이다.[15]

위의 인용문은 정치체의 본질에 대한 법가의 관점을 잘 보여주는 것으로서, 그 핵심은 다음과 같이 정리된다. 첫째, 자연상태의 혼란을 극복하기 위해서는 '상 · 하의 위계질서' 가 필요하다. 둘째, 군주는 법으로 국가를 다스려야 한다. 셋째, 법이 시행되기 위해서는 군주가 존엄해져야 한다. 넷째, 군주가 존엄해지기 위해서는 포상으로 간사함을 금지하고, 형벌로 복종을 권장해야 한다. 이를 종합하면, '법가적 정치체' 란 '신상필벌(信賞必罰)을 통해 인간 사회를 질서 있게 규율하는 체제' 라고 정의할 수 있다. 그렇다면 자연상태는 왜 혼란에 빠지며, 신상필벌이 긴요한 까닭은 무엇인가? 이에 대한 답변은 법가의 인간관으로부터 찾을 수 있다.

법가의 인간관은 한마디로 인간은 '이기적 존재' 요, '타산적 존재' 라는 것이다. 먼저 '이기적 존재' 라는 측면을 살펴보자. 법가에 의하면, 인

---

15)『商君書』〈開塞〉.

간은 태어나면서부터 이익을 좋아하고 손해를 싫어하며, 자신의 이익을 위해서는 무슨 일이든 할 수 있는 존재이다. 상앙은 다음과 같이 말한다.

> 백성은 태어나면서부터 배고프면 음식을 찾고, 힘들면 편안함을 찾으며, 괴로우면 즐거움을 찾고, 치욕을 당하면 영광을 찾으니, 이것이 백성의 성정(性情)이다. 백성은 이익을 추구하느라 예법(禮法)을 잃기도 하고, 명예를 추구하느라 본성의 일정함을 잃기도 한다. 어떻게 그러한 것을 아는가? 지금 도적들이 위로는 군주가 금지하는 것을 어기고 아래로는 신자(臣子)로서의 예법을 잃어서 명예가 더럽혀지고 몸이 위험해져도 오히려 (도적질을) 그치지 않는 것은 이익 때문이다. 저 옛날의 선비들은 옷을 입어도 전혀 따뜻하지 않게 입고, 밥을 먹어도 전혀 배부르지 않게 먹으며, 마음을 괴롭게 하고, 몸을 수고롭게 하며, 오장(五臟)을 손상시키면서도, 명성이 더욱 널리 퍼지도록 했는데, 본성의 일정함이 아닌데도 그렇게 한 것은 명예 때문이다. 그러므로 "명예와 이익이 모이는 곳에 백성이 들끓는다." 고 말하는 것이다.[16]

상앙은 "백성은 태어나면서부터 배고프면 음식을 찾고, 힘들면 편안함을 찾으며, 괴로우면 즐거움을 찾고, 치욕을 당하면 영광을 찾는다." 고 했는데, 이는 인간의 '본능적 욕구' 일 것이다. 상앙은 본능적 욕구의 대상을 '이익' 과 '명예' 로 요약했다. 인간은 이익을 추구하느라 '예법(禮法)' 을 잃기도 하고, 명예를 추구하느라 '일정한 본성' 을 어기기도 한다는 것이다.[17] 요컨대 인간은 이익과 명예를 위해서 무슨 짓이든 하는 존재라는

16) 『商君書』〈算地〉.

17) 여기서 말하는 '일정한 본성' 이란 '배고프면 음식을 찾고, 힘들면 편안함을 찾으며, 괴로우면 즐거움을 찾고, 치욕을 당하면 영광을 찾는 것' 으로서 역시 '본능적 욕구의 일정함' 을 뜻한다. 명예를 추구하는 것 자체가 본능적 욕구인데, '명예를 얻기 위

것이다. 같은 맥락에서 한비자도 다음과 같이 말한다.

장어는 뱀과 비슷하고, 누에는 애벌레와 비슷하다. 사람들은 뱀을 보면 깜짝 놀라고, 애벌레를 보면 소름이 끼친다. 그러나 어부는 장어를 손에 쥐고, 아낙네는 누에를 주워 올린다. 이익이 있는 곳에는 모두가 맹분(孟賁)이나 전저(專諸)처럼 용감해진다.[18]

한비자는 사람들이 이익을 위해서는 장어를 손에 쥐고, 누에를 주워 올리는 등의 '소름 끼치는 일' 도 할 수 있다고 설명했다. 한비자는 "이익이 있는 곳에는 모두가 맹분이나 전저처럼 용감해진다." 고 했거니와, 사람들은 중대한 이익을 위해서는 자신의 목숨까지도 바칠 수 있다는 것이다.

법가에 의하면, 인간은 이익을 추구하는 '이기적 존재' 일 뿐만 아니라, 이익과 손해의 크기를 계산하여 더 큰 이익을 추구하는 '타산적 존재' 이기도 하다. 상앙은 다음과 같이 말한다.

백성들의 본성은 재보고 긴 것을 취하고, 달아보고 무거운 것을 취하고, 헤아려보고 이로운 것을 취한다. 현명한 군주가 이 셋을 신중하게 관찰하면 국가의 통치를 확립할 수 있고, 백성의 능력을 활용할 수 있다.[19]

백성의 성정(性情)은, 순박하면 노력을 발휘하여 쉽게 힘쓰고, 곤궁하면 지혜를 발휘하여 이익을 저울질한다. 쉽게 힘쓰면 죽음을 가볍게 여기므로 (국

해서 본능적 욕구를 어기는 것' 은 명예가 주는 이익이 육체적 고통을 감내하는 손실보다 크다는 '타산' 에 따른 것이다.

18) 『韓非子』〈說林下〉.

19) 『商君書』〈算地〉.

가를 위해) 쓰이는 것을 즐거워하고, 이익을 저울질하면 형벌을 두려워하여 힘든 일도 쉽게 맡는다.[20]

위의 두 인용문에 보이는 것처럼, 법가는 이기적이고 타산적인 것을 인간의 본성으로 규정하고, 국가의 통치는 인간의 이러한 본성을 적극 활용해야 한다고 보았다.[21] 이기적이고 타산적인 인간은 최선과 차선 가운데 최선을 택하고, 최악과 차악 가운데 차악을 택하게 마련이다. 이러한 심리를 잘 활용하면 백성들이 들판에서 열심히 일하게 할 수 있고, 전쟁터에서 용감히 싸우게 할 수 있다는 것이다. 상앙은 다음과 같이 말한다.

무릇 농업은 백성들이 힘들게 여기는 일이요, 전쟁은 백성들이 무섭게 여기는 일이다. 그 힘듦을 무릅쓰고, 그 무서운 일을 실행하는 것은 '계산(計算)' 때문이다. 백성들은 살아서는 이익을 계산하고, 죽어서는 명예를 생각하니, 명예와 이익이 나오는 곳을 살피지 않을 수 없다. 이익이 농업에서 나오면 백성들은 온 힘을 다해 농사를 짓고, 명예가 전쟁에서 나오면 백성들은 죽음을 각오하고 싸운다. 안으로는 백성들로 하여금 온 힘을 다해 농사를 짓게 만들면 황무지가 개간될 것이요, 밖으로는 백성들로 하여금 죽을 각오로 싸우게 만들면 적국(敵國)을 이길 것이다. 적국을 이기고 황무지를 개간한다면, 앉아서 부강(富强)을 이룰 수 있다.[22]

---

20) 『商君書』〈算地〉.

21) 여기서 유의할 것은 둘째 인용문의 또 다른 함의이다. 백성이 순박하면 국가를 위해 쓰이는 것을 즐거워하고, 곤궁하면 힘든 일도 쉽게 맡는다는 관점에서, 법가는 백성을 순박한 상태, 곤궁한 상태로 계속 묶어두어야 한다고 보았다. 법가는 백성을 '순박한 상태'로 묶어두기 위해 다른 학파와 사상을 '좀〔五蠹〕' 또는 '이〔六蝨〕'로 규정하여 배척했고, 백성을 '가난한 상태'로 묶어두기 위해 부유한 백성들에게 가혹한 세금을 징수한 것이다.

22) 『商君書』〈算地〉.

백성이 용감하면 그들이 원하는 것으로 포상하고, 백성이 비겁하면 그들이 싫어하는 것으로 처벌한다. 그러므로 비겁한 백성을 형벌로 부리면 용감해지고, 용감한 백성을 포상으로 부리면 목숨을 바치게 된다. 비겁한 백성이 용감해지고, 용감한 백성이 목숨을 바치면, 국가에 적수(敵手)가 없게 되어 반드시 천하의 왕이 될 수 있다.[23)]

상앙은 인간의 이기적이고 타산적인 본성을 이용하면 백성을 일정한 방향으로 자연스럽게 유도할 수 있다고 보았는데, 그 방법의 핵심은 포상과 처벌이었다. 상앙은 '백성이 원하는 바로 포상하고, 백성이 싫어하는 바로 처벌하라' 고 했다. 예컨대 전쟁터에서 도망친 사람에게는 죽음보다도 가혹한 처벌을 가한다면 비겁한 사람도 도망치지 못하며, 전공(戰功)을 세운 사람에게는 목숨보다도 두터운 포상을 내린다면 용감한 사람은 더욱 용감하게 싸운다는 것이다. 이처럼 포상과 처벌을 적절히 활용하면 '앉아서 부강(富强)을 이룰 수 있고, 천하의 왕이 될 수 있다' 는 것이다. 같은 맥락에서 한비자도 다음과 같이 말한다.

이익을 좋아하고 손해를 싫어함은 사람의 본성이다. 포상이 두텁고 틀림없으면 사람들이 적(敵)을 가볍게 여기며, 형벌이 무겁고 확실하면 사람들이 전쟁터에서 도망치지 않는다. 오랫동안 싸우면서 임금을 따르는 사람은 백에 하나도 되지 않으나, 이익을 기뻐하고 처벌을 두려워함은 누구나 그렇지 않은 사람이 없다. 민중(民衆)을 거느리는 자가 '누구나 그렇지 않음이 없는 방법' 을 외면하고 '백에 하나도 되지 않는 방법' 을 따른다면, 이는 민중을 부리는 방법을 모르는 것이다.[24)]

23) 『商君書』〈說民〉.

24) 『韓非子』〈難二〉.

한비자는 "이익을 좋아하고 손해를 싫어함은 사람의 본성" 이라는 전제 아래, 신상필벌(信賞必罰)의 방법으로 모든 백성을 완벽하게 통제할 수 있다고 보았다. 이러한 맥락에서, 법가의 법치(法治)란 바로 신상필벌의 원칙을 제도화한 것이었다.

이상의 내용을 요약해 보자. 법가에 의하면, 인간은 이기적 존재로서, 이익을 위해서는 무슨 짓이든 할 수 있는 존재이다. 그리하여 인간 사회는 쉽게 혼란에 빠지는 것이다. 그런데 인간은 또한 이익과 손해를 계산하여 더 큰 이익을 추구하는 타산 능력을 지니고 있다. 그러므로 인간의 이기심과 타산능력을 잘 활용하면, 인간을 쉽게 통제할 수 있다는 것이다. 이러한 맥락에서 법가는 신상필벌을 통치의 핵심적 방법으로 삼았던 것이다.

3. "혼란의 원인은 시비를 다투는 것이다"

1) 묵가의 처방 : 상동(尙同)과 상동(上同)

대부분의 정치사상가와 마찬가지로, 묵자 역시 정치의 본질을 '자연상태의 혼란' 을 극복하여 '평화롭고 번영하는 공동체' 를 건설하는 것으로 규정했다. 그렇다면 자연상태는 왜 혼란에 빠지게 되는가? 묵자는 그 까닭을 '모두가 인정하는 의(義)' 가 없기 때문이라고도 설명하고, '정치의 수장(首長)' 이 없기 때문이라고도 설명했다.[25] 묵자는 '모두가 인정하는 의(義)' 가 없기 때문에 생기는 혼란에 대해 다음과 같이 설명한다.

25) 그런데 묵자는 모두가 인정하는 의(義)를 확립하는 것이 정치적 수장의 핵심 임무라고 보았으므로, 양자는 사실 궤를 같이하는 것이다.

옛날에 백성이 처음으로 생겨나 아직 형벌(刑罰)과 정령(政令)이 없던 때에는 대개 '사람마다 그 의(義)가 달랐다' 고 말한다. 그러므로 한 사람이면 하나의 의(義)가 있었고, 두 사람이면 두 의(義)가 있었으며, 열 사람이면 열 가지 의(義)가 있었으니, 사람의 수가 많아질수록 의(義) 역시 더 많아졌다. 그리하여 사람들은 각자 자기의 의를 옳다 여기고 남의 의를 그르다고 여겼으니, 그러므로 서로 그르다고 여긴 것이다. 그리하여 안으로는 부자(父子)와 형제(兄弟)가 서로 원망하고 미워하여 뿔뿔이 흩어져 서로 화합할 수 없었으며, 천하의 백성들도 모두 물과 불과 독약으로 서로를 해쳤다. 심지어는 남는 힘이 있더라도 서로 일을 거들어주지 않았고, 재물이 남아서 썩을지라도 서로 나누어주지 않았으며, 좋은 방도를 숨기더라도 서로 가르쳐주지 않았으니, 천하의 혼란이 마치 금수(禽獸)와 같았다.[26]

"백성이 처음으로 생겨나 아직 형벌과 정령이 없던 때"란 이른바 '자연상태' 를 뜻한다. 묵자에 의하면, 자연상태에서는 사람들이 각자 '자신의 의(義)' 를 내세울 뿐 '통일된 의(義)' 를 확립할 수 없는바, 그로 인해 사람들은 각자 자기의 의를 옳다 여기고 남의 의를 그르다고 여기게 되었고, 그 결과 안으로는 부자(父子)와 형제(兄弟)가 서로 원망하고 미워하여 뿔뿔이 흩어져 서로 화합할 수 없었으며, 천하의 백성들도 모두 물과 불과 독약으로 서로를 해치게 되는 등 각종 혼란이 발생했다는 것이다.[27]

---

26) 『墨子』〈尚同上〉.

27) 묵자는 자기 자신만 사랑하는 利己心이나 자기 가족만 사랑하는 別愛가 '여러 가지 혼란과 해로움의 근원' 이라고 비판하고, 남들도 두루 사랑하는 兼愛가 '여러 가지 이로움의 근원' 이라고 옹호한 바 있다(『墨子』〈兼愛上〉, 〈兼愛下〉). 이것을 주목하면 묵자도 혼란의 근원을 '이기심' 으로 파악했다고 볼 수도 있겠다. 그러나 묵자가 '사람들이 각자 자기의 義를 옳다 여긴 결과, 서로 화합하지 못하고 해치게 되었다' 고 설명한 것으로 보면, 묵자는 '이기심' 조차도 '모두가 인정하는 義' 가 없기 때문에 생긴 결과라고 파악했던 것이다. 한편, 김영민은 묵자에 대해 "만인의 만인에 대한 투

묵자는 다음과 같이 말하기도 한다.

> 무릇 천하가 혼란한 까닭은 정치의 수장(首長)이 없는 데서 생겨나는 것임이 분명하다. 그리하여 천하의 어질고 유능한 사람을 가려내어 천자(天子)로 삼았다. 천자가 세워졌더라도 그의 힘만으로는 부족하다고 여겨서, 또 천하의 어질고 유능한 사람을 가려내어 삼공(三公)으로 삼았다. 천자와 삼공이 이미 세워졌더라도, 천하는 넓고 커서 멀리 떨어진 나라와 이질적인 풍토에서 살아가는 백성들의 시비(是非)와 이해(利害)의 분별을 일일이 알 수 없었기 때문에, 구획지어 만국(萬國)으로 나누고 제후(諸侯)와 국군(國君)을 세웠다. 제후와 국군이 이미 세워졌더라도 그들의 힘만으로는 부족하다고 여겨서, 또 그 나라의 어질고 유능한 사람을 가려 뽑아 정장(正長)으로 삼았다.[28]

묵자에 의하면, 천자(天子)와 삼공(三公), 제후(諸侯)와 국군(國君), 이장(里長)과 향장(鄕長) 등 각급의 통치자들은 모두 '천하, 국가, 고을' 등 각급의 단위에서 '어질고 유능한 사람'을 선택한 것이다.[29] 위의 인용문에서는 "백성들의 시비(是非)와 이해(利害)의 분별"을 언급하고 있거니와, 각급 통치자들의 임무는 물론 '통일된 의(義)의 기준'을 제시하고 관철함으로써〔尙同〕"백성들의 시비(是非)와 이해(利害)의 분별"로 인한 혼란을 종식시키는 것이다. 묵자는 이에 대해 다음과 같이 설명한다.

쟁으로 前-정치상태(자연상태)를 정의하고 있음에도 불구하고 욕망이라는 이슈는 묵자의 상상 속에서 두드러지게 의제화되지 않는다"고 설명한 바 있다(김영민, 『중국정치사상사』, 사회평론아카데미, 2021, 168-169쪽).

28) 『墨子』〈尙同上〉.

29) 묵자는 그 '선택의 주체'를 명확히 설명하지는 않았다. 다만 『墨子』의 전반적 논조로 보면, 어진 사람을 天子로 뽑는 주체는 '하늘〔天〕'이며, 國君(諸侯)과 三公을 뽑는 주체는 天子(聖王)요, 里長과 鄕長을 뽑는 주체는 國君인 것 같다(蕭公權, 『中國政治思想史』, 247-248쪽 참조).

정장(正長)이 이미 갖추어지자, 천자(天子)는 천하의 백성에게 정령(政令)을 발표하여 말하기를 "선(善)과 불선(不善)을 들으면 모두 그것을 윗사람에게 고하라. 윗사람이 옳다고 여기는 바를 반드시 모두 옳다 하고, (윗사람이) 그르다 여기는 바를 반드시 모두 그르다고 하라. 윗사람에게 허물이 있으면 규간(規諫)하고, 아랫사람에게 선(善)이 있으면 널리 천거하라. 상동(上同)하면서 하비(下比)하지 않는다면,[30] 이는 윗사람이 상(賞)을 내리고 아랫사람이 기리는 바이다. 그런데 만일 선과 불선을 듣고서 그것을 윗사람에게 고하지도 않으면서, 윗사람이 옳다 여기는 바를 옳다 하지 못하고 윗사람이 그르다 여기는 바를 그르다 하지 못하며, 윗사람에게 허물이 있으면 규간하여 바로잡아 주지 않고 아랫사람에게 선이 있더라도 찾아 천거하지 않으며, 하비(下比)하면서 상동(上同)하지 않는다면, 이는 윗사람이 벌(罰)을 내리고 백성들이 헐뜯는 바이다." 라고 하였다. 윗사람이 이것으로 상벌(賞罰)을 시행하면, 지극히 밝게 살펴서 틀림이 없을 것이다.[31]

위 인용문의 취지는 둘로 요약할 수 있다. 첫째, "윗사람이 옳다고 여기는 바를 반드시 모두 옳다 하고, 윗사람이 그르다고 여기는 바를 반드시 모두 그르다 하라"는 것이다. 이렇게 윗사람에게 동조하는 것을 묵자는 '상동(上同)'이라 했는데, 모든 백성이 상동한다면 과연 '통일된 의(義)의 기준'을 확립할 수 있을 것이다. 둘째, 상동(上同)하는 사람에게는 포상과 명예가 따르고, 하비(下比)하는 사람에게는 처벌과 비난이 따르게 하라는 것이다. 묵자는 "천하의 모든 사람은 윗사람의 상(賞)과 명예를 얻고자 하고, 윗사람의 벌(罰)과 비난을 두려워한다. 그러므로 이장(里長)은 천자의

30) '上同'은 '윗사람이 제시하는 義에 同調하는 것'이며, '下比'는 '아랫사람들과 패거리를 지어 서로 허물을 감싸주는 것'이다.

31) 『墨子』〈尙同上〉.

정령에 따라 한 마을의 의(義)를 통일시킬 수 있다."[32]고 했다. 통치자는 상과 벌로 백성을 얼마든지 통제할 수 있다는 것은 법가의 지론이었는데, 묵자도 그에 못지않게 상벌의 효과를 신뢰한 것이다.

그렇다면 백성은 왜 통치자가 옳다고 여기는 바를 반드시 옳다고 해야 하고, 통치자가 그르다고 여기는 바를 반드시 그르다고 해야 하는가? 이는 통치자는 '어질고 유능한 사람' 이라고 전제되었기 때문이다. 묵자는 다음과 같이 말한다.

> 마을의 모든 백성은 향장(鄕長)과 같아지려고 노력하고 감히 하비(下比)하지 않으며, 향장이 옳다고 하는 것을 반드시 또한 옳다고 여기고, 향장이 그르다고 하는 것을 반드시 또한 그르다고 여기며, 자신의 착하지 못한 말을 버리고 향장의 착한 말을 배우며, 자신의 착하지 못한 행실을 버리고 향장의 착한 행실을 배워야 한다. 향장(鄕長)은 진실로 고을의 현자(賢者)이니, 온 고을 사람들이 향장을 본받는다면, 고을이 어찌 다스려지지 않겠는가? (…) 국군(國君)은 진실로 나라의 현자(賢者)이니, 온 나라 사람들이 국군을 본받는다면, 나라가 어찌 다스려지지 않겠는가? (…) 천자(天子)는 진실로 천하의 인인(仁人)이니, 온 천하 만민이 천자를 본받는다면, 천하가 어찌 다스려지지 않겠는가? 천자가 천하를 다스리는 방도를 살펴보면, 무엇인가? 오직 천하의 의(義)를 동일하게 만드는 것이니, 그러므로 천하가 다스려진다.[33]

위에 분명히 보이듯이, 묵자는 '향장 · 국군 · 천자' 를 '고을 · 국가 · 천하의 현자(賢者)' 로 규정하고, 따라서 '향민 · 국민 · 만민은 자신들의 잘못된 언행을 버리고 향장 · 국군 · 천자의 가르침에 따라야 한다' 고 주

32) 『墨子』〈尙同中〉.
33) 『墨子』〈尙同中〉.

장했다. 이러한 방식으로 천자가 천하의 의(義)를 통일시키면 천하가 다스려진다는 것이다. 그런데 유의할 것은, 묵자의 사상에서 천자는 결코 궁극적 권위체가 아니라는 점이다. 묵자의 사상에서 궁극적 권위체는 '하늘〔天〕' 이었다. 따라서 만민은 천자의 가르침에 따라야 하지만, 천자는 또 하늘의 뜻에 따라야 한다. 묵자는 "하늘은 반드시 사람들이 서로 사랑하고 서로 이롭게 하는 것을 원하고, 사람들이 서로 미워하고 서로 해치는 것을 원치 않는다."[34]고 설파한 바 있거니와, '하늘의 뜻' 에 따른다는 것은 곧 '겸애' 를 실천한다는 의미였다. 묵자는 다음과 같이 말한다.

> (萬民이) 이미 천자(天子)와 같아졌어도 아직 하늘〔天〕과 같아지지 않았다면, 하늘의 재앙은 오히려 그치지 않는다. 그러므로 추위와 더위가 고르지 않고, 비와 눈이 때에 맞지 않으며, 오곡이 익지 않고 여러 가축이 자라지 않으며, 전염병이 돌고 사나운 비바람이 계속되는 것은 하늘이 벌(罰)을 내리는 것으로써, 장차 아랫사람이 하늘에 상동하지 않는 것을 처벌하려는 것이다. 그러므로 옛날의 성왕(聖王)은 하늘과 귀신이 원하는 바를 밝히고 하늘과 귀신이 미워하는 바를 피해서, 천하의 이익을 추구하고 천하의 손해를 제거한 것이다.[35]

묵자는 "만민이 이미 천자(天子)와 같아졌어도 아직 하늘〔天〕과 같아지지 않았다면, 하늘의 재앙은 오히려 그치지 않는다." 고 단언했다. 묵자의 주장은 '백성은 통치자에게 동조해야 한다〔上同〕' 는 것이요, 이는 결국 '만민은 하늘의 뜻에 따라야 한다' 는 것이었다. 이를 긍정적으로 해석하자면, '우리 모두 자신의 사사로운 생각을 버리고, 하늘의 뜻에 따라 겸애를 실천하자' 는 것이었다.[36]

---

34)『墨子』〈法儀〉: 天必欲人之相愛相利 而不欲人之相惡相賊也

35)『墨子』〈尙同中〉.

2) 도가의 처방 : 겸양(謙讓)과 재유(在宥)

대부분의 사람은 만물에 대해 시 · 비(是非)와 선 · 악(善惡)으로 구별하여, 한쪽을 긍정하고 한쪽을 부정한다. 그런데 도가는 만물을 있는 그대로 긍정하지 않고 시 · 비와 선 · 악으로 구별하는 것이 혼란의 시작이라고 보았다. 예컨대 노자는 시비선악을 구별하는 것에 대해 두 가지로 비판했다. 첫째는 시와 비, 선과 악은 서로 의지하고 있으므로, 어느 한쪽만을 긍정하거나 부정하는 것은 어불성설이라는 것이다. 둘째는 '자신이 옳고, 남은 그르다' 고 주장하면, 남의 지지를 얻을 수 없다는 것이다. 첫째와 관련하여, 『노자』 제2장에서는 다음과 같이 말한다.

> 천하가 모두 아름다움〔美〕이 아름다움임을 아는데, 이는 악(惡)일 뿐이다. 또한 모두 선(善)이 선임을 아는데, 이는 불선(不善)일 뿐이다. 그러므로 있음〔有〕과 없음〔無〕이 서로를 낳고, 쉬운 것과 어려운 것이 서로를 이루며, 긴 것과 짧은 것이 서로 비교하고, 높은 것과 낮은 것이 서로 기울며, 음(音)과 성(聲)이 서로 조화를 이루고, 앞과 뒤가 서로 따른다. 그러므로 성인(聖人)은 무위(無爲)의 일에 처하고 말 없는 가르침을 행한다.

노자는 우리가 시 · 비, 선 · 악, 미 · 추(美醜)를 구별하여 한쪽을 좋아하고 한쪽을 미워하는 것에 대해 '잘못된 것' 이라고 비판하고 '유(有)와 무(無)' 등, 이 세상의 온갖 대립적인 것들은 '서로 의존한다' 고 설명했다. 요컨대 우리는 대개 대립적 사물들에 대해 '한쪽은 좋은 것, 한쪽은 나쁜 것' 이라고 규정하고, 그리하여 한쪽은 취하고자 하고 한쪽은 버리

---

36) 하지만 이를 부정적으로 해석하자면, 尙同과 上同이라는 명목 아래 백성에게 '획일주의' 를 강요하고 탄압할 수 있는 것이다.

고자 하거니와, 노자는 이를 '유위(有爲)' 또는 '인위(人爲)' 라고 규정하여 비판하고, '무위(無爲)' 또는 '자연(自然)' 을 권하는 것이다.[37] 둘째와 관련하여, 노자는 다음과 같이 말한다.

> 발돋움하는 자는 오래 설 수 없고, 큰 걸음으로 걷는 자는 멀리 갈 수 없으며, 스스로 보는 자는 밝을 수 없고, 스스로 옳다고 하는 자는 드러날 수 없으며, 스스로 자랑하는 자는 공(功)이 없고, 스스로 자만하는 자는 오래 갈 수 없다. 이런 것들은 道에 있어서 '먹다 남은 밥' 이요, '쓸데없는 행동' 으로서, 사람들이 항상 미워하는 것이다. 그러므로 道가 있는 사람은 그렇게 하지 않는다.[38]

> 가장 훌륭한 것은 물과 같다. 물은 만물을 잘 이롭게 하면서도 (높은 자리를) 다투지 않고, 뭇사람들이 싫어하는 (낮은) 곳에 처한다. 그러므로 道에 가깝다.[39]

위의 첫째 인용문에서는 '스스로 옳다고 하는 것, 스스로 자랑하는 것, 스스로 자만하는 것' 등 지금까지 사람들이 '훌륭한 것' 이라고 추구했던 것들이 사실은 모두 세상을 혼란하게 하는 '어리석은 짓' 이라고 설파하고, "그러므로 道가 있는 사람은 그렇게 하지 않는다." 고 주장했다. 둘째 인용문에서는 남들에게 은택을 베풀면서도 '겸손하여 다투지 않는 것' 이야말로 '道에 가까운 것' 이라고 주장함으로써, 그것이야말로 우리가 추

37) 요컨대 『老子』 제2장은 『莊子』 〈齊物論〉의 원류라고 볼 수 있으며, 또한 道家의 齊物論이 無爲論으로 연결되는 맥락을 보여주는 것이다.

38) 『老子』 24.

39) 『老子』 8.

구해야 할 것이라고 역설했다. 이처럼 노자는 시비 다툼을 지양하고 '겸손하게 처신할 것' 을 주장했다면,[40] 장자는 '만물은 평등하다〔萬物齊同〕' 는 관념을 통해 '만물을 있는 그대로 긍정하라' 는 결론에 도달했다.

『장자』의 〈제물론〉에서는 "시·비(是非)가 드러나는 것은 道가 무너지는 까닭이요, 道가 무너짐은 애착이 생성되는 까닭" 이라고 설파했다. 사람들이 시·비를 밝게 구별하고자 함으로써 道가 무너지게 되고, 道가 무너짐으로써 사사로운 애착이 생기게 된다는 것이다. 이처럼 장자는 당시 사회가 혼란에 빠지게 된 근원을 '옳고 그름을 다툼' 에서 찾았다.

> 道는 어디에 숨었기에 진·위(眞僞)가 있으며, 말은 어디에 숨었기에 시·비(是非)가 있는가? 道는 어디에 간들 없겠으며, 말은 어디에 있은들 옳지 않겠는가? 道가 작은 성취에 숨어있고, 말이 화려한 꾸밈에 숨어있기 때문에, 그러므로 유가(儒家)와 묵가(墨家)의 시·비가 있게 된 것이다. 그리하여 저들이 그르다고 여기는 것을 자기는 옳다고 주장하고, 저들이 옳다고 여기는 것을 자기는 그르다고 주장한다. 저들이 그르다고 여기는 것을 자기는 옳다고 주장하고, 저들이 옳다고 여기는 것을 자기는 그르다고 주장하려 한다면, '명석한 인식〔明〕' 으로 하는 것만 못하다.[41]

장자에 의하면, 道는 세상 어디에나 존재하며 모든 사람의 말은 다 진리를 담고 있는데, 사람들은 자기에게만 道가 존재하고 자기 말만 '옳다' 고 주장하면서 상대방을 '그르다' 고 비판한다는 것이다. 그리하여 당시 여러 학파 사이에 시·비가 어지럽게 횡행하게 된 것에 대해, 장자는 '道가 작은 성취에 숨고, 말이 화려한 꾸밈에 숨어있는' 상황으로 묘사했다.

---

40) 老子의 '和光同塵' 또는 '玄同' 도 '謙讓' 과 궤를 같이하는 개념이다.

41) 『莊子』〈齊物論〉.

그리고 상대방과 부질없이 시 · 비를 다투는 것보다는 '명석한 인식' 을 추구하는 것이 최선이라고 보았다. '명석한 인식' 이란 물론 '만물제동(萬物齊同)' 을 투철하게 깨닫는 것이다.

장자의 제물론은 도추(道樞), 천균(天鈞), 양행(兩行), 물화(物化) 등의 개념을 중심으로 전개된다. 도추(道樞)란 '이것과 저것의 구별' 또는 '옳음과 그름의 구별' 을 초탈하는 것이다. 장자는 '도추' 를 말하면서 다음과 같이 '조삼모사(朝三暮四)' 의 고사를 소개한다.

> 정신을 수고롭게 하여 '하나' 로 만들고, 그것이 본래 '같음' 을 알지 못하는 것을 '조삼(朝三)' 이라 한다. 무엇을 '조삼' 이라 하는가? 저공(狙公)이 원숭이들에게 도토리를 나누어 주면서 "아침에 세 개, 저녁에 네 개" 라고 하자, 원숭이들이 모두 화를 냈다. 저공이 "그렇다면 아침에 네 개, 저녁에 세 개" 라고 하자, 원숭이들이 모두 기뻐했다. 명(名)과 실(實)은 바뀐 것이 없는데 희 · 로(喜怒)가 작용하는 것은 또한 자신이 옳다고 여기는 것을 따르기 때문이다. 그러므로 성인(聖人)은 시 · 비(是非)를 조화시켜 '천균(天鈞)' 에서 편안히 쉰다. 이것을 '양행(兩行)' 이라 한다.[42]

'아침에 세 개, 저녁에 네 개' 나 '아침에 네 개, 저녁에 세 개' 나 그게 그것이다. 그런데 원숭이들은 각각에 대해서 희 · 로를 달리했다. 이처럼 일상에서의 시 · 비도 알고 보면 '조삼모사' 에 불과한데, 사람들은 일희일비를 거듭한다는 것이다. 이에 대해 장자는 '사람들이 각자 자신이 옳다고 여기는 것을 따르기 때문' 이라고 설명하고, "그러므로 성인은 시 · 비를 조화시켜 천균(天鈞)에서 편안히 쉰다. 이것을 양행(兩行)이라 한

42) 『莊子』 〈齊物論〉.

다.”고 설파했다.

도가는 국가의 통치 역시 ‘무위〔自然〕’의 영역으로 인식한다. 도가는 현실의 혼란은 대부분 통치자의 ‘유위〔人爲〕’로부터 비롯된다고 본다. 따라서 통치자가 ‘겸양(謙讓)’과 ‘재유(在宥)’ 등 무위의 자세를 견지해야만 세상이 안정되고 평화로워진다는 것이다.

노자는 겸양을 대표하는 상징으로 ‘물’을 내세우면서, ‘세상에서 가장 훌륭한 사람〔上善〕’은 물처럼 만물을 두루 이롭게 하면서도, 남들이 선호하지 않는 낮은 곳에 처함으로써 남들과 경쟁하지 않으니, 그러므로 전혀 허물이 없게 된다고 설파했다.[43] 노자는 개인적 차원에서도 겸양을 칭송했지만, 사회적 차원에서 더욱 겸양을 역설했다. 겸양은 세상을 평화롭고, 안정되게 만들 수 있는 진정한 방법이라는 것이다. 노자는 그 까닭을 다음과 같이 설명한다.

> 굽히면 온전해지고, 구부리면 곧게 펴지고, 움푹 파이면 채워지고, 오래되면 새로워지고, 적어지면 얻고, 많아지면 미혹된다. 그러므로 성인(聖人)은 하나를 품어 천하의 모범이 되니, 스스로를 드러내지 않기 때문에 밝게 빛나고, 스스로 옳다 하지 않기 때문에 돋보이고, 스스로 자랑하지 않기 때문에 공(功)이 있게 되고, 스스로 자만하지 않기 때문에 오래간다. 무릇 오직 다투지 않기 때문에 천하가 그와 다툴 수 없다. 옛날에 이른바 “굽히면 온전해진다.”는 말이 어찌 헛된 말이겠는가? 진실로 온전해지면 (모든 사람이) 그에게로 돌아가게 된다.[44]

“굽히면 온전해지고, 구부리면 곧게 펴진다.”거나 “적어지면 얻고, 많

---

43) 『老子』 8.

44) 『老子』 22.

아지면 미혹된다."는 것은 일상에서 종종 경험할 수 있는 역설이다. 노자에 의하면, 성인은 이러한 역설을 체득하여 모범적으로 실천하는 사람이다. 성인은 진실로 스스로를 드러내지 않기 때문에 밝게 빛나고, 스스로 옳다 하지 않기 때문에 돋보이는 사람이다. 세상 사람들은 이처럼 겸양하는 통치자에게는 자발적으로 귀복(歸服)하는바, 그리하여 천하가 평안해진다는 것이다. 한편, 장자는 '천하를 있는 그대로 놓아두어야 한다'는 '재유(在宥)'를 중심으로 '무위이치'를 설명했다.

> 천하를 '있는 그대로 놓아둔다〔在宥〕'는 말은 들었어도, 천하를 다스린다는 말을 듣지는 못했다. '있는 대로 둠〔在之〕'은 천하 사람들이 그 본성을 어지럽힐까 두렵기 때문이며, '놓아둠〔宥之〕'은 천하 사람들이 그 덕을 옮길까 두렵기 때문이다.[45]

장자는 이처럼 천하를 다스리지 않고 그대로 놓아두는 것이야말로 올바른 통치라고 주장하고, 인위적 제도로 제약과 구속을 가하는 통치는 도리어 인간의 본성을 파괴하는 비극을 야기한다고 설파했다. 따라서 인위적 통치를 포기하고, "마음을 담담한 곳에 노닐고 기(氣)를 적막한 곳에 부합시켜서, 사물의 자연을 따르고 사사로운 욕심을 용납하지 아니하면, 천하가 다스려진다."[46]는 것이다.

45) 『莊子』〈在宥〉.

46) 『莊子』〈應帝王〉.

4. 종합적 논의

유가와 법가는 자연상태의 혼란을 인간의 본능적 이기심의 산물로 설명했다. 유가와 법가는 이처럼 혼란의 원인에 대해서는 인식을 같이했으면서도, 그에 대한 처방에서는 입장을 달리했다. 유가는 혼란을 극복하기 위해서는 '극기복례(克己復禮)' 즉 인간의 이기심 자체를 극복해야 한다고 보고, 그 방법론으로 덕치와 예치를 주장했다. 덕치와 예치는 인간의 도덕적 본성에 호소하는 것으로서, 통치자가 도덕적으로 모범을 보이면 백성들이 감복하여 분수를 지키게 되고, 세상이 평화로워질 수 있다는 것이다.

그러나 법가는 인간의 이기심을 극복한다는 것은 거의 불가능한 일이라고 보고, 대신 인간의 이기심을 통치에 적극 활용하면 원하는 결과를 얻을 수 있다고 보았다. 인간의 이기심을 활용할 수 있는 까닭은, 인간은 이기심뿐만 아니라 타산 능력도 지니고 있기 때문이다. 즉 인간은 누구나 최선과 차선 가운데 최선을 택하고, 최악과 차악 가운데 차악을 택하게 마련이므로, 이런 심리를 활용하여 포상과 처벌을 시행하면 통치자가 원하는 방향으로 백성을 통제할 수 있다는 것이다. 이러한 맥락에서 법가는 신상필벌(信賞必罰)이 성공적 통치의 지름길이라고 역설했다.

유가와 법가처럼 자연상태의 혼란을 인간의 본능적 이기심의 결과로 본다면, 인간의 이기심을 통제하는 것이 통치의 핵심과제일 것이다. 그런데 유가와 법가는 서로 방향을 달리했다. 유가는 '이기심을 극복하는 길', 즉 도덕적 계몽을 통해 인간을 변화시키는 길을 선택했다. 그리하여 유가는 한편으로는 정무(政務)의 태반을 교육에 할당하고,[47] 한편으로는

47) 유가에서 통치자를 종종 '君師'로 표현하는 것, 經筵을 중시하는 것, 그리고 政令을 '勅諭, 敎令' 등으로 표현하는 것도 같은 맥락에서 이해할 수 있다.

통치자의 솔선수범을 강조한 것이다. 예컨대 『서경』에서는 다음과 같이 말한다.

> (堯께서) 능히 위대한 덕을 밝히시어 구족(九族)을 친하게 대하시니 구족이 이미 화목하게 되었다. 백성을 골고루 밝히심에 백성이 자신의 명덕을 밝히게 되었으며, 만방(萬邦)이 화합하게 하니, 모든 백성이 착하게 변하여 이에 화합하게 되었도다.[48]

『대학』에서는 "통치자가 먼저 자신의 명덕을 밝히고〔明明德〕, 이를 바탕으로 백성을 새롭게 진작시키며〔新民〕, 마침내 지극한 선에 머문다〔止於至善〕."고 했다. 위의 인용문에서도 같은 맥락에서 요(堯)가 먼저 자신의 덕을 밝힌 다음, 백성들도 덕을 밝힐 수 있도록 지도함으로써 마침내 "모든 백성이 착하게 변하고, 만방이 화합하게 되었다."고 칭송한 것이다. 이처럼 유가는 통치자가 극기복례를 바탕으로 솔선수범하면 백성을 변화시킬 수 있고 세상을 평화롭게 만들 수 있다고 확신했다.

그러나 법가는 이기적 인간을 변화시키려고 하는 것은 거의 성공할 수 없는 시도라고 보고, 인간을 변화시키는 대신 통치의 방법과 제도를 변화시켜야 한다고 보았다. 예컨대 한비자는 유가가 칭송하는 순(舜)의 사례를 들어 덕치의 비효율성을 신랄하게 비판했다. 역산(歷山)의 농부들이 밭의 경계를 두고 다투었는데 순이 가서 농사를 짓자 1년 만에 밭의 경계선이 바르게 되었고, 하빈(河濱)의 어부들이 낚시터를 두고 다투었는데 순이 가서 고기를 잡자 1년 만에 서로 낚시터를 양보했으며, 동이(東夷)의 질그릇은 단단하지 못했는데 순이 가서 그릇을 굽자 1년 만에 그릇이 단

48) 『書經』「虞書」〈堯典〉: 克明俊德 以親九族 九族旣睦 平章百姓 百姓昭明 協和萬邦 黎民於變時雍

단해졌다고 하거니와, 이를 두고 공자(孔子)는 "이것이 바로 성인(聖人)의 덕화(德化)"라고 칭송했다. 한비자는 이러한 예화를 소개하고, 다음과 같이 혹평했다.

> 순(舜)이 잘못을 바로잡는데, 1년에 한 허물을 고치게 하여, 3년에 세 허물을 고치게 했다. 순과 같은 사람도 한(限)이 있고, 사람의 수명도 한이 있는데, 천하의 허물은 끝이 없다. 한이 있는 것이 그 끝이 없는 것을 상대하여 이길 수는 없다. 상 · 벌(賞罰)은 천하 사람들로 하여금 반드시 실행하게 한다. 법을 지키는 자는 상을 주고, 법에 어긋나는 자는 벌을 준다고 명령하면, 명령이 아침에 이르면 저녁에 행실을 고치게 되고, 저녁에 이르면 아침에 고치게 되어, 열흘이면 천하가 다 따르게 된다. 어찌 1년을 기다리겠는가?[49]

위에 보이는 것처럼, 법가는 덕치(德治)를 어려우면서도 비효율적인 통치술로 규정하고, 상벌과 권세를 활용하는 법치를 쉬우면서도 효과적인 통치술로 규정했다. 이러한 맥락에서 법가는 인간의 이기심을 수용하고 이용하는 방향으로 통치의 방법과 제도를 고쳐야 한다고 역설했다. 그러나 유가는 법가의 법치에 대해 "백성들은 형벌을 면하려고만 할 뿐 부끄러움이 없게 된다."고 비판하는 것이다.

이제 묵가와 도가에 대해 논의해 보자. 묵가와 도가는 혼란을 '옳고 그름을 다툼'의 결과로 인식했다. 묵가와 도가는 모두 이처럼 정치에 있어서 옳고 그름의 문제를 주목했지만, 그러나 그에 대한 처방은 정반대로 달랐다. 묵가는 혼란을 '통일된 의(義)'가 없는 결과로, 즉 '옳음에 대한 통일된 기준'이 없는 결과로 설명하고, 따라서 통치의 과제는 '옳음에 대

49) 『韓非子』〈難一〉.

한 통일된 기준을 확립하는 것〔尙同〕'이라고 보았다. 묵자는 그 방법을 둘로 제시했다. 첫째는 '상동(上同)'으로서, "윗사람이 옳다고 여기는 바를 반드시 모두 옳다 하고, 윗사람이 그르다고 여기는 바를 반드시 모두 그르다 하라"는 것이다. 둘째는 포상과 처벌로서, 상동(上同)하는 사람에게는 포상과 명예가 따르고, 하비(下比)하는 사람에게는 처벌과 비난이 따르게 하라는 것이다. 통치자는 포상과 처벌로 백성을 얼마든지 통제할 수 있다는 것은 법가의 지론이었는데, 묵자도 그에 못지않게 상벌의 효과를 신뢰한 것이다.

묵가가 상동(尙同)을 역설한 것과 반대로, 도가는 상동(尙同)이야말로 혼란의 직접적 원인이라고 비판했다. 만물은 본래 제각각 존재하는 것인데, 이를 무시하고 하나의 기준에 따르도록 만들려고 하는 데서 혼란이 비롯된다는 것이다. 이러한 맥락에서 도가는 만물제동(萬物齊同)을 역설하고, 세상 사람들을 '있는 그대로 놓아둘 것〔在宥〕'을 역설한 것이다. 요컨대 세상 사람들이 옳고 그름을 다투는 것이 혼란의 원인이라고 본 것은 묵가와 도가가 마찬가지이다. 그런데 묵가는 상동(上同)을 통해 통일된 의(義)의 기준을 확립함으로써 혼란을 해결하고자 한 반면, 도가는 자신이 옳다는 생각을 버리고 서로 다른 각자의 주장을 그대로 인정해 주면, 혼란이 해소된다고 본 것이다.

그러나 묵가와 도가의 이러한 주장은 모두 각각 심각한 비판을 야기할 수 있다. 먼저 묵자의 다음과 같은 말을 살펴보자.

> 무릇 의(義)란 바로잡는 것이다. 아래로부터 위를 바로잡는 일은 없으며, 반드시 위로부터 아래를 바로잡는다. 그러므로 서인(庶人)은 있는 힘을 다하여 일하더라도 자기 마음대로 바로잡는 일을 할 수 없고, 사(士)가 이를 바로잡는다. 사(士)는 있는 힘을 다하여 일하더라도 자기 마음대로 바로잡는 일을 할 수

없고, 경대부(卿大夫)가 이를 바로잡는다. 경대부는 있는 힘을 다하여 일하더라도 자기 마음대로 바로잡는 일을 할 수 없고, 삼공(三公)과 제후(諸侯)가 이를 바로잡는다. 삼공과 제후는 있는 힘을 다하여 정사를 돌보더라도 자기 마음대로 바로잡는 일을 할 수 없고, 천자(天子)가 이를 바로잡는다. 천자는 자기 마음대로 바로잡는 일을 할 수 없고, 하늘〔天〕이 이를 바로잡는다.[50]

위의 인용문은 '상동(尙同)'의 방법을 설파한 것으로써, 묵자는 "아래로부터 위를 바로잡는 일은 없으며, 반드시 위로부터 아래를 바로잡는다."고 단언했다. 묵자는 사(士)부터 천자(天子)까지 각급 통치자들을 차례로 언급한 다음, 최상위의 권위체로 '하늘'을 설정하고 있지만, 현실에서 하늘은 말이 없는 존재일 뿐이다. 유가의 경우, 천명사상을 전개하면서 말 없는 하늘의 뜻을 알 수 있는 통로로 '민심(民心)'을 제시하고, '민심을 존중하라'고 촉구했다. 그런데 묵가는 이러한 장치 없이 하늘을 언급하고 있는바, 이는 결국 온 세상은 천자(天子) 한 사람의 의지에 따라야 한다는 것이다. 묵자는 더 나아가 상동(上同)하는 사람에게는 포상과 명예가 따르고, 하비(下比)하는 사람에게는 처벌과 비난이 따르게 하라고 했다. 그렇다면 이는 획일적 전체주의라는 비판을 면하기 어려운 것이다.

도가의 지론은 '시비선악은 서로 의존하고 있다'는 것이며, '시비선악을 차별하지 말자'는 것이었다. 이러한 인식을 공유하면서도, 노자는 "성인(聖人)은 방정(方正)하면서도 남을 재단하지 않고, 염결(廉潔)하면서도 남을 비난하지 않고, 곧으면서도 제멋대로 굴지 않고, 빛나면서도 눈부시게 하지 않는다."[51]고 주장했고, 장자는 "선(善)을 행하되 명예에 가까이 가지 말며, 악(惡)을 행하되 형벌에 가까이 가지 말라. 중(中)을 따르는 것

---

50) 『墨子』〈天志上〉.

51) 『老子』 58.

을 법도로 삼으면, 자기 몸을 보전할 수 있고, 생명을 보전할 수 있으며, 어버이를 봉양할 수 있고, 천수(天壽)를 누릴 수 있다."[52]고 주장했다. 요컨대 노자는 '자신은 도덕적으로 엄정(嚴正)하게 처신하면서도, 남에게는 함부로 도덕적 잣대를 들이밀지 말고 너그럽게 대하라' 는 것인바, 이는 매우 수긍할 만한 자세라 하겠다. 그러나 장자는 그저 '시비선악을 초탈한 자유로운 삶' 을 표방하는 것으로 그침으로써, 결국 인간 사회의 도덕을 근원적으로 무너뜨릴 수 있는 위험을 초래하는 것이다. 장자는 '시비선악의 구별' 에 대해서 다음과 같이 비판한 바 있다.

> 장(臧)과 곡(穀) 두 사람이 함께 양(羊)을 치다가 모두 그 양을 잃었다. 장(臧)에게 어찌 된 일이냐고 물으니 '채찍을 옆구리에 끼고 책을 읽었다' 고 대답하고, 곡(穀)에게 어찌 된 일이냐고 물으니 '주사위 놀이를 하였다' 고 대답했다. 두 사람은 한 일이 달랐으나, 양을 잃은 것은 마찬가지이다. 백이(伯夷)는 명예를 위해 수양산(首陽山) 밑에서 죽고, 도척(盜跖)은 이익을 위해 동릉(東陵) 위에서 죽었다. 두 사람이 죽은 까닭은 다르지만, 목숨을 해치고 본성을 손상시킨 것은 마찬가지이니, 하필 '백이는 옳고 도척은 그르다' 고 말하겠는가? 천하 사람들이 모두 그 무엇을 추구하느라 자신을 희생시키는데, 인의(仁義)를 위해 희생시키면 세상에서는 군자(君子)라 하고, 재물을 위해 희생시키면 세상에서는 소인(小人)이라 한다. 자신을 희생시킨 것은 동일한데, 군자도 있고 소인도 있는 것이다. 목숨을 해치고 본성을 손상시킨 것은 도척과 백이가 마찬가지인데, 또 어찌 그 사이에서 군자와 소인을 구분하겠는가?[53]

장자는 시비선악의 구별을 무의미하다고 보고, 따라서 군자와 소인의

52) 『莊子』〈養生主〉.

53) 『莊子』〈騈拇〉.

구별도 무의미하다고 보았다. 심지어는 절의(節義)를 위해 목숨을 바친 백이와 도둑질을 하다가 목숨을 잃은 도척을 구별할 이유도 없으며, 자신의 생명을 탈 없이 보전하는 것만이 중요하다는 것이다. 장자의 이러한 주장은 한 개인의 처세술로는 문제 될 것이 없다고 볼 수 있으나, 사회적 차원에서는 매우 수용하기 어려운 것이다. '시비선악을 구별하지 않는다' 는 것은 '온갖 범죄를 모두 묵인한다' 는 것과 같은 뜻인바, 이는 혼란의 길이기 때문이다. 따라서 개인의 삶에 시시콜콜 도덕의 잣대를 적용하는 것은 바람직하지 않다고 하더라도, '약법삼장(約法三章)' 과 같은 최소한의 기본 원칙은 확립되어 있어야 하는 것이다.[54)]

5. 결론

제자백가의 치란에 대한 인식은 크게 두 계열로 구분해 볼 수 있다. 유가와 법가는 공통으로 '인간의 이기심' 이 혼란의 근원이라고 보았다. 그런데 그에 대한 처방에 있어서는 서로 방법을 달리했다. 유가는 인정(仁政)과 덕치(德治)를 통치의 바꿀 수 없는 대원칙으로 규정하고, 정치와 교육을 통해 이기적 인간을 도덕적 존재로 변화시키고자 했다〔克己復禮〕. 유가는 윗사람이 솔선수범(率先垂範)한다면 아랫사람을 감화시킬 수 있다는 맥락에서 인간의 도덕적 본성과 교육의 가능성을 신뢰한 것이다. 그

54) 노자는 "그 정치가 두루뭉술하면 그 백성이 순박해지고, 그 정치가 예리하게 따지면 그 백성이 흠집이 많게 된다." 고 설파했다(『老子』 58 : 其政悶悶 其民淳淳 其政察察 其民缺缺). 論者의 생각에, 노자의 노선은 '인간 사회를 醇厚하게 만들 수 있는 길' 이나(栗谷은 『老子』의 정수를 뽑아서 『醇言』이라는 책을 편집한 바 있다), '자신의 행복을 위해서는 선을 행할 수도 있고, 악을 행할 수도 있다' 는 장자의 노선은 오히려 사회적 혼란을 부추길 수 있는 '위험한 길' 이다.

러나 법가는 오히려 인간의 이기심을 통치에 적극 활용하고자 했다〔信賞必罰〕. 법가는 인간을 이기적 존재인 동시에 타산적 존재라고 설명하고, 따라서 신상필벌을 통해 이기적인 백성들을 통치자의 의도대로 통제할 수 있다고 주장했다. 이러한 맥락에서 법가는 시대 상황에 따라 통치의 방식을 바꾸어야 한다는 변법(變法)을 강조했을 뿐, 인간의 이기심을 변화시키는 교육을 강조하지는 않았다.

묵가와 도가는 모두 세상 사람들이 '옳고 그름을 다투는 것' 이 혼란의 원인이라고 보았다. 묵가는 자연상태에서는 '통일된 올바름의 기준' 이 없기 때문에 이러한 다툼이 생긴다고 보았다. 그리하여 묵가는 상동(上同)을 통해 통일된 기준을 확립해야 한다〔尙同〕고 주장하고, 포상과 처벌로 상동의 사회를 만들 수 있다고 보았다. 그러나 도가는 상동(尙同)이야말로 혼란의 직접적 원인이라고 비판했다. 만물은 본래 제각각 존재하는 것인데, 이를 무시하고 하나의 기준에 따르도록 하려는 데서 혼란이 비롯된다는 것이다. 그리하여 도가는 만물제동(萬物齊同)을 역설하고, 세상 사람들을 '있는 그대로 놓아두라〔在宥〕' 고 역설했다. 그러면 세상의 온갖 혼란이 저절로 사라지게 된다는 것이다〔無爲而治〕.

이제 네 학파의 처방에 대해 간단히 논평해 보기로 하자. 먼저 유가의 극기복례론(克己復禮論)의 경우, 유가가 인간의 자율적 도덕성을 주목하고 이를 고양시키려 한 것은 중요한 의미가 있다. 그러나 법가가 지적한 것처럼 정치 현실에서 '극기복례는 말처럼 쉽지 않다' 는 문제점이 있다.[55] 유가가 그처럼 수기(修己, 克己復禮)를 강조했지만, 피치 계급은 차

55) '克己復禮는 말처럼 쉽지 않다' 는 것은 유가 자체의 논리로도 충분히 설명되는 내용이다. 유교에서는 "인심은 오직 위태롭고, 도심은 오직 미약하다〔人心惟危 道心惟微〕" 고 했거니와, 미약한 도심으로 위태로운 인심을 통제한다는 것은 매우 성공하기 어려운 일이다.

치하고서도, 통치 계급에서도 수기에 투철한 통치자는 많지 않았다. 그러므로 정치 현실은 늘 혼탁했던 것이다.

법가의 신상필벌론(信賞必罰論)의 경우, 법가가 인간의 이기심을 주목하고, 이기심을 이용하여 이기심을 통제할 수 있는 장치로서 포상과 처벌을 강조한 것은 정치공학적으로 중요한 의미가 있다. 문제는 법가가 인간의 이기심만 주목하고 도덕적 본성을 외면함으로써, 인간에 대한 '타율적 통제' 의 필요성만 강조하고 '자율성의 영역' 을 완전히 부정했다는 점이다. 타율적 통제가 인간을 길들일 수 있다 하더라도, 인간은 결국 자유와 자율을 꿈꾸는 존재이다. 그러므로 법가적 통치는 일시적 효과만 있을 뿐이다.

묵가의 상동론(尙同論)의 경우, 사회의 구성원들이 통일된 옳음의 기준을 공유해야 한다는 것은 매우 당연한 통찰인 것이다. 그러나 묵가가 상동(尙同)의 방법으로 상동(上同)을 강조하고, 포상과 처벌로 이를 뒷받침했던 것은 획일적 전체주의(全體主義)의 위험성을 내포하는 것이다.[56] 물론 묵자는 현자(賢者)가 통치를 맡아야 한다는 전제 아래, 백성들은 현자에게 동조해야 한다고 주장한 것이다. 그러나 어질지 못한 통치자들이 수두룩한 현실에서, 차라리 유가처럼 '백성 개개인의 주체적 판단' 을 독려하는 것이 옳았을 것이다.

도가의 재유론(在宥論)의 경우, "인위적 통제를 가하지 않고 자유롭게 방임하면 되지 않는 일이 없다〔無爲而無不爲〕"는 관점에서 '만인에게 자유의 영역을 보장하라' 고 촉구한 것은 중요한 의미가 있다. 실제로 무위자연(無爲自然)은 유위(有爲, 人爲)보다 좋은 결과를 초래하는 경우가 많기 때문이다.[57] 그러나 장자가 시비선악에 대한 최소한의 구분마저 부정한

56) 劉澤華도 묵자의 尙同論을 '君主 專制主義' 를 추구한 것으로 해석한 바 있다(劉澤華, 장현근 역, 『中國政治思想史』 先秦篇(下), 183-190쪽 참조).

것은 수긍하기 어렵다. '시비선악을 구별하지 않는다' 는 것은 '온갖 범죄를 모두 묵인한다' 는 것과 같은 뜻인바, 이는 혼란의 길이기 때문이다.

이제 마지막으로 인간의 '이기심' 문제와 '시비 다툼' 문제에 대한 서양 근대 정치사상가들의 해법을 간단히 소개하고자 한다. 인간의 이기심에 대해, 유가가 '통치자의 수기(修己)를 통해 인간의 이기심을 극복하자' 고 주장하고, 법가가 '인간의 타산 능력을 활용해 인간의 이기심을 통제하자' 고 주장한 것과 달리, 서양의 공화주의자들은 '권력을 분립하여 서로 견제하게 함으로써 인간의 이기심을 통제하자' 는 해법을 제시했다. 공화주의자들의 '권력분립을 통한 상호견제론' 은 이른바 '이이제이(以夷制夷)' 에 해당하는 것으로서, 한 사람의 이기심으로 다른 사람의 이기심을 견제하자는 것이었다.[58] 한편, 인간의 시비 다툼에 대해, 묵가가 '상동(上同)을 통해 국론을 통일하자' 고 주장하고, 도가가 '각자의 다양한 견해를 그대로 관용하자' 고 주장한 것과 달리, 서양의 자유주의자들은 '다양한 의견을 지닌 사람들 사이에 중첩적 합의를 모색하자' 는 해법을 제시했다. 자유주의자들은 이견(異見)의 존재를 관용하는 것으로 끝나지 않고, '중첩적 합의(overlapping consensus)' 를 통해 공통의 규범을 창

---

57) 버틀러(Eamonn Butler)는 서구 자유주의의 사상적 기원 가운데 하나로 老子를 거론하고(Eamonn Butler, *Classical Liberalism : A Primer*, Institute of Economic Affairs, London, 2015, 14쪽), 老子의 無爲自然論을 하이에크의 '자생적 질서' 와 궤를 같이하는 것으로 소개한 바 있다(同上, 113쪽). 주지하듯이 하이에크(Friedrich A. von Hayek)는 '자생적 질서(spontaneous order)' 라는 개념으로 자유주의와 시장경제 체제를 옹호하고, '인공적 질서(artificial order)' 를 추구하는 사회주의와 계획경제 체제에 대해서는 '치명적 자만(The Fatal Conceit)' 과 '노예의 길(The Road to Serfdom)' 이라는 개념으로 비판한 바 있다. 하이에크에 의하면 "인간이 의도적으로 만들지 않은 제도들이 개인들의 다양한 이해관계가 조화를 이루도록 해준다" 는 것이다(Hayek, *The Essence of Hayek*, Edited By Chiaki Nishiyama & Kurt R. Leube, Hoover Institution, Stanford University, 1984, 185쪽).

58) 해밀턴 외, 박찬표 역, 『페더럴리스트』, 51번 논설, 396-397쪽 참조.

출한 다음 이를 통해 사회를 규율하자는 것이었다.[59] 논자의 생각에, 공화주의자들의 '견제와 균형' 및 자유주의자들의 '중첩적 합의'는 인간의 '이기심' 문제와 '시비 다툼' 문제에 대해 보다 진일보한 해법을 제시한 것이다.

59) 롤즈, 장동진 역, 『정치적 자유주의』, 49-50쪽 참조.

참고 문헌

『詩經(詩傳大全)』, 『書經(書傳大全)』, 『周易(周易傳義大全)』,
『禮記(禮記集說大全)』, 『春秋(春秋左傳)』, 『論語(論語集註大全)』,
『孟子(孟子集註大全)』, 『大學(大學章句)』, 『中庸(中庸章句)』,
『史記本紀』, 『史記列傳』, 『漢書(藝文志)』,
『老子』, 『莊子』, 『荀子』,
『墨子』, 『商君書』, 『韓非子』,
『朱子大全』, 『朱子語類』, 『(北溪)字義』,
『退溪集』, 『栗谷全書』, 『醇言』,
『艮齋集』, 『經國大典』.

고재욱, 「한비자의 정치사상 연구」, 『강원인문논총』 제12집, 강원대 인문과학연구소, 2004.

김봉진, 『다시 보는 옛 미래 : 삼원 사고로 푸는 동아시아 개념사』, 완락재, 2023.

김상준, 『맹자의 땀 성왕의 피 : 중층근대와 동아시아 유교문명』, 아카넷, 2013.

김상준, 「禮의 기원과 유교적 안티노미」, 김상준 外, 『유교의 예치 이념과 조선』, 청계, 2007.

김영민, 『중국정치사상사』, 사회평론아카데미, 2021.

김형효, 『老莊 사상의 해체적 독법』, 청계, 1999.

박성현, 〈세뇌탈출 3488탄〉(http://www.youtube.com/watch?v=V58StzQ4Tzo), 2025년 1월 20일 시청.

박효종, 『민주주의와 권위』, 서울대학교출판문화원, 2017.

송영배 編著, 『諸子百家의 思想』, 현음사, 1994.

윤대식, 『상앙』, 신서원, 2020.

이병주, 『소설 · 알렉산드리아』, 語文閣 新韓國文學文庫 29, 1993.

이상익, 『儒教傳統과 自由民主主義』, 심산, 2004.

이상익, 『儒家社會哲學硏究』, 심산, 2001.

이상익, 『본성과 본능 : 서양 人性論史의 재조명』, 서강대학교출판부, 2016.

이상익, 『본성과 본능 : 쌍개념들의 탐구』, 심산, 2017.

이상익, 『본성과 본능 : 질서의 유형들』, 심산, 2024.

이상익, 「『韓非子』의 矛盾論과 『韓非子』의 矛盾」, 『東洋文化硏究』 제29집, 영산대학교 동

양문화연구원, 2018.
이승율, 「공자와 묵자의 갈등관」, 『栗谷學硏究』 제50집, 율곡연구원, 2022.
장현근, 『상군서』, 살림, 2005.
장현근 編著, 『중국정치사상 입문』, 知永社, 1997.
정윤재, 「법가 정치사상의 분석적 이해 : 현실진단, 정치적 이상, 그리고 처방」, 『정치사상연구』 제6집, 한국정치사상학회, 2002.
조경란, 「AI 시대, '레드차이나' 와 '디지털 레닌주의' – 이중의 감시 체계 : '디지털 차이나' 와 '센티널 차이나'」, 『철학』 제159집, 한국철학회, 2024.
조광수, 『中國의 아나키즘』, 新知書院, 1998.
______, 『나는 자유 : 나림 이병주 문학과 아나키즘』, 함향, 2023.
조동일, 『동아시아문명론』, 지식산업사, 2010.
최 명, 『춘추전국의 정치사상』, 박영사, 2004.
함재학, 「경국대전이 조선의 헌법인가?」, 『법철학연구』 제7권 제2호, 한국법철학회, 2004.

老子, 盧台俊 역, 『老子(道德經)』, 弘新文化社, 1976.
老子, 오강남 역, 『도덕경』, 현암사, 2020.
莊子, 안병주 · 전호근 공역, 『莊子』 1 · 2 · 3 · 4, 전통문화연구회, 2019.
莊子, 이강수 · 이권 공역, 『장자』 1 · 2 · 3, 길, 2019.
韓非子, 이운구 역, 『한비자』 I · II, 한길사, 2007.
墨子, 기세춘 역, 『묵자』, 바이북스, 2009.

葛兆光, 李騰淵 外 역, 『중국사상사』, 일빛, 2013.
勞思光, 鄭仁在 역, 『中國哲學史』(古代篇), 탐구당, 1989.
蕭公權, 崔明 · 孫文鎬 共譯, 『中國政治思想史』, 서울대학교출판부, 1998.
劉澤華, 張鉉根 역, 『중국정치사상사 선진편』 上 · 下, 동과서, 2002.
가라타니 고진(柄谷行人), 조영일 역, 『제국의 구조』, 도서출판b, 2016.
후쿠나가 미츠지(福永光司), 이동철 · 임헌규 역, 『莊子 : 고대 중국의 실존주의』, 청계, 1999.

그레이엄(Angus C. Graham), 나성 역, 『道의 논쟁자들』, 새물결, 2001.
다이아몬드(Jared Diamond), 김진준 역, 『총, 균, 쇠』, 문학사상, 2019.
롤즈(John Rawls), 장동진 역, 『정치적 자유주의』, 동명사, 1998.
루소, 김중현 역, 『에밀』, 한길사, 2011.
마키아벨리(Niccolò Machiavelli), 강정인 · 안선재 공역, 『로마사 논고』, 한길사, 2003.
밀(John S. Mill), 서병훈 역, 『대의정부론』, 아카넷.

볼테르(Voltaire), 송기형 · 임미경 역, 『관용론』, 한길사, 2001.
스미스(Adam Smith), 박세일 · 민경국 공역, 『도덕감정론』, 비봉출판사, 2012.
아리스토텔레스(Aristoteles), 천병희 역, 『정치학』, 숲, 2014.
암스트롱(Karen Armstrong), 장영목 역, 『축의 시대』, 교양인, 2020.
에임즈(Roger T. Ames), 정병석 · 김대수 역, 『중국 고대 정치철학』, 영남대학교출판부, 2017.
콜린스(Randall Collins), 진수미 역, 『상식을 넘어선 사회학』, 경북대출판부, 2006.
크릴(H. G. Creel), 李東俊 · 李東仁 共譯, 『中國思想의 理解』, 經文社, 1984.
타마나하(Brian Z. Tamanaha), 이헌환 역, 『법치주의란 무엇인가』, 박영사, 2014.
피터스(Richard S. Peters), 김정래 역, 『권위, 책임, 교육』, 학지사, 2021.
피터슨(Jordan B. Peterson), 강주헌 역, 『12가지 인생의 법칙』, 메이븐, 2020.
해밀턴(Alexander Hamilton) 외, 박찬표 역, 『페더럴리스트』, 후마니타스, 2019.
헤겔(Georg W. F. Hegel), 임석진 역, 『정신현상학』 I · II, 지식산업사, 1988.
헤이우드(Andrew Heywood), 이종은 · 조현수 역, 『현대 정치이론』, 까치, 2007.

牟宗三, 『政道與治道』, 臺北 : 學生書局, 1983.
梁啓超, 『先秦政治思想史』, 臺灣 中華書局, 民國 57年.
王治心, 『中國宗敎思想史大綱』, 臺灣 中華書局, 民國 49年.
馮友蘭, 『中國哲學史』 上 · 下, 臺灣 商務印書館, 1993.
胡 適, 『中國古代哲學史』 (全三册), 臺灣 商務印書館, 民國 57年.

Eamonn Butler, *Classical Liberalism : A Primer*, Institute of Economic Affairs, London, 2015.
Friedrich A. von Hayek, *The Essence of Hayek*, Edited By Chiaki Nishiyama & Kurt R. Leube, Hoover Institution, Stanford University, 1984.
John Rawls, *A Theory of Justice*, revised edition, Cambridge, Massachusetts : Harvard University Press, 2003.
John Stuart Mill, *On Liberty*, Auckland : The Floating Press, 2009.
Thomas Hobbes, *Leviathan*, edited with an introduction by C. B. Macpherson, London : Penguin Books, 1985.

찾아보기

ㅈ

ㅊ

著者 略歷

이상익(李相益)

成均館大學校 儒學大學 韓國哲學科 졸업
同 大學院 東洋哲學科 졸업(哲學博士)
육군사관학교 철학과, 영산대학교 학부대학 교수 역임
現 부산교육대학교 윤리교육과 교수
저서 : 『歷史哲學과 易學思想』(성균관대출판부, 1996)
『서구의 충격과 근대 한국사상』(도서출판 한울, 1997)
『畿湖性理學 硏究』(도서출판 한울, 1998)
『儒家 社會哲學 硏究』(심산, 2001)
『儒敎傳統과 自由民主主義』(심산, 2004)
『畿湖性理學論考』(심산, 2005)
『朱子學의 길』(심산, 2007)
『사람의 길, 文明의 꿈』(심산, 2009)
『嶺南性理學硏究』(심산, 2011)
『인권과 인륜』(심산, 2015)
『본성과 본능 : 서양 人性論史의 재조명』(서강대출판부, 2016)
『본성과 본능 : 쌍개념들의 탐구』(심산, 2017)
『현대문명과 유교적 성찰』(심산, 2018)
『醒菴 李喆榮 評傳』(심산, 2019)
『韓國性理學史論』 1 · 2(심산, 2020)
『본성과 본능 : 질서의 유형들』(심산, 2024)
역서 : 『隱峰野史別錄』(安邦俊 原著, 崔英成 공역, 아세아문화사, 1996)
『譯註 四七新編』(李瀷 原著, 도서출판 다운샘, 1999)
『譯註 庸學辨疑』(趙彦儒 原著, 심산, 2006)
『譯註 己亥封事(外)』(李惟泰 原著, 李達雨 外 공역, 심산, 2007)

제자백가의 정치사상

초판 1쇄 발행일 2025년 04월 30일

지은이 | 이상익
발행인 | 최원필
발행처 | 심산출판사
주 소 | 서울시 은평구 불광로 13가길 18, 101호
전 화 | 02-357-0633
팩시밀리 | 02-357-0631
E-mail | simsan21c@hanmail.net
등록번호 | 제1-2114호(1996년 11월 28일)

ISBN 978-89-94844-86-2 93190

* 책값은 뒤표지에 표시되어 있습니다.